TRAITÉ

DES

ASSURANCES TERRESTRES.

IMPRIMERIE DE A. MOREAU,
Rue Montmartre, n. 39.

TRAITÉ

DES

ASSURANCES TERRESTRES,

SUIVI

DES STATUTS

DE DIVERSES COMPAGNIES D'ASSURANCE;

PAR EUGÈNE PERSIL,

Avocat à la Cour royale de Paris, auteur du COMMENTAIRE SUR LES
SOCIÉTÉS DE COMMERCE.

A PARIS,

CHEZ ALEX-GOBELET, LIBRAIRE-ÉDITEUR

DU *COURS DU DROIT FRANÇAIS*, PAR M. DURANTON,

RUE SOUFFLOT, N° 4, PRÈS L'ÉCOLE DE DROIT.

1835.

INTRODUCTION.

L'assurance terrestre prend tous les jours un développement extraordinaire. Les propriétaires sentent le besoin de se prémunir contre les accidens de force majeure qui pourraient, en un instant, les faire descendre de l'état de prospérité à l'état d'indigence. L'assurance leur offre une garantie certaine : aussi s'est-elle répandue en raison de la division de la propriété, et son importance se proportionne-t-elle incessamment au nombre des propriétaires.

L'assurance maritime précéda de beaucoup l'assurance terrestre. La coutume introduisit la première, long-temps avant qu'on soupçonnât seulement la possibilité de la seconde. On saisit facilement la raison de cette priorité. Les accidens sur mer sont plus fréquens; le péril menace à chaque instant; les exemples d'armateurs ruinés par la tempête se présentaient nombreux à l'esprit du commerçant qui voulait exporter ses marchandises. Il était impossible que l'homme luttât contre la fureur des mers, que son imagination lui fournît un moyen de commander aux élémens. Il le sentit, et il chercha par la pensée les précautions à prendre, non pas contre la tempête elle-même, mais contre ses conséquences désastreuses.

L'assurance des marchandises présenta toutes les garanties nécessaires. Le propriétaire, moyennant une certaine prime qu'il s'exposait à verser inutilement, avait la certitude de trouver, en cas de sinistre, l'équivalent des valeurs perdues. Le législateur comprit l'importance de cette coutume ; aussi s'empressat-il de la régulariser. L'ancienne jurisprudence contenait des dispositions précises sur les assurances maritimes : notre code de commerce a un chapitre plus étendu, qui règle tous les droits des assureurs et des assurés, et toutes les formalités nécessaires pour la rédaction des polices.

L'assurance terrestre s'établit plus difficilement. Les sinistres qu'elle garantit sont moins nombreux que ceux prévus par l'assurance maritime. Avec de la prudence, les dangers de l'incendie s'évitent souvent : la rareté de plusieurs cas, appelés de force majeure, explique la longue indifférence des hommes pour la recherche des précautions bonnes à employer. Et pourtant quelques exemples de champs ravagés par la grêle, de maisons consumées par le feu, de domaines dévastés par la guerre, par l'émeute populaire, donnèrent à réfléchir aux propriétaires. Ils songèrent alors à mettre en usage les moyens de garantie dont se servait depuis long-temps le commerce maritime. Plusieurs essais furent faits : mais la confiance générale n'appartenait pas à ce nouveau contrat, car son utilité n'était pas encore universellement sentie. Aussi le législateur ne s'occupa-t-il jamais de l'assurance terrestre ; pour les conventions qui intervenaient, quand les polices ne s'expliquaient pas clairement, les juges avaient recours aux principes posés pour les contrats d'assurance maritime. Alors des difficultés s'élevaient sur leur application aux assurances terrestres. Les dispositions créées pour les unes existaient-elles aussi

I.

pour les autres? Cette décision appartenait aux tribunaux : des procès nombreux furent la conséquence du silence de la législation. Tel était au moment de la rédaction du code de commerce, et tel est encore depuis l'état des choses. En 1807, les assurances terrestres n'étaient pas générales comme elles le sont devenues. Aussi le législateur ne leur consacra-t-il pas un titre. En effet, le code de commerce contient des dispositions étendues sur les assurances maritimes ; mais il ne parle pas des assurances terrestres, il ne leur donne seulement pas une *mention honorable.*

Qu'à cette époque, le législateur ait passé sous silence cette espèce de convention, rien d'étonnant. Les assurances terrestres n'avaient pas encore pris un développement pareil à celui de notre époque. Depuis, elles progressèrent rapidement : maintenant elles occupent tout le territoire français. Les tribunaux retentissent souvent des contestations élevées entre les assureurs et les assurés. Des décisions différentes existent sur les mêmes questions... Et jamais le législateur n'a songé à établir des règles certaines pour ce nouveau contrat.

Pourtant il serait temps d'appeler l'attention des Chambres sur cette importante matière, de provoquer une loi qui fixât les principes essentiels, et contînt des dispositions auxquelles il faudra recourir, quand la police ne renfermera pas des clauses spéciales.

Tel est le but de notre ouvrage. Nous demandons la sanction législative pour toutes les règles que les diverses polices ont jugé utile d'admettre à titre de conventions particulières. Nous désirerions que la loi désignât d'une manière positive les risques qu'il serait permis d'assurer ; qu'elle indiquât les formalités obligées du contrat. Il faudrait préciser le mode de constatation du sinistre pour éviter que l'assurance fût une occasion de gain ? Il serait bon aussi de formuler une sanction pénale applicable à l'assuré qui, voulant faire tourner l'assurance à son profit, aurait indiqué une valeur supérieure à la valeur réelle de l'objet assuré. Notre traité renferme la nomenclature de toutes ces dispositions qui constitueraient la loi réclamée ; et à la fin, comme résumé, nous avons inséré un projet que son auteur aurait l'intention de proposer aux Chambres.

Ce projet appartient à M. Thomas, directeur de la compagnie du Soleil. Il nous l'a communiqué avec la recommandation expresse de le critiquer, s'il nous paraissait défectueux. Nous devons à la vérité de dire que ce travail, fruit d'une longue expérience, contient toutes les améliorations que l'on désire voir sanctionnées par la législature. En attendant, à cet égard, la réalisation de leurs vœux, les compagnies d'assurances feront bien de méditer tous les articles de cette loi, et de les insérer dans leurs polices comme clauses particulières, jusqu'à ce que les Chambres aient voté leur adoption.

Nous recommandons encore aux diverses compagnies d'assurances l'instruction sur le règlement des sinistres. Elle énumère toutes les démarches à faire, soit pendant, soit après l'incendie, pour arriver à la constatation réelle du préjudice éprouvé par l'assuré. Les divers modèles des actes à rédiger dans tous les cas prévus suivent l'instruction.

Ce travail, qui sert de guide aux agens de la compagnie du Soleil, est encore dû à M. Thomas. Aussitôt qu'il eut connaissance de notre ouvrage, il s'empressa de nous offrir tous les renseignemens recueillis pendant une administration de plusieurs années. Dans une matière aussi incertaine que celle des assurances terrestres, la théorie ne suffisait pas ; il fallait encore la pratique des affaires. Lorsque la loi est muette, lorsque toutes les difficultés ne se lèvent que par l'interprétation des conventions des parties, il était nécessaire de bien connaître l'usage des diverses compagnies, les dispositions le plus généralement adoptées... M. Thomas nous a mis à même de connaître la coutume. Quand on joint cette connaissance à celle des différens principes, en un mot, quand on réunit la pratique à la théorie, seulement alors il est permis d'espérer la création d'un livre utile. Si nous sommes assez heureux pour atteindre ce but, nous serons en partie redevable de notre succès à M. Thomas... Qu'il reçoive ici l'expression de notre reconnaissance.

DES ASSURANCES
TERRESTRES.

CHAPITRE PREMIER.

DÉFINITION DU CONTRAT D'ASSURANCE.
SA NATURE.

1. En général, le contrat d'assurance est un contrat par lequel une ou plusieurs personnes s'engagent, pendant un temps donné, à indemniser un propriétaire des risques auxquels sa chose est exposée, moyennant un prix que celui-ci s'oblige de livrer.

2. Ce contrat est synallagmatique, puisqu'il produit des obligations réciproques. Il est aléatoire, car les obligations de l'assureur n'existent qu'après la réalisation de l'événement prévu, contre lequel l'assuré a voulu se prémunir.

3. L'assurance ne peut jamais être pour l'assuré un moyen d'acquérir. Il faut, pour la validité du contrat, qu'il ait intérêt à la conservation de la chose assurée;.... sans quoi, l'assurance deviendrait une gageure. Elle serait donc la cause d'un lucre immoral..... Souvent elle donnerait naissance aux plus grands désastres. Ne pourrait-il pas arriver que l'un des parieurs, poussé

par le désir de réaliser un gain considérable, sans bourse délier, ne déterminât l'événement du risque ?

4. Par suite du principe, *l'assurance n'est jamais une cause de gain*, on ne peut pas faire assurer sa propriété au-delà du risque que l'on court. L'assurance ne porte que sur la valeur de la chose assurée L'indemnité ne portera donc que sur sa valeur intrinsèque, au jour de sa perte.

CHAPITRE II.

COMPAGNIES D'ASSURANCES.

5. On connaît pour les assurances terrestres les compagnies à prime et les compagnies mutuelles.

Les compagnies d'assurances mutuelles sont formées par la réunion de divers propriétaires qui établissent une espèce de tontine, où ils versent des capitaux dans le but de secourir ceux d'entre eux dont les propriétés auront à souffrir soit de l'incendie, soit des ravages de la grêle.

Ces sociétés sont anonymes, c'est-à-dire qu'elles n'agissent pas sous un nom social.

6. Les compagnies d'assurances à prime sont celles fondées par plusieurs associés qui s'engagent, moyennant un prix appelé prime, à indemniser les propriétaires de maisons incendiées, ou de récoltes abîmées par la tempête.

7. Quelle est la forme de ces sociétés? Seront-elles sociétés en nom collectif, en commandite? ou bien seulement sociétés anonymes? La difficulté vient d'un avis du conseil d'État, du 15 octobre 1809; cet avis porte que toutes les compagnies d'assurances ne doivent s'établir qu'après l'autorisation préalable du gouvernement. Nous fûmes consulté par la compagnie d'assurances mutuelles contre la grêle, compagnie établie à Toulouse, sur la question de savoir si cet avis du Conseil d'État s'applique aux sociétés en nom collectif et en commandite, comme aux sociétés anonymes. Nous établîmes ainsi la négative :

Dans notre époque, où tout semble mis en question, il est un principe respecté qui réunit les esprits. Ce principe est la liberté du commerce qui entraîne, comme conséquence, la liberté des associations commerciales. Mais, dans la société, le droit particulier de chacun se limite par le droit des autres : il a fallu, pour l'intérêt général, régulariser le droit particulier. Ce besoin d'assurer le droit de tous, a donné naissance aux lois qui nous régissent. Ces lois imposent certaines obligations nécessaires pour tranquilliser l'intérêt général, qui, sans elles, se trouverait gravement compromis par les spéculations de l'intérêt particulier. Aussi, le code de commerce, tout en reconnaissant la liberté d'association, ordonne-t-il, pour les diverses espèces de sociétés, des formalités essentielles, dont l'inexécution entraînerait la nullité à l'égard des sociétaires, sans que le défaut d'aucune d'elles pût être opposé par eux à des tiers (art. 42). Pour les sociétés en nom collectif et en commandite, le code prescrit l'affiche d'un extrait de l'acte social... Il énumère avec soin toutes les désignations que doit contenir cet extrait. Mais il laisse aux associés la faculté d'établir leur association avec tout le cortége des obligations qu'il leur plaira de s'imposer mutuellement. Ils jouissent à cet égard d'une liberté illimitée : car le législateur sait que l'intérêt des tiers est assuré par l'exécution des formalités ordonnées à peine de nullité ; il sait que si la société tombe en faillite , tous les sociétaires sont engagés solidairement dans l'association en nom collectif, et que dans les associations en commandite, il se trouve un ou plusieurs associés responsables et solidaires, qui répondent, envers les tiers , de tous les engagemens contractés par la société (art. 22 et 23).

Dans la société anonyme , la même garantie ne se trouvait pas. Celle-ci n'existe point sous un nom social (art. 29) : elle est seulement qualifiée par la désignation de l'objet de son entreprise (art. 30). Les administrateurs ne contractent, à raison de leur gestion, aucune obligation personnelle ni solidaire relativement aux engagemens de la société (art. 32). Il y avait plus de facilité, pour les sociétaires, de frustrer les tiers : cette société pouvait devenir un moyen scandaleux de tromper le public, avec tous les dehors d'une association honnête. Aussi le législateur a-t-il voulu parer à cet

inconvénient : s'il a senti que la société anonyme
était indispensable, il a senti aussi qu'elle devait
être placée sous la surveillance du gouvernement,
pour ôter aux commerçans, indignes de ce nom,
l'espérance de ruiner, à leur profit, les malheureux
qui auraient versé leurs capitaux dans la caisse
sociale. Il a donc ordonné que la société anonyme
ne serait formée que par des actes publics (art.
40); qu'elle n'existerait qu'avec l'autorisation du
Roi, et avec son approbation pour l'acte qui la
constitue (art. 37); que cette ordonnance serait
affichée avec l'acte d'association et pendant le
même temps (art. 45).

Voilà les dispositions principales, essentielles
que le code de commerce prescrit pour l'existence légale des sociétés : ce sont les seules obligations imposées aux sociétaires pour la validité
des associations qu'ils voudraient former. Tant
qu'elles n'auront pas été abrogées expressément
ou tacitement par une loi votée et promulguée
dans les formes constitutionnelles, elles seules
doivent régler les sociétés commerciales. Veut-on
donner naissance à une société en nom collectif,
ou en commandite, qu'elle ait pour objet une
assurance mutuelle contre la grêle, ou qu'elle ait
un autre but, peu importe ; on ne doit se conformer qu'aux dispositions du code de commerce,
relatives à ces sociétés ; elles seules font loi. Pour
les sociétaires, l'existence d'un avis du Conseil
d'État, qui, au premier coup d'oeil, semble imposer des obligations nouvelles pour les compa-

gnies d'assurances mutuelles contre la grêle, n'est d'aucune valeur. Si cet avis prescrivait d'autres dispositions, ce serait à tort : car le Conseil d'État n'a pas mission d'ajouter aux lois votées ou ratifiées constitutionnellement : il ne devrait pas être suivi par les tribunaux, qui peuvent adopter les décisions du Conseil d'État sur une question d'interprétation de la loi, quand les raisons qu'il apporte dans la discussion leur paraissent convaincantes, mais qui ne sont pas tenus de lui obéir aveuglément, surtout quand la loi est aussi formelle, aussi explicite que celle relative aux sociétés commerciales. Le gouvernement, si le Conseil d'État avait vraiment eu la prétention de créer de nouvelles obligations pour les compagnies d'assurances mutuelles, semblerait comprendre la question dans un sens favorable au commerce, puisqu'il a laissé s'établir à Paris, sans jamais les inquiéter, des sociétés d'assurances mutuelles contre le recrutement.

Certes, le Conseil d'État n'a pas eu la pensée d'usurper le rôle d'un législateur. Si on lit attentivement son avis du 15 octobre 1809, on se convaincra facilement qu'il répondait à une consultation, demandée par le gouvernement, sur la possibilité d'accorder l'autorisation d'établir une société anonyme d'assurances mutuelles contre la grêle. En effet, on voit, dans le § 5°, que le Conseil refuse l'autorisation demandée, parce que les statuts de la société, manquant de développemens et d'étendue, paraissaient insuffisans. Or, si les ac-

tionnaires réclamaient l'autorisation du gouvernement, ce n'était pas pour se conformer à l'avis du
Conseil d'État, qui n'a existé que par suite de la réclamation, c'était évidemment pour obéir à l'art. 37
du code de commerce. Si le Conseil d'État a rendu
cet avis, du 15 octobre 1809, il est évident qu'il
a voulu seulement répondre à la demande faite
par le gouvernement, pour savoir s'il n'y avait
pas de danger de permettre la compagnie d'assurances mutuelles contre la grêle.

Mais, dira-t-on, le Conseil d'État, dans le § 3°
de son avis, se sert de termes généraux : il porte
une prohibition générale de toutes les sociétés.
En effet, on voit que cet avis défend *toute société
d'assurance* contre les ravages de la grêle, quand
elle n'a pas été autorisée par le gouvernement. Ce
serait une grave erreur de croire que le Conseil
d'État a voulu appliquer cette prohibition à toutes
les sociétés : si on fait attention aux circonstances dans lesquelles il a rendu son avis, on verra
qu'il s'est servi de termes généraux pour un cas
spécial : que, statuant sur une autorisation demandée par une société anonyme, il a, conformément aux dispositions de l'article 37 du code de
commerce, interdit, d'une manière générale,
toute société anonyme qui n'avait pas l'approbation du gouvernement ! D'ailleurs, si on jette les
yeux sur le § 4°, on trouvera l'explication précise du § 3°. On se convaincra que ce paragraphe
contient l'application du principe général, *toute
société d'assurance*, etc., etc. Le sens du § 3°

est qu'il ne suffit pas de demander l'autorisation,
mais qu'il faut encore que tous les règlemens
aient été soumis au gouvernement. Que contient
le § 4e ? Il explique la forme dans laquelle la demande doit être faite. Il démontre la rédaction
des statuts..... *Dans la formation des statuts,
dit-il, les rédacteurs doivent principalement
s'attacher à bien déterminer la manière dont
on doit procéder à la vérification de la valeur
des propriétés assurées et à celle des dommages,
etc., etc.*

La liaison intime qui existe entre les deux considérans de l'avis, prouve, jusqu'à l'évidence, que
le Conseil d'État n'a eu en vue que les sociétés
anonymes ; qu'il a voulu garantir le public contre
la fraude, en exigeant que tous les règlemens,
dans leurs détails les plus minutieux, fussent
soumis à l'approbation du gouvernement. S'il
s'est servi de ces termes généraux, *toute société
d'assurance*, il ne s'adressait qu'à toute société
anonyme, qui, d'après les dispositions du code
de commerce, doit être soumise à l'approbation
du gouvernement, non-seulement dans son ensemble, mais dans toutes les parties de ses règlemens.... *Aucune société d'assurance contre
la grêle ne peut se former avant que ses règlemens n'aient été soumis au ministre de l'intérieur.*

Un dernier fait prouve jusqu'à la dernière évidence que le Conseil d'État n'appliquait cet avis,
du 15 octobre 1809, qu'aux sociétés anonymes.
On lit dans les considérans préliminaires, § 4e :

*Vu les articles, depuis le 29ᵉ jusqu'au 38ᵉ, du
code de commerce, relatifs à l'organisation des
sociétés anonymes.* Est-il possible de trouver une
explication plus précise de l'avis rendu par le
Conseil d'État? Pourquoi ne consulte-t-il que les
articles qui ont rapport aux sociétés anonymes ?
Parce qu'il doit seulement statuer sur un cas de
société anonyme. Dans ce considérant se trouve
l'explication la plus claire de l'esprit qui a présidé
à la rédaction. Il est évident, pour tout le monde,
que le Conseil d'État n'avait à statuer que sur un
cas de société anonyme, et qu'il n'a pu statuer
que sur la question soumise à sa décision.

Mais, quand toutes ces preuves nous manqueraient, nous allons plus loin, quand bien même
il serait justifié que le Conseil d'État a rendu son
avis contre une société en nom collectif ou en
commandite, qui sollicitait une autorisation du
gouvernement, pourrait-on s'autoriser de cet avis
pour imposer à d'autres sociétés de ce genre des
obligations autres que celles imposées par le code
de commerce? Non : cette décision serait particulière à un cas spécial. En effet, tous les jours
une société en nom collectif ou en commandite
demande, sans y être contrainte par nos lois,
l'autorisation du gouvernement pour inspirer
plus de confiance au public, qui pense bien que
l'autorité n'accorde son approbation qu'à une
société utile et réunissant toutes les chances de
prospérité. Cette demande est très-licite; car si
les membres de ces associations ne sont pas for-

cés de demander l'autorisation du gouvernement, ils ont le droit de la solliciter quand bon leur semble. Mais il est aussi loisible au gouvernement de la refuser, sans qu'il ait pourtant le pouvoir de prohiber l'établissement de ces sociétés. Eh ! bien, n'est-il pas encore possible que le Conseil d'État, consulté sur la question de savoir s'il était convenable d'autoriser une de ces sociétés d'assurance contre la grêle, ait refusé l'autorisation, statuant en termes généraux pour toutes les sociétés dont les statuts manqueraient de développement et d'étendue ? Pour cette espèce de sociétés, le refus d'autorisation n'emporte pas contre elles la prohibition de s'établir ; seulement, le gouvernement leur a refusé son appui : il n'a pas voulu qu'elles profitassent de son adhésion pour inspirer plus de confiance au public. Dans ce cas encore, l'avis du Conseil d'État ne pourrait être opposé aux membres des sociétés en nom collectif et en commandite, qui se fonderaient sans s'inquiéter de l'autorisation du gouvernement.

En résumé, on peut mettre en activité une association d'assurance contre la grêle, soit sous la forme d'une société en nom collectif, soit sous la forme d'une société en commandite, sans redouter l'application de l'avis rendu par le Conseil d'État, le 15 octobre 1809 :

1° Parce que, si cet avis avait eu pour but d'imposer l'autorisation du gouvernement aussi bien aux sociétés en nom collectif et en commandite qu'aux sociétés anonymes, il serait illégal, et

qu'aujourd'hui, pour la validité des associations, les tribunaux, ne connaissant que les formalités prescrites par le code de commerce, en refuseraient l'application;

2° Parce qu'il résulte des termes et de l'interprétation saine et exacte des dispositions de cet avis, qu'il a été rendu pour le cas d'une société anonyme;

3° Et subsidiairement, parce que, eût-il été rendu, soit pour une société en nom collectif, soit pour une société en commandite, il ne devrait pas encore faire loi, puisque souvent les membres de ces associations demandent au gouvernement son adhésion, sans que celui-ci puisse, en refusant son autorisation, prohiber la société (1).

8. Quand les sociétés d'assurances sont rédigées sous la forme de sociétés anonymes, il faut, de toute nécessité, se conformer aux règles prescrites par le code de commerce pour la validité de ces sociétés. Ses statuts sont soumis à l'ap-

---

(1) Nous avons insisté sur cette question qui, au premier abord, paraît ne présenter aucune difficulté, parce que, dans certaines localités, l'autorité semble vouloir faire usage de l'avis du Conseil d'État. A Toulouse, le préfet, que les sociétaires de l'assurance mutuelle contre la grêle avaient averti de la formation de leur société, tout en reconnaissant les principes que nous avons posés, a cherché à les éluder en voulant à toute force voir dans cette association les caractères d'une société anonyme, malgré l'existence d'une raison sociale.

Notre consultation a été approuvée par M. Deloum, professeur suppléant à l'école de droit de Toulouse, et par M. Soueix, avocat à la cour royale de la même ville. (Voir le traité de MM. Grun et Jolliat, avocats à la Cour royale de Paris.)

probation du Roi, et, une fois approuvés, ils
sont insérés dans le Bulletin des lois, avec l'autorisation, publiés et affichés. On se demande quel
est l'effet de ces publication et insertion au Bulletin des lois ? La Cour de cassation a pourtant
été appelée à statuer sur cette question, qui,
vraiment, n'aurait pas dû en être une. Il est évident que l'insertion au Bulletin des lois et la publication ne sont exigées que dans l'intérêt des
tiers qui avaient intérêt à l'action du gouvernement sur ces sortes de sociétés; mais elles ne
changent pas la nature de ces statuts, qui conservent le caractère de conventions particulières
entre les divers associés. Ces conventions ont
donc force de loi entre les parties contractantes
seulement. (Art. 1165, cod. civ.) Leur violation
ne peut donner ouverture à la cassation des arrêts
ou jugemens prononcés en dernier ressort. La
publicité, donnée à ces conventions, n'est qu'une
garantie, nous le répétons, offerte au public
contre des combinaisons trompeuses, contre des
promesses brillantes.

9. Si les statuts des compagnies d'assurances,
établies sous la forme de sociétés anonymes, ne
présentent aucun caractère public ; s'ils ne conservent que la valeur de contrats particuliers,
de toute évidence, les agens employés par ces
compagnies ne sont revêtus d'aucun pouvoir
public. Ils sont purement et simplement les mandataires des associations qui les emploient : ils
doivent toujours exhiber les pouvoirs en vertu

desquels ils agissent. Sans cette justification, il
est prudent de ne pas se fier à eux, car on
s'exposerait souvent à être victime des manœuvres
frauduleuses d'escrocs et d'aventuriers.

10. Les compagnies d'assurances sont-elles des
sociétés commerciales, justiciables des tribunaux
de commerce? Il faut faire une distinction. S'il
s'agit d'une compagnie d'assurances mutuelles, la
société n'est pas commerciale; par suite, les tribunaux civils sont seuls compétens pour juger les
difficultés qui s'élèvent à son occasion. Cette société n'est pas commerciale..... En effet, quelle
est l'essence d'une société commerciale? c'est d'a-
voir pour objet des actes de commerce. Les actes
de commerce n'entrent pas dans le but d'une association mutuelle. Les sociétaires déposent une
somme plus ou moins forte, pour parer à un accident prévu; ils sont liés les uns envers les autres
par un contrat purement civil, en vertu duquel
ils font un sacrifice modique pour échapper à une
perte, incertaine, il est vrai, mais considérable.
Il n'y a pas dans ses opérations une chance alternative de perte et de profit. Elle est donc justicia-
ble des tribunaux civils. La Cour royale de Douai
a jugé dans ce sens, le 4 décembre 1820. (*Journal
du Palais*, 1821, tome 2, page 189.) (1)

(1) Tel existe sans contredit le principe général. Mais la
forme donnée à toutes les grandes compagnies d'assurances mutuelles peut modifier le principe. Presque toutes sont anonymes,
presque toutes sont désignées par l'objet de leur entreprise. Il
semblerait alors juste de les déclarer justiciables du tribunal de
commerce.

11. S'il s'agit d'une compagnie d'assurances à prime, les difficultés auxquelles elle donnera lieu, seront portées devant la juridiction consulaire. En effet, ces compagnies ont pour but des béné-fices : le gain constitue une opération de com-merce. Il entre dans la nature de cette société d'offrir des chances alternatives de perte et de profit.

12. Ces compagnies sont-elles sujettes au droit de patente ? La décision de cette question devient plus facile par la distinction qui vient d'être éta-blie. Si les assurances mutuelles ne constituent pas un acte de commerce, elles ne doivent pas être soumises à la patente, car celle-ci ne se perçoit qu'à raison de la mise en activité d'une industrie.

Quant aux sociétés d'assurances à prime, nous pensons, malgré l'avis (1) du ministre des finances, inséré dans le Traité de MM. Grün et Jolliat, qu'elles doivent payer le droit de patente. Et nous prendrons les termes mêmes de l'avis du ministre pour arriver à une conclusion différente de la sienne. « L'impôt de la patente, dit-il, est assis » sur les contribuables à raison du commerce, de » la profession ou de l'industrie qu'ils exercent.— » Le contrat d'assurance, en général, n'est de sa » nature qu'un contrat aléatoire dont la souscrip- » tion ne peut pas être plus rangée dans la classe » des opérations de commerce, que tous les prêts » faits sous des conditions diverses et dans la vue

(1) Cet avis est du 30 novembre 1819.

» de retirer un bénéfice proportionné aux chances
» courues. ». Là est l'erreur. Les sociétés d'assurances à prime ont pour but des opérations commerciales. Leurs bénéfices sont bien aléatoires, si vous
voulez, mais ils ne constituent pas moins le motif
de l'association. Dans l'assurance mutuelle, au
contraire, que veulent les sociétaires ? Bénéficier ?
Non : ils veulent éviter une perte considérable
qui résulterait pour eux de l'accident prévu. Dans
les assurances à prime, les associés ont des chances alternatives de perte et de gain ; par conséquent leurs sociétés doivent être rangées dans la
classe des sociétés de commerce, et si elles sont
regardées comme sociétés de commerce, elles doivent, comme toutes les autres, payer le droit de
patente. Mais, dit encore le ministre, lorsqu'en
matière d'impôt la loi n'a pas prononcé expressément, le gouvernement doit s'abstenir de toute
interprétation extensive qui pourrait être contraire aux intentions du législateur. La loi n'avait
pas besoin de s'expliquer : en cette matière,
comme en toutes les autres, elle ne peut pas prévoir tous les cas : elle se contente de poser un
principe général, et tout ce qui rentre dans ce
principe général se trouve compris dans la disposition de la loi. Ici, quel est le principe général ?
L'impôt de la patente est assis sur les contribua-
bles à raison du commerce, de la profession ou
de l'industrie. Il ne s'agit donc que de savoir si les
opérations des sociétés d'assurances à prime seront regardées comme des opérations de com-

merce. Dans notre opinion, les actes de ces associations sont commerciaux ; dans notre opinion, les
associations doivent payer patente.

CHAPITRE III.

CHOSES ESSENTIELLES AU CONTRAT D'ASSURANCE.

13. Il faut, de toute nécessité, pour la validité
du contrat d'assurance, 1° qu'il y ait une chose
assurée ; 2° des risques à courir ; 3° une prime
fournie par l'assuré.

Nous examinerons en détail les risques et la
prime. Quant à la chose assurée, les chapitres
précédens ont suffisamment expliqué la nécessité
d'une chose assurée, et l'intérêt que l'assuré doit
avoir à sa conservation, pour que le contrat d'assurance ne dégénère pas en gageure.

ARTICLE Iᵉʳ.

DES RISQUES.

14. Tous les risques peuvent faire l'objet du
contrat d'assurance. Ainsi le propriétaire d'une
maison la fera assurer contre l'incendie ; le propriétaire d'une terre la fera assurer contre l'inondation, contre la grêle ; celui qui est riche de
nombreux troupeaux les garantira, par le contrat
d'assurance, des dangers de l'épizootie.

15. Une grande différence existe pour les ris-

ques, entre l'assurance maritime et l'assurance terrestre. Dans le premier contrat, l'assureur se charge seulement des accidens de force majeure, sans jamais prendre à ses risques le dommage provenant de la faute de l'assuré. (Art. 352, code com.) Dans le second, au contraire, l'assurance comprend, dans le silence de la police sur l'étendue des risques, le dommage provenant de la faute de l'assuré.

16. Plusieurs auteurs, entr'autres MM. Grun et Jolliat, se sont trop laissé préoccuper par la législation sur les assurances maritimes. Ils ne se sont pas bien pénétrés de la distance énorme qui séparait ces deux espèces d'assurances. L'assurance maritime n'a jamais existé, même dans la coutume commerciale, que pour se prémunir contre les hasards nombreux de la mer. On conçoit l'immense intérêt pour des négocians qui livrent leur fortune aux dangers d'une longue traversée, d'être garantis contre toutes les tempêtes qui pourraient assaillir le vaisseau. L'assurance ne porte que sur les événemens de force majeure. Tous les malheurs, arrivés soit par la faute du capitaine, soit par la faute de l'assuré, resteront à la charge de ce dernier.

Mais si l'assurance terrestre devait garantir l'assuré contre les événemens de force majeure seuls, cette garantie serait illusoire. Dans les assurances contre l'incendie, l'assuré ne demanderait une indemnité que si sa maison était brûlée par la foudre. Le prix donné à l'assureur ne constituerait plus

une indemnité des risques à courir, car ces risques se présenteraient si rarement que la prime ne
serait plus qu'une donation. MM. Grun et Jolliat
citent à l'appui de leur opinion Valin, Émérigon,
Pothier. Ces jurisconsultes méritent, sans contredit, une grande autorité : mais ils ont écrit pour
les assurances maritimes, et leur opinion, consignée plus tard dans le code de commerce, ne doit
avoir de valeur que pour les assurances maritimes.
L'opinion de M. Frémery (*Études du Droit commercial, Assurances contre l'incendie*) doit prévaloir. C'est aussi celle que nous adoptons. « Dans
» les assurances maritimes, dit-il, l'assureur ne
» prend à ses risques aucun dommage provenant
» de la faute de l'assuré ; l'assurance terrestre per-
» drait toute son utilité si l'assureur ne garantissait
» que le sinistre procédant d'une cause purement
» fortuite ; aussi la convention comprend, d'après
» la coutume universelle, et malgré le silence de
» la police sur l'étendue des risques, la garantie
» du dommage résultant d'une faute de l'assu-
» ré. » M. Toullier soutient aussi la même doctrine. « Il nous semble, dit cet auteur, que
» cette proposition, *l'assureur n'est point tenu
» du sinistre qui arrive par la faute reconnue de
» l'assuré,* doit être modifiée et restreinte au cas
» de la lourde faute équipollente au dol : car,
» lorsque je fais assurer ma maison contre l'in-
» cendie, mon intention est bien de la préserver
» de tout accident, même de celui qui provien-
» drait involontairement de mon propre fait :

» ainsi, supposons que le feu prenne dans ma
» cheminée, et qu'ensuite il se communique à la
» maison et la consume, la compagnie, pour se
» soustraire au paiement du sinistre, ne serait
» pas reçue à prétendre que le feu a pris par ma
» faute, parce que j'aurais dû faire ramoner ou
» réparer ma cheminée ; cependant il est bon de
» s'en expliquer dans la police. » (M. Toullier,
t. 2, p. 214.)

17. Cette distinction est juste. L'assureur indemnise l'assuré des malheurs arrivés par sa faute,
pourvu que cette faute n'ait pas une telle gravité,
qu'elle soit volontaire. Ainsi, le dommage causé
par le dol du propriétaire, pour avoir le droit
de palper l'indemnité promise, et celui qui provient d'une négligence telle, qu'il est impossible
de croire que le propriétaire s'en fût rendu coupable, s'il n'eût pas été assuré, demeurent à sa
charge. Quant au dommage causé par une faute
moins grave, ou par un cas fortuit, il reste à la
charge de l'assureur.

18. MM. Grun et Jolliat, admettant le principe
que, dans l'assurance terrestre comme dans l'assurance maritime, l'assureur indemnise l'assuré des
événemens de force majeure seulement, disent que
dans la pratique, « l'extrême difficulté de prouver
» la faute de l'assuré ou des personnes dont il ré-
» pond, suffit pour dissiper entièrement les crain-
» tes de voir naître des procès après chaque sinistre.
» Les compagnies d'assurances contre l'incendie,

» ajoutent-ils, n'ont fait valoir cette exception
» que lorsque la faute de l'assuré était évidente,
» ou lorsque sa culpabilité avait été reconnue par
» un jugement ». Peu nous importe qu'il y ait plus
ou moins de difficulté pour établir la preuve de
la faute de l'assuré ; c'est le principe que nous at-
taquons. Nous prétendons, avec MM. Toullier et
Frémery , que l'assureur doit indemniser l'assuré
des événemens arrivés par la faute de celui-ci,
pourvu toutefois que la faute ne soit pas grave,
c'est-à-dire , dans les principes de droit , qu'elle
ne puisse pas être assimilée au dol : *culpa gravis
dolo æquiparatur.*

19. Quant à l'incendie volontaire pour toucher
le prix de l'assurance , la jurisprudence l'a poursuivi par l'application rigoureuse de l'article 434
du code pénal ; la Cour de cassation s'est montrée
inflexible à cet égard. Mais quelle difficulté pour
arriver à cette sévère répression du crime ! Quelques-uns ont été punis ; mais aussi combien ont
échappé aux recherches de la justice ! Depuis l'é-
tablissement des compagnies d'assurances, les incendies se sont progressivement multipliés. (Voir
la circulaire du garde des sceaux aux procureurs-
généraux , du 25 janvier 1823.) Il est sans doute
très-bien que le législateur punisse le crime commis ; mais il serait bien aussi qu'il le prévînt en
faisant disparaître l'intérêt que l'on trouve à le
commettre. C'est vers ce but que doivent tendre
tous les efforts des chambres intéressées au maintien de la morale publique ; c'est vers ce but aussi

que doivent se tourner tous les soins des compagnies d'assurances intéressées à rendre inutiles les
incendies volontaires. D'abord, il ne faut payer
que la valeur de l'objet détruit au moment de
la destruction ; c'est ce qui se stipule dans toutes les polices d'assurance : mais la difficulté
commence quand il s'agit de savoir quelle était
la valeur d'une maison au moment de l'incendie.
Comment est-il possible de constater la valeur
réelle d'un immeuble quand il a péri ? Comment
surtout est-il possible de constater la valeur
réelle d'un mobilier assuré ? Nous pensons que la
commune renommée pourrait lever toutes ces difficultés, qui, au premier abord, paraissent inso-
lubles. Dans les villages, dans les petites villes,
où tout le monde se connaît, où chacun sait par
cœur toutes les relations, toutes les habitudes,
toute la fortune de son voisin, on pourrait arriver
sans peine à une constatation certaine du prix réel
de l'immeuble brûlé ou du mobilier détruit. Dans
les grandes villes, il paraît moins aisé de connaître
sûrement la valeur réelle d'une maison au moment
où le feu l'a consumée ; pourtant nous croyons encore que la difficulté n'est qu'apparente. Il est bien
rare que les propriétaires voisins ne connaissent
pas la valeur de l'immeuble qui touche le leur...
ils peuvent dire sans crainte de se tromper, non
pas quelle est la valeur que le propriétaire y at-
tachait, mais quelle était la valeur intrinsèque. Il
y a trop de relations forcées entre propriétaires
voisins pour qu'ils ignorent le prix réel de leurs

propriétés respectives. Pour le mobilier, est-ce
que les personnes qui se voient entre elles n'ont
pas connaissance de tous les meubles qui ornent
leurs appartemens ! Les femmes, surtout, avec
leur esprit d'investigation, finissent presque toujours par posséder la nomenclature complète des
ménages amis. Mais, me dira-t-on, qui peut garantir le propriétaire contre les faux calculs faits
par la commune renommée ? Il est bien difficile
de supposer qu'il n'y ait pas un fonds de vérité,
quand tous les témoignages sont unanimes ; puis
le tribunal ne sera pas forcé de prendre pour articles de foi toutes les dépositions ; il les regardera
comme des présomptions qu'il ne considérera pas
comme graves, précises et concordantes, quand
il trouvera, dans les autres documens de la cause,
des preuves plus fortes pour fixer sa conviction.
Nous n'avons pas d'ailleurs la prétention d'imposer
notre opinion... qu'on nous présente un meilleur
avis, et nous l'adopterons ; nous renoncerons au
nôtre sans blessure pour l'amour-propre. Mais
jusqu'à plus ample informé, qu'il nous soit permis
de tenir à la commune renommée, qui seule peut,
nous le croyons, garantir complètement les compagnies d'assurances contre les incendies allumés
volontairement dans le but de toucher l'indemnité
promise. Nous avons encore plus de confiance
dans notre opinion quand l'expérience d'un homme
de pratique lui a donné raison. M. Thomas, directeur-général de la compagnie du Soleil, a été
frappé de la multiplicité des incendies depuis la

création des asssurances ; il a cherché un remède à cette recrudescence si fatale aux intérêts des assureurs, et il a mis les observations suivantes en tête d'un projet de loi que nous rapporterons à la suite de notre traité. M. Thomas s'exprime ainsi : « L'as-
» surance contre l'incendie touche aux intérêts gé-
» néraux de toute la population, vu la facilité de
» frauder et de compromettre les intérêts et même
» la vie des voisins.

» La fraude ne peut être réprimée par les lois
» pénales. La punition ne peut s'appliquer qu'à un
» très-petit nombre d'incendiaires : elle n'atteint
» pas *un sur cent.*

» La fraude n'existerait pas s'il n'y avait pas de
» compagnies d'assurances, parce que le véhicule
» manquerait.

» C'est donc dans le système des assurances qu'il
» faut chercher les moyens de la prévenir.

» Le seul moyen véritable, c'est d'empêcher
» que les assurances ne présentent un appât de
» gain aux assurés ; lorsqu'il n'y a pas d'espoir
» de gagner, il n'y a pas de motif de frauder ; et
» dès lors il n'y a pas de fraude à craindre.

» Deux moyens se présentent pour empêcher les
» assurés de gagner à l'assurance :

» Le premier est de ne jamais assurer plus que
» la valeur réelle des objets.

» Ce moyen paraît le plus naturel, le meilleur ;
» mais il n'est que spécieux, parce qu'il n'est pas
» exécutable, comme on le démontrera.

» Le second est de défendre le bénéfice sous
» peine de nullité.

» Celui-ci est le plus efficace, le seul véritable
» moyen. Il présente peu de difficultés dans son
» exécution et il frappe juste.

« Les compagnies d'assurances sont les plus
» intéressées à prévenir la fraude, puisque c'est
» leur vie, leur existence. Aucune prime d'assu-
» rances ne pourrait parer à la fraude, si les
» clauses des polices n'y mettaient ordre.

» Les polices d'assurances sont donc déjà ré-
» digées pour prévenir la fraude. Il suffirait de
» les faire exécuter rigoureusement pour y remé-
» dier sans autres lois ; les compagnies d'assu-
» rances ont fait la loi comme elle doit être pour
» prévenir la fraude ; mais comme les tribunaux
» refusent leur stricte exécution, il est indispen-
» sable de leur tracer, par une loi positive, la
» marche à suivre.

» On a dit que le premier moyen, celui de s'as-
» surer de la valeur réelle, n'était point praticable;
» en voici les preuves.

» Pour n'assurer que la valeur réelle, *il fau-*
» *drait d'abord que tous les objets eussent une*
» *valeur réelle, fixe et invariable.* Ce qui n'est
» pas. Les marchandises d'un fabricant, d'un
» marchand, sont sujettes à des variations conti-
» nuelles en quantité, qualité et valeurs. Les
» vérifications préalables qu'on ferait ne pourraient
» absolument rien prouver. Il est sans doute inu-
» tile de s'étendre sur ce point ; tout le monde

» sait, de prime abord, que telle qualité ou
» quantité de marchandises existantes aujour-
» d'hui peuvent changer ou disparaître le len-
» demain, etc.

» Le moyen de vérification préalable n'est donc
» que moral ; l'agent peut et *doit le faire* dans
» l'intérêt de la compagnie, mais non pour donner
» une base à la perte en cas d'incendie ; il suffi-
» rait qu'on voulût invoquer la vérification pour
» base, en cas de sinistre, pour donner un ali-
» ment immense à la fraude, puisqu'alors il suffi-
» rait d'entasser beaucoup de marchandises dans
» un magasin, de les vendre successivement et de
» faire un petit feu de paille dans le magasin
» pour venir dire : Il y a eu incendie, payez-moi
» les marchandises que vous m'avez assurées.

» Ce moyen est donc impraticable. Mais, dira-
» t-on, il pourrait être praticable sur les bâti-
» mens ; ceux-là, on ne peut les emporter.

» Sans doute, il serait plus praticable sur les
» bâtimens, mais il serait néanmoins encore vi-
» cieux. Exemple :

» Un bâtiment a aujourd'hui telle destination et
» demain telle autre : sa valeur change selon sa
» destination ; une fabrique a été construite
» à grands frais pour une filature ; la fabrique
» tombe ; on est obligé d'en faire une maison
» d'habitation ; elle perd les trois quarts de sa
» valeur. Si la compagnie est obligée de la payer
» sa valeur primitive, le propriétaire ruine a un

3

» intérêt à y mettre le feu, plutôt que de la re-
» bâtir autrement.

    » Autre exemple : Un bâtiment est vieux et
» prêt à tomber en ruines : on a besoin d'y faire
» de grosses réparations, ou bien on doit l'abat-
» tre pour le rebâtir sur un autre plan : l'assuré
» qui serait sûr de toucher le montant de sa va-
» leur, serait intéressé à y mettre le feu, au
» péril de brûler le quartier ou la commune en-
» tière ; la même réflexion s'applique aux bâti-
» mens sujets à alignemens ou à tout grand chan-
» gement qui détériore sa valeur.

    » Autre exemple : Un paysan vient de trois ou
» quatre lieues au marché ; il fait en même temps
» assurer sa maison, grange, etc., etc., le tout
» d'une valeur de 5 ou 6,000 fr. Il paie pour droits
» d'assurance 5 ou 6 fr.; comment veut-on que
» l'agent aille faire la vérification ? Elle coûterait
» plus que l'assurance ne rapporte.

    » La vérification préalable ne peut donc pas
» être employée comme unique moyen. Elle ne
» peut servir que de renseignemens à la compa-
» gnie d'assurance, mais jamais comme base,
» parce que toutes les fois qu'on prendra une
» base fixe, antérieure à l'assurance, elle pré-
» sente aux assurés des moyens de bénéfice, et
» dès lors un véhicule à la fraude. La loi ne doit
» laisser aucune porte ouverte à la fraude ; alors
» on la prévient. » (Voir les art. 1 et 4 du projet de loi.)

    Quant à la vérification de la valeur des objets

assurés au moment de leur ruine, M. Thomas, dans une instruction sur le règlement des sinistres, adopte une voie conforme à celle que nous avons indiquée. « Pour les bâtimens, rien de plus
» simple; les parties qui subsistent, les fondations,
» les indications diverses, mettent les architec-
» tes à même de faire un devis exact de la va-
» leur des objets avant l'incendie. Ils calculent la
» diminution de valeur sur le temps depuis lequel
» le bâtiment était construit, et après avoir dé-
» duit le prix du sol, l'estimation est parfaite.

» Pour les objets mobiliers, l'assuré en donne
» la note; au moyen *de renseignemens pris chez*
» *les voisins et les personnes qui fréquentaient*
» *la maison,* on en reconnaît l'existence, surtout
» quand on se donne la peine de faire l'inventaire
» de ce qu'il y avait dans chaque pièce de la maison.
» Le prix en est établi sur le rapport des mar-
» chands ou gens de l'art où ils se trouvaient lors
» de l'incendie. Il est aisé de reconnaître la quan-
» tité de bestiaux, récoltes, provisions et meubles
» de l'assuré, et quand on est convaincu que rien
» n'a été changé ni soustrait avant l'incendie,
» quand il y a, de part et d'autre, franchise et
» bonne foi, on a bientôt trouvé le chiffre de la
» perte.

» Si les livres d'un négociant n'ont pas été la
» proie des flammes, ils servent à fixer prompte-
» ment le dommage éprouvé sur les marchandises
» qui faisaient l'objet de son commerce. Dans le
» cas contraire, c'est au négociant à justifier des

» entrées et des sorties au moyen des factures.
» C'est à l'agent à consulter, dans cette circons-
» tance, comme dans toutes, la notoriété pu-
» blique, les personnes qui fréquentaient les
» magasins, celles qui peuvent fournir des ren-
» seignemens sur la quantité et la qualité des
» marchandises, sur la moralité et la situation
» financière de l'assuré. Les agens doivent se
» tenir en garde contre une bienveillance mal
» entendue, plus nuisible que favorable aux
» intérêts de la compagnie qu'ils représentent.

» Ces observations suffisent pour faire connaître
» aux agens l'esprit et le but des assurances ;
» elles leur inspirent d'avance les dispositions
» qu'ils doivent apporter au règlement d'un si-
» nistre (1). »

---

(1) En attendant la loi sur les assurances, la compagnie du Soleil a sagement pris toutes les précautions contre les incendies
allumés par la malveillance. Le 7 août 1833, le directeur fit
un rapport au Conseil d'administration et provoqua un arrêté
qui exclut certaines assurances. Voici le rapport; l'arrêté le
suivra.

RAPPORT DU DIRECTEUR-GÉNÉRAL.

Messieurs,

Vous avez remarqué que les incendies se multiplient d'une
manière effrayante, et que le plus souvent ils sont le résultat de
spéculations criminelles. Des assurés de mauvaise foi s'enrichis-
sent ainsi aux dépens des compagnies d'assurances.

Ces causes ont précipité la chute de plusieurs compagnies
mutuelles qui se sont vues forcées d'entrer en liquidation, n'ayant
pas de fonds capitalisés pour faire face aux sinistres imprévus,
comme les compagnies à prime. Celles-ci peuvent sans doute
supporter des pertes de toute nature, sans que leur crédit en

20. Les compagnies d'assurances n'étendent pas leur responsabilité aux incendies occasionnés par la guerre, l'émeute, etc. On ne peut pas attaquer

soit ébranlé; cependant est-il urgent de prendre des mesures pour ne pas encourager le crime par trop de facilité.

Je sais qu'il est impossible de tout prévoir et surtout d'éviter tous les piéges que peuvent nous tendre des assurés de mauvaise foi, mais je crois qu'il est possible de restreindre beaucoup la fraude au moyen d'une sage et active administration.

La compagnie du Soleil, plus que toute autre, peut remédier aux abus, avec l'aide des comités d'assurance. Les agens de la compagnie ont vu, par le dernier compte rendu, que l'assemblée générale accorde, à titre d'encouragement, un prix de 1000 fr. à celui d'entre eux qui aura effectué la meilleure organisation de ces comités. Il est donc permis de croire qu'ils s'en occuperont sérieusement en y employant leur influence et toute leur activité, ce qui leur est recommandé par mes instructions et plus particulièrement encore par celle ayant pour titre : *Manière de bien diriger une agence*, dont il leur sera de nouveau recommandé de se pénétrer; ils y trouveront leur intérêt aussi bien que la compagnie.

En attendant que cette organisation de comités prenne tout le développement désirable, et qu'elle ait lieu sur tous les points de la France, je pense qu'il est indispensable d'appeler l'attention de MM. les agens sur les assurances qui offrent le plus de dangers à cause de l'appât qu'elles présentent aux fraudeurs de s'incendier eux-mêmes.

En effet, toutes les fois qu'un assuré cherche à faire couvrir soit des immeubles, soit tous autres objets, pour une valeur supérieure à celle réelle ou vénale, on peut en conclure généralement que cet individu a un intérêt positif à les voir brûler, et du moment qu'il a des besoins pressans, que ses affaires sont en mauvais état, un incendie se déclare....

Il est donc indispensable que MM. les agens prennent les plus grandes précautions pour faire disparaître ce vice dans leurs opérations d'assurances; d'abord, en recommandant à leurs agens-vérificateurs de ne jamais s'en rapporter, sur ce point, aux déclarations des assurés, et de toujours vérifier si la valeur

ces exceptions, puisque les conventions font la loi des parties contractantes. Mais nous ne voyons pas trop si, au dire de quelques auteurs, on exclut

donnée n'est pas exagérée, et en ayant soin de faire savoir aux assurés, qu'en cas de sinistre, et quelle que soit la somme couverte, ils ne pourront jamais recevoir au-delà de ce qui aura été réellement perdu par l'effet de l'incendie. Alors les assurés, bien imbus de ce principe, seront intéressés les premiers à appliquer aux objets la valeur la plus juste possible, afin de ne pas payer une prime en pure perte.

Là où y il a des comités d'assurance, MM. les agens remettront tous les mois un état des assurances faites dans la commune, pour avoir l'opinion du comité tant sur la moralité des assurés que sur les valeurs portées dans les déclarations. Il serait même plus avantageux que ces communications pussent avoir lieu, autant que possible, avant la confection des polices.

Afin de faciliter cette espèce de contrôle, et mettre la direction en état de juger si les valeurs ne sont pas exagérées, il sera recommandé à MM. les agens de faire consigner, sur les déclarations, les détails suivans qui devront également être transcrits sur les polices :

1° La nature des matériaux employés aux bâtimens.

2° L'espèce de couverture.

3° La longueur et la profondeur de chaque bâtiment, soit en pieds, soit en mètres.

4° Le nombre d'étages.

5° Si les bâtimens sont vieux, neufs, ou entre les deux.

Au moyen de ces renseignemens, chacun pourra en faire l'estimation dans son cabinet, par la seule comparaison avec d'autres bâtimens. Une instruction, à cet effet, sera transmise à MM les agens.

Quant au mobilier, rien n'est plus facile que d'en connaître l valeur approximative, et il y a lieu de s'étonner que quelque agens en admettent pour des valeurs exagérées. Partout, l valeur du mobilier suit à peu près celle de l'emplacement qu le contient; et l'expérience a prouvé que rarement la valeur d mobilier dépasse la moitié de la valeur de la maison ou de l'ap

encore tous les incendies survenus par la faute
même légère des assurés, quelle est l'utilité de
ces assurances. En effet, comment l'incendie s'al-

partement où il est contenu, c'est-à-dire à peu près dix fois la
valeur du loyer de ce même appartement. Ceci n'est pas avancé,
comme une règle commune et invariable; ce n'est qu'une donnée
générale qui peut varier selon les localités et les positions de
chaque individu.

La valeur réelle du linge et des hardes présentant de trop
grandes difficultés dans le règlement des sinistres, il sera recommandé à MM. les agens de les exclure de l'assurance dans les
communes rurales, et de ne les admettre, dans les villes, que
pour une valeur relative.

La même mesure serait encore applicable aux marchandises,
si la compagnie n'avait, en cas de sinistre, le droit d'exiger,
pour preuve de l'existence réelle, la production des livres et
factures. Néanmoins, MM. les agens doivent mettre beaucoup de
prudence dans leurs transactions avec le commerce, et n'accorder
leur confiance qu'à des négocians ou marchands bien connus et
jouissant d'une bonne réputation. Ils doivent se pénétrer de cette
idée, que tout homme qui est obéré et dont les affaires sont em-
barrassées, n'ayant aucun intérêt à la conservation des objets
qu'il fait assurer, présente beaucoup plus de chances de perte que
toute autre personne.

Il est d'autres risques dangereux à signaler comme devant faire
l'objet d'une attention toute particulière de la part de MM. les
agens; tels que les *moulins à vent* et *à eau* qui, par leur éloi-
gnement des autres habitations et des routes fréquentées, peuvent
être rarement vérifiés lors de l'assurance, ni être secourus en cas
d'incendie, et qui courent le double danger de prendre facilement
feu, et surtout d'être incendiés par fraude. Ces objets ne devraient
pas payer moins de 5 à 10 pour 1000, et devraient n'être jamais
admis à l'assurance que pour les trois quarts de leur valeur, sur
expertise préalable.

Les *boulangers*, les *menuisiers* et autres professions analogues
présentent aussi des risques fort dangereux, et le tarif ne les
porte pas, non plus, à un taux de prime assez élevé. Il en est
de même des *maîtres de postes* et des *aubergistes*.

Je pense, Messieurs, qu'il serait opportun que vous voul[...]

lumera-t-il s'il ne s'allume par une des causes formellement exceptées de l'assurance? Nous le répétons, les conventions font la loi des parties.

bien consacrer, par un arrêté spécial, les divers principes énoncés
dans ce rapport.

Paris, le 7 août 1833.   *Le directeur-général ,*

                               Chev. Thomas.

ARRÊTÉ.

Le Conseil d'administration, après avoir entendu le rapport
qui précède, décide qu'il sera imprimé et adressé en forme d'instruction à MM. les agens, pour qu'ils en fassent leur profit au
grand avantage de la compagnie;

Et, en conséquence, le Conseil arrête les dispositions suivantes :

1° A l'avenir, les assurances des mobiliers à la campagne ne
comprendront que les *gros meubles* et, autant que possible, sur
état estimatif. Le linge et les hardes ne seront jamais compris
dans ces assurances.

2° Tant dans les villes que dans les campagnes, il ne sera
jamais assuré des mobiliers pour une valeur excédant *la moitié*
de celle de la maison qui les contient, ou pour plus de *dix fois*
le montant du loyer annuel de la partie occupée.

3° Il ne sera fait aucune baisse sur le tarif pour les mobiliers
dans les villes au-dessous de 6,000 âmes.

4° Il ne sera point fait d'assurances sur les *moulins à vent*
construits en bois, non plus que sur les *moulins à eau* de la même
construction. Quant à ceux de chaque espèce, construits en
pierres, ils ne devront jamais être assurés que pour les trois
quarts de la valeur réelle et à moins de 5 pour 1000.

Néanmoins, s'il arrivait que le propriétaire d'un moulin en
bois eût beaucoup d'autres objets à faire assurer, on pourrait
comprendre ce moulin dans l'assurance, mais toujours pour les
trois quarts de la valeur et à 5 du 1000.

5° MM. les agens mettront la plus grande circonspection à
l'égard des assurances de *menuisiers, charpentiers, charrons,
ébénistes, tonneliers, aubergistes logeant rouliers, postes aux
chevaux* et *boulangers.* Ils ne contracteront des assurances
qu'avec les individus de ces diverses professions, dont la répu-

Mais, si par hasard la police gardait le silence sur tous ces incendies, nous pensons qu'en principe leurs conséquences terribles seraient à la charge des compagnies ; car, lorsqu'un propriétaire fait assurer sa maison contre le feu, que veut-il ? Voir sa fortune à l'abri d'une ruine subite. Il consent à payer par an une prime de..., pour être indemnisé si jamais sa propriété brûlait. Qu'elle soit brûlée par le feu du ciel... que l'incendie soit occasionné par guerre, invasion, émeute, peu lui importe ; ce qu'il a voulu en signant la police d'assurance, c'est une indemnité quand sa maison brûlerait, n'importe par quel moyen... : il ne répond que de sa faute grave.

21. Nous mettrions bien moins encore à sa charge l'incendie survenu par défaut de ramonage ; c'est une contravention punie d'une amende par la loi (art. 471, cod. pén.) ; mais c'est une faute légère, la modicité de l'amende le prouve ; et nous ne met-

tation et la moralité leur seront bien connues ; et s'il ne leur est pas possible d'obtenir des primes au-dessus du tarif, il leur est recommandé de ne point les assurer *au-dessous*.

6° Enfin, MM. les agens veilleront avec le plus grand soin à ce que tous les objets offerts à l'assurance soient portés à leur plus juste valeur ; et, dans le cas où ils concevraient quelques craintes sur les assurances déjà faites et qui leur paraîtraient avoir été portées à des évaluations exagérés, ils devront les réduire de suite à leur valeur réelle, par un avenant motivé.

Fait à Paris, le 7 août 1833.

Certifié :

Vu par le président du Conseil,   *Le directeur-général,*

Comte Alexandre de LABORDE.   Chev. THOMAS.

tons pas les fautes légères à la charge de l'assuré.
Que les compagnies, ainsi qu'il est dit par l'article 26 des statuts de la compagnie du Phénix,
prennent toutes les précautions qu'elles jugeront
convenables pour prévenir les accidens qui arrivent par le défaut de ramonage, rien ne les en
empêche...; nous les approuvons même... Si la
compagnie a jugé utile d'insérer dans ses statuts
cet article 26, c'est qu'elle sentait comme nous,
qu'en principe la faute légère de l'assuré se trouve
à la charge de l'assureur.

22. Les assurances sont de droit étroit; elles
ne reçoivent pas d'extension; jamais l'interprétation ne grève les assureurs : ils indemnisent l'assuré de la perte des choses comprises textuellement dans la police...; pas au-delà. Ainsi, l'assurance d'une maison contre l'incendie ne comporte
jamais l'assurance du mobilier que cette maison
renferme.

23. Les compagnies d'assurances à prime ont
limité leur responsabilité; elles ne se contentent pas d'exclure certains événemens extraordinaires, elles fixent encore par leurs statuts la
somme formant le montant de l'indemnité; elles
n'ont pas le droit de le dépasser sans l'autorisation
du gouvernement. (Voir les statuts des compagnies.)

24. Si la compagnie se chargeait du risque pour
une somme plus forte que celle fixée par ses statuts, pourrait-elle couvrir cette infraction en faisant réassurer le surplus par un autre assureur?

Nous partageons l'avis de MM. Grun et Jolliat, qui est celui-ci : La réassurance ne détruit pas, il est vrai, le vice primitif du premier contrat, mais il serait trop sévère de prononcer la nullité de l'assurance. « Le but du gouvernement, ajou-
» tent ces auteurs, en consacrant la disposition
» des statuts relative au maximum à assurer, a
» été de protéger le capital des assureurs contre
» des chances trop défavorables. Ainsi, tant que
» les compagnies ne se chargent pas seules d'une
» somme excédant ce qui leur est permis d'assurer,
» elles ont rempli le vœu de leurs statuts; sans
» doute l'effet de la réassurance n'est pas de dé-
» charger l'assureur primitif; mais il ne supporte
» pas seul le dommage, car il reçoit de son réas-
» sureur une partie de ce qu'il a payé. On ne
» peut plus dire alors qu'il a compromis les sûre-
» tés de ses assurés, puisque la valeur qui dé-
» passe le maximum est garantie par le capital
» d'une autre compagnie. »

25. La compagnie d'assurance mutuelle n'est pas soumise à cette limitation de responsabilité ; la raison de cette différence s'explique par la dif-férence du caractère de ces deux sociétés. La compagnie à prime présente comme garantie à ses associés un capital qui ne peut s'élever; il a donc fallu ne pas l'exposer à des atteintes ruineu-ses par des assurances trop fortes sur un même objet. La société d'assurance mutuelle, au con-traire, consiste dans un engagement illimité de chaque sociétaire, malgré l'étendue des pertes.

26. *Quid* des détériorations survenues à l'immeuble par suite du vice propre de la chose assurée? La cause de cette perte est tout à fait hors du sens présumable de la police d'assurance : il ne faut pas confondre le *vice propre de la chose* avec sa *défectuosité*. Par ce dernier mot, on entend une conformation vicieuse qui entraîne la destruction d'une chose, destruction qui ne fût pas arrivée si la composition eût été meilleure. Par *vice propre*, on entend la détérioration ou la perte que comporte la nature de la chose assurée; elles peuvent arriver par un accident que l'ouvrier le plus habile ne peut empêcher. Ainsi, le vin le mieux fabriqué peut s'aigrir, la soie peut passer, malgré les plus grands soins pour la conserver dans tout son lustre.

27. Comme le contrat d'assurance est essentiellement aléatoire, il faut que les risques soient véritables; et si les choses assurées n'existaient pas, ou si elles étaient anéanties lors de la convention, il n'y aurait pas de contrat, puisqu'une condition essentielle, la chose assurée, manquerait.

28. Les parties contractantes peuvent être admises à prouver que l'une d'elles savait l'événement au moment de la signature du contrat.

Le silence en ce cas est un délit; l'article 368 du code de commerce condamne l'assuré convaincu de fraude à payer à l'assureur une double prime. En cas de preuve contre l'assureur, il paie à l'assuré une somme double de la prime convenue, indépendamment, bien entendu, de la res-

titution de la prime, si elle avait été payée d'a-
vance. Aux termes du même article, celui d'entre
eux contre qui la preuve est faite, est poursuivi
correctionnellement.

C'est la grande difficulté de prouver la fraude
en cette matière qui a fait établir, selon **M. Pardessus**, liv. 3, p. 3o1, « une présomption légale,
» absolue, de nullité de l'assurance, toutes les
» fois qu'il est possible que, lors de la signature
» de la police, l'une ou l'autre partie ait été ins-
» truite de l'événement ».

L'article 366 du code de commerce s'exprime
ainsi : *La présomption existe si, en comptant trois
quarts de myriamètre (une lieue et demie), par
heure, sans préjudice des autres preuves, il est
établi que de l'endroit où la première nouvelle du
désastre est arrivée, elle a pu être portée dans le
lieu où le contrat d'assurance a été passé avant
la signature du contrat.* Pour cette présomption
légale, ce n'est pas par voie de police correction-
nelle qu'elle est jugée : il ne s'agit plus de prouver
une escroquerie.

DURÉE DES RISQUES.

29. Dans les assurances terrestres, le temps pour
la durée des risques se trouve ordinairement fixé
par le contrat ; si le contrat gardait le silence, il
faudrait, comme en contrat ordinaire, l'interpréter dans son sens le plus naturel et le plus logique. Il est évident que les risques commenceraient à courir du jour de la signature apposée à

l'acte renfermant la convention ; pas de difficulté
à cet égard. Mais, pour la durée des risques, une
distinction serait nécessaire : s'il s'agit d'une
maison, il est impossible de deviner l'intention
commune des parties ; alors nous dirons, avec
MM. Grun et Jolliat, que le sinistre seul mettra fin
au contrat, car on ne peut raisonnablement assigner aucun autre terme à la convention. S'il s'agit
d'un champ portant encore la récolte de l'année,
nous bornerons l'obligation de l'assureur à l'assurance de cette récolte, d'après l'axiome que les
actes s'interprètent *pro ut sonant;* l'assuré a demandé et l'assureur a promis une indemnité pour
la perte possible de cette récolte seule, et non
pour le sinistre dont seraient frappées toutes celles
à venir. En un mot, lorsqu'il s'agit, dans le silence
de la convention, de connaître l'époque précise
où doivent commencer et finir les risques, elle est
déterminée suivant la nature des objets assurés.
(Art. 328 et 341, cod. com.)

ARTICLE II.

PRIX DE L'ASSURANCE.

30. Le prix de l'assurance est de l'essence du
contrat. Si l'assuré ne donnait pas à l'assureur
une certaine somme comme indemnité des risques que celui-ci aurait à courir, il y aurait alors
donation conditionnelle qui, comme le remarque
M. Pardessus, serait jugée par les principes du
contrat d'assurance, en ce qui toucherait la distinction et la nature des risques.

31. Le prix de l'assurance recevra-t-il une augmentation en cas de survenance d'événemens qu'il n'était pas dans la nature du contrat de prévoir lors de la signature de la police? Si le contrat a été rédigé en temps de paix, et que la guerre éclate pendant le temps fixé pour la durée des risques, une distinction est alors nécessaire. Presque toutes les sociétés d'assurances exceptent tous les malheurs arrivés par la guerre, l'émeute, etc.; dans ce cas, pas de difficulté; aux termes du contrat, il n'y a pas d'indemnité à allouer à l'assuré. Si, au contraire, les termes de la police sont généraux, si l'indemnité est promise à l'assuré dont la maison a péri par l'incendie, sans distinction aucune pour les causes de l'incendie, nous avons établi plus haut que, dans notre opinion, la société d'assurance était responsable. Appliquant cette doctrine à l'espèce posée, nous pensons, contrairement à l'avis de Pothier, qu'il n'y a pas lieu d'augmenter le prix convenu. En effet, c'est à l'assureur, au moment de la signature du contrat, à calculer toutes les chances et à fixer en conséquence le prix pour lequel il prétend assurer. Selon toutes les vraisemblances, ces chances entrent dans ses calculs, et l'appréciation de l'indemnité monte en raison du plus ou moins de probabilité des événemens; d'ailleurs n'existe-t-il pas, pour refuser l'augmentation du prix, la raison légale : « *Dans tous les* » *contrats, on a égard au prix que la chose va-* » *lait au temps du contrat, et non à celui qu'elle* » *a valu depuis* ». Dans une vente, que la valeur

de l'objet vendu se trouve triplée, décuplée même
depuis le contrat, le prix recevra-t-il une augmentation proportionnée à cet accroissement de
valeur? Non; le vendeur ne recevra que le prix
convenu au moment du contrat. De même pour
le contrat d'assurance, l'assureur s'est chargé,
pour le prix convenu, de tous les risques auxquels
la chose assurée pourrait être exposée, et il recevra le prix convenu, parce que les risques ne
doivent pas s'estimer d'après leur degré de probabilité postérieurement au contrat, mais seulement d'après celle qu'ils présentaient au moment
de la convention, alors que la guerre était un événement imprévu. (Voir Pothier, *contrat d'assurance*, n° 83.)

32. D'après le principe posé, il est évident que
si le contrat a été signé en temps de guerre, et
que le prix ait été fixé à un taux assez élevé en
raison des désastres qui peseraient sur le pays, le
retour imprévu de la paix n'amènera pas une diminution du prix. Encore une fois, il faut connaître la valeur des risques au moment du contrat: ici, l'assuré supportera toutes les probabilités de la cessation des hostilités.

33. Il existe un moyen de prévenir toutes ces
difficultés. Les conventions des parties peuvent,
par exemple, porter une augmentation ou une diminution de prix, si tel ou tel événement prévu
vient à se réaliser. Les conventions alors font la
loi des parties contractantes.

34. Le prix donné à l'assureur par l'assuré,

comme l'équivalent du risque que celui-ci court, prend le nom de prime dans les assurances, qui par suite ont pris cette désignation.

Le mot prime vient de ce que, dans le principe, le coût de l'assurance se payait *primò* et avant tout. Maintenant, en principe général, la prime se paie en totalité au moment du contrat : mais les conventions des parties peuvent modifier ce principe, et convenir que la prime sera versée entre les mains des assureurs, par portions égales, à diverses époques.

35. Comment se paie la prime? Ordinairement elle se compose d'une somme d'argent ; mais rien n'empêche qu'elle consiste en marchandises et même en services appréciables. Ainsi, l'assuré pourrait promettre cent tonneaux de vin à celui qui s'obligerait à lui garantir sa maison ; il pourrait même s'engager à gérer ses affaires pendant un temps donné, à titre d'indemnité, pour les risques que ce dernier courrait en sa qualité d'assureur.

La prime, dit M. Pardessus, n° 787, pourrait même consister en une chose à donner ou à faire au profit d'un tiers ; car, aux termes de l'art. 1121 du code civil, on peut stipuler pour autrui quand c'est la condition d'une convention faite pour soi-même.

36. L'assureur n'acquiert la prime qu'au moment où les risques commencent à courir. La police d'assurance n'est signée que sous une condition, à savoir qu'il y aura des risques. Si la

4

condition manque, si les risques n'existent pas , le
contrat n'a jamais eu d'existence. Les parties ne
se trouvent pas moins liées à dater de la signature
de la convention, car alors l'assureur et l'assuré ne
sont plus admis à se dégager. Il arrivera pourtant
des cas où l'assuré sera admis accessoirement à se
dégager de l'assurance. Par exemple : si Pierre fait
assurer, avant la semence, la récolte de l'année
prochaine, et qu'il laisse son terrain en jachère au
lieu de le cultiver, le contrat d'assurance ne recevra pas alors son exécution. Mais cette impossibilité d'exécuter le contrat ne change pas
l'obligation des parties, au moment même de la
convention. Seulement l'assuré n'a pas renoncé,
en signant la police d'assurance, à l'usage de son
droit de propriétaire. Si cet usage détruit le contrat d'assurance , ce n'est qu'accessoirement.....
puisque l'assuré ne s'était engagé que condition-
nellement. Si la condition manque, le contrat reste
sans effet, sans qu'on puisse opposer la règle
qu'une condition ne doit pas être purement pro-
testative de la part de celui qui s'oblige. (Article 1174, code civil.)

37. Dans les assurances mutuelles, il n'existe
pas de prime à payer, car on ne voit pas l'assureur d'une part et l'assuré d'une autre part. Tous
les associés cumulent les obligations d'assureurs
et d'assurés en même temps. L'association, en effet, est composée de grands propriétaires qui
s'assurent mutuellement contre la perte de leurs
propriétés. Tous ces propriétaires attendent que

les accidens arrivent pour contribuer dans leur part et portion à la réparation des dommages. Chaque membre apporte son contingent à proportion de la valeur des propriétés qu'il a fait entrer dans l'association. Cependant certaines propriétés sont tarifées à un prix plus élevé dans la contribution aux pertes, parce qu'elles présentent plus de danger. Ainsi, tel bâtiment plus exposé par sa destination aux ravages de l'incendie, paie un quart, un tiers, même une moitié en plus du contingent des habitations ordinaires, suivant les chances hasardeuses qu'il offrira.

38. M. Vincens, dans ses études sur la législation commerciale, a longuement signalé les inconvéniens des assurances mutuelles. Il donne la préférence aux assurances à prime. MM. Grun et Jolliat ont adopté entièrement son avis ; et pour ne pas laisser de doute sur l'identité d'opinion, ils ont emprunté à M. Vincens tout le passage où ce dernier auteur s'efforce d'établir la supériorité des assurances à prime.

« L'assurance mutuelle, dit M. Vincens, laisse
» les associés dans l'incertitude des dommages
» qu'ils auront à payer. Beaucoup de proprié-
» taires ayant témoigné de la répugnance pour
» cette éventualité indéfinie, quelques statuts ont
» essayé d'y pourvoir. Dans les uns, on a stipulé
» qu'on ne pourra demander à chaque membre, *en*
» *un an*, plus d'un ou deux pour cent de la valeur
» de ses immeubles. Ainsi, comme on ne saurait
» garantir qu'il ne brûlera pas pour une plus

4.

» grande valeur parmi les associés, chacun d'eux,
» pour être sûr de ne pas payer de trop fortes
» contributions, s'expose à n'être pas remboursé
» de la totalité de sa perte s'il est incendié. Ce
» mode a aussi l'inconvénient de ne permettre le
» règlement de la répartition définitive des in-
» demnités qu'au bout de l'année.

» Plus généralement on a pris une méthode sin-
» gulière. On fait une répartition de dommages à
» chaque incendie; mais la contribution pour *les*
» *dommages d'une même journée* ne doit pas ex-
» céder une quantité déterminée; par exemple,
» un pour cent; ainsi on ne peut payer au-delà
» chaque fois; mais ce paiement peut se répéter
» d'un jour à l'autre, et cent incendies majeurs en
» un an emporteraient la propriété entière. Cette
» chance est impossible, sans doute, mais il ré-
» sulte que la certitude de n'être pas écrasé par
» des contributions trop fortes n'est garantie que
» par la probabilité du petit nombre de chances
» fâcheuses; et c'est déjà sur cette probabilité
» que roule toute assurance mutuelle; la limite
» adoptée n'est fondée sur rien de plus; elle est
» donc inutile pour ceux qui contribuent, et elle
» pourrait être fâcheuse à un incendié, si son
» immeuble détruit était considérable; une ré-
» partition ainsi limitée était insuffisante pour le
» rembourser; il demeurerait en perte du sur-
» plus. Ce serait même la source d'une inégalité
» inexplicable : si une contribution ne se mon-
» tait, je suppose, qu'à 100,000 f., un propriétaire

» incendié pour une plus grande valeur serait
» perdant, tandis que dans le même cas, ceux dont
» la propriété vaudrait moins seraient payés en
» entier. Pour y remédier, on exige aujourd'hui,
» en général, que les compagnies d'assurances
» mutuelles ne puissent admettre aucun immeu-
» ble d'une valeur supérieure à un pour cent de
» la masse associée; ainsi l'on est sûr que la con-
» tribution limitée suffira pour payer l'incendie le
» plus coûteux qui puisse tomber à la charge de
» la société. Il faut remarquer cependant que la
» contribution ne se rapportant pas à un seul ac-
» cident, mais *à tous ceux d'un même jour de*
» *vingt-quatre heures,* la précaution imaginée ne
» garantirait pas un paiement intégral s'il arrivait
» deux incendies majeurs dans une journée, ou,
» ce qui est plus fréquent, si le même feu consu-
» mait un nombre considérable de maisons con-
» tiguës.

» Les assurances mutuelles offrent un autre
» inconvénient : dans celles à prime, les assu-
» reurs sont des spéculateurs tenus de mettre un
» capital dans leur caisse; ils reçoivent d'ailleurs
» des primes avant les accidens, et fussent-ils en
» perte, jusqu'à ce qu'ils soient ruinés, ils sont en
» état de payer promptement les dommages. Dans
» l'assurance mutuelle, on ne fait d'appel de fonds
» qu'après les incendies; la levée de la réparti-
» tion est pénible et lente, parce qu'il faut la faire
» sur un nombre prodigieux de parties. Pour la
» hâter, on a imaginé de soumettre chaque inté-

» ressé à fournir une sûreté spéciale de la valeur
» d'une contribution (de 1 pour 100 dans la sup-
» position adoptée ci-dessus), afin qu'on puisse
» plus promptement recourir à cette garantie,
» sauf à la renouveler quand elle est entamée.
» Mais on trouve de la difficulté pour obliger à
» faire ce dépôt en argent; cette avance devien-
» drait bien plus onéreuse que le paiement défi-
» nitif des primes d'un demi ou d'un pour mille
» dans les autres assurances ; on demandait une
» *inscription hypothécaire,* mais aucun proprié-
» taire ne trouve bon de se grever d'une inscrip-
» tion pour un pour cent, et comme ce n'est pas
» le créancier d'un pour cent qui procéderait à
» une expropriation, cette ressource est absolu-
» ment imaginaire. On prend donc des billets, des
» soumissions cautionnées, enfin ce qu'on peut le
» plus commodément obtenir dans chaque loca-
» lité, pour que le sociétaire se regarde comme
» mieux engagé à payer, et celui qui serait incen-
» dié, plus sûr d'être satisfait. Mais ces précau-
» tions sont plus apparentes que réelles. On
» trouve particulièrement une vraie difficulté à
» aller percevoir à des distances quelquefois assez
» grandes, *quelques centimes* de chaque associé,
» quand les indemnités à payer sont peu considé-
» rables; il en coûterait en frais de recette plus
» que ne vaut le principal. Les agens des compa-
» gnies qui, sous le nom de directeurs, se char-
» gent du matériel de leur administration, s'ils ont
» quelques fonds à y employer en avances, offrent

» ordinairement de payer les petits dommages de
» leurs deniers, et d'attendre pour se rembourser
» que l'accumulation de ces mêmes indemnités,
» ou la survenance d'un accident plus considé-
» rable, fasse monter le déboursé assez haut pour
» que la contribution vaille la peine d'être mise
» en recouvrement. C'est ainsi qu'on en use et
» qu'on est forcé d'en user à la compagnie établie
» dans la ville de Paris, où avec 800,000,000 de
» valeurs associées, il faut 80,000 fr. de perte
» pour avoir un franc par 10,000 fr. à demander
» à chacun. C'est par des avances de cette na-
» ture et des soins analogues que cette société,
» commencée en n'embrassant que 30,000,000
» d'immeubles, est montée au pair où nous la
» voyons. »

Nous partageons l'opinion de M. Vincens. Nous
croyons qu'il est utile pour l'assuré d'avoir un
intérêt tout à fait distinct, séparé. La compagnie
d'assurance à prime lui offre cet avantage. Dans
l'assurance mutuelle, au contraire, son intérêt se
trouve lié à celui de tous les sociétaires. En cas
d'incendie, la répartition du dommage frappe tous
les associés. Chacun apporte sa contribution. Des
difficultés peuvent naître pour une rétribution
plus ou moins exacte. Ce sont des embarras qui
se présentent tous les jours pour l'interprétation
des contrats passés avec un grand nombre de sociétaires, qui souvent entendent tous d'une manière
différente les actes consultés , *tot capita , tot
sententiæ.*

DE LA SOMME A PAYER PAR L'ASSUREUR.

39. Il est aussi de l'essence du contrat d'assurance que l'assureur, en cas de sinistre, s'oblige à payer une somme de ..... à titre d'indemnité. Pothier, n° 75, prétend que la fixation de la somme, insérée ordinairement dans la police d'assurance, n'est pas essentielle au contrat. L'assureur peut bien s'engager à payer le prix que les choses vaudront au moment de leur perte, suivant l'estimation qui en sera faite.

40. Mais il ne faut pas s'imaginer que les assureurs, en fixant la somme à payer, s'obligent à la payer toujours en totalité, quel que soit le sinistre. Ils ne déterminent le montant de l'indemnité que pour limiter leurs obligations, malgré l'étendue des désastres causés par l'incendie. Si la perte excède la somme fixée, tant pis pour l'assuré; l'assureur paie l'indemnité promise par le contrat; il ne doit rien de plus. Si, au contraire, les ravages ne surpassent pas la somme à payer, l'obligation de l'assureur se réduit à la valeur réelle de la chose assurée, au moment de sa perte. Toute obligation de payer, en tout cas, quel que soit le dommage éprouvé, la totalité de l'indemnité serait contraire aux règles de l'assurance. Elle serait une véritable gageure qui ne lierait pas légalement l'assureur, puisque le législateur ne protégerait point l'assuré contre le refus de l'assu-

reur. En effet, la loi n'accorde aucune action pour le paiement d'un pari. (Art. 1965, cod. civ.)

41. Quelle est la nature de l'indemnité? Est-elle mobilière ou immobilière? Pour résoudre cette question, il faut remonter à la définition que nous avons donnée de la prime. Nous avons vu que la prime n'est pas comme dans les autres contrats commutatifs, l'équivalent d'une autre chose, mais le prix du *risque* dont une partie se charge par le contrat. L'indemnité fournie par l'assureur, lorsque les propriétés assurées sont détruites, n'est pas non plus l'équivalent de la prime, puisqu'elle constitue une valeur bien plus considérable, mais elle est l'équivalent et le prix du risque que l'assuré a couru de donner en pure perte la prime qu'il a versée, et de ne rien recevoir à la place.

42. La chose assurée n'est donc pas l'objet direct du contrat d'assurance, mais l'occasion. Le *risque* seul fait la matière du contrat. En échange de ce risque, l'assureur reçoit une *prime*; pour l'assuré, l'équivalent de la prime qu'il court la chance de donner en pure perte, se trouve dans l'indemnité qu'il recevra, en cas d'accident.

43. On n'a donc pas à s'occuper de la nature de l'objet assuré : qu'il soit meuble, qu'il soit immeuble, peu importe. L'indemnité donnée par l'assureur conservera toujours un caractère mobilier, quand bien même l'assurance porterait sur un immeuble.

44. On conçoit facilement l'importance de cette

décision. Si l'action accordée à l'assuré pour réclamer le paiement de l'indemnité promise, est
mobilière, il en résulte que ceux qui ont un droit
réel sur la chose assurée, n'ont pas plus de droit
sur l'indemnité que les créanciers ordinaires.
Ainsi un usufruitier, un créancier privilégié, hypothécaire, ne pourront pas saisir l'indemnité sous
le prétexte qu'elle représente la chose assurée, et
qu'elle s'y trouve subrogée.

45. Le donataire d'un immeuble assuré pourrait-il garder l'indemnité reçue sans être tenu de
la rapporter à la succession? Nous pensons que
l'affirmative doit être adoptée, si on s'en rapporte
au principe posé aux paragraphes précédens. En
effet, on a vu que l'indemnité ne représentait
pas l'objet assuré, qu'elle était seulement l'équivalent du risque couru par l'assuré de payer la
prime en pure perte, comme la prime était l'é-
quivalent du risque couru par l'assureur de réparer le dommage causé à l'assuré. Ainsi le contrat
d'assurance, a-t-on encore vu, produit des obligations personnelles, dont la chose assurée est
l'occasion, mais nullement la cause. Si l'objet assuré a été détruit par force majeure, c'est un
malheur : il aurait aussi bien péri entre les mains
de l'auteur commun; le donataire n'est pas responsable. (Art. 855, cod. civ.) Il est bien vrai que
ce dernier, si la donation n'eût pas existé, n'aurait pas reçu l'indemnité, parce que l'occasion de
stipuler le contrat d'assurance ne se fût pas présentée. Mais le donataire ne doit pas le rapport

des fruits et intérêts des choses sujettes à rapport, si ce n'est à dater du jour de la succession. (Art. 856, *ibid.*) Ce n'est même pas en vertu de ces règles ordinaires des rapports que le donataire conservera l'indemnité. Il la gardera comme l'équivalent du risque personnel qu'il a couru. La prime qu'il a donnée, il l'a fournie sur sa fortune personnelle ; le danger de la verser en pure perte existait pour lui seul, sans qu'il pût exercer de recours contre la succession ; il est donc de toute justice qu'il reçoive, en cas d'accident, l'indemnité du risque qu'il a couru. L'indemnité lui appartient, encore une fois, parce que le danger a pesé sur lui; que seul il a couru la chance aléatoire; que s'il a eu le fardeau, il doit avoir les avantages, *ubi onus, ibi emolumentum.*

CHAPITRE IV.

DE LA FORME DU CONTRAT D'ASSURANCE.

46. On pourrait, sans aucun doute, se contenter des aveux des parties, si elles tombaient d'accord sur toutes les clauses contenues dans leurs conventions. Mais il est rare que cette harmonie existe... et cette harmonie se rencontre encore plus rarement, quand il s'agit des détails de la convention. Sous ce rapport seulement, on aurait déjà bien fait d'exiger la rédaction du contrat d'as-

surance, vulgairement connu sous le nom de *police*. On a déjà vu que les termes précis de la convention sont la loi des parties contractantes ; que, sous aucun prétexte, il ne leur est permis de s'en écarter : il était donc nécessaire de connaître textuellement toutes les dispositions, de peser chaque clause, pour qu'elle reçût son exécution dans toute son étendue. On ne doute pas de l'importance attachée par le législateur aux formalités du contrat d'assurance. Elles seront ici expliquées avec soin. Les formalités sont de deux sortes : 1° les formes externes ; 2° les formes internes de la police d'assurance.

ARTICLE Ier.

DES FORMES EXTERNES DE LA POLICE D'ASSURANCE.

47. Toutes les formalités qui vont être exposées ne s'appliquent pas aux sociétés d'assurances mutuelles. Le propriétaire qui veut entrer dans ces sociétés a besoin seulement de signer son adhésion aux statuts de l'acte social.

Ces formalités regardent simplement les sociétés d'assurances à prime.

48. *Le contrat d'assurance est rédigé par écrit.* (Art. 332, code com.) Cette rédaction est-elle nécessaire pour la validité du contrat? Non; si les parties reconnaissent leurs obligations, elles doivent les exécuter, sans qu'il soit besoin de rappeler un acte qui les contienne. Si des contes-

tations s'élèvent pour l'exécution, il faut rappeler un acte pour établir la preuve de l'existence du contrat d'assurance. Pourrait-on, pour arriver à la découverte de la vérité, se servir de la preuve testimoniale ? C'est ici que naissent les plus grandes difficultés. Les jurisconsultes ne s'entendent plus, et la jurisprudence ne contient pas encore assez de documens pour fixer toutes les opinions. Pothier pense que la preuve testimoniale est prohibée, mais qu'il est permis de déférer le serment décisoire (n°s 96, 97, 98, cont. d'ass.); Émérigon pousse plus loin la rigueur de la loi...; il refuse même le serment décisoire ; Valin accordait la preuve par témoins, lorsqu'il s'agissait d'une somme au-dessous de 100 fr.

Les auteurs modernes, dans le silence du code de commerce, ont débattu la question, et chacun a pris parti pour la doctrine qui lui convenait le mieux. MM. Delvincourt, Laporte, Dalloz, soutiennent que la preuve par témoins doit être refusée, quel que soit l'objet du contrat; MM. Pardessus et Favard admettent cette preuve, quand il existe un commencement de preuve par écrit ; MM. Locré et Boulay-Paty se tiennent au droit commun : ils pensent que la preuve testimoniale est admissible quand il s'agit d'un objet n'excédant pas 150 fr., et qu'il faut un commencement de preuve par écrit quand il s'agit d'une somme plus forte.

MM. Grun et Jolliat pensent que la rédaction impérative de l'article 332 du code de commerce,

donne gain de cause à M. Dalloz; que cet article rejette, d'une manière absolue, la preuve
testimoniale. « Mais sa disposition, ajoutent ces
» auteurs, n'étant pas une conséquence nécessaire
» de la nature de l'assurance, et s'éloignant du
» droit commun, forme une exception établie
» spécialement pour le commerce maritime, et
» par cela même ne nous paraît pas applicable aux
» assurances terrestres; celles-ci restent soumi-
» ses aux règles générales tracées par le code ci-
» vil, pour la preuve des obligations. »

Quant à nous, notre opinion sera conforme à
celle émise par MM. Locré et Boulay-Paty. Nous
pensons qu'ils se rapprochent le plus de l'intention
du législateur. Il est reconnu par tous les auteurs
que la rédaction du contrat n'est pas essentielle
à sa validité; qu'elle est seulement réclamée pour
la preuve des obligations, quand il existe des
contestations entre les parties sur leur existence
ou sur le mode d'exécution. Quelle est la règle
générale pour toutes les obligations? La preuve
ne se tire que des actes; seulement la preuve testimoniale peut être faite quand il s'agit d'une
somme n'excédant pas 150 fr.; et quand la somme
se trouve plus élevée, s'il existe un commencement de preuve par écrit, le témoignage sera encore admis. (Art. 1341 et 1347, code civ.) L'art.
332 du code de commerce apporte-t-il des modifications au principe général? Que dit-il? Le contrat sera rédigé par écrit, *à peine de nullité?*
Non; il dit simplement : Le contrat d'assurance

est rédigé par écrit. Le législateur avait laissé
entendre que les obligations civiles se prouve-
raient ordinairement par écrit, puisqu'il n'admettait la preuve testimoniale que dans deux cas : 1°
lorsque l'obligation n'excédait pas 150 fr.; 2° au
cas où elle excède cette somme, si un commencement de preuve par écrit l'accompagne. Rien n'a
été changé par l'article 332 : il n'est pas impératif, mais simplement indicatif de la manière dont
la justification doit être faite..., manière qui rentre dans les moyens ordinaires de preuve.

Nous croyons que le biais pris par MM. Grün
et Jolliat, pour éviter la solution donnée par Pothier, est inutile. Selon nous, les termes de l'article 332 n'ont rien d'assez absolu, pour établir
une exception aux principes généraux. L'article 332 s'applique aux assurances terrestres
comme aux assurances maritimes, car il ne contient pas des dispositions particulières aux polices
maritimes, mais bien des règles applicables à toutes les assurances. MM. Grun et Jolliat doivent
reconnaître, comme nous, cette généralité... sans
quoi ils tomberaient en contradiction avec eux-
mêmes, puisque plus bas, au n° 198, ils se servent de cet article pour le contrat d'assurance
terrestre. S'ils reconnaissent que cet article 332
renferme des dispositions applicables à toutes
les assurances, ils doivent décider, comme M.
Dalloz, qu'il est impératif, qu'il sort du droit
commun; par suite qu'il ne permet pas la preuve
testimonale dans tous les contrats d'assurances.

Ou bien, ils doivent se ranger de notre parti, admettre la preuve testimoniale dans les cas prévus par les articles 1341 et 1347 du code civil. Hors de ces deux opinions, nous ne voyons pour eux que contradiction..., et cette contradiction existera en dépit de l'autorité de la Cour de cassation, dont ils citent un arrêt à l'appui de leur opinion, arrêt qui ne prouve rien en faveur du terme moyen qu'ils adoptent. Que contient cet arrêt ? La sanction de notre doctrine. Il décide que, dans les assurances terrestres, la preuve testimoniale sera admise lorsqu'il y a un commencement de preuve par écrit. (Voir Sirey, t. 1, p. 131...; le recueil de MM. Roger et Garnier, avocats à la Cour de cassation, t. 4 ; arrêt de la Cour royale, 3ᵉ chambre.) Mais cet arrêt, pas plus que celui de la Cour royale de Paris, ne décide que la preuve testimoniale n'est admissible que dans les assurances terrestres, et qu'elle doit être repoussée dans les assurances maritimes. La Cour avait à statuer sur un cas d'assurance terrestre ; elle s'est prononcée pour cette espèce d'assurance, sans rien décider pour les autres... ; son arrêt eût été le même pour les assurances maritimes..., car les principes posés pour la preuve testimoniale, doivent s'appliquer à toutes les assurances.

49. Si l'on consulte l'ancien droit, on voit que la rédaction des polices a été exigée pour la preuve; mais on ne rejetait pas les autres preuves que le droit ordinaire permet pour toutes les obligations. « Beaucoup d'assurances se faisaient, dit Valin,

» sans écrit, et, à cause de cela, on les appelait as-
» surances de confiance, parce que, *selon Clérac,*
» *chap.* 1er, *des contrats maritimes, art.* 2, *page*
» 224, celui qui stipulait l'assurance *se confiait*
» *en la bonne foi et prud'hommie de son assu-*
» *reur,* supposant qu'il l'écrivait sur son livre de
» raison. Mais, ajoute-t-il, les abus et les diffé-
» rends qui résultaient de cet usage le firent abo-
» lir, et l'on a même exigé depuis que les assu-
» rances fussent faites ou par devant notaires, ou
» par le ministère d'un greffier des polices d'as-
» surances. »

50. Aujourd'hui la police d'assurance est rédigée par devant notaires, ou sous signature privée.
(Art. 332, cod. com.)

Si le contrat est signé devant notaires, est-il
nécessaire que l'acte soit passé en minute? Ne
peut-il être délivré en brevet? Il faut faire la distinction suivante : ou le montant de la prime a été
acquitté soit comptant, *soit en billet de prime,*
ou la prime reste due : au premier cas, l'acte
pourra être délivré en brevet à l'assuré. En effet,
le contrat est unilatéral, puisqu'il a reçu son
exécution relativement aux assureurs.

Au second cas, il devient indispensable que
l'acte soit passé en minute, de peur que la grosse
en soit délivrée aux assureurs, à moins que l'acte
ne soit rédigé en double minute, comme les notaires en ont la faculté. (M. Pardessus, n° 793 ;
M. Rolland de Villargues, *Répertoire du nota-*
riat, n° 85, v° *assurance.*)

5

51. Le droit accordé aux notaires de rédiger les polices, concurremment avec les courtiers d'assurances, est-il le seul relativement à cette espèce de contrat? Ont-ils aussi la faculté de se livrer à toutes les opérations de courtage, nécessaires pour parvenir à la conclusion du contrat d'assurance?

La question a été soumise à la Cour de cassation, section des requêtes. M⁰ Lacoste, avocat des courtiers, disait dans leur intérêt :

« Les officiers publics sont institués pour la
» garantie et la conservation des fortunes privées ;
» mais cette sécurité ne peut être réelle que dans
» les cas où les officiers jouissent des prérogatives
» qui leur sont accordées, et qui sont le prix de
» leurs sacrifices. Les courtiers sont institués pour
» servir d'intermédiaires entre les négocians ; ils
» sont divisés en plusieurs classes, courtiers de
» marchandises, courtiers d'assurances, courtiers
» interprètes et conducteurs de navires, courtiers
» de transports par terre et par eau ; chacune de ces
» classes a le droit exclusif d'exécuter les opéra-
» tions qui lui sont attribuées. — Le commerce
» trouve dans ces négociateurs garantie et sécu-
» rité ; il faut qu'ils trouvent, par compensation,
» la certitude qu'ils seront seuls employés dans
» ces opérations. — L'art. 9 de l'édit de 1777 fait
» défense à toutes personnes de s'immiscer direc-
» tement ou indirectement dans les fonctions de
» courtiers. — Les lois des 28 ventôse an 9 et 27
» prairial an 10 ont renouvelé cette prohibition,

» qui n'est qu'une juste réciprocité, puisqu'elles
» défendent aux courtiers de faire pour leur
» compte aucune opération commerciale. — Ces
» principes généraux doivent s'appliquer princi-
» palement à l'assurance maritime. Cette assu-
» rance exige une confiance sans bornes dans la
» probité de ceux qui la traitent. Chaque con-
» tractant stipule au hasard, souvent sans con-
» naître celui avec lequel il s'oblige, sur la foi
» seule de l'officier public qui lui sert d'intermé-
» diaire et qui commande sa confiance. Le cour-
» tage ne peut donc être fait que par des courtiers
» commissionnés par le gouvernement. Comment
» doit-il être constaté? Le premier mode est celui
» d'un acte signé par les parties. Si elles ne veu-
» lent ou ne peuvent pas le rédiger, quel officier
» public sera chargé de ce soin? Un édit de dé-
» cembre 1657 avait créé un office de notaire-
» greffier des assurances dans chaque siége d'ami-
» rauté ; cet officier spécial a existé à Marseille
» jusqu'en 1669, époque à laquelle un arrêt du
» conseil a réuni cet office aux deux communautés
» des courtiers et des notaires. Cette réunion a
» été maintenue par l'article 68, tit. 6, liv. 3 de
» l'ord. de la marine de 1681. — Dès lors la ré-
» daction des assurances a dû appartenir concur-
» remment à ces deux corporations, et leur a été
» conservée par les lettres-patentes du 26 mai
» 1778, jusqu'en 1791.—A cette dernière époque,
» tous les offices furent supprimés ; une liberté
» entière fut accordée à l'exercice de toutes les

5.

» fonctions : bientôt toutes les professions furent
» confondues, et le désordre, né de cette liberté
» illimitée, força le gouvernement à provoquer
» la séparation des emplois. — La loi du 28 ven-
» tôse an 9 rétablit les courtiers de commerce
» dans les villes où il y avait une bourse; les art.
» 6 et 7 leur conférèrent le droit exclusif d'en
» exercer la profession; l'art. 8 interdit à tous les
» individus, autres que ceux nommés par le gou-
» vernement, d'exercer ces fonctions, sous peine
» d'amende. — Ces défenses furent renouvelées
» par l'art. 4 de la loi du 27 prairial an 10. Ainsi,
» d'après ces lois, les courtiers sont seuls appe-
» lés à la négociation des opérations de commerce,
» notamment au courtage des assurances mari-
» times.

» Si on consulte la loi du 25 ventôse an 11,
» organique du notariat, on voit que l'article 1er,
» qui définit les fonctions des notaires, comprend
» les contrats auxquels les parties veulent donner
» le caractère d'authenticité; mais qu'il est muet
» sur le courtage d'opérations commerciales et sur
» les polices d'assurances. D'après les lois qui
» viennent d'être rappelées, si les parties veulent
» imprimer le caractère d'authenticité à leurs
» conventions, elles en ont le droit; le ministère
» du notaire devient nécessaire. Si elles veulent
» rester dans les termes d'une police simple et
» privée, l'officier que la loi a préposé est le cour-
» tier. — Le code de commerce est intervenu dans
» cet état de la législation. Tous les articles de ce

» codé, relatifs aux courtiers, notamment les art.
» 74, 77 et 79, leur conservent le droit de négo-
» cier les assurances et d'en rédiger les contrats.
» S'ils ont laissé aux notaires la concurrence pour
» cette rédaction, c'est en leur qualité de notai-
» res, et lorsque les parties veulent donner l'au-
» thenticité à leurs conventions. Le code a rappelé
» ce concours pour qu'on ne pût pas conclure de
» ses dispositions, qu'elles attribuaient un droit
» exclusif aux courtiers; mais elles ne compren-
» nent que la rédaction des polices, et non le
» courtage. —Si les notaires se sont immiscés dans
» ces fonctions, leur possession illégale et abusive
» ne peut légitimer leur prétention : un usage
» contraire au texte précis de la loi ne peut pré-
» valoir sur ses dispositions; la loi est uniforme
» pour toutes les parties de la France; elle est
» précise et ne permet qu'aux courtiers d'être les
» intermédiaires entre les négocians ; si les notai-
» res de Marseille avaient eu qualité pour faire le
» courtage avant les lois de l'an 9 et de l'an 10,
» tout droit aurait cessé par la publication de ces
» lois, qui sont formellement prohibitives. —Un
» arrêt du 14 juillet 1739, rendu par le parlement
» d'Aix, en maintenant les notaires dans le droit
» de dresser les polices d'assurances en la forme
» portée par l'ordonnance de 1681, leur a fait
» défense de s'immiscer dans les fonctions attri-
» buées aux courtiers par les édits de mai 1692,
» novembre 1708 et août 1709. — Les notaires
» étant de nouveau contrevenus à cette défense,

» un deuxième arrêt, du 13 juillet 1741, a pro-
» noncé des amendes contre plusieurs, et a or-
» donné l'exécution du premier arrêt ; en consé-
» quence *a fait défense aux notaires de requérir,*
» *soit par eux, soit par leurs élèves, commis,*
» *associés ou autres personnes interposées, les*
» *négocians de leur donner des assurances à*
» *faire, à peine de 3,000 francs d'amende pour*
» *chaque contravention ; permettant néanmoins*
» *aux notaires de dresser les polices...*—Ces deux
» arrêts prouvent que les notaires n'avaient pas
» le droit de négocier les assurances ; qu'ils pou-
» vaient seulement rédiger les polices, lorsqu'ils
» en étaient requis, sans pouvoir les solliciter
» par eux ou leurs agens.

» L'article 79 du code de commerce n'a rien
» changé à cet état de choses ; il n'a conféré au-
» cun droit nouveau aux notaires; il leur conserve
» celui qu'ils avaient, et tel qu'ils l'avaient, con-
» curremment avec les courtiers, pour la rédac-
» tion seulement, mais dans les formes détermi-
» nées par la loi de leur organisation. — L'arrêt
» attaqué fait remarquer que le code ne confère
» pas aux courtiers le droit exclusif de faire le
» courtage, et il conclut de ce silence que les
» notaires ont le même droit qu'eux.—Mais, pour
» tirer de cette remarque une conséquence exacte,
» il faudrait dire que la concurrence appartient à
» tout le monde ; pourquoi les notaires seraient-
» ils compris dans le silence de la loi, plutôt que
» tous les autres officiers publics ? Le code n'a pas

» eu besoin d'énoncer la préférence qui appar-
» tient aux courtiers ; elle résulte de leur insti-
» tution, et des lois qui les ont créés, notamment
» de l'édit de 1777 et des lois de l'an 9 et de l'an
» 10. — Ils sont les intermédiaires légaux du
» commerce ; leurs fonctions consistent principa-
» lement dans la négociation des assurances mari-
» times ; la loi les a institués agens spéciaux pour
» cette branche de négociations. — La double
» institution des notaires et des courtiers pour le
» même courtage et pour les polices de même na-
» ture, serait sans objet ; elle serait une superféta-
» tion sans utilité pour le commerce. — Les soins
» qu'exige le courtage sont inconciliables avec les
» fonctions des notaires ; ces officiers sont retenus
» chez eux pour recevoir les cliens dont ils ont
» la confiance, leur donner des conseils, entendre
» les parties contractantes, rédiger les actes ; ils
» ne peuvent s'interposer entre l'assureur et l'as-
» suré, négocier les conventions qui devront les
» lier, faire les démarches indispensables pour
» conduire à un résultat heureux une pareille
» négociation. — Aussi sont-ils obligés de se faire
» remplacer par leurs clers ou commis (1) ; mais

(1) La question de savoir si la prohibition établie sur ce
point à l'égard des courtiers, s'étendrait aux notaires, n'était
pas résolue par l'arrêt attaqué. Aussi la Cour de cassation n'avait-
elle pas à s'en occuper. Toutefois l'honorable magistrat, rapporteur dans cette affaire, a exprimé l'opinion que les notaires, pas
plus que les courtiers, ne pouvaient se faire remplacer par des
tiers dans des opérations de courtage.

» ce remplacement est expressément interdit aux
» courtiers, par l'arrêté du 27 prairial an 10 ;
» cette prohibition, qui s'étendrait nécessaire-
» ment aux notaires, s'ils étaient admis aux fonc-
» tions de courtage, est éminemment sage ; cha-
» cune des parties livre ses intérêts à l'intermé-
» diaire ; il doit donc offrir pleine garantie ; elle
» serait détruite par le mode observé par les
» notaires de se substituer des clercs. — Le rôle
» qu'exigent les fonctions de courtiers, les dé-
» marches qu'elles commandent, le caractère de
» solliciteur qu'elles emportent avec elles, répu-
» gnent à la dignité du notariat ; aussi les notaires,
» comme il vient d'être dit, ne veulent-ils pas
» les exercer par eux-mêmes (1).

Malgré cette plaidoirie, la Cour de cassation a
rendu l'arrêt suivant :

« La Cour, considérant que l'art. 79 du code de
» com., loin d'attribuer aux courtiers d'assurances
» un droit exclusif, soit pour la négociation et les
» opérations qui doivent précéder les contrats ou
» polices d'assurances, soit pour la rédaction de
» ces contrats, sous la forme d'actes privés, a
» établi une concurrence générale et illimitée,
» pour ces opérations, entre les courtiers et les

_____

(1) Nous avons rapporté toute cette discussion parce qu'elle
renferme, nettement expliqués, tous les moyens pour l'opinion
des demandeurs en cassation. Ceux qui daigneront nous consulter pourront ainsi se former une opinion motivée, en comparant
les deux systèmes.

» notaires ; que la concurrence comprend la forme
» des actes, aussi bien que le droit de les négocier
» et de les rédiger ; que la mission confiée aux no-
» taires comme aux courtiers de recevoir et cer-
» tifier les contrats d'assurances, emporte avec
» elle le pouvoir de les négocier ; que la loi, pla-
» çant sur la même ligne ces deux classes d'offi-
» ciers et les comprenant dans la même disposi-
» tion, leur confère les mêmes fonctions et les
» mêmes droits ;

» Considérant que la disposition insérée dans
» l'art. 79, code com., n'a pas introduit un droit
» nouveau ; que depuis plus d'un siècle, avant la
» publication de ce code, les notaires étaient en
» possession, dans plusieurs villes de France,
» notamment à Marseille, de négocier, de rédiger
» et de certifier les polices d'assurances, dans la
» même forme que les courtiers (1); que cet usage,
» constaté par l'arrêt attaqué, est établi tant par
» les art. 68 et 69 de l'ordonnance de 1681, que
» par le témoignage des auteurs qui ont écrit sur
» cette matière ; qu'ainsi le code de commerce
» n'a fait que confirmer l'ancienne législation ;
» que, s'il avait voulu l'abroger et conférer aux
» courtiers *seuls* la négociation des polices d'assu-

(1) La cour décide par là que le droit conféré aux notaires de
rédiger les polices d'assurances, concurremment avec les courtiers, doit s'entendre en ce sens, qu'ils peuvent, comme les
courtiers, rédiger ces contrats dans la forme d'actes privés, et
qu'ils ne sont pas tenus de les rédiger d'après les règles du notariat.

» rancés, l'art. 79 aurait été rédigé comme les
» art. 76, 78 et 82, avec l'énonciation d'un droit
» exclusif ; — rejette, etc. »

Du 7 février 1833. — Sect. des requêtes. —
Prés., M. Zangiacomi. — Rapp., M. Tripier. —
Concl., M. Nicod, av.-gén.

52. Nous avons vu que l'art. 332 permet de
rédiger sous signature privée les polices d'assurances. Mais devront-elles être faites en double original, ainsi que l'exige l'art. 1325 du code civil? Il
faut encore faire ici la distinction que nous avons
admise pour les actes authentiques : ou la prime a
été payée comptant, ou elle ne l'a pas été. Au
premier cas, le contrat est simplement unilatéral,
par conséquent le double n'est pas exigé. Mais ce
double sera indispensable, si la prime reste encore due.

53. L'acte non fait double servira-t-il de commencement de preuve par écrit?

Tous les auteurs reconnaissent que les actes
non faits doubles ne sont pas *nuls ;* seulement ils
les déclarent *non valables.* M. Toullier surtout,
tom. 8, p. 318 et suiv., démontre, de la manière
la plus claire, la différence qui existe *entre la nullité et l'invalidité des actes.* L'acte est nul quand il
manque une condition essentielle à son existence ;
il n'est pas *valable* quand il se trouve privé d'une
condition accessoire, exigée pour sa présentation en
justice. Les formalités prescrites par l'article 1325
ne sont pas essentielles à l'existence d'une obliga-

tion ; elles sont ordonnées seulement pour la
preuve à faire de cette obligation. « L'écriture,
» disait l'auteur du gouvernement au corps légis-
» latif, n'est exigée que *tantùm ad probationem*,
» et la vente (ou toute autre obligation), aura
» tout son effet, s'il conste d'ailleurs de son
» existence; mais la preuve n'en pourra avoir
» lieu que conformément aux règles touchant la
» preuve des conventions. »

54. Mais l'acte sous seing privé, qui n'aurait
pas été rédigé conformément à l'article 1325,
pourra-t-il servir de commencement de preuve
par écrit? Ici les auteurs se divisent: « Le code,
» dit M. Duranton, exige égalité de position et de
» moyens de preuve dans ceux qui forment des
» conventions obligatoires de part et d'autre; et
» cette condition manque évidemment à l'égard de
» la partie qui n'a pas eu d'acte, ou qui est censé
» n'en avoir pas eu, si celui qui est produit par
» l'autre partie ne contient pas la mention du
» nombre d'originaux qui ont dû être faits. D'ail-
» leurs, la preuve morale était complète par l'acte
» lui-même; la preuve testimoniale ne serait plus
» qu'un vain simulacre, dont l'admission, quoi-
» que bien superflue pour opérer la conviction des
» juges, aurait pour effet de rendre obligatoire,
» à l'égard de l'une des parties seulement, un en-
» gagement dont l'autre pourrait se jouer à son
» gré.Que cette dernière défère le serment; qu'elle
» fasse aussi interroger son adversaire sur l'exis-
» tence de la convention arrêtée définitivement

» avant l'acte, soit : celui-ci pourrait en faire au-
» tant; de sorte que l'égalité de position judiciaire
» (et la loi n'en exige pas d'autre), existe parfai-
» tement sous ce rapport, ainsi que nous venons
» de le démontrer. Mais elle n'existerait pas si
» l'acte, quoique nul, donnait à l'un d'eux le
» moyen de faire admettre la preuve par témoins
» pour établir la convention, quand l'autre serait
» privé de cet avantage ».

Ces raisons, données par le savant jurisconsulte, ne manquent pas de force ; mais pourtant
nous les combattrons pour adopter l'opinion de
M. Toullier. M. Duranton s'est trop laissé préoccuper par la crainte de blesser l'égalité, accordée
par le législateur aux parties ; il a cru qu'en re-
gardant comme un commencement de preuve par
écrit l'acte non fait double, il y avait violation de
cette règle; qu'il n'existait plus de parité de position. Nous concevrions parfaitement cette opinion si les tribunaux étaient forcés de regarder
cet acte comme une preuve acquise; mais cette
contrainte n'existe pas pour les juges ; ils peuvent
avoir tel égard que de raison à l'acte présenté. La
preuve testimoniale pourra augmenter les présomptions qu'il avait fait naître ; et ces présomptions ne dégénéreront-elles pas en certitude, après
la prestation du serment décisoire que les parties
auront toujours le droit de se déférer mutuellement? Enfin, les présomptions graves, précises et
concordantes résultant des discussions, des pièces
présentées à l'appui des débats, ne viendront-elles

pas donner une nouvelle force à toutes celles qu'avait données l'acte, et déterminer sûrement la conviction des magistrats? Ceux-ci pourront toujours, selon les décisions de leur conscience, regarder l'acte comme un commencement de preuve par écrit... Il leur sera aussi loisible de l'écarter...; mais la loi ne s'oppose pas à ce qu'ils en fassent usage pour arriver à la découverte de la vérité...: c'est ce que nous voulions prouver. (Voir M. Toullier, t. 8, p. 517 et suiv.—M. Delvincourt, t. 2, p. 825. — M. Merlin, *Répertoire*, v° *double écrit*, n° 8.—Un arrêt de la Cour de Caen. — Sirey, 12, 2, 327.)

55. On admet les formules imprimées pour les polices d'assurances; rien dans la législation ne les autorise ou ne les prohibe : c'est par analogie qu'elles sont tolérées. Dans les assurances maritimes, on s'en sert généralement ; elles avaient pourtant été prohibées par un règlement de l'amirauté du palais, règlement que Pothier préconise comme enlevant un moyen facile à la fraude. Valin, au contraire, attaque ce règlement. « On » craint, dit-il, la surprise dans les clauses, si » elles ne sont pas écrites à la main. Mais quoi! » c'est précisément dans les clauses à la main » qu'il y aura lieu d'appréhender la surprise plu- » tôt que dans les modèles imprimés, dont la no- » toriété met quiconque en état de juger par lui- » même, ou par le secours d'autrui, de la valeur » et de la force des clauses qui y sont insérées : le » fréquent usage qu'on en fait en rend l'idée fa-

» milière. Il en sera autrement d'une clause à la
» main, parce qu'elle sera nouvelle ou extraordi-
» naire. » L'avis de Valin a prévalu sur le règlement
de l'amirauté et sur l'opinion de Pothier; et le commerce doit se féliciter de ce salutaire usage. Une fois
admises pour les assurances maritimes, les formules
imprimées furent adoptées pour les assurances terrestres : rien n'aurait motivé leur exclusion ; aussi
toutes les sociétés à prime en font usage en France,
comme en Angleterre, en Italie, en Belgique. Ces
clauses n'énoncent que les termes ordinaires des
polices souscrites par la compagnie : si des conventions particulières sont stipulées entre les assureurs et l'assuré, elles s'écrivent à la suite. Si
quelques dispositions écrites dérogent à la rédaction des imprimés, les clauses écrites méritent la
préférence ; car les imprimés, en effet, rédigés à
l'avance, présentent plutôt ce qui aurait été vraisemblablement convenu, que ce qui l'a été posi-
tivement. Il faudra aussi accorder la même préférence, si le simple rapprochement donne lieu à
quelques doutes. (M. Pardessus, n° 792.)

56. *La police d'assurance ne doit contenir aucun blanc.* (Art. 332, cod. com.) On comprend
facilement la cause de cette disposition. Si des
blancs restaient, il serait facile aux parties de modifier la teneur de l'acte, d'ajouter à ses dispositions ; un trait de plume doit combler l'intervalle
qui existerait entre les mots ; tous les changemens,
toutes les ratures doivent être approuvés par les
signataires du contrat.

57. *Le contrat d'assurance porte la date du jour auquel il est souscrit ; il y est énoncé si c'est avant ou après midi.* Cette formalité n'est pas exigée à peine de nullité ; mais si la police ne portait pas de date, elle ne pourrait pas être opposée à des tiers pour régler l'ordre de ristourne entre plusieurs assurances. (Art. 332 et 359, cod. com.)

58. L'article 1328 du code civil est-il applicable aux contrats d'assurances ? Les polices sous signature privée ont-elles seulement date certaine contre les tiers du jour où elles ont été enregistrées, du jour de la mort de celui ou de l'un de ceux qui les ont souscrites, ou du jour où leur substance est constatée dans des actes dressés par des officiers publics ?

M. Quénault traite cette question dans son Traité sur les assurances terrestres (p. 132, n° 160). Il pense que « cette disposition de la loi civile n'est » point applicable, au moins d'une manière gé-» nérale et absolue, entre commerçans, relative-» ment à des actes de commerce. Il cite à l'appui » de son opinion, ces paroles de l'orateur du gou-» vernement : La stricte sévérité des principes a » dû s'accommoder aux formes larges et faciles du » commerce ». Ces paroles de l'orateur du gou-vernement sont bonnes pour expliquer les dispo-sitions prises par le législateur dans le code de commerce. Ainsi, en présence de lois plus douces pour le commerce, il fallait que le législateur expliquât sa déviation de la rigidité des principes ordinaires. Aussi disait-il, la stricte sévérité des

principes a dû s'accommoder aux formes larges et
faciles du commerce. Puis il déroulait, dans les
chapitres composant le code de commerce, toutes
les exceptions introduites au droit commun ; mais
son intention claire, évidente a toujours été de se
référer aux principes généraux, quand il gardait
le silence sur telle disposition écrite dans le code
civil. Lorsque le législateur a voulu donner aux
juges le pouvoir d'admettre la preuve testimoniale
quand bon leur semblerait, il s'est expliqué formellement comme dans l'art. 109 cité par M. Quénault. Le code de commerce est un code exceptionnel ; ses dispositions ne doivent jamais recevoir
d'extension, car l'on irait au-delà de la volonté du
législateur ; si le code de commerce se tait, le code
civil est là pour le principe général, auquel il faut
se référer. Au titre des assurances maritimes, l'article 332 exige la rédaction des polices ou par acte
authentique, ou par acte sous signature privée.
Pour les actes authentiques, indique-t-il des formalités particulières, un mode nouveau ? Non.
Par conséquent on adoptera, dans leur rédaction,
les formalités voulues pour tous les autres actes
de cette nature. Pour les actes sous seing privé,
quelles sont les formalités indiquées par l'article 332 ? Aucune. Il faut recourir au code civil,
consulter le chapitre relatif aux actes sous seing
privé ; aussi, avons-nous déjà appliqué les formalités de l'article 1325. Appliquerons-nous l'article 1328 ? Pourquoi non ? Quel est le passage dans
le chapitre des assurances qui puisse nous laisser

croire que le législateur a voulu dispenser les polices d'assurances des dispositions de cet article?
Aucun. Elles doivent donc être érigées en loi pour
elles comme pour tous les autres actes. L'art. 12
du code de commerce admet-il, comme le prétend
M. Quénault, une dispense générale pour tous les
actes de commerce? Il a fallu que cet auteur dé-
sirât extraire à toute force des argumens favorables à son opinion; nous avons beau pressurer cet
article 12, nous ne voyons pas une dispense d'enregistrement pour les actes commerciaux. Que
dit-il? *Les livres de commerce, régulièrement tenus, peuvent être admis par le juge pour faire
preuve entre commerçans pour faits de commerce;*
et les livres *peuvent prouver* l'existence des obligations contractées entre négocians *pour faits de commerce;* mais ils n'établiront pas la date de manière
à fixer d'une manière certaine les droits des tiers.

Les registres ne sont toujours que des actes
sous seing privé...; et ils n'ont point de date certaine à l'égard des tiers. L'enregistrement seul
donne, aux actes sous seing privé, date certaine
à l'égard de ces derniers. Quand bien même, d'ailleurs, cet article 12 établirait que la véritable
date de tout acte de commerce peut être certifiée
entre commerçans par leurs livres, cette disposition ne s'appliquerait pas aux polices d'assurances,
faites par actes séparés. Pour elle, l'art. 1328 du
code civil ferait loi. Mais l'art. 12 du code de commerce ne pose pas le principe que M. Quénault veut
y voir : il permet aux juges de trouver dans les re-

6

gistres des commerçans la preuve de l'existence
d'actes commerciaux ; il ne dit rien de plus...
Il pose un principe exceptionnel dans un code
d'exception... ; et les exceptions ne peuvent jamais
être étendues : elles doivent être exécutées dans
la limite posée par le législateur.

59. Est-il permis d'insérer plusieurs assurances
dans la même police ? Oui : l'art. 333 du code de
commerce ne laisse pas de doute sur ce point :
il reconnaît formellement cette faculté. M. Pardessus, n° 795, remarque avec raison que chaque
engagement doit porter la date de la souscription.
Autrement, les engagemens non datés seraient
regardés comme souscrits le même jour que celui dont la date suit immédiatement.

Si l'une des assurances contient quelques clauses dérogatoires, celui qui signera l'assurance suivante, devra bien faire attention de ne pas signer
sans consigner ses réserves ; car en oubliant cette
précaution, l'obligation du signataire précédent
deviendrait la sienne......; il s'engagerait sous les
mêmes conditions.

60. De cette communauté d'assurances résultera-t-il une communauté d'intérêts entre les divers assurés ? Non..... : il n'existe aucue solidarité entre eux ; car la solidarité ne se présume
jamais ; il faut qu'elle soit expressément stipulée.
(Art. 1202, cod. civ.)

FORMES INTERNES DU CONTRAT D'ASSURANCE.

61. La police d'assurance doit contenir toutes les stipulations faites par les parties. Car si des contestations s'élèvent entre les contractans, il faut que les juges ou les arbitres se trouvent à même de recourir à la loi écrite, c'est-à-dire aux conventions. Dans cette matière, plus que dans toute autre, les juges ne doivent consulter que les actes, et ne prononcer que conformément à leur lettre. Quelquefois il leur est permis d'interpréter les conventions des parties, mais pour appliquer les conséquences les plus directes, les résultats nécessaires de l'acte soumis à leur appréciation. Il est donc bien important que la police renferme exactement toutes les stipulations; non pas que le contrat soit nul parce que la police ne contient pas toutes les conditions énumérées dans l'article 332 du code de commerce, mais les conventions non insérées dans l'acte et alléguées par l'une des parties, seraient comme non-avenues, s'il n'existait du reste aucun commencement de preuve par écrit pour faire admettre la preuve testimoniale. Nous allons énumérer toutes les indications précises que doit contenir la police d'assurance, les classant d'ailleurs dans l'ordre de leur importance.

§ 1er.

62. La police doit exprimer *le nom et le domi-*

6.

cile de celui qui fait assurer, sa qualité de proprié-
taire ou de commissionnaire.

Il n'est pas besoin d'insister beaucoup sur l'u-
tilité de cette énonciation ; elle se prouve d'elle-
même. On conçoit facilement que, pour donner
force à un contrat, il faut avant tout connaître
les parties contractantes, savoir sur qui pèse l'obligation d'exécuter, et à qui appartient l'action pour
l'accomplissement de l'obligation.

63. Pourtant cette indication précise n'est pas
tellement essentielle à la police d'assurance qu'elle
ne puisse être remplacée par une autre preuve.
Le contrat d'assurance ne serait nul qu'autant
que d'autres indications ne suppléeraient point à
cette omission. D'autres énonciations indiquent-
elles suffisamment l'assuré, alors la police a tout
autant de valeur qui si l'indication, exigée par
l'article 332, existait.

64. Il y a encore une différence à faire entre
les deux indications. L'indication de domicile est
encore d'une utilité moins sentie que l'indication
de nom ; et avant tout il faut savoir avec qui l'on
contracte, envers qui l'on s'oblige : le nom seul
offre cette garantie. Presque toujours l'omission
du nom entraînera la nullité du contrat, ou, au
moins, son invalidité, puisque l'une des parties se
trouvera dans l'impossibilité de s'adresser à quelqu'un pour en réclamer l'exécution. L'indication
du domicile de l'assuré est nécessaire, car il faut
que la compagnie d'assurance sache où s'adresser
pour réclamer le paiement de la prime qui lui est

due. Mais si elle possède d'autres renseignemens certains, elle aura la faculté de les employer sans que l'assuré argumente valablement contre elle du défaut d'indication de son domicile.

65. La seconde partie de cet article, qui exige l'indication de la qualité de l'assuré par rapport à l'objet qui donne lieu à l'assurance, a une grande utilité. Il faut que l'assureur connaisse quel intérêt peut avoir à la conservation de la chose celui qui la présente à l'assurance ; il doit savoir s'il en a la propriété, ou s'il agit d'après le mandat du véritable propriétaire. La chose assurée n'appartient-elle pas à celui qui s'adresse à la compagnie d'assurance, ou celui-ci ne justifie-t-il pas d'un mandat à fin d'assurance donné par le maître de cette chose, l'assureur ne s'engagera point, car alors il n'y aurait pas contrat ; il y aurait pari, gageure, pour lesquels la loi n'accorde pas d'action.

66. Il se rencontre pourtant des occasions où il il est permis à un individu de faire assurer des choses dont il n'est pas propriétaire. Encore faut-il qu'il ait intérêt à la conservation de la chose.

Ainsi un usufruitier, un créancier hypothécaire sont grandement intéressés à la conservation de l'objet sur lequel ils exercent leur droit ; aussi peuvent-ils le faire assurer ; mais ils doivent bien spécifier dans la police à quel titre ils agissent et demandent l'assurance. Sans cette indication précise, on croirait que leur intention fut de faire assurer la propriété d'autrui, et l'assurance constituerait un bénéfice pour le propriétaire. (Voir plus bas quels sont ceux qui peuvent faire assurer.)

§ II.

DÉSIGNATION DES OBJETS ASSURÉS.

67. Les objets assurés doivent être connus par les assureurs. L'indication doit être faite avec une telle précision que le doute ne soit pas permis. Nous voudrions, pour la désignation des choses assurées, l'emploi de toutes les précautions prises par l'art. 675 du code de procédure civile, au titre des saisies immobilières. « Aux termes de » cet article, le procès-verbal de saisie contiendra » la désignation de l'extérieur des objets saisis, » si c'est une maison, et énoncera l'arrondisse-» ment, la commune et la rue où elle est située, » et les tenans et les aboutissans ; si ce sont des » biens ruraux, la désignation des bâtimens, s'il » y en a, la nature et la contenance, au moins » approximative, de chaque pièce, deux au moins » de ses tenans et aboutissans, le nom du fermier » ou colon, s'il y en a, l'arrondissement et la com-» mune où elle est située ; quelle que soit la na-» ture du bien, le procès-verbal contiendra, en » outre, l'extrait de la matrice de rôle de contri-» bution foncière pour tous les articles saisis, » l'indication du tribunal où la saisie sera por-» tée, et constitution d'avoué chez lequel le do-» micile du saisissant sera élu de droit. »

68. Pour les meubles, on se contente d'en ordonner la description dans la police d'assurance,

de manière que la substitution d'un meuble à un
autre ne puisse avoir lieu, sans que l'assuré s'expose à perdre ses droits à l'assurance. Ces dispositions rendent, sans contredit, la fraude plus
difficile, mais ne la rendent pas impossible. Il y
aurait un moyen d'arriver à cette impossibilité de
substitution. Ne pourrait-on pas créer un signe
extérieur de l'assurance, comme il en existe un
pour les maisons? Pourquoi la compagnie d'assurance ne posséderait-elle pas un cachet qu'elle im-
primerait sur les meubles assurés? Son imitation
serait fatale à celui qui l'aurait opérée : on le
poursuivrait devant les tribunaux pour l'imitation
du cachet de la société; car alors il y aurait un faux.

69. Certainement il existe des effets mobiliers
sur lesquels cette constatation serait impossible.
Ainsi le linge, les habits, les bijoux, les vins et denrées, etc., ne peuvent être désignés par une marque
particulière; la nature de l'objet assuré s'oppose à
l'existence d'un signe distinctif. Il faut subir ici la
loi de la nécessité, et se rapporter à la bonne foi
de l'assuré pour la désignation exacte des choses
faisant la matière du contrat d'assurance. Ainsi
s'agit-il de marchandises, on indique leur espèce,
leur quantité. Voilà pour l'assurance avec désignation. Est-il question d'assurance sans désignation,
on énonce sommairement les diverses espèces de
marchandises pour fixer la prime; mais dans l'une
et l'autre assurance, on donne connaissance du
magasin, de l'entrepôt où les marchandises sont
déposées. Quand toutes ces énonciations se trou-

vent insérées dans la police, l'assureur sait au
moins à quoi il s'engage; il signe le contrat en
connaissance de toutes les obligations auxquelles
il se soumet; il sait l'étendue de la responsabilité
qu'il encourt....., et avec ces notions il lui est loisible de calculer toutes les chances et de fixer la
prime d'après ce calcul. S'il se trompe, tant pis
pour lui.....; il ne doit s'en prendre qu'à lui-même,
car l'assuré ne lui avait pas caché la position
des objets présentés à l'assurance; c'est de son
plein gré qu'il a souscrit la police; il supportera
tout le malheur d'une position qu'il a choisie.

§. III.

ESTIMATION DES OBJETS ASSURÉS.

70. L'article 339 du code de commerce dit :
« Si la valeur des marchandises n'est point fixée
» par le contrat, elle peut être justifiée par les
» factures ou par les livres : à défaut, l'estima-
» tion en est faite suivant le prix courant au temps
» et au lieu du chargement, y compris tous les
» droits payés et les frais faits jusqu'à bord ».
Voilà une disposition précise qui ôte matière à
toute discussion pour savoir si l'évaluation des
objets assurés, ordonnée par l'article 332, est essentielle au contrat. Pour nous, la question consiste à savoir si elle s'applique aux assurances terrestres. M. Quénault, n° 180, établit une distinction entre les assurances à prime et les assurances mutuelles. Selon cet auteur, l'évaluation
des objets assurés n'est pas indispensable dans les

assurances à prime, car il sera toujours loisible de la faire au moment du sinistre. *Pour les assurances mutuelles, il prétend que l'évaluation doit se faire au moment du contrat, parce que l'évaluation de chaque propriété est non-seulement la base de l'indemnité à laquelle aura droit son propriétaire, en cas qu'il soit atteint du sinistre, mais en même temps la base proportionnelle de sa part contributive dans l'indemnité des sinistres. Si les évaluations n'étaient pas faites exactement dès le principe, il faudrait revenir non-seulement sur l'estimation des propriétés atteintes du sinistre; mais encore sur l'estimation de toutes les autres propriétés, pour déterminer la part dans la mesure de laquelle chacune devrait contribuer aux indemnités.* Cette distinction ne nous paraît pas motivée suffisamment. Nous ne voyons pas pourquoi il serait obligatoire pour les assurances mutuelles de fixer, au moment de la rédaction de la police, la valeur des objets assurés, plutôt que dans des assurances à prime. On dit... il y aura plus de difficulté, parce que l'on serait forcé d'estimer non-seulement les propriétés atteintes du sinistre, mais encore celles qui devraient contribuer à le réparer. Eh bien! la difficulté ne constitue pas l'impossibilité. Cette évaluation de toutes les propriétés entraînera des longueurs; mais souvent elle ne présentera pas plus de difficulté qu'une seule évaluation dans les assurances à prime. A un premier sinistre, dans l'assurance mutuelle, l'évaluation, si elle n'est pas faite dans la police,

se fera une fois pour toutes , sauf à estimer les
nouvelles propriétés qui entreront dans la société.
Dans l'assurance à prime , au contraire , à chaque
nouveau sinistre , il y aura lieu à l'évaluation de
la propriété détruite. Nous verrions plutôt la nécessité de fixer l'évaluation des objets assurés dans
les assurances à prime , que dans les assurances
mutuelles. Nous concevons le système qui tendrait
à prouver que , dans les assurances terrestres , il
faut consigner dans la police l'évaluation des objets assurés , mais nous ne concevons pas la distinction de M. Quénault, que rien n'autorise , qui
est arbitraire. Nous pensons que l'article 339 contient un principe applicable à toutes les assurances , soit maritimes , soit terrestres , sans admettre
aucune distinction entre les assurances à prime et
les assurances mutuelles.

71. Mais de quelle utilité peut être cette évaluation, puisque dans toutes les sociétés d'assurance contre l'incendie , on trouve stipulé que les
assureurs paieront la valeur des choses assurées au
jour de l'incendie? Elle se conçoit bien pour les
assurances maritimes , parce que pour celles-ci
on paie toujours la valeur que les objets assurés
avaient au moment du contrat. Dans les assurances contre l'incendie , il est même admis par l'u-
sage que la valeur seule du jour du sinistre se
prend en considération, en l'absence de toute stipulation. Nous regardons donc l'évaluation, au
moment du contrat, des objets assurés comme
une abondance de garantie , comme une formalité

à peu près oiseuse, mais qui, si elle ne présente pas de grands avantages, ne nuit pas, car elle fixe un point de départ.

72. Au premier abord (1), on ne se rend pas bien compte de cet usage admis par toutes les sociétés d'assurances de n'indemniser le propriétaire assuré que suivant la valeur vénale de la chose assurée au jour de l'incendie. Car il serait possible que l'assureur fît, par cette stipulation, sa condition pire ; tandis que l'assuré pourrait trouver une occasion de bénéficier ;... les bénéfices sont contraires à la nature du contrat d'assurance. L'assuré doit trouver une indemnité du préjudice qu'il éprouve, et non un gain. L'assuré pourrait bénéficier.... En effet : la chose assurée ne valait que tant au moment du contrat ; elle augmente de valeur par suite de circonstances imprévues. Elle est consumée par un incendie...; on indemnise l'assuré sur le pied de la valeur au moment du sinistre ; il se trouve plus riche de toute l'augmentation de la valeur arrivée à la chose. N'est-ce pas là un lucre, contraire à la nature de l'assurance? Non. Quelle était l'intention de l'assuré, quand il fit assurer sa propriété? De trouver une compensation certaine à la perte que tel événement prévu lui causerait. Si on ne lui payait que la valeur de la chose au moment du contrat, trouverait-il cette compen-

_____

(1) Tout ce paragraphe ne s'applique bien entendu, qu'aux contrats d'assurances qui ne fixent pas la valeur de la chose assurée. Car une fois que cette valeur se trouve fixée, elle ne peut jamais être dépassée.

sation ? Non, puisqu'il souffrirait encore du sinistre, moins, il est vrai, que si l'assurance n'eût
jamais existé ; néanmoins il perdrait toujours. L'assureur doit l'indemniser de toutes les pertes occasionnées par le sinistre, et cette obligation s'exécute complètement par le remboursement de toute
la valeur vénale de l'objet assuré à l'époque du
désastre. L'étendue de l'obligation pour l'assureur
est incertaine ; elle dépend du hasard. La compagnie d'assurance attendra le moment du sinistre
pour connaître si la valeur de la propriété assurée
dépassera celle qu'elle avait au temps de la signature de la police. Si elle a dépéri, soit par suite
des défectuosités inhérentes à sa nature, soit par
suite de l'abaissement du cours, il y a gain pour
l'assureur ; il y a perte, au contraire, s'il existe
une augmentation de prix. Il ne faut pas s'imaginer que cette incertitude constitue une gageure,
car l'assurance ne s'applique jamais à une perte
fictive : l'étendue de ces obligations dépend du
hasard, de circonstances imprévues, mais elles ne
seront jamais sans cause..., et l'assuré ne retirera
jamais un bénéfice pareil aux profits du jeu ou du
pari, mais l'indemnité d'une perte réelle, fixée
au moment de l'incendie.

73. Comment se fera l'évaluation ? Telle est
la question qui doit suivre l'explication de la disposition de loi qui l'ordonne. Pour les marchandises, ordinairement, il est une somme fixe que
l'assureur s'engage à payer et qu'il ne dépasse jamais, car sans cette fixation, l'assurance resterait

indéterminée et se trouverait en partie laissée à
la discrétion de l'assuré. « Si la perte est inférieure
» à la somme assurée, dit M. Frémery, p. 289,
» l'engagement de la compagnie est réduit à la
» valeur réelle ; si elle excède la somme assurée,
» la compagnie paie le dommage dans la propor-
» tion du risque qu'elle a couru à la valeur réelle ;
» l'assuré considéré comme son propre assureur
» pour le surplus, supporte l'excédant du dommage
» corrélatif à la valeur dont il a couru le risque. »
Mais si l'assurance est indéterminée quant à son
objet, l'évaluation ne peut se faire qu'au moment
du sinistre. C'est à l'assuré qu'il appartient de
prouver le dommage causé par l'incendie, sauf la
contestation permise à l'assureur. Dans ce dernier
cas seulement, il peut y avoir incertitude pour
l'obligation de l'assureur jusqu'au sinistre, car un
objet certain est assuré, et l'assuré par l'assurance
a voulu se procurer l'indemnité de la perte réelle
de cet objet. L'assureur, en signant la police, savait la nature de ses obligations ; ce qu'il igno-
rait, c'était la valeur vénale que la chose assurée
devait avoir au moment de l'incendie. *Il prenait
donc sur lui*, comme le remarque fort bien
M. Quénault, *les risques d'une hausse dans le
prix des objets assurés, combinés avec les risques d'incendie.* D'après toutes ces chances, il
déterminait la prime pour laquelle il se chargeait de l'indemnité à donner en cas d'incendie...;
s'il s'est trompé dans ses calculs, tant pis pour
lui ; il a couru de son plein gré une chance qui

ne lui a pas été favorable...; il perd la partie...;
qu'il s'en prenne à lui seul.

L'ASSURÉ DOIT DÉCLARER LA NATURE ET L'ÉTENDUE DES RISQUES.

74. L'article 348 du code de commerce établit
d'une manière formelle l'obligation de l'assuré à
cet égard. « Toute réticence, dit cet article, toute
» fausse déclaration de la part de l'assuré, toute
» différence entre le contrat d'assurance et le con-
» naissement, qui diminueraient l'opinion du ris-
» que ou en changeraient le sujet, annulent l'as-
» surance.

» L'assurance est nulle, même dans le cas où la
» réticence, la fausse déclaration ou la différence
» n'auraient pas influé sur le dommage ou la perte
» de l'objet assuré. »

75. Ce n'est pas seulement du dol ou de la
fraude que l'assuré doit s'abstenir; ils vicient tous
les contrats, aussi bien le contrat d'assurance que
les autres. Mais le code lui impose l'obligation de
ne rien taire des circonstances qui peuvent augmenter les risques dont l'assureur consent à se
charger. L'obligation d'une franchise complète
existe dans l'intérêt de l'assureur, qui ne voudra
peut-être pas assurer telle propriété, quand plusieurs circonstances lui seront connues..., ou bien
il fixera la prime en raison des accidens qui me-
nacent l'objet assuré. Les législations de tous les

pays contiennent à cet égard une disposition expresse.

  Marshall, auteur anglais, dit « que les dissimu-
» lations et les réticences ne sont pas moins fa-
» tales au contrat que les fausses désignations.
» On fit, ajoute-t-il, assurer pour trois mois, au
» bureau du Phénix, le 25 juillet 1814, un ma-
» gasin dans la ville basse d'Héligoland. En vertu
» d'une lettre de l'assuré, datée du 11 du même
» mois, sur la demande qu'il forma contre les assu-
» reurs, ceux-ci alléguèrent, pour moyen de dé-
» fense, qu'à l'époque à laquelle la lettre missive
» contenant l'ordre de faire assurer avait été écrite,
» le magasin était dans un danger imminent d'être
» incendié, danger que le demandeur connaissait et
» qu'il avait frauduleusement dissimulé. On décou-
» vrit que le magasin assuré n'était séparé que par
» un seul bâtiment d'un autre magasin auquel le
» feu avait pris dans la nuit du samedi 11 juillet.
» On crut que le feu s'était éteint à huit heures du
» soir ; mais on jugea nécessaire de veiller toute
» la nuit à la garde des magasins. Le lundi matin,
» l'incendie éclata de nouveau, et, se frayant un
» passage à travers le bâtiment intermédiaire,
» consuma le magasin assuré. Le 11 au soir, après
» que l'on eut fait le paquet de lettres pour l'An-
» gleterre, le demandeur écrivit à son agent qu'il
» désirait faire assurer le magasin en question,
» sans dire un mot d'un autre magasin qu'il avait
» dans la ville. La lettre fut remise au maître du
» bateau qui portait le paquet de lettres. Le jury,

» tout en acquittant le demandeur de l'impu-
» tation de fraude, pensa qu'il aurait dû faire
» connaître l'incendie du 11, et, par ce motif,
» donna gain de cause au défendeur. La Cour
» approuva la réponse des jurés. » (Traduit de
l'anglais.)

76. Il peut cependant se présenter des cas où
l'assureur doit s'imputer l'ignorance des risques.
Si l'assuré ne le met pas à même de connaître toute
leur étendue, alors, sans aucun doute, le contrat
se trouve vicié par une erreur substantielle. Mais
s'il a donné à l'assureur tous les renseignemens,
s'il a laissé à sa disposition tous les moyens de vérification, tout le loisir nécessaire pour inspecter
l'objet présenté à l'assurance, celui-ci, s'il signe
la police sans faire usage de toutes ces facilités
d'examiner, ne doit se prendre qu'à lui-même de
son ignorance de tous les risques apparens, ou de
ceux qu'il aurait fini par connaître si une inspec-
tion minutieuse eût été faite. Il s'imputera sa négligence, puisque l'assuré lui a abandonné toutes
les possibilités d'arriver à une science certaine de
l'état où se trouvait l'objet soumis à l'assurance,
sauf à demander compte à l'assuré des risques
qu'il était impossible de découvrir, malgré les recherches les plus actives, et que l'assuré devait
connaître ou soupçonner au moment du contrat.
Si ce dernier soupçonnait seulement leur existence,
son devoir était d'avertir l'assureur de ses soup-
çons, pour que celui-ci pût, après examen, savoir s'ils avaient le moindre fondement, et régler

sur cette donnée les conditions du contrat d'assurance.

§ V.

TEMPS AUXQUELS LES RISQUES COMMENCENT ET FINISSENT.

77. Nous avons déjà dit plus haut, qu'ordinairement, dans les assurances terrestres, les compagnies indiquaient dans la police la durée des obligations respectives. Si cette indication manque, ajoutions-nous, il faut recourir à des présomptions pour le commencement des risques; nous donnions l'époque qui nous paraissait, selon toute apparence, avoir été tacitement convenue par les parties, celle de la signature de la police. Mais, pour la fin des risques, nous ne voyions que la nature de l'objet assuré à consulter. S'agissait-il d'une maison, nous pensions que l'intention la plus vraisemblable de toutes les parties avait été, en ne fixant pas de date, de stipuler l'assurance à toujours, jusqu'à l'événement du sinistre prévu. Pour les récoltes, il y avait probabilité que les contractans n'avaient eu en vue que d'assurer la récolte de la présente année. Nous ne serions pas revenu sur ces présomptions établies dans un précédent chapitre, si nous n'avions pas rencontré, en feuilletant l'ouvrage de M. Quénault, n° 177, une opinion qui nous semble erronnée. Dans l'embarras de donner une décision précise pour suppléer au silence de la convention

sur la durée des risques, il transporte l'art. 1758
du code civil, relatif au bail, et l'applique au contrat d'assurance. « Le bail d'un appartement meu-
» blé, dit cet article, est censé fait à l'année, quand
» il a été fait à tant par an ; au mois, quand il a
» été fait à tant par mois ; au jour, s'il a été fait
» à tant par jour. Si rien ne constate que le bail
» soit fait à tant par an, par mois ou par jour, la
» location est censée faite suivant l'usage des
» lieux. » Rien, selon nous, n'autorise cette trans-
position d'article. L'intention du législateur, en
le rédigeant, a été de créer une disposition particulière au bail ; et vouloir l'appliquer au contrat
d'assurance, c'est rêver une analogie qui ne pouvait pas exister dans l'esprit des rédacteurs du
code. Pour sortir de la difficulté où le silence des
parties contractantes jette le juge, il faut recourir à la seule règle en pareil cas, à l'intention de
l'assuré et de l'assureur. Si elle n'apparaît pas par
leurs actes, par leurs écrits, elle se puise dans la
nature même de l'objet assuré ; c'est-à-dire que la
durée de l'assurance se fixe sur la durée de l'existence de la chose soumise à l'assurance.

78. La société d'assurance mutuelle, par les
articles 5 et 6, n'engage le sociétaire que pour
cinq ans, sauf à lui à faire renouveler l'assurance,
et fixe la durée de toute la société à trente ans.
Ces articles sont ainsi conçus :

Art. 5. « Chaque sociétaire est assureur et as-
» suré pour cinq ans, à partir du premier mois

» qui suit celui dans lequel il est devenu sociétaire.

» Trois mois avant l'échéance des cinq ans, il » fait connaître, par une déclaration consignée » sur un registre tenu à cet effet, s'il entend continuer de faire partie de la société.

» *Par le fait seul du défaut* de déclaration à l'é- » poque donnée, *on lui suppose l'intention de de-* » *meurer* attaché à la société, *et il continue d'en* » *faire partie.*

» *S'il continue*, toutes les conditions de l'assu- » rance, une nouvelle expertise même comprise, » doivent être remplies avant l'échéance du terme » de l'engagement.

» S'il y renonce, son immeuble est dégagé de » toutes charges sociales, comme il cesse de profiter d'aucun bénéfice de garantie à partir de » l'échéance dudit terme, et son dernier terme » compris. »

Art. 6. « La durée de la société est de trente » années. »

Un procès s'est élevé sur le sens de ces articles entre MM. Thayer, Ancelle et le gérant de la compagnie d'assurances mutuelles, au nom bien entendu de cette compagnie.

Celui-ci prétendait que la réciprocité de la faculté de rompre le contrat tous les cinq ans, se trouvait *sous-entendue* dans l'article 5 des statuts; que, par cet article, les sociétaires n'étaient mutuellement engagés les uns envers les autres que pour cinq années, et que si lettre de l'article susdit ne prévoyait que le cas de la retraite volontaire d'un sociétaire isolé, le droit commun tenait lieu du défaut de stipulation écrite.

Les deux sociétaires soutenaient avec raison que la faculté de résolution n'appartenait qu'aux sociétaires individuellement, et non pas à la société. « En effet, disait M. Ancelle dans un mé-
» moire qu'il a publié, de deux choses l'une, la
» durée de la société était de trente ans consécu-
» tifs ou de cinq ans, sauf à renouveler. Cette durée
» n'a pu être à la fois de trente ans et de cinq ans;
» cette durée de trente ans ne peut se concilier
» avec ce terme de cinq ans qu'en faisant une dis-
» tinction entre la masse des sociétaires, qui s'ap-
» pellera compagnie, et le sociétaire isolé.
» La compagnie est liée pour trente ans; le so-
» ciétaire isolé est lié seulement pour cinq ans.
» Par cette interprétation naturelle, les statuts 5
» et 6° se combinent alors clairement; mais pré-
» tendre que la compagnie et le sociétaire isolé
» soient dégagés également à chaque période de
» cinq ans, c'est rayer cette durée de trente ans
» donnée à la société par l'article 6; c'est vouloir
» que cette fixation de durée n'ait aucun sens. »

Cette explication donnée pas les deux sociétaires nous semble juste et bien fondée; ce qui le prouve d'une manière évidente, c'est le silence sur les formalités que devra employer la société pour signifier sa volonté de rompre le contrat, tandis que l'acte social explique clairement les formes dans lesquelles le propriétaire exprimera sa volonté de renoncer à la société. La Cour n'a pas adopté leur système ; elle a confirmé purement et simplement la disposition du jugement qui rejetait les prétentions des deux propriétaires.

« Attendu , dit le jugement, que toute la diffi-
» culté du procès se réduit à savoir si les sieurs
» Thayer et Ancelle peuvent être considérés
» comme ayant cessé de faire partie de la com-
» pagnie ;

» Attendu , à cet égard, que l'article 6 des sta-
» tuts fixe, il est vrai, à trente années la durée
» de la société ; mais qu'aux termes de l'article 5 ,
» le contrat n'est obligatoire que pour cinq années,
» temps au bout duquel il peut être rompu par
» un avertissement donné trois mois d'avance ;
» que si cet article a déterminé la forme dans
» laquelle le propriétaire ferait connaître sa vo-
» lonté à l'expiration de cinq anées , sans régler
» également la forme dans laquelle la société fe-
» rait connaître sa volonté de ne plus conserver
» le propriétaire , on ne peut en conclure qu'il
» ait entendu donner exclusivement au proprié-
» taire la faculté de se retirer, et refuser à la so-
» ciété la faculté de renvoyer ce propriétaire ; que
» le contrat est synallagmatique et commutatif, et
» que les obligations sont corrélatives et réci-
» proques ;

» Que la stipulation par laquelle elles seraient
» plus long-temps exécutées par l'une des parties
» que par l'autre ne peut se présumer ;

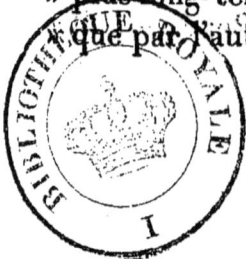

» Que l'art. 5 des statuts ne contient aucune
» stipulation de cette nature ;

» Qu'en effet, on y lit que chaque sociétaire est
» assureur et assuré pour cinq années, ce qui in-
» dique que la durée de l'obligation est la même
» pour les deux parties ; qu'on y trouve que, si à
» l'expiration de cinq ans, l'association ne cesse
» pas par l'avertissement donné d'avance, toutes
» les conditions de l'assurance, une nouvelle ex-
» pertise même comprise, doivent être remplies
» avant le terme de l'engagement, ce qui ne laisse
» pas de doute que, pour la continuation, il faut
» un nouveau contrat. »

Toutes ces raisons, données par le jugement de
première instance et adoptées par la Cour, seraient très-bonnes, si les conventions des parties
n'avaient pas dérogé au droit commun. Le but ordinaire des sociétés est de créer des obligations
corrélatives et réciproques : mais rien n'empêche
que le contrat ne porte une dérogation au principe général. Le législateur lui-même n'a-t-il pas
consacré cette exception en permettant qu'un associé apporte dans la société sa seule industrie,
tandis que les autres sociétaires apporteront des
capitaux. (Art. 1847 et 1853, cod. civ.) Eh bien !
ici la différence entre les associés ne consiste pas
dans leur mise, dans leurs obligations, mais dans
la durée de ces obligations. Pour tous les sociè-
taires isolément, la société dure cinq ans ; elle
doit durer trente ans pour tous les sociétaires col-
lectivement, réunis en compagnie. Pour tous, il y

a donc identité d'obligations; il y a même durée
pour tous, qu'ils soient isolés ou qu'ils fassent
partie de l'être collectif, appelé société : se pré-
sentent-ils séparément, ils restent tous obligés
pendant cinq ans; agissent-ils au nom de la société, leur obligation est de trente ans. Sont-ce
les principes généraux qui le veulent ainsi? Non,
ce sont les conventions particulières...; et il est
toujours permis de déroger par des stipulations
privées aux principes généraux, quand on respecte
ceux qui tiennent à l'essence même du contrat.

On ne peut présumer, dit le jugement, *la stipulation par laquelle le contrat serait plus long-
temps exécuté par l'une des parties que par l'autre.* Si cette stipulation n'existait pas, elle ne
pourrait se présumer; cette décision est de toute
évidence, car en principe, le propre du contrat de
société est de créer des obligations réciproques.
Mais ici, cette présomption est inutile, puisque
les conventions sont formelles; les statuts renferment une disposition particulière, favorable au
sociétaire qui, au bout de cinq ans, ne veut pas
continuer ses obligations à l'égard de la société. Et
la preuve que cette disposition, dans l'intention
des rédacteurs des statuts, ne doit s'appliquer
qu'au sociétaire et non à la société, c'est qu'ils ont
expliqué avec soin les moyens pour celui-ci d'exprimer sa renonciation, et qu'ils ont gardé le silence sur la manière dont la société annonçerait
au sociétaire son renvoi. On a voulu créer pour
lui un privilége, dans le but d'attirer beaucoup

de propriétaires qu'une obligation de trente années aurait effrayés. Les rédacteurs de l'acte social n'ont eu en vue que le bénéfice du sociétaire
isolé ; ils lui ont accordé une faveur qu'ils ont refusée à la société ; c'est le cas d'appliquer la
maxime, *Inclusio unius est exclusio alterius.*

§ VI.

DE LA SOMME PROMISE.

79. Nous avons déjà insisté sur l'utilité de bien
déterminer la somme qui sera donnée à titre d'indemnité ; cependant cette détermination n'est
point indispensable, lorsque l'assurance porte sur
des objets dont l'évaluation se trouve dans la police
ou peut se faire plus tard. « D'ailleurs, ainsi que le
» remarque M. Pardessus, n° 822, la somme pro-
» mise expressément ou implicitement par l'assu-
» reur, n'est pas toujours la base d'après laquelle
» on doit juger, selon l'événement, ce qu'il sera
» tenu de payer à l'assuré. Les choses assurées peu-
» vent, en effet, éprouver des accidens qui ne leur
» causent qu'une simple détérioration, et non une
» perte absolue. »

§ VII.

DE LA PRIME.

80. La fixation de la prime est bien plus nécessaire que l'énonciation de la somme promise : car
il serait à craindre que l'assureur n'eût l'intention

de faire une donation au prétendu assuré. Pourtant, malgré cette crainte, il ne faut pas croire
que le défaut d'énonciation de la prime vicie le
contrat d'assurance ; elle peut être suppléée par
une autre preuve. Ainsi le livre du courtier , s'il
s'agissait de marchandises , suppléerait au silence
de la police. (Art. 192, cod. com.) Si l'assureur
avait un tarif pour toutes les assurances , ce tarif
servirait de règle ; il aurait force de loi, puisque
les parties seraient présumées s'être référées à
ses dispositions en ne les détruisant pas par leur
contrat. Mais s'il n'existe aucune base pour apprécier la prime d'assurance, il faut déclarer la police nulle, et dégager les parties de toutes les
obligations civiles qui pouvaient les engager réciproquement.

81. Voilà l'énumération complète et l'explication détaillée de toutes les formalités exigées par
l'article 332 du code de commerce, pour la validité
de la police d'assurance. Il recommande aussi l'é-
nonciation précise de toutes les conditions particulières dont les parties conviendront. Ce n'est là
qu'un conseil donné à l'assureur et à l'assuré, un
moyen prudent d'éviter toutes les contestations.
Quand les discussions n'existent que sur l'interprétation d'un article de la police, généralement les
juges font facilement justice des chicanes honteuses suscitées par la mauvaise foi ; quand, au
contraire, les difficultés portent sur l'existence
de telle condition non mentionnée dans les statuts, alors les juges sont obligés de s'en rap-

porter à des présomptions qui, ayant plus ou
moins de concordance entre elles, ne permettent
jamais d'arriver à une entière vérité. — Il reste
bien encore la soumission des contestations à des
arbitres, ordinairement insérée dans les polices ;
nous en parlerons plus tard.

§ VIII.

ENREGISTREMENT DES CONTRATS D'ASSURANCE.

82. Pour les assurances maritimes, l'article
51 de la loi du 28 avril est formel ; il fixe le droit
à 1 pour 100 sur la valeur de la prime. Ce même
article n'exige que le demi-droit en temps de
guerre.

Mais ces dispositions concernent-elles les polices d'assurances terrestres ? MM. Grun et Jolliat,
n° 202, établissent la négative. « A l'époque où
» ces dispositions furent établies, disent ces au-
» teurs, les assurances terrestres n'étaient point
» encore pratiquées en France, et il est de prin-
» cipe, *en matière d'impôt*, que l'on ne peut,
» sous prétexte d'analogie, faire peser un droit
» sur un acte que le législateur n'a pas eu en vue ;
» les termes mêmes des articles démontrent qu'ils
» ne sauraient s'appliquer aux assurances ter-
» restres. Nous savons, néanmoins, que le droit
» proportionnel a été perçu sur des polices d'as-
» surances contre l'incendie ; nous pensons que
» c'est à tort, et que les assureurs auraient pu
» contester.

, » Les actes et polices d'assurances terrestres ne
» sont passibles que du droit fixe d'un franc,
» applicable, aux termes de l'article 68, § 1er,
» n° 51 de la loi du 22 frimaire, à tous actes dé-
» nommés dans cette loi, et qui ne peuvent
» donner lieu au droit proportionnel. Les con-
» trats d'assurances ne sont sujets à l'enregistre-
» ment que lorsqu'ils sont produits en justice. »
(Art. 23 de la loi du 22 frimaire.)

Nous n'adoptons pas l'opinion émise par MM.
Grun et Jolliat. Nous pensons qu'il existe trop de
susceptibilité chez ces auteurs, puisqu'ils regardent comme création d'un impôt la soumission
des polices d'assurances terrestres au droit proportionnel. Nous ne voyons pas pourquoi celles-
ci seraient exemptées d'un droit à laquelle les assurances maritimes sont soumises. Si le législateur n'a parlé que des assurances maritimes, c'est
qu'au 22 frimaire an 7, on connaissait seulement
ces dernières; qu'au 28 avril 1816, les assurances
terrestres n'étaient pas encore bien établies,
puisque, loin d'être répandues comme maintenant,
elles étaient, pour ainsi dire, simplement soup-
çonnées. Plus tard, il s'est agi de savoir si elles
seraient soumises au droit proportionnel; on a décidé l'affirmative..., et les assureurs ont subi
cette décision sans réclamation : ils auraient eu
tort de réclamer, car, sauf quelques exceptions,
les règles relatives aux assurances maritimes s'appliquent à toutes les assurances. Et encore les
différences qui existent, dérivent-elles plutôt de

la nature des objets assurés que de la nature du
contrat. Aussi toutes les fois que les principes
posés par le législateur, pour les assurances maritimes, ne contrarieront pas la nature des choses
soumises à l'assurance terrestre, il faudra décider
qu'ils existent pour les deux assurances. On ne dira
pas, pour cela, qu'il y a création d'un impôt par
analogie, mais bien identité de dispositions, confusion des deux assurances sous la même rubrique. C'est ainsi que l'a compris le ministre des
finances, puisque, par sa décision du 9 mai 1821,
il a déclaré les assurances terrestres passibles du
droit proportionnel. (Inst. gén. du 14 juin suivant, n° 983. — Voir M. Rolland de Villargues,
n° 124, v° *assurance*.)

83. Quant à l'assurance mutuelle, si elle est
faite sans fixation de prime, elle n'est soumise
qu'au droit fixe; ce droit est de 5 francs. (Décision du ministre des finances, du 21 décembre
1821.)

84. Nous adopterons le même droit pour les
actes d'adhésion à ces associations. (Décision du
même ministre, du 22 mars 1822.)

85. Quand le droit se perçoit-il? Il doit être
perçu lors de l'enregistrement de l'acte.

86. Les polices d'assurances sous seing privé
sont-elles soumises au timbre de dimension, sous
peine d'amende? Oui. (Art. 12 de la loi du 13 bru-
maire an 7.) Mais nous pensons, avec MM. Grun
et Jolliat, que les agens du domaine n'ont aucun
pouvoir d'investigation sur les actes des compa-

gnies d'assurances, et qu'ils ne peuvent poursuivre le paiement de l'amende pour défaut de timbre, qu'en cas de production de ces actes en justice.

87. Qui supportera les frais d'enregistrement ou du timbre? Celui des contractans qui en sera chargé par la police. Si la police se tait sur les frais, celle des parties qui succombera, en cas de contestation en justice, supportera ces frais.

Il sera utile de placer ici une question importante pour les actes authentiques. Nous ne la croyons pas déplacée, puisque les polices d'assurances se rédigent aussi dans des actes passés devant notaires.

On demande si un acte trouvé imparfait comme acte authentique, dans l'étude et au rang des minutes d'un notaire, peut donner lieu à la perception des droits et doubles droits d'enregistrement, ainsi qu'à l'amende contre le notaire rédacteur et signataire de cet acte. Rapportons les faits tels que les donne la *Gazette des Tribunaux*, du 28 mars 1834. Nous présentons son article sans aucune réflexion, car l'opinion adoptée par la Cour de cassation est la nôtre. Ceux qui daigneront nous lire, verront avec plaisir une pareille question traitée... Peut-être auraient-ils eu de la peine à se procurer l'arrêt.

Un vérificateur de l'administration de l'enregistrement trouva au rang des minutes de Mᵉ Chaulin, ancien notaire à Paris, deux actes non enregistrés ni inscrits au répertoire, signés des parties et de Mᵉ Chaulin, mais non signés par un notaire en second.

Ces deux actes ou écrits portaient l'un et l'autre la date du 10 juin 1830.

Le premier, par sa rédaction, présentait les caractères d'une vente avec faculté d'élire un command, et le second contenait la déclaration de command.

Le 25 juin 1831, la régie décerna contre Mᵉ Chaulin une contrainte, 1.° pour le paiement des droits et doubles droits d'enregistrement dus à raison de ces deux actes; 2? de la somme de 10 francs pour deux amendes encourues faute d'inscription au répertoire.

Sur l'opposition à cette contrainte, jugement du tribunal civil de la Seine, en date du 20 mars 1833, qui reçoit l'opposition et déclare la contrainte nulle et de nul effet, par les motifs suivans :

« Attendu que, d'après les art. 9, 14 et 68 de » la loi du 25 ventôse an 11, l'acte notarié n'a » d'existence, comme acte authentique, que lors- » qu'il est revêtu de la signature soit des parties, » soit des témoins, soit de deux notaires;

» Attendu que, suivant l'art. 841 du code de » procédure, les notaires ne peuvent être obligés » de délivrer à la partie qu'une simple copie d'un » acte resté imparfait; mais qu'ils ne pourraient » être tenus d'en délivrer une grosse; d'où il suit » qu'un acte en cet état n'a en aucune façon le ca- » ractère d'un acte notarié;

» Attendu dès lors qu'il n'y a pas lieu d'appli-
» quer aux actes de cette nature les dispositions
» des lois sur l'enregistrement des actes passés
» devant notaires ;

» Attendu qu'il en serait autrement si l'acte,
» ayant une existence apparente et extérieure, était
» seulement attaqué pour cause de nullité des sti-
» pulations qui y sont contenues ;

» Attendu, en fait, que les deux actes trouvés
» chez Chaulin au nombre de ses minutes, et à la
» date du 10 juin 1830, ne portaient la signature
» que de l'un des notaires ; qu'ainsi ils n'avaient
» pas encore reçu, même extérieurement, l'exis-
» tence d'actes notariés ; que dès lors lesdits actes
» ne peuvent donner lieu à la perception des
» droits et doubles droits réclamés. »

Pourvoi en cassation pour violation des art. 20,
29, 30, 33 et 49 de la loi du 22 frimaire an 7, et
pour fausse application des art. 9, 14 et 68 de la
loi du 25 ventôse an 11, ainsi que de l'art. 841 du
code de procédure, en ce que dès qu'un acte est
passé devant notaire, et mis par lui au rang de
ses minutes, il doit être inscrit sur le répertoire
et présenté à l'enregistrement ; que cet acte soit
parfait ou imparfait, ou nul, l'obligation du notaire est la même, car la loi ne fait à cet égard aucune distinction.

« Autrement, disait-on dans l'intérêt de la ré-
» gie, un notaire pourrait, en laissant subsister
» une imperfection dans ses actes, se dispenser
» de les faire enregistrer ; il pourrait aussi, selon

» sa volonté ou son intérêt, et pendant le temps
» qu'il lui plairait, différer le paiement des droits
» dus à l'État, ou les soustraire entièrement à la
» perception, s'il était de mauvaise foi ; il pourrait
» enfin se dispenser, par le même moyen, de l'o-
» bligation d'inscrire ses actes sur le répertoire,
» à la tenue duquel le législateur a attaché une
» importance facile à comprendre. »

On ajoutait que l'art. 841 du code de procédure,
cité par le jugement attaqué, était plutôt défavo-
rable au système du tribunal qu'il ne l'appuyait,
puisque cet article réserve expressément l'exécution des lois sur l'enregistrement des actes imparfaits, après avoir établi qu'on pouvait se faire
délivrer des copies de ces actes, en vertu d'une
autorisation du président du tribunal.

On argumentait enfin des dispositions de l'article 42 de la loi du 22 frimaire an 7, ainsi conçu:

« Aucun notaire... ne pourra faire ou rédiger
» un acte en vertu d'un acte sous seing privé, ou
» passé en pays étranger, l'annexer à ses minutes,
» ni le recevoir en dépôt, ni en délivrer un ex-
» trait, copie ou expédition, s'il n'a été préalable-
» ment enregistré, à peine, etc. »

Et l'on disait que dans le cas même où les actes
du 10 juin 1830 ne pourraient être considérés que
comme des actes sous signatures privées, il n'en
serait pas moins constant que M⁰ Chaulin, qui les
a mis au rang de ses minutes sans les avoir fait enregistrer, serait personnellement responsable des
droits auxquels ils donnent ouverture, et qu'il au-

rait encouru l'amende conformément à l'article 42 ci-dessus transcrit.

Mais la Cour, sur les conclusions conformes de M. Lebeau, faisant fonctions d'avocat-général, a rejeté le pourvoi par les motifs suivans :

« Attendu, en droit, qu'il est constant qu'au
» nombre des caractères constitutifs des actes au-
» thentiques et publics sont les signatures des
» parties, des témoins, d'un notaire, et, en cas
» d'absence de témoins, d'un second notaire, sui-
» vant les art. 9, 16 et 68 de la loi du 25 ventôse
» an 11; qu'il résulte bien de la même loi qu'à dé-
» faut de l'une de ces solennités, il peut bien exis-
» ter soit une obligation privée des parties signa-
» taires les unes envers les autres, soit une action
» en responsabilité en faveur des parties contre
» les notaires qui, par leur fait, auraient causé
» les imperfections d'un acte destiné, dans l'in-
» tention des parties, à devenir public et authen-
» tique; mais qu'on ne peut déduire de ces princi-
» pes aucune conséquence pour l'assujettissement
» au droit d'enregistrement d'office et sans réqui-
» sition de la formalité, à l'égard d'actes restés
» imparfaits comme actes authentiques;

» Attendu, en fait, qu'il est reconnu que les
» deux écrits trouvés dans les minutes de Chau-
» lin, notaire à Paris, portant la date du 10 juin
» 1830, n'étaient ni signés de témoins, ni signés
» d'un second notaire, ni inscrits au répertoire;
» que, dans cet état d'imperfection comme actes
» authentiques, la régie de l'enregistrement ne

8

» pouvait poursuivre la perception de droits qui
» ne sont ouverts dans des délais déterminés (ar-
» ticles 20, 29, 33 de la loi du 22 frimaire an 7),
» que pour des *actes publics*, c'est-à-dire des ac-
» tes revêtus des caractères exigés par les articles
» sus-énoncés de la loi du 25 ventôse an 11, dont
» il a été fait à la cause une juste application, la-
» quelle excluait celles des articles sus-énoncés de
» la loi du 22 frimaire an 7, qui, en conséquence,
» n'ont pu être violés par le jugement attaqué ;

» Attendu, sur l'art. 841 du code de procédure
» civile, qu'il n'a rien statué sur les intérêts du
» fisc en matière d'enregistrement, et qu'en effet,
» le jugement attaqué n'a tiré d'autre induction des
» termes de cet article, si ce n'est qu'un acte resté
» en état d'imperfection devait, comme tout autre
» acte, être délivré sur l'autorité du juge en co-
» pie, mais qu'il n'exige pas la délivrance de la
» grosse, et ainsi ne préjuge pas l'authenticité des
» actes restés imparfaits ;

» Enfin, à l'égard de l'article 42 de la loi du 22
» frimaire an 7, dont l'autorité a été invoquée :

» Attendu que cet article statue sur le cas d'un
» acte d'officier public, rédigé en vertu d'un acte
» sous seing privé, ou passé en pays étranger, et
» non enregistré, et que le cas est tout à fait
» étranger à l'espèce sur laquelle le jugement at-
» taqué a prononcé. »

(M. Borel, rapporteur. — M⁰ Teste-Lebeau,
avocat.)

CHAPITRE V.

DES CHOSES QUI PEUVENT ÊTRE ASSURÉES.

88. On fait assurer toutes les choses qui sont susceptibles d'éprouver une détérioration ou de périr par suite d'accidens fortuits. Ainsi on fait assurer toutes les choses corporelles contre l'incendie, les moissons contre la grêle, les animaux contre l'épizootie. En principe, tous les sinistres, quelle que soit leur cause, peuvent être garantis au propriétaire par le contrat d'assurance : pourtant il est loisible aux compagnies de ne pas se charger de certains risques, ou de ne pas admettre dans leur société les propriétaires de certains immeubles. Ainsi la compagnie d'assurance mutuelle ne comprend pas (art. 1, § 3) les incendies provenant soit d'invasion, soit de commotion ou émeute civile, soit enfin de force militaire quelconque. La compagnie du Phénix porte la même prohibition (art. 1, § 2), et bien plus, elle n'assure pas, dans les choses mobilières, les bijoux de toute espèce, l'or, l'argent, les titres. Dans la première compagnie, les propriétaires des théâtres ne sont pas admis ; dans la seconde, ce sont les bâtimens servant à la fabrication de la poudre à tirer qui ne sont pas reçus. Les statuts de la compagnie du Soleil, par leur article 1er, prohibent l'assurance *des titres, billets, valeurs de banque*

8.

*ou autres effets négociables, de l'argent et or
monnayés, des perles et pierres fines.* Mais si
l'exclusion ne se trouve pas clairement exprimée
soit dans les statuts présentés à votre signature,
soit dans la police particulière que vous signez,
nous pensons que l'habitude de toutes les compagnies de refuser l'assurance pour tel immeuble,
ou pour telle chose mobilière, ne fait pas loi.
Ainsi, supposons qu'un individu ait fait assurer
contre l'incendie sa maison et toutes les choses
qui s'y trouveront au jour du sinistre : les bijoux,
l'or, l'argent, les titres seront compris dans la
convention. De même que pour un immeuble assuré, sans restriction aucune, contre l'incendie,
l'assurance portera sur tous les sinistres arrivés
soit par l'invasion de l'ennemi, soit par l'émeute
populaire.

89. Généralement, les compagnies assurent
contre l'incendie non-seulement les corps de bâtimens des fermes, mais encore tous les animaux
que renferment les étables. On assure aussi toutes
les récoltes qui se trouvent dans les greniers des
fermes; car, sans cette assurance des bestiaux et
des récoltes, l'assurance contre l'incendie seul serait illusoire à l'égard des fermiers. Leur fortune ne
consiste pas dans les bâtimens, mais dans toutes les
denrées que renferment leurs greniers. Cependant,
comme il existerait une grande difficulté pour fixer
la perte réelle du fermier, on n'assure les récoltes
que pour trois ou six mois. La compagnie du Phénix établit la quantité des denrées existantes en

magasin, et en forme un capital dont elle n'assure que les trois quarts : la valeur des récoltes est payée au cours du jour de l'incendie. Quant à la compagnie royale d'assurance, elle veut que l'assurance soit toujours inférieure au cinquième de la valeur réelle des denrées et récoltes.

90. Il est aussi permis d'assurer les récoltes mises en meules ; la fixation est plus facile pour celles-ci que pour celles restées dans les greniers. Les gerbes restent entassées pendant une époque fixe ; il est facile de les compter, de connaître, par conséquent, la valeur de la récolte assurée, le prix à donner en cas d'incendie, et par suite la prime à exiger.

91. Toutes les marchandises peuvent être assurées, aussi bien celles qui sont en route, que celles contenues dans un magasin Pour les marchandises en route, ordinairement le risque est à la charge de l'assureur, tant qu'elles ne se trouvent pas rendues au lieu de leur destination ; et si on a stipulé l'assurance pour le retour, le contrat dure jusqu'au moment où, n'ayant pu se vendre, elles rentreront dans les magasins du propriétaire.

92. L'article 342 du code de commerce, conforme à l'article 20 de l'ordonnance de 1681, tiré lui-même des articles 19 et 20 du chapitre 2 du Guidon, permet à l'assureur de faire réassurer par d'autres les effets qu'il a assurés. Ici il ne s'agit plus du risque que peut courir la propriété ; ce nouveau contrat, passé entre l'assureur et un

tiers, est entièrement étranger au propriétaire.
Celui-ci ne possède aucune action contre l'assureur de son assureur ; il n'a le droit d'agir contre
lui qu'en vertu d'une délégation précise de ce
dernier, ou en vertu de la faculté attribuée par
l'article 1166 du code civil à tout créancier d'exercer les droits de son débiteur.

93. Aux termes du même article, l'assuré peut
faire assurer le coût de l'assurance. Cette disposition est juste, parce que cette prime, que l'assuré
l'ait payée d'avance ou non, augmente d'autant la
valeur de la chose, qu'il a intérêt de faire assurer
pour courir moins de risques. (Valin.)

L'assuré peut aussi faire assurer la solvabilité de
l'assureur. Ici, il a deux assureurs pour un, avec
action directe et solidaire contre chacun d'eux :
« de manière, dit Valin, qu'il n'est point obligé
» de discuter le premier assureur avant d'atta-
» quer le second, pourvu néanmoins que l'enga-
» gement solidaire ait été stipulé dans la police
» de réassurance ; autrement la discussion serait
» nécessaire. Et c'est ainsi qu'il faut entendre ledit
» article 20 du Guidon avec la loi qui y est citée ;
» car enfin le réassureur n'est que caution du pre-
» mier assureur, et la caution, si elle n'a pas re-
» noncé au bénéfice de division et de discussion
» par une promesse solidaire, ne peut être tenue
» du paiement qu'après la discussion du principal
» débiteur ».

94. Le même auteur explique la faculté de la
réassurance. Il serait plus facile de résilier le con-

trat ; mais le principe, qui regarde comme loi les conventions des parties et ne permet leur inexécution qu'après le consentement de tous les contractans, s'oppose à la résiliation. Alors il fallait trouver un moyen pour tranquilliser contre le soupçon même de l'insolvabilité de l'assureur... : la réassurance a paru propre à faire disparaître toute inquiétude.

95. Il n'est pas permis à l'assureur d'assurer la prime de réassurance et la prime des primes. « Ce » serait, dit M. Quénault, n° 35, une spéculation » nouvelle qui aurait un autre aliment que la pre- » mière assurance. Cette spéculation roulant sur » des primes, que l'assureur promettrait aux uns » pour se les faire ensuite assurer par les autres, ne » présenterait, dans son but et dans ses résultats, » que des assurances de profits espérés; ces pro- » fits seraient assurés pour le cas de sinistre, dans » lequel l'assureur trouverait une source de bé- » néfices. Or, on ne peut faire assurer que ce que » l'on court risque de perdre, et non ce que l'on » manque de gagner. Le contrat d'assurance n'est » point un moyen d'acquérir, et ne doit jamais » être combiné de manière à ce que l'une des par- » ties ait intérêt au sinistre.

» Nous pensons donc avec M. Estrangin, qui » s'appuie d'ailleurs de l'autorité de Valin et de » Pothier, que de pareilles assurances dégénére- » raient en gageures et intervertiraient le but du » contrat d'assurance, et, conséquemment, qu'elles » ne peuvent être considérées comme licites. »

(Estrangin, sur Pothier, n° 46 et suiv. — Boulay-Paty, *Cours de droit commercial*.)

96. On ne peut pas faire assurer plusieurs fois une chose, quand sa valeur se trouve couverte par la première assurance ; car alors, les assurances postérieures n'existeraient que dans le but, pour l'assuré, de toucher plusieurs indemnités, par conséquent de retirer, sans risque aucun, un profit certain. Or, l'assurance n'est pas un moyen d'acquérir ; la loi ne la permet que pour procurer au propriétaire la réparation d'un sinistre éprouvé.

Remarquons que les assurances successives ne sont défendues qu'autant que la première couvre la valeur de la chose assurée. Sans cette assurance complète, le propriétaire a le droit de s'adresser à plusieurs compagnies jusqu'à ce qu'il ait assuré toute sa propriété; il lui est même loisible de contracter avec telle société, pour tel risque, et de stipuler avec une autre société pour un risque d'une autre nature. Par exemple, il fait assurer sa maison contre l'incendie par la compagnie d'assurances mutuelles, et contre l'éboulement par la compagnie du Phénix. Mais une fois que pour tel ou tel sinistre, la valeur entière est assurée, le premier contrat d'assurance subsistera seul. (Art. 359, cod. com.) Nous pensons avec M. Vincent, contrairement à MM. Grun et Jolliat, que la disposition de l'article 359 doit s'appliquer rigoureusement aux assurances terrestres comme aux assurances maritimes. Ainsi, selon nous, plusieurs compagnies d'assurances contre l'incendie s'éloignent de la teneur de l'article 359, quand leurs statuts portent *qu'après la déclaration de l'existence d'assurances antérieures, la compa-gnie ne contribue aux pertes que dans la pro-portion des sommes garanties par elle, compa-rativement au montant total des assurances, et à la valeur réelle au moment de l'incendie des objets assurés.*

(Compagnie d'assurance générale, art. 9 et 10. Compagnie royale et du Phénix.)

La disposition de l'article 359 est d'ordre pu-blic; le législateur n'a pas voulu que le contrat d'assurance fût une occasion pour l'assuré de ga-gner. Eh bien, en dépit de toutes ces déclarations exigées, il serait plus facile à l'assuré d'induire en erreur tous les assureurs : d'ailleurs, souvent l'assurance deviendrait un moyen de faire des do-nations déguisées. Supposons que l'assuré pré-sente à un assureur sa maison; moyennant une certaine prime, celui-ci s'engage à la réparer en cas de sinistre. Plus tard, il la présente à une compagnie d'assurance, puis à une seconde, puis à une troisième; il diminue d'autant la responsa-bilité du premier assureur... La prime qu'il lui a donnée, proportionnée aux risques que ce dernier court seul, reste la même et devient exorbitante, puisque les risques ont diminué pour lui à mesure qu'ils menaçaient un plus grand nombre d'assu-reurs. Mais, répondra-t-on, on est assuré contre cette insigne folie par l'intérêt même de l'assuré, qui, contraint de donner des primes à chaque as-

sureur, finirait par donner des sommes supérieures à l'indemnité qu'il devrait recevoir en cas
de sinistre. Que coûteraient ces dépenses à un
père naturel qui voudrait assurer à son fils, dans
sa fortune, une part plus forte que celle permise
par la loi? Sous le prétexte d'une opération commerciale, il l'enrichirait aux dépens des parens
appelés par le législateur à recueillir une partie
de sa succession. Si la chose assurée n'éprouve pas
de désastre, il aura recueilli les primes annuelles,
comme il les aurait recueillies si plusieurs assurances successives n'avaient pas existé; mais si le
sinistre prévu se réalise, alors il y a gain pour
lui, puisque sa responsabilité diminue en raison
de la responsabilité qui se répartit sur plusieurs
assureurs.

Il faut se conformer à l'article 359; ses termes
sont rigoureux; ils tiennent à l'essence du contrat
d'assurance : par suite, le principe posé s'applique aux assurances terrestres comme aux assurances maritimes.

97. Il est permis de contracter des assurances
postérieures, quand les premières n'assurent pas
la valeur entière de la chose assurée. Pourtant,
souvent des compagnies stipulent que le propriétaire ne pourra pas faire assurer le même objet
par d'autres compagnies. Que décider si, au mépris de cette clause de la police, l'assuré a contracté une autre assurance? Le premier contrat
est-il résolu, en ce sens que les nouveaux assureurs, subrogés au droit de l'assuré, ne puissent

exiger de la première compagnie l'exécution du contrat et le paiement du prix de l'assurance ? La Cour d'Amiens a rendu sur cette question l'arrêt suivant : « Attendu que la condition résolutoire est » toujours sous-entendue dans les contrats synal- » lagmatiques, pour le cas où l'une des parties » ne satisfait pas à son engagement; — que, par » le contrat synallagmatique passé entre lui et la » compagnie d'assurances mutuelles des départe- » mens de l'Aisne, de la Marne et de l'Aube, » Caille s'est engagé formellement à ne point faire » assurer sa propriété par une autre compagnie, » et que, contrairement à cet engagement, il l'a » fait assurer à la compagnie d'assurances mu- » tuelles du département de l'Aisne; — que les » biens assurés par les deux compagnies étant » identiquement les mêmes, celle des départe- » mens de l'Aisne, de la Marne et de l'Aube est » recevable et fondée à opposer à celle du dépar- » tement de l'Aisne, comme elle le serait à Caille, » que celle-ci représente, l'exception résultant de » la clause résolutoire, pour cause d'inexécution » de son engagement.

» La compagnie se pourvoit en cassation. Cha- » cun, disait son défenseur, a le droit de cher- » cher plusieurs garanties contre le même événe- » ment, et toute clause contraire devrait être » déclarée nulle, par cela seul qu'elle tendrait à » consacrer une entrave inutile et en opposition » directe avec la latitude que comporte l'essence » du contrat d'assurance. Au surplus, l'article 342

» du code de commerce porte *que l'assureur peut*
» *faire réassurer par d'autres les effets qu'il a*
» *assurés.* Ainsi, la faculté reconnue à l'assuré
» par cet article est inhérente à sa position, et les
» tiers qui ont contracté avec lui de bonne foi ne
» peuvent être passibles de l'exception résultant
» d'une clause prohibitive de réassurance qu'ils ne
» connaissaient pas, lors même que cette clause
» ne serait pas absolument nulle. La violation de
» l'article 342 est donc manifeste.

» Quant au principe sur les conditions résolu-
» toires, il a été faussement appliqué à l'espèce,
» parce que la condition de ne point faire réassu-
» rer les mêmes objets par une autre compagnie
» ne tenait point à l'essence du contrat, et que
» c'est une de ces clauses banales insérées dans
» presque toutes les polices, uniquement pour
» écarter la concurrence, mais sans qu'il soit ja-
» mais entré dans l'intention des parties d'attacher
» à son inobservation la peine de nullité. »

La Cour de cassation, section des requêtes, a
rejeté le pourvoi. (*Journal du palais*, an 1829,
t. 1ᵉʳ, p. 418.)

Nous croyons que la Cour de cassation a, par
cet arrêt de rejet, appliqué les vrais principes.
Comment le défenseur a-t-il pu soutenir qu'une
clause de non-réassurance, insérée dans une
police d'assurance, était une clause banale trouvant sa place dans presque toutes les polices?
On n'ajoute pas ordinairement dans un contrat
des clauses dont les conséquences présentent un

si grand intérêt pour l'une des parties, si celle qui se trouve intéressée à son exécution n'avait pas l'intention formelle de la prendre au sérieux. On ne peut pas soutenir que ce soit une clause de style dans les contrats de ce genre... ; c'est plus qu'une forme de rédaction, c'est une condition qui tient au fond même de la convention, puisqu'elle modifie singulièrement son étendue.

L'argument de l'article 342 du code de commerce avait-il plus de force? Cet article change-t-il le principe général posé dans l'article 1184 du code civil? Dans la police d'assurance, comme dans les autres contrats, la condition résolutoire n'est-elle pas sous-entendue pour le cas où l'une des deux parties ne satisfera point à son engagement? Aucun changement n'a été apporté à l'art. 1184 ; il subsiste, comme règle générale, pour tous les contrats. Si l'article 342 permet la réassurance des objets assurés, il ne défend pas aux parties de proscrire cette faculté de leur contrat; l'art. 342 ne contient pas une disposition impérative ; il énonce seulement un droit auquel les parties peuvent toujours renoncer, *licet cuilibet juri in favorem suum introducto renuntiare.* Une fois la renonciation clairement stipulée, les contractans se trouvent soumis à la loi générale des contrats. Or, la condition résolutoire est, de droit, sous-entendue dans toutes les conventions pour le cas où l'une des parties ne satisfait pas à ses engagemens. Ici Caille, en faisant assuré deux fois les objets qu'il avait promis, dans son premier con-

trat, de ne pas présenter à la réassurance, a manqué à une condition de la première convention ;
par conséquent, les premiers assureurs ont le
droit de demander la résolution de leur contrat.
La Cour d'Amiens, en la prononçant, a fait une
juste application de l'article 1184 du code civil,
et la Cour de cassation a justement rejeté le pourvoi contre l'arrêt.

98. Quand les compagnies d'assurances ne stipulent pas la renonciation de l'assuré à la réassurance, elles peuvent lui imposer l'obligation de
déclarer les assurances postérieures : on conçoit
facilement la cause de cette déclaration. L'assureur, en laissant l'assuré à découvert pour une
partie de sa propriété, l'intéresse à la conservation de l'objet assuré. Si celui-ci, sans prévenir
l'assureur, fait assurer l'excédant de valeur resté
à son compte, il diminue les sûretés de l'assureur.

99. S'il s'agit d'augmentations survenues à la
propriété depuis le contrat, qui par conséquent
ne sont pas comprises dans l'assurance, l'assuré
sera-t-il obligé de déclarer les nouvelles polices
par lui souscrites? Nous n'adoptons pas l'affirmative d'une manière absolue. Souvent la nouvelle
assurance porte sur des objets entièrement étrangers au premier contrat, dont l'existence n'était
pas même soupçonnée au moment de la signature
de la première police. On ne peut pas dire que la
garantie de l'assureur diminue par cette nouvelle
assurance ; car le premier contrat reçoit toujours son exécution. Nous partageons l'avis de

MM. Grun et Jolliat, page 85, qui admettent une distinction ; ils recommandent la déclaration des assurances postérieures toutes les fois qu'il est impossible de distinguer parmi les choses assurées celles qui sont couvertes par telle ou telle police. « L'augmentation survenue dans la quan- » tité des marchandises, disent ces auteurs, ne » compose pas une masse distincte des objets pri- » mitivement assurés. »

D'ailleurs, nous pensons que si, en droit, les assurés n'étaient pas tenus de déclarer les assurances postérieures portant sur des augmentations survenues depuis le contrat, il serait de leur délicatesse d'en donner connaissance aux premiers assureurs. Ils doivent aussi s'efforcer d'éviter toute discussion avec les assureurs qui, souvent, ne demanderaient pas mieux de les tourmenter par de mauvaises chicanes, si le sinistre prévu frappait les objets assurés.

100. L'assuré pourrait-il se prévaloir du défaut de la déclaration qui lui était imposée par la police? Non ; il n'est pas permis de tirer argument de sa propre faute. Rien ne serait plus facile que de détruire les contrats qui ne vous présenteraient plus les avantages espérés dans le principe; il y aurait anéantissement de l'article 1174 du code civil, qui déclare nulle l'obligation contractée sous une condition potestative de la part de celui qui s'oblige. Il dépendrait, dans l'espèce, de la volonté de l'assuré de détruire le contrat d'assurance en violant, à bon escient, la

clause qui lui imposait le devoir de déclarer les
assurances postérieures. La nullité, en ce cas, est
une clause pénale tout à l'avantage de l'assureur,
et non à celui de l'assuré qui n'a point accompli
ses engagemens.

101. Nous avons vu qu'il n'était pas permis de
faire assurer une seconde fois les choses qui l'é-
taient déjà pour toute leur valeur. (Art. 359, cod.
civ.) Cependant, cette disposition a besoin d'une
explication; elle ne doit pas être prise dans toute
la rigueur de son sens littéral. Si l'assuré suspecte
la solvabilité de l'assureur, il peut s'adresser à un
étranger pour l'assurance des mêmes objets. Il
lui paiera une prime; mais l'assureur, à son tour,
lui tiendra compte des primes payées au premier
assureur; le second assureur sera subrogé dans
tous les droits que la police première conférait à
l'assuré : ce nouveau contrat se nomme *reprise
d'assurance*.

En Angleterre, il existe le droit de *doubles assurances* : elles diffèrent de nos reprises d'assurances. En Angleterre, les assurés, en cas de
doubles assurances, ont le pouvoir d'exercer simultanément leur droit contre les deux assureurs,
et ceux-ci contribuent au paiement du sinistre dans
la proportion de leur engagement. En France, en
vertu de la reprise d'assurance, l'assuré exerce son
droit contre le second assureur seul, qui a un recours contre le premier assureur, au lieu et place
de l'assuré.

Le contrat de la *reprise d'assurance* est tout à

fait indépendant du premier contrat; les conditions peuvent être différentes. L'assuré contracte
un nouvel engagement; « mais il ne pourrait, di
» sent MM. Grun et Jolliat, ni laisser subsister
» les deux assurances à la fois, ni se désister de
» la première par le fait seul de sa volonté; il
» substitue le dernier assureur en son lieu et place
» pendant tout le temps que durera la première
» police ; il renonce en sa faveur à tous les droits
» de son contrat primitif, et le charge de ses obli-
» gations, de telle sortequ'en cas de sinistre, il
» s'adresse au second assureur, qui l'indemnise ;
» celui-ci, subrogé aux actions de l'assuré, pour-
» suit le premier assureur, et reste seul exposé
» aux chances de n'être pas payé du dommage
» éprouvé, ou de ne l'être qu'après un délai plus
» ou moins long ».

102. Cette reprise d'assurance ne se présume
pas; il faut qu'elle soit clairement exprimée, que
l'assuré ait cédé au second assureur tous ses droits
sur le premier assureur. Si l'assuré n'a pas exprimé clairement son opinion à cet égard, il a
deux assureurs sur le même objet; car il y aura
lieu à l'application de l'article 359.

Voici un jugement du tribunal de Grenoble,
qui décide cette question dans notre sens :

« En ce qui concerne la société du Phénix, con-
» sidérant que le sieur Delombre, agent de cette
» compagnie, ne s'est soumis à aucune garantie
» envers le sieur Billerey, à raison des primes
» qui forment aujourd'hui l'objet de la demande

» des syndics de la compagnie Dupin de Valène;

» Considérant que, quelle qu'ait été l'opinion
» du sieur Billerey sur les suites de la faillite,
» soit qu'on le considère comme se croyant entiè-
» rement délié de l'engagement qu'il avait con-
» senti avec la compagnie Dupin, soit qu'on le
» considère comme encore lié envers cette com-
» pagnie, dans aucun cas, il n'est recevable à at-
» taquer son engagement, ni à demander la resti-
» tution de ce qu'il a payé à la compagnie du Phé-
» nix, pendant la durée de son engagement envers
» la compagnie Dupin de Valène;

» Considérant qu'il est de principe que l'erreur,
» soit de fait, soit de droit, ne donne lieu à l'an-
» nulation du contrat qu'autant qu'il est prouvé
» que cette erreur a été la cause unique des con-
» sentemens, et qu'il est certain que sans elle la
» convention n'eût pas été formée;

» Considérant qu'il est loin d'être démontré,
» dans l'espèce, que la police d'assurance sous-
» crite par le sieur Billerey, avec la compagnie
» du Phénix, ait dû exclusivement sa naissance à
» l'opinion de l'insolvabilité absolue de la compa-
» gnie Dupin de Valène, et de la résolution *ipso*
» *jure* du contrat fait avec cette dernière compa-
» gnie, parce que les circonstances où se trouvait le
» sieur Billerey, savoir : 1º les incertitudes graves
» résultant de la déclation de la faillite et de l'état
» de la compagnie de Valène; 2º déclaration pres-
» que immédiate de la police du sieur Billerey,
» relative à l'assurance de son mobilier, et le terme

» peu éloigné de celle relative à ses immeubles ;
» il y avait pour lui des motifs bien suffisans de
» renouveler ses polices avec une compagnie of-
» frant des garanties réelles ; que cet exemple a
» été donné par un grand nombre d'assurés, qui
» ont immédiatement contracté avec d'autres
» compagnies sans stipuler ni parler de garan-
» ties ;

» Considérant enfin que, si avant l'expiration de
» son premier engagement, ses bâtimens avaient
» été incendiés en totalité ou en partie, le sieur
» Billerey aurait eu la certitude d'être payé inté-
» gralement de son indemnité, partie par la con-
» tribution à laquelle aurait été soumis le syndicat
» de la faillite Dupin de Valène, le surplus par la
» compagnie du Phénix ; d'où il suit que le cas
» arrivé, le contrat avec la compagnie du Phénix
» aurait été très-avantageux au sieur Billerey, qui,
» pour obtenir cette certitude, n'a fait qu'un lé-
» ger sacrifice, puisque de la somme à raison de
» laquelle il a demandé garantie, il faut déduire
» les arrérages inconnus jusqu'à l'époque de son
» deuxième engagement, et tout ce qui, depuis
» le deuxième engagement, est relatif aux meubles
» à raison desquels son contrat était à la veille
» d'expirer ; d'où il suit que, sous tous les rap-
» ports, son action contre la compagnie du Phé-
» nix doit être rejetée ;

» Par ces motifs, le tribunal condamne Billerey
» à payer aux syndics de l'union des créanciers de
» la compagnie Dupin de Valène, les primes ar-

9.

» réragées qu'ils réclament, et sur la demande en
» garantie de Billerey contre la compagnie fran-
» çaise du Phénix, en la personne de M. Delom-
» bre, son agent, met ce dernier, en cette qualité,
» hors d'instance. »

103. Le locataire d'un bâtiment stipulera-t-il
valablement une assurance à son profit pour le cas
où ce bâtiment serait incendié? La solution de
cette question ne présente pas de difficulté. La
négative s'établit facilement; il suffit de remonter
au grand principe qui préside à toutes les assurances. Que faut-il pour la validité du contrat
d'assurance? Un risque à courir du côté de l'assuré. Dans l'espèce, quel est le risque couru par
le locataire? Il n'en existe pas; car, en cas d'incendie, les droits du locataire sont assurés par
l'article 1722 du code civil. En effet, cet article
porte les dispositions suivantes : « Si, pendant la
» durée du bail, la chose louée est détruite en to-
» talité par cas fortuit, le bail est résilié de plein
» droit; si elle n'est détruite qu'en partie, le pre-
» neur peut, suivant les circonstances, demander
» ou une diminution du prix, ou la résiliation
» même du bail. Dans l'un et l'autre cas, il n'y a
» lieu a aucun dédommagement ».

104. Mais, pourra-t-on objecter, le bail con-
tinu pendant un certain nombre d'années peut
être d'un grand intérêt pour le locataire; il court
un risque véritable, celui d'être déplacé, et le déplacement peut nuire à ses intérêts. Si l'on exa-
mine bien l'objection, on sentira tout de suite que

la difficulté n'est qu'apparente , ou , pour mieux
dire , qu'elle n'existe pas. L'intérêt du locataire
sera de deux sortes, ou d'affection, ou d'argent.
S'il s'agit de l'intérêt d'affection , il ne peut servir
de base à l'assurance , qui exige toujours la menace d'un risque ; si, au contraire, il s'agit de l'intérêt pécuniaire du commerçant, que craint-il d'un
changement forcé d'habitation? La perte *d'un profit
espéré.* Il ne peut encore se faire assurer ce danger ; la loi s'y oppose formellement , puisque
l'article 347 du code de commerce prohibe l'assurance du profit espéré des marchandises ; et cette
disposition existe pour les assurances terrestres,
et pour les assurances maritimes , car elle tient à
un principe essentiel du contrat d'assurance que
nous ne saurions trop répéter , savoir que l'assurance doit prévoir une perte à subir et non un
gain qui échappe.

105. Cependant il se rencontre un cas où il est
permis d'assurer un locataire. Presque toutes les
compagnies assurent le locataire contre la terrible
responsabilité de l'article 1733 du code civil.
D'après cet article, il est, de plein droit, responsable envers le propriétaire de l'incendie qui
a éclaté dans son habitation. Pour éviter les
conséquences de cette présomption légale , il
faut qu'il établisse le cas fortuit, ou la force majeure, ou un vice de construction (art. 1733). Les
compagnies le garantissent des suites de cette responsabilité, en s'engageant soit à désintéresser le
propriétaire par le paiement de l'indemnité qu'il

réclame, soit à renoncer, à l'égard du locataire
assuré, à l'exercice des droits du propriétaire
contre eux, par le refus de subrogation que le
propriétaire est contraint de céder aux assureurs,
lorsqu'il se trouve lui-même assuré. Pourtant, il
est utile de remarquer que cette assurance existe
seulement contre la responsabilité légale ; mais
si l'on prouvait la faute grave du locataire (nous
avons prouvé ailleurs que la faute grave seule lais-
sait à la charge de l'assuré le sinistre, et que le
contrat perdrait toute son utilité si l'assureur ne
garantissait que le sinistre provenant par cas fortuit (1)), alors le contrat n'a plus de valeur, et
tout le poids de la responsabilité peserait sur le
locataire.

106. L'assurance porte souvent aussi sur ce
que l'on appelle *la part du feu.* Quand un incendie
éclate dans une maison, qu'il devient assez vio-
lent pour menacer les habitations voisines, on
coupe la communication..., *on fait la part du feu.*
Le propriétaire, pour garantir complètement sa
propriété des risques de toute espèce, pour ne
pas rencontrer un débiteur dont la solvabilité serait incertaine, s'adresse à une compagnie d'assurances, qui, moyennant une prime, l'assuré con-

---

(1) Ainsi, l'assurance du risque locatif, dit M. Frémery,
p. 342, ou de la responsabilité déterminée par les art. 1733 et
1734 du code civil, est faite pour le cas précisément où le locataire est légalement présumé en faute; et nul assureur n'a élevé
là prétention d'opposer à l'action de l'assuré la preuve que
l'incendie provient d'une faute de cet assuré.

tre les dangers de l'incendie communiqué par les propriétés voisines.

107. Nous sommes amené à traiter une question ardue sur la responsabilité du propriétaire voisin. Le propriétaire d'une maison, dégradée par suite de l'incendie qui a éclaté dans une maison voisine, est-il fondé à réclamer des dommages-intérêts contre son voisin, sans qu'il soit besoin pour lui de prouver que l'incendie est dû à la faute ou à la négligence de ce dernier ?

Pour l'affirmative, on prétend que la présomption légale, établie par l'art 1733 du code civil, en faveur du propriétaire contre ses locataires, s'applique aussi au propriétaire voisin. On invoque à l'appui de cette doctrine la loi 3, § 1, ff., *de officio præfecti vigilum*, et la loi 11, ff., *de periculo rei venditœ*.

Quand cette présomption, ajoute-t-on, ne serait pas établie par une loi positive, elle résulterait de la raison et de la force des choses; car, parmi les différentes causes qui produisent un incendie, la loi ne présume point la malveillance, puisqu'un crime ne se présume pas; elle ne doit pas non plus présumer les cas fortuits de la force majeure, tel que le feu du ciel, la guerre, les émeutes, puisque ces causes sont faciles à prouver. Elle doit donc, lorsque la cause d'un incendie est inconnue, l'attribuer naturellement à l'imprudence ou à la négligence, qui ne supposent pas des intentions perverses, et qui se présument facilement. Aussi ce principe avait passé dans plu-

sieurs coutumes, notamment dans celle de Bretagne, et l'ancienne jurisprudence l'avait adopté
d'une manière constante et uniforme. Il suffit,
pour s'en convaincre, de lire Denisart, et le *Répertoire de jurisprudence*, au mot *incendie*.

On s'appuie ensuite sur l'art. 1733. On prouve
qu'il y a identité de motifs pour faire prononcer la responsabilité du propriétaire voisin, aussi
bien que celle du locataire. On cite enfin trois
arrêts des Cours d'appel, dès 24 messidor an 11,
24 mars 1821, et 25 mars 1824.

Il est facile de répondre à tous ses argumens
spécieux.

Quant aux lois romaines, la première donne
pouvoir au préfet de punir par la bastonnade ceux
qui auront gardé négligemment le feu. Mais il est
évident que le préfet n'employait pas ces châti-
mens violens, sans avoir pris des renseignemens;
qu'il ne distribuait pas à tort et à travers ses
coups de bâton, en vertu d'une présomption légale. D'ailleurs, ce n'était là qu'une loi de police,
n'ayant pas pour but de régler des droits privés,
et ne conservant pas la garantie civile du propriétaire contre son voisin.

Pour la seconde loi, elle prévoit le cas où un
héritage vendu a été brûlé avant la délivrance à
l'acheteur; elle décide que le vendeur doit, pour
s'affranchir de la garantie, prouver qu'il a mis à
la garde de la maison toute la diligence d'un bon
père de famille. Mais il existe une raison particulière de cette décision. Elle consiste dans l'obliga-

tion où se trouve le vendeur de délivrer l'objet vendu, conséquemment de veiller à sa conservation.

Les lois romaines, les lois anciennes, eussent-elles prononcé la garantie civile du propriétaire contre son voisin, ce qui n'a jamais été, Denisart et M. Merlin démontrent combien les décisions avaient été opposées et les opinions partagées sur la question : l'unanimité de tous les auteurs eût-elle été constante, la question changerait de face sous l'empire de notre législation. L'article 1733 du code civil prononce, au profit du propriétaire contre son locataire, une peine civile exorbitante de droit commun. Elle met, par exception, à la charge de celui qui se défend, la preuve de sa non-responsabilité, tandis qu'en thèse générale, celui qui réclame doit prouver la justice de sa réclamation, *probatio incumbit eï qui dicit, non ei qui negat.* Cette exception a une cause : elle ressemble à celle qui engageait le jurisconsulte romain à contraindre le vendeur de prouver qu'il avait mis à la garde de l'objet vendu, et non encore livré, tous les soins d'un bon père de famille. Ici le locataire doit remettre en bon état au bailleur la chose qu'il a prise à bail; par suite de cette obligation, s'il ne la représente pas entière, il doit se justifier de toute faute, et montrer qu'elle a péri par suite d'accidens indépendans de sa volonté. Jusqu'à cette démonstration, il est présumé en faute et responsable vis-à-vis du propriétaire. Ainsi, cette responsabilité du lo-

cataire par présomption légale, a une cause qui
n'existe pas pour la responsabilité du propriétaire
voisin. Mais cette responsabilité fût-elle arbitraire,
ne reposât-elle sur aucun motif plausible, elle
ne s'appliquerait pas au propriétaire voisin,
parce que la disposition qui la prononce est exceptionnelle, et qu'à ce seul titre, il faut la restreindre au cas spécial pour lequel le législateur la
prononce.

« Pour généraliser davantage notre décision,
» dit le savant M. Proudhon, *Traité de l'usufruit,*
» t. 4, n. 1561, et lui donner toute l'étendue
» qu'elle comporte, il faut observer que la dis-
» position du code (1350), suivant laquelle il
» n'y a de présomption légale que celle qui est
» attachée par une loi spéciale à certains actes ou
» à certains faits, est une des règles constitu-
» tives de notre droit commun; qu'en consé-
» quence, à la seule exception du locataire, dans
» toutes les questions d'intérêts privés qui peuvent
» naître par suite de faits d'incendie, non-seule-
» ment entre le propriétaire et l'usufruitier, ou
» tout autre étranger qui aurait habité la mai-
» son, mais encore dans les débats qui peuvent
» s'élever de la part des voisins, contre celui qui,
» habitant sa propre maison, y aurait laissé pren-
» dre le feu, qui se serait ensuite communiqué à
» d'autres. Il faut toujours en revenir à ce point
» que, pour qu'il y ait une responsabilité capa-
» ble de servir de fondement à une action en
» dommages et intérêts, il ne suffit pas de dire

» qu'il y a eu délit, quasi-délit, ou faute, com-
» mis par celui contre lequel on intente l'action;
» que la preuve en doit être administrée par ce-
» lui qui en poursuit la réparation, soit parce qu'il
» est auteur dans sa demande, soit parce qu'il
» n'y a aucune disposition dans nos codes qui
» mette de plein droit, en présomption de fraude,
» sur le fait de l'incendie, celui qui était habi-
» tant de la maison où le feu a pris, et qu'abs-
» traction faite des cas particuliers où la loi peut
» spécialement attacher une telle présomption à
» certains actes ou à certains faits, il serait aussi
» absurde de présumer, en thèse générale et en
» matière civile, quelqu'un coupable d'une faute,
» pour l'en punir par la privation de sa fortune,
» qu'il serait monstreux, en matière criminelle,
» de supposer qu'un homme est coupable d'un
» crime, par cela seul qu'il en est accusé, et de
» le condamner à mort, sans examiner les preu-
» ves du fait qui a donné lieu à l'accusation.

» Pour nous résumer sur la question proposée,
» ajoute plus loin le même auteur, nous disons :
» 1° Que ce n'est pas dans les anciens livres,
» mais uniquement dans le code, qu'on doit au-
» jourd'hui rechercher la solution des questions
» sur les incendies; que les textes du droit ro-
» main, qui paraissent, en général, décider que
» celui qui habitait une maison où le feu a pris,
» doit être présumé en faute sur la cause de l'in-
» cendie, ne sont plus pour nous d'aucune con-
» sidération sur ce point, et qu'il ne serait plus

» permis de les invoquer, même comme raison
» écrite, puisqu'ils ne sont plus en harmonie avec
» notre législation actuelle, comme on peut dire
» qu'ils n'étaient pas même en harmonie avec
» d'autres textes qui assimilaient l'incendie aux
» cas fortuits les moins prévus et les plus irrésis-
» tibles, tels que le naufrage de mer;

» 2° Que le code n'établissant la présomption
» de faute, sur le fait de l'incendie, qu'avec le lo-
» cataire ou le preneur, cette présomption n'a
» point lieu dans la cause de tout autre possesseur
» ou détenteur de la maison d'autrui; qu'ainsi
» elle ne pèse ni sur l'usufruitier jouissant par
» lui-même, ni sur le vendeur qui, sans être
» constitué en demeure (1138, 1302 et 1624),
» est resté en possession de la maison vendue,
» ni sur le créancier qui jouit par antichrèse de
» la maison de son débiteur, ni sur le curateur
» aux biens vacans, qui serait mis en possession
» des bâtimens confiés à son administration;

» 3° Qu'à plus forte raison encore, cette pré-
» somption ne doit point avoir lieu contre le pro-
» priétaire habitant sa maison, dans le cas où
» l'incendie qui s'y est manifesté, s'est ensuite
» communiqué aux maisons voisines;

» 4° Que quand le locataire ou le preneur a
» été condamné, envers le propriétaire, à raison
» de l'incendie arrivé dans la maison par lui louée,
» le jugement rendu entre eux ne doit produire
» aucun préjugé favorable aux propriétaires des
» maisons voisines qui en auraient été atteintes,

» puisque ce locataire ou ce preneur n'est pas
» vis-à-vis d'eux réputé par la loi en présomption
» de faute, comme vis-à-vis du bailleur ;

» 5° Qu'ainsi et dans tous les cas, sous la seule
» exception du propriétaire bailleur, agissant
» contre son locataire, c'est à celui qui ouvre
» une action en dommages et intérêts, pour cause
» d'incendie, à prouver que celui contre lequel
» il l'intente y a donné lieu par sa faute. »

Cette opinion est celle de presque tous les auteurs.

M. Merlin, t. 6, p. 60 et suiv., combat la
présomption légale de faute, réclamée par un propriétaire à l'égard du voisin. Elle est aussi combattue par M. Delvincourt, *Cours de droit civil*,
t. 3, p. 684. Enfin plusieurs arrêts la proscrivent.
—Voir un arrêt de la Cour de Caen, du 27 août
1819, deux arrêts de la Cour de Paris, du même
jour, 27 janvier 1824. — Journal du Palais, t. 2
de 1824, p. 546. — Voir aussi deux arrêts de la
Cour de Grenoble, des 17 janvier 1823 et 22
janvier 1824 ; un autre arrêt de la Cour de Mont-
pellier, du 25 mars 1824. —Journal du Palais,
t. 2 de 1825, p. 82 et suiv. — Enfin, un arrêt
de la Cour de Paris, du 16 mai 1825. — Journal
du Palais, t. 2 de 1825, p. 377.)

108. Une créance hypothécaire sera-t-elle valablement assurée pour le cas où la maison, sur
laquelle frappe l'hypothèque, périrait par incendie? La créance ne périt pas avec la maison incendiée ; seulement elle perd une sûreté, sans

laquelle le créancier n'aurait jamais consenti à livrer son argent. Les obligations du débiteur sont illusoires, quand le gage qui les garantissait a disparu; ainsi l'art. 2131 du code civil autorise-t-il, dans ce cas, le créancier hypothécaire à exiger son remboursement ou un supplément d'hypothèque. L'assurance de la créance hypothéquée, dans la prévision de l'incendie de l'immeuble sur lequel repose le gage hypothécaire, est valable, malgré la qualité de l'objet assuré, appelé droit incorporel. « Les créanciers privilégiés sur le navire, dit » Émérigon, auraient un moyen facile de pour- » voir à leur intérêt, ce serait de se procurer » des fidéicommis qui, moyennant un cer- » tain bénéfice, se rendissent garans de leurs » créances dans le cas de perte du navire; car on » peut cautionner sous condition, et il n'est pas » absolument de l'essence de l'intercession d'être » gratuite. » (Émérigon, t. 2, p. 589, et t. 4, » chap. 12, sect. 7, § 2; nouv. édit., publ. par M. Bernard.) C'est là une assurance tout à fait analogue, dont cet auteur proclame la validité, malgré la qualification qu'il lui donne d'*assurance impropre*.

109. *Quid* à l'égard de l'usufruit? Si nous avons décidé que l'assurance de la créance hypothéquée était valable, à plus forte raison déciderons-nous la légitimité de l'assurance d'un usufruit. L'usufruit est un droit réel; ce n'est pas tout à fait la propriété, mais un démembrement de la propriété. La propriété et l'usufruit, quoique diffé-

rens, se lient tellement, que celui-ci, sans réciprocité, il est vrai, n'existe jamais sans l'autre ; si la
chose sur laquelle l'usufruit se trouve établi vient
à périr, l'usufruit s'éteint (art. 617, cod. civ.); si
une partie seulement de la chose soumise à l'usufruit est détruite, l'usufruit ne se conserve que sur
ce qui reste (art. 623 du même code). L'usufruitier a un grand intérêt à se précautionner contre
la destruction de la chose sur laquelle repose sa
jouissance : il peut donc faire assurer son droit.

110. Est-il permis d'assurer des marchandises
prohibées par la loi d'un pays étranger? De principe certain, tout contrat d'assurance sur la contrebande est nul, car, aux termes des art. 1128 et
1131 du code civil, tout contrat est nul, s'il a une
cause illicite, ou s'il a pour objet une chose hors
du commerce. En sera-t-il de même quand il s'a-
gira de marchandises, dont l'importation ou l'exportation serait défendue par les lois d'un pays
étranger? Dans tous les pays, les lois de police et
de sûreté obligent ceux qui habitent le territoire.
Ainsi, vous faites assurer en Espagne le transport
pour la France de marchandises dont les lois es-
pagnoles prohibent l'exportation, si les douaniers
de ce pays les confisquent, tant pis pour le propriétaire; lui seul en supportera la perte, car le
contrat ne liait pas la compagnie d'assurance,
puisqu'il avait une cause illicite, la contrebande.
Pothier, qui décide presque toujours les questions
du for intérieur, s'explique ainsi : « D'ailleurs,
» quand même, ce qui est faux, un Français ne

» serait pas par lui-même sujet aux lois d'Espa-
» gne, on ne peut pas disconvenir que les Espa-
» gnols, dont il est obligé de se servir, sont sujets
» à ces lois, et qu'ils pèchent grièvement en con-
» courant avec lui à l'exportation défendue par
» lesdites lois ; et, par cela même, qu'il ne peut
» faire ce commerce de contrebande en Espagne
» sans engager des Espagnols à pécher, il pèche
» lui-même ; car c'est pécher que d'engager quel-
» qu'un à pécher. Ce commerce est donc illicite
» et contraire à la bonne foi ; et par conséquent
» le contrat d'assurance qui intervient pour favo-
» riser et assurer ce commerce, en chargeant
» l'assureur des risques de la confiscation aux-
» quels il est exposé, est particulièrement illicite,
» et ne peut par conséquent produire aucune obli-
» gation ». Mais si on faisait assurer les marchandises par des compagnies françaises, celles-ci seraient justiciables des tribunaux français, parce
que, par rapport à la France, il ne s'agirait plus
de contrebande, puisque les lois permettent l'importation des marchandises désignées : si elles
sont saisies par les Espagnols, la perte retombera
sur les assureurs.

III. Si on expédiait de France des marchandises dont l'importation serait défendue en pays
étranger, le contrat d'assurance, passé en France,
avec des compagnies françaises, obligerait toutes
les parties, car les lois de douanes, comme toutes
les autres lois, sont particulières, encore une fois,
au pays qui les crée, et lient seulement ceux qui

ont contracté dans le lieu soumis à leur autorité.

ASSURANCE DES ÉDIFICES PUBLICS.

112. On se demande souvent si les édifices publics se trouvent soumis au régime ordinaire des
assurances... ; s'ils peuvent, comme les bâtimens
appartenant à des particuliers, être assurés contre l'incendie? Rien ne s'y oppose, si ce n'est souvent la volonté des assureurs, et presque toujours
celle du gouvernement.

Voici une circulaire que le ministre de l'intérieur adressait à cet égard aux préfets, le 14 juillet 1820 :

« Il s'est formé, avec l'autorisation du roi,
» plusieurs sociétés d'assurances contre l'incendie.
» Les unes se composent d'un certain nombre de
» propriétaires, qui sont en même temps assu-
» reurs et assurés : on les désigne sous le nom
» d'*Assurances mutuelles*; les autres sont des en-
» treprises commerciales : on les nomme *Assu-*
» *rances à prime.*

» De ce que ces établissemens ont été jugés
» utiles pour les particuliers, quelques fonction-
» naires publics ont inféré qu'ils pourraient offrir
» les mêmes avantages aux départemens, et qu'il
» y avait lieu de faire assurer, suivant l'un ou
» l'autre mode, les bâtimens affectés au service
» public. Je crois que cette opinion n'est pas fon-
» dée.

» Dans les assurances mutuelles, les associés

» s'obligent à supporter, en commun et au
» marc le franc des valeurs assurées, les dom-
» mages causés par le feu. Avant de se sou-
» mettre à une réciprocité de garantie, il faut
» examiner s'il y a parité d'intérêts et égalité de
» risques.

» Le particulier qui fait assurer sa maison, a
» principalement en vue de conserver une pro-
» priété dont la destruction entraînerait sa ruine
» ou ébranlerait sa fortune. Un département n'est
» pas exposé au même danger; il a toujours les
» moyens de rétablir un bâtiment qui aurait été
» endommagé par l'incendie. Si l'édifice était as-
» suré, la perte se répartirait sur les proprié-
» taires des maisons comprises dans l'association;
» s'il n'y a pas d'assurance, elle est réparée au
» moyen d'une imposition de centimes facultatifs,
» qui atteint toutes les maisons assurées et non
» assurées, toutes les propriétés foncières du dé-
» partement, ce qui donne une base de réparti-
» tion infiniment plus large, et rend presque in-
» sensible le contingent de chaque contribuable.
» L'intérêt qui porte à entrer dans l'association
» n'est donc pas, pour les départemens, aussi pres-
» sant que pour les particuliers.

» Les bâtimens publics sont, en général, soli-
» dement construits; leur isolement les préserve
» de la communication du feu; ils sont moins ex-
» posés à l'incendie, à raison de l'usage auquel ils
» sont affectés, ou de la surveillance qui s'y exerce.
» Les risques ne sont donc pas les mêmes.

» Mais ce qui s'oppose surtout à ce que les
» départemens participent aux assurances mu-
» tuelles, c'est que les cotisations sont éventuelles
» et indéterminées. Les édifices publics ayant une
» grande valeur, la somme à payer pourrait, si
» les incendies étaient fréquens, devenir très-
» considérable; et, comme il serait impossible de
» la connaître d'avance et de la porter dans les
» budgets, l'administration se trouverait dans
» l'alternative ou de différer le paiement, ce qui
» serait contraire aux conventions et aux intérêts
» de l'association, ou de disposer de fonds qui au-
» raient une autre destination, ce qui serait nui-
» sible au service, et toujours irrégulier.

» Dans les assurances à prime, une compagnie
» de capitalistes se charge d'indemniser les pro-
» priétaires, à condition qu'ils paieront annuelle-
» ment une somme proportionnée aux risques et
» à la valeur des bâtimens assurés; mais elle ne
» répond de la totalité du dommage que dans le
» cas où la prime est payée pour la valeur entière
» de l'immeuble. Si l'estimation qui sert de base
» au contrat d'assurance est au-dessous de la va-
» leur réelle, la compagnie ne concourt à la ré-
» paration des pertes que pour une part propor-
» tionnelle. Ainsi l'on n'a là certitude d'être com-
» plètement indemnisé qu'en payant la prime pour
» les gros murs et les pierres de taille, qui ne
» périssent presque jamais, et qui forment tou-
» jours une partie importante de la valeur d'un
» bâtiment public. Cette circonstance, et l'inéga-

10.

» lité des risques dont j'ai parlé plus haut rendent
» la position de l'administration moins favorable
» que celle des particuliers.

» Une compagnie établit la prime de manière
» qu'elle couvre les dommages et les frais de ré-
» gie, et qu'elle rende encore un profit aux action-
» naires. Comme les frais et les bénéfices absor-
» beront une forte partie des recettes, il est
» certain que, après une période assez longue
» pour compenser toutes les chances, les départe-
» mens auront payé une somme bien supérieure
» à celle qu'ils auront reçue en indemnité. En
» effet, les dommages résultant de l'incendie ne
» s'élèvent pas, année commune, à la moitié de
» ce que les primes coûteraient aux départemens.

» Le motif le plus spécieux que l'on puisse al-
» léguer en faveur du système des assurances est
» que, moyennant une dépense fixe et modique,
» les départemens ne seront pas obligés, en cas
» d'incendie, à fournir, dans une seule année, une
» somme considérable qui excéderait quelquefois
» leurs ressources ; mais il arrive bien rarement
» qu'un édifice public soit consumé tout entier.
» Si la dégradation est partielle, les recettes or-
» dinaires suffiront pour y remédier : si elle est
» générale, la restauration ne peut s'effectuer
» promptement ; elle est d'ailleurs subordonnée
» à des formalités qui exigent des délais, pendant
» lesquels on a le temps ou de créer des fonds, ou
» de traiter avec des entrepreurs pour qu'ils fas-
» sent des avances. Enfin, si un secours était re-

» connu indispensable, le ministre pourrait l'ac-
» corder sur le fonds commun de 5 centimes,
» dont il règle la répartition.

» J'ai jugé nécessaire de vous adresser ces ob-
» servations, afin que vous les communiquiez au
» conseil général de votre département à sa pro-
» chaine session. Si, après en avoir pris connais-
» sance, ce conseil pensait qu'il convînt de faire
» assurer les bâtimens départementaux, les mo-
» tifs de sa détermination seraient examinés avec
» soin, et il serait statué ensuite; mais, quelles
» que soient votre opinion et celle du conseil-gé-
» néral, je vous prie de ne prendre aucun enga-
» gement, même provisoire ou conditionnel, avec
» une compagnie d'assurance, avant de connaître
» la décision du ministre.

» Signé : Le directeur-général,

» MOUNIER. »

Nous avons rapporté tout au long cette circulaire du ministre, parce que notre intention était
de la combattre. Nous prouvons qu'elle repose
sur une donnée fausse, et que son application entraînerait, comme conséquence inévitable, la destruction des compagnies d'assurances, si utiles aux
propriétaires. La circulaire s'appuie toujours sur
des probabilités, pour repousser les assurances.
Les incendies, porte-t-elle, sont rares pour les
édifices publics, et ce serait une dépense sans
avantage aucun, que de verser tous les ans une
prime dans le but de se prémunir contre un dan-

ger qui, selon toutes les présomptions, n'arrivera
jamais. Pour que cette raison pût avoir quelque valeur, il faudrait plus que des vraisemblances, il
faudrait une certitude complète de sûreté. Car,
supposez que, malgré toute l'activité, toute la
surveillance des agens du gouvernement, le feu
prenne à un édifice public, (nous avons vu beaucoup
d'exemples de ces malheurs publics); supposez
encore que, en dépit des prompts secours dont
le gouvernement dispose, l'incendie s'accroisse et
consume le bâtiment; qui supportera les frais
ruineux de reconstruction? Le département, s'il
s'agit d'un édifice indispensable, d'un hôpital,
par exemple, le département s'épuisera pour
verser des sommes énormes. Si, au contraire, le
bâtiment avait été assuré, le département aurait versé annuellement une prime fixe et modique, et il ne se trouverait pas ruiné par des dépenses considérables qu'il est obligé de faire à la
même époque. D'ailleurs, remarquons bien que
la même raison existerait pour les particuliers. Il
est rare qu'une maison assurée soit consumée par
l'incendie, et il faut qu'il en soit ainsi, sans quoi
les compagnies ne se retireraient jamais;... et
pourtant les propriétaires versent tous les ans une
somme fixe pour éviter une ruine totale, en cas
de sinistre; s'ils se conformaient aux instructions
de la circulaire, ils ne s'adresseraient pas aux
compagnies d'assurances..., et la patrie se verrait
privée d'une ressource salutaire...; les propriétaires n'auraient jamais de fortune assurée, car

un moment suffirait pour la destruction d'une riche habitation.

Les conseils généraux ont bien senti les conséquences désastreuses de la circulaire ministé-
rielle...; ils ont compris les avantages immenses
des assurances et le danger qu'il y aurait de refuser leur assistance. Aussi ont-ils tenu bon..., et
le ministre, sollicité vivement par eux, consentit à
autoriser les assurances par une autre circulaire,
en date du 21 octobre 1826. Seulement il s'attache
toujours à la distinction faite dans sa première
circulaire, entre les assurances mutuelles et les
assurances à prime. « Je ne consentirai, dit-il,
» à prendre de décision qu'à l'égard de celles qui
» auraient pour objet un traité avec une compa-
» gnie d'assurances à prime. »

CHAPITRE VI.

DES PERSONNES QUI PEUVENT FAIRE ASSURER.

113. Le contrat d'assurance, comme tous les
contrats ordinaires, n'est permis par la loi qu'à
certaines conditions. Nous les avons énumérées;
mais la loi le défend à certaines personnes. Il
faut avoir une capacité que le législateur n'a présumée qu'à un âge fixé par lui. C'est une règle
générale, que pour contracter, il faut être capable.
(Art. 1123, cod. civ.) Mais il existe aussi des conditions personnelles pour faire assurer. Ainsi

celui qui veut traiter avec une compagnie pour l'assurance d'une chose, doit avoir intérêt à sa conservation, ou bien représenter un mandat des personnes intéressées.

Nous examinerons séparément toutes ces conditions, et nous diviserons le présent chapitre en trois sections : dans la première, nous traiterons de la capacité des personnes pour faire assurer; dans la seconde, nous examinerons la qualité nécessaire pour faire assurer; dans la troisième, nous parlerons des mandataires à fin d'assurances.

§ 1er.

CAPACITÉ DES ASSUREURS.

114. Pour être capable de contracter, il faut avoir atteint sa majorité. (Art. 1123, cod. civ.) Aussi les compagnies d'assurances doivent-elles bien s'informer de l'âge des personnes qui se présentent pour faire assurer leurs propriétés, car elles s'exposeraient à voir rescinder le contrat. Le mineur, comme dans un contrat ordinaire, aux termes de l'art. 1305, ne peut pas demander la rescision du contrat en sa seule qualité de mineur; il faut qu'il prouve la lésion éprouvée : *non est restituendus tanquàm minor, sed tanquàm læsus.* A ce sujet, MM. Grün et Jolliat émettent une opinion qui, pour le moins, paraîtra bien singulière : ils reconnaissent que le mineur ne doit pas se contenter d'invoquer son âge pour se faire restituer contre ses engagemens; qu'il

doit prouver la lésion. *Or*, ajoutent-ils de suite, *nous avons établi*, page 17, *que le contrat d'assurance, à raison de sa nature aléatoire, n'est pas susceptible de résolution pour cause de lésion, etc., etc.* A quoi sert, nous le demandons, cette reconnaissance d'un principe dont on refuse l'application par suite d'un autre principe? Vous énoncez le droit accordé à tout mineur de se faire restituer contre des engagemens, quand ses intérêts auraient été lésés, et vous en refusez l'application, parce qu'il s'agit du contrat d'assurance, et que ce contrat, étant de sa nature aléatoire, n'est pas susceptible de résolution pour cause de lésion. Autant valait dire de suite que, pour se faire assurer, il n'était pas besoin d'être majeur; car dire que le mineur assuré ne pourra jamais se faire restituer contre l'assurance qui lui aura causé un préjudice, c'est dire que toutes les personnes, mineures comme majeures, peuvent se faire assurer. Pourquoi donc cette exception à un principe général? Parce que l'assurance, aléatoire de sa nature, n'est pas susceptible de résolution pour cause de lésion! C'est-à-dire que l'assureur aura exigé des primes exagérées, nullement en rapport avec les risques à courir, et il ne sera pas permis à l'assuré de demander la résolution du contrat. Comme le dit Pothier, après que le temps du risque est passé, et que la perte est arrivée, nous croyons qu'il n'est plus temps d'offrir le véritable prix du risque. Cette décision s'appliquera aussi bien aux

mineurs qu'aux majeurs, car cette incertitude
même de savoir quelle sera la valeur du sinistre,
entre pour beaucoup dans la fixation de la prime.
Mais s'il y a exagération évidente dans la prime
exigée, s'il n'existe aucun rapport entr'elles et les
risques à courir, prévus par tout le monde, il y
a lieu à résolution pour cause de lésion, pour les
majeurs, dans les termes de la loi, mais surtout
pour les mineurs, *nam sunt restituendi tanquàm
lœsi.* Que MM. Grun et Jolliat refusent aux majeurs la résolution du contrat, nous concevons
leur opinion, sans l'admettre; mais ce qui nous
paraît inconcevable, c'est leur passage relatif aux
mineurs. Poser d'abord en principe que le mineur
ne peut contracter d'assurance, ensuite, une fois
le contrat signé, malgré la prohibition de l'article
1123, remarquer qu'en thèse générale, le mineur
se fait restituer contre ses engagemens, quand il
éprouve un préjudice, pour dire, ensuite, que
la preuve de la lésion, en matière d'assurance,
ne signifie rien; parce que le contrat est aléatoire,
en refuser la résolution, c'est, il faut en convenir, une conclusion que les prémisses ne laissaient
pas entrevoir. C'est là une manière de raisonner,
heureusement peu commune dans le livre de
MM. Grun et Jolliat, qui se recommandent ordinairement par une discussion solide, claire,
précise.

115. Pour le mineur émancipé, il s'agit de savoir si l'assurance doit être rangée dans les actes
d'administration. On permet au mineur émancipé

tous les actes de pure administration (art. 481, cod. civ.); par conséquent, selon que l'on reconnaîtra ou que l'on refusera à l'assurance ce caractère, elle lui sera accordée ou déniée. De toute évidence, l'assurance est un acte d'administration; car, en quoi consiste l'administration? Dans une surveillance exacte de tous ses biens, dans la réparation des détériorations survenues, dans les baux à faire, dans la perception des revenus, enfin dans l'exécution de tous les moyens qui peuvent maintenir une propriété en bon état et la préserver des sinistres. Or, nous le demandons, le contrat d'assurance n'est-il pas un des moyens les plus efficaces de conservation? Sans doute; il doit donc être permis au mineur émancipé. D'ailleurs, la prime se prélève sur les revenus dont l'émancipé jouit, comme il l'entend.

116. Pour l'interdit, il n'a pas le droit de faire assurer sa maison; l'assurance qu'il contracterait serait nulle de droit. (Art. 502, cod. civ.) Il est dans une position différente de celle du mineur; celui-ci est présumé n'avoir pas eu la capacité nécessaire pour juger toute la portée d'un engagement, pour peser sainement les avantages et les inconvéniens du contrat; aussi le législateur vient-il à son secours quand l'événement justifie ses présomptions; il le relève d'une obligation désavantageuse. On lui applique cette maxime déjà citée : *Minor est restituendus tanquàm læsus.*

L'interdit, aux yeux de la loi, manque toujours d'une qualité essentielle pour contracter. Il n'a

pas la volonté qui donne de la force au consentement. Aussi, tous les actes qu'il a passés
depuis son interdiction sont-ils nuls de plein
droit.

117. Pour les femmes, il faut établir plusieurs
distinctions. Elles sont mariées sous le régime de
communauté, ou sous le régime de séparation de
biens, ou sous le régime dotal.

Si elles sont mariées sous le régime de communauté, elles n'ont pas la disposition de leurs biens
tant que dure la communauté; elles ne peuvent les
faire assurer, car elles n'en ont pas l'administration. Placées sous l'autorité maritale, elles n'agissent jamais librement; d'ailleurs, l'assurance ne
les regarde pas. On ne redoute pas la négligence
du mari, quand on songe qu'il est intéressé à la
conservation des biens appartenant à sa femme,
puisqu'il jouit des revenus.

Si la femme est séparée de biens, elle en a la
libre administration. Si elle a la libre administration de ses biens, elle peut, comme le mineur
émancipé, faire assurer ses propriétés.

Si la femme est mariée sous le régime dotal, il
faut distinguer : ou il s'agit des biens dotaux, ou
il s'agit des biens paraphernaux. Au premier cas,
la femme n'a pas le droit de les faire assurer, parce
qu'au mari seul appartient l'administration des
biens dotaux. (Art. 1549, cod. civ.) Il en serait
autrement s'il s'agissait de biens paraphernaux,
dont l'administration regarde la femme seule.
(Art. 1566, cod. civ.)

Les assureurs ont un grand intérêt à connaître la qualité des biens présentés à l'assurance, et la capacité des personnes qui s'engagent envers les compagnies à leur payer une prime pour assurer leurs propriétés.

§ II.

QUALITÉ DES PERSONNES QUI VEULENT CONTRACTER AVEC LES COMPAGNIES D'ASSURANCES.

118. Un individu a qualité pour faire assurer une chose, quand il est intéressé à sa conservation — Le propriétaire ne désire pas seul la sûreté de sa chose; beaucoup de personnes peuvent avoir intérêt à sa conservation. Leur énumération fera l'objet des paragraphes suivans.

119. Le créancier ferait-il valablement assurer les biens de son débiteur? Cette question est délicate en droit, quoique, selon nous, en pratique elle présente peu de difficulté : en effet, presque toutes les compagnies assurent, pour les créanciers hypothécaires et les saisissans, les choses appartenant à leur débiteur. D'autres compagnies admettent l'assurance pour la garantie de toute personne intéressée, même en qualité de créancier, à la conservation de la chose assurée. (Voir l'art. 2 des statuts de la compagnie d'assurances générales.) Mais en droit, la question est grave et divise les auteurs.

Au premier abord, on croit trancher la difficulté avec l'article 1166. Il permet aux créanciers

d'exercer tous les droits et actions de leur débiteur, à l'exception de ceux qui sont exclusivement attachés à sa personne. L'assurance, au nom
des créanciers, est la mise en action de cet article,
s'écrie-t-on... : elle se fonde sur la loi. Mais si l'on
réfléchit un peu sur l'esprit de cet article et sur
la nature des assurances, on aperçoit bientôt la
différence. En effet, pour quels droits l'article
met-il le créancier au lieu et place de son débiteur? Pour des droits acquis. Si le législateur a
permis aux créanciers d'exercer les actions d'un
débiteur malveillant qui les aurait négligées pour
leur nuire, c'est qu'il a proclamé *les biens d'un débiteur le gage de ses créanciers,* et il a voulu que,
si le débiteur n'agissait pas loyalement pour le
recouvrement de tous ses droits, les créanciers,
intéressés à ce recouvrement, l'effectuassent en son
lieu et place ; mais il n'a pu raisonnablement leur
concéder ce pouvoir que pour des droits ouverts.
Regardera-t-on comme droit ouvert la faculté accordée au débiteur de faire assurer ses biens?
Non : c'est là une simple faculté de s'obliger ou
de ne pas s'obliger de nouveau. Or, le droit des
créanciers ne va pas jusqu'à forcer le débiteur à
contracter, dans leur intérêt, de nouveaux engagemens. Ce ne sera donc pas en vertu de l'article 1166, qu'ils feront assurer les choses de leur
débiteur.

M. Quénault a bien compris la question dans ce
sens, et, comme nous, il demande si les créanciers peuvent, sans mandat de leur débiteur, sti-

puler l'assurance de sa propriété, *de manière à faire acquérir à ce débiteur, en cas de sinistre, un droit à la somme assurée, sauf ensuite à ses créanciers à saisir et à se faire adjuger cette somme par toutes les voies de droit.*

Pour la validité du contrat, M. Quénault reconnaît la validité de la stipulation, au profit d'un tiers, lorsque telle est la condition d'une stipulation que l'on fait pour soi-même. (Art. 1121, cod. civ.) Bien plus, il est permis de se porter fort pour un tiers, en promettant le fait de celui-ci. *Mais,* ajoute cet auteur, *ce n'est toujours qu'une convention faite pour autrui, et qui ne peut conséquemment obtenir tout son effet qu'autant que le propriétaire, au profit duquel elle a été faite, la ratifiera ou sera contraint de la ratifier.*

M. Quénault ne trouve rien de mieux alors que d'appliquer aux créanciers et au propriétaire les principes de la gestion d'affaires. Le propriétaire n'est obligé de prendre ou de ratifier l'affaire qu'autant qu'elle lui offre des avantages ; car l'assurance ne présente pas une telle utilité que le propriétaire n'eût pas manqué de stipuler : c'est un surcroît de garantie que les créanciers n'ont pas le droit d'imposer au propriétaire. La conclusion est que le propriétaire peut se refuser à ratifier la convention d'assurance faite pour son compte par ses créanciers.

Nous ne partageons pas du tout l'opinion de M. Quénault : nous ne croyons pas que les principes de la gestion d'affaires soient applicables à

l'espèce. En effet, si l'on admettait ces principes,
l'assurance se trouverait tout à l'avantage du propriétaire, et nullement à celui des créanciers. Le
propriétaire, selon que l'assurance serait ou non
utile à ses intérêts, accepterait ou refuserait l'assurance; dans son mauvais vouloir même, avant
tout événement, au préjudice de son propre intérêt, il rejetterait l'assurance faite par ses créanciers; car la gestion d'affaires n'existe qu'autant
que le propriétaire ne met pas son *veto* à toute
gestion qu'il laisse faire ou qu'il ignore, dit l'article 1372 du code civil : s'il intervient pour défendre, la gestion disparaît avec ses conséquences.
Ce n'est pas une une tolérance du propriétaire
que les créanciers doivent attendre; il faut qu'ils
jouissent d'un droit : c'est là toute la question.
Ont-ils ou n'ont-ils pas le pouvoir de faire assurer
la propriété de leur débiteur? Dans notre opinion,
le droit de faire assurer n'appartient qu'au propriétaire ou à celui qui aurait sa responsabilité engagée par la perte de l'objet qu'il présente à l'assurance; mais le créancier, intéressé, il est vrai,
à la conservation du bien de son débiteur, n'a aucun droit sur lui. En effet, ou il est créancier chirographaire, ou il est créancier hypothécaire;
s'il est créancier chirographaire, il possède une
action directe et personnelle contre son débiteur.
Les biens de ce dernier sont simplement le gage
du créancier, mais comme moyen d'exécution. Il
n'a aucun droit sur eux tant que le débiteur ne
s'est pas refusé au paiement de sa dette. Ainsi, il

ne peut faire assurer un bien sur lequel il n'a aucun droit direct...; et la preuve qu'il n'a aucun droit sur ce bien, c'est que le débiteur peut le vendre sans que jamais le créancier l'en empêche.....; et alors il a perdu toute la garantie qu'il lui offrait. Si le débiteur se refuse à l'accomplissement de ses engagemens, le créancier, s'il possède un titre exécutoire, saisit et poursuit la vente; alors il n'a pas besoin de l'assurance, puisque, encore un moment, le bien sortira des mains du débiteur et appartiendra à un tiers entièrement étranger au saisissant et au saisi.

Si le créancier est hypothécaire, la solution sera-t-elle différente? Non. L'hypothèque est bien un droit réel *sur les immeubles affectés à l'acquittement d'une obligation.* (Art. 2114, cod. civ.) C'est un droit qui pèse sur l'immeuble, à l'occasion d'une obligation; c'est une sûreté donnée au créancier, dont il n'use qu'autant que le débiteur se refuse à exécuter la convention qui a donné naissance à l'hypothèque. Le bien, malgré l'hypothèque, ne continue pas moins d'appartenir au débiteur; il peut le vendre, sauf, bien entendu, le droit du créancier hypothécaire, qui suit le bien, en quelque main qu'il passe. S'il est vendu, pourra-t-il le faire assurer, comme intéressé à sa conservation, malgré la volonté contraire du présent propriétaire? Non... Il faudrait pourtant aller jusqu'à soutenir ce système, si l'on accordait au créancier le droit de faire assurer l'immeuble, parce qu'il est intéressé à sa conservation. L'hy-

pothèque, nous le répétons, n'est qu'une garantie..., et rien de plus...; jusqu'au moment de la
poursuite, le débiteur est maître de sa propriété,
et comme tel, il agit à son égard comme il l'entend. D'ailleurs, les droits du créancier sont assurés, puisque, aux termes de l'art. 2131, il peut,
si les biens deviennent insuffisans pour sa sûreté,
poursuivre dès à présent son remboursement, ou
obtenir un supplément d'hypothèque. Remarquons d'ailleurs où on irait avec ce système. S'il
est permis à un créancier de faire tout ce qu'il
jugera convenable pour la sûreté de sa créance, si
aujourd'hui on lui accorde l'assurance des biens
appartenant à son débiteur, demain, il faudra lui
accorder, pour être conséquent, le droit de surveillance quotidienne sur les immeubles hypothé-
qués, le droit de faire mettre des poutres pour
soutenir les murs qui fléchiraient, de réparer
le toit qui se découvre, enfin d'agir comme le
véritable propriétaire. Il faudra reconnaître en
principe que l'hypothèque confère maintenant au
créancier un droit de propriété sur l'immeuble.

Pour être encore conséquent, il faut accorder le
droit d'assurance à toutes les hypothèques. Ainsi,
les hypothèques légales jouiront aussi de cette faculté; et on verra cette contradiction frappante:
les femmes, mariées sous le régime de la communauté, ne pourront pas faire assurer leurs biens
sans le consentement du mari, et elles pourront
de leur chef faire assurer les biens de leur
mari, sur lesquels la loi leur attribue une hy-

pothèque légale. Il en sera de même pour les hypothèques attribuées aux mineurs et aux interdits sur les biens de leur tuteur. Non ; il n'en peut être ainsi. Preuve évidente que si une fois on sort des principes pour le plaisir de créer des systèmes, on se trouve mené de conséquence en conséquence à l'impossible. Le principe, en cette matière, est que, pour faire assurer, il faut être propriétaire ou intéressé directement à la conservation de la chose, parce que sa perte compromettrait notre responsabilité. Mais ceux qui ne sont intéressés qu'accessoirement à sa conservation, ne peuvent pas forcer la main au propriétaire pour l'assurance ; celui-ci, malgré ses créanciers, reste maître de ses volontés... ; s'il ne veut pas faire assurer sa maison, les créanciers n'ont pas le droit de la faire assurer pour son compte : libre à lui de contracter ou de ne pas contracter une nouvelle obligation. Il n'a pas aliéné sa liberté au profit soit des créanciers chirographaires, soit même des créanciers hypothécaires... ; il ne leur a pas donné mission de stipuler pour lui ; tant pis pour eux s'ils ne trouvent pas leur avantage dans le défaut de stipulation de l'assurance. Si le sinistre arrive, c'est toujours lui qui en supportera la perte... ; et les créanciers doivent se tranquilliser en présence de l'intérêt personnel de leur débiteur. (Voir M. Quénault, p. 107 et suiv. MM. Grun et Jolliat professent une opinion contraire, p. 120.)

120. Nous tenons pour certain que les créanciers

11.

ne peuvent faire assurer malgré lui la propriété de leur débiteur ; et que, s'ils stipulent l'assurance de sa propriété, ils sont présumés la stipuler pour le propriétaire. Selon nous, celui-ci aura la faculté de réclamer le bénéfice de l'assurance, en remboursant à ses créanciers la prime et les autres frais. La Cour de Colmar a rendu un arrêt dans ce sens.

« Considérant que, d'après les termes de la po-
» lice donnée au sieur Ricklin, le 29 avril 1821,
» les objets désignés sont assurés contre l'incen-
» die, pour leur valeur être remboursée par la
» compagnie française du Phénix, jusqu'à concur-
» rence de 5,500 fr. ;

» Considérant que, pour que la garantie de la
» compagnie n'eût été portée que sur la créance
» hypothécaire du sieur Ricklin, il eût été néces-
» saire qu'il eût stipulé dans l'intérêt passif et ex-
» clusif de sa créance, en en stipulant la quotité
» en principal et accessoires, tandis qu'il n'existe
» aucune énonciation de la créance qu'on dit être
» de 14 ou 1,500 fr. ; qu'au lieu de cela, la prime
» a été d'un et demi par mille pour la somme de
» 5,500 fr. ; que tout en prenant, dans l'intitulé
» de la police, la qualité de créancier hypothé-
» caire sur les propriétés de Louis Coquerille, à
» Montreux-Château, il déclare faire assurer les
» propriétés bâties de ce dernier, habitées par le
» fermier de son débiteur, pour une valeur esti-
» mative de 5,500 fr., dont il paie la prime de
» 11 fr. 25 c., et souscrit des billets pour les an-
» nées suivantes ;

» Considérant que, de même que tout autre,
» le contrat d'assurance doit s'apprécier par la
» nature des obligations qui y sont réciproque-
» ment consenties; que l'obligation que la com-
» pagnie du Phénix a textuellement contractée est
» de payer, en cas d'incendie de la maison Louis
» Coquerille, une somme déterminée, et moyen-
» nant une redevance proportionnelle, avec la
» seule réserve de l'option de rebâtir ou de répa-
» rer le dommage, si elle y trouve du bénéfice;
» que cette indemnité ne peut être revendiquée
» par l'assuré, qui, dans ce cas, aurait fait un con-
» trat immoral et contraire à l'ordre public; qu'il
» en résulte la conséquence qu'elle doit profiter
» au propriétaire; que rien ne répugne à ce qu'un
» créancier, qui peut n'avoir prêté les fonds que
» pour obliger son débiteur, prenne sur lui l'ad-
» ministration d'un intérêt devenu commun, le
» gère pour le mieux sans sa participation, et
» même à son insu, en se constituant ainsi son
» mandataire; que le créancier peut avoir un inté-
» rêt réel à faire garantir toutes les propriétés de
» son débiteur, soit pour sûretés d'obligations
» éventuelles ou cédulaires, soit pour le paiement
» des intérêts de sa créance non conservés par
» l'inscription hypothécaire;
» Considérant, au cas particulier, que le débi-
» teur obligé de laisser sa maison à des fermiers,
» et sachant qu'elle était assurée pour toute sa va-
» leur par son créancier, a pu s'estimer suffisam-
» ment garanti et se croire dispensé de toute dili-

» gence personnelle, surtout si, comme il le pré-
» tend et comme le créancier l'a déclaré, il l'a
» remboursé de la prime et des frais ;

» Considérant enfin que les contrats d'assurance
» doivent être d'autant plus restreints et déter-
» minés dans leur objet, et les titres de créance
» justifiés, qu'il peut résulter les plus grands abus
» de l'exagération des estimations et des supposi-
» tions de titres. »

La compagnie du Phénix se pourvut, et la Cour
de cassation rejeta le pourvoi par les motifs suivans:

« Attendu qu'un créancier a incontestablement
» le droit de veiller à la sûreté de sa créance, et
» de faire tous les actes conservatoires pour en as-
» surer le paiement ;

» Attendu, en fait, que ce n'est pas le montant
» de la créance hypothécaire, dont il n'est fait au-
» cune mention dans la police d'assurance, mais
» le fonds hypothéqué lui-même que Ricklin a fait
» assurer contre l'incendie ; qu'ainsi, Ricklin ayant
» pourvu simultanément et à son propre intérêt,
» et à celui des propriétaires, la Cour royale de
» Colmar a dû le considérer comme le *negotiorum*
» *gestor*, et obliger les assureurs à exécuter l'o-
» bligation par eux contractée, *quel que pût être*
» *le résultat en faveur du propriétaire*, résultat
» qui, d'ailleurs, n'aggravait et ne changeait en
» rien la condition des assureurs. »

121. Quant à l'usufruitier, il peut faire assurer
les choses qui composent sa jouissance : il se
trouve intéressé directement à la conservation

de la chose, comme le propriétaire lui-même, puisque l'usufruit est un démembrement de la propriété.

122. L'usufruitier retire le bénéfice de l'assurance qu'il a contractée; pas de difficulté. Mais ici, un savant jurisconsulte, M. Proudhon, soulève une question qui présente de l'intérêt : il demande si l'usufruitier doit profiter de l'assurance stipulée par la personne qui lui a légué l'usufruit. M. Proudhon pose trois hypothèses et donne la solution de la question envisagée sous ces trois hypothèses. Nous voulons présenter cette solution à nos lecteurs; ils reconnaîtront, dans ce passage, la force de logique qui distingue ce profond professeur.

« La première hypothèse est celle où l'usufruit » ne porterait absolument que sur l'édifice assuré.

» Nous croyons que l'usufruitier ne doit point » participer à l'indemnité provenant du contrat » d'assurance.

» Supposons d'abord qu'il s'agisse de l'assu-» rance établie par société mutuelle. Dans cette » hypothèse, il est certain que l'indemnité n'a été » promise et ne peut être due qu'à celui qui est » en même temps assureur et assuré, puisque » telle est la loi du contrat dont elle dérive; or, » il est de toute évidence que le légataire de l'u-» sufruit d'un bâtiment assuré, en société mu-» tuelle, par le testateur, n'a aucunement la qua-» lité d'assureur, ou, en d'autres termes, la qua-» lité de sociétaire faisant partie dans le traité » d'association souscrit par le défunt; donc, il ne

» doit pas avoir celle d'assuré, qui seule peut
» donner le droit à l'indemnité.

» En sera-t-il de même lorsque l'assurance du
» bâtiment a été stipulée par le testateur avec une
» compagnie de capitalistes?

» L'affirmation n'est pas ici plus douteuse que
» dans le cas de l'assurance par société mutuelle,
» parce qu'il est également vrai de dire que les
» engagemens, contractés envers la compagnie
» des assureurs, ne peuvent peser sur le légataire
» particulier d'un droit d'usufruit; que la prime,
» qui est à payer annuellement, n'est que l'objet
» d'une dette personnelle contractée par le pro-
» priétaire, et que cette dette, étant purement
» héréditaire, ne peut être qu'à la charge de l'hé-
» ritier, qui seul représente la personne du dé-
» funt. Or, on ne conçoit pas comment l'usufrui-
» tier, qui ne peut être poursuivi comme débi-
» teur de la prime, puisqu'il ne la doit pas,
» pourrait néanmoins s'approprier l'action en in-
» demnité, qui n'est que la chose acquise par le
» paiement de la prime : comme si l'objet d'une
» vente ou d'un contrat d'échange pouvait appar-
» tenir à un autre qu'à celui qui doit payer le prix
» ou l'équivalent.

» Concluons donc encore que, dans ce second
» cas comme dans le précédent, les actions qui
» naissent du contrat d'assurance passent active-
» ment et passivement à l'héritier seul, et que le
» légataire de l'usufruit n'y est pour rien, à moins
» que le testateur n'en ait formellement disposé

» d'une autre manière, ce qui constituerait un se-
» cond legs ajouté au premier. »

Deuxième hypothèse. — « Cette hypothèse est
» celle où l'usufruit aurait été établi sur l'en-
» semble d'un domaine dont le bâtiment incendié
» faisait partie. Dans ce cas, l'usufruitier ayant le
» droit de jouir encore du sol et des matériaux,
» comme du surplus du domaine, il n'y aurait pas
» alors extinction du droit d'usufruit; mais cette
» différence, entre ce cas et le précédent, suffi-
» rait-elle pour motiver une décision contraire, et
» pourrait-on dire qu'ici l'indemnité provenant de
» l'acte d'assurance fût due en jouissance à l'usu-
» fruitier?

» Nous ne le pensons pas, et nous croyons, au
» contraire, qu'on doit encore porter la même
» décision dans cette seconde hypothèse que dans
» la première.

» L'indemnité due à raison de l'assurance n'a,
» en effet, rien de commun avec le sol et les
» matériaux, non plus qu'avec les autres parties
» du domaine sur lesquelles l'usufruit est con-
» servé : cette indemnité n'est toujours ni une
» partie matérielle, ni une partie accessoirement
» unie au fonds pour servir à son usage ; elle
» n'est toujours que comme le lot d'une loterie,
» puisqu'elle n'est que le produit d'un jeu de ha-
» sard ou d'un contrat purement aléatoire. Il n'y
» a donc que celui qui s'est engagé dans ce jeu,
» ou qui représente la personne du joueur, qui
» doive profiter de ce produit, puisque lui seul a

» pu perdre la mise en jeu. Or, le légataire parti-
» culier de l'usufruit du domaine ne représente
» certainement pas la personne du défunt qui a
» contracté les engagemens de ce jeu : donc, il
» n'a aucun droit de participer au bénéfice de l'in-
» demnité, qui en est la suite.

» Il résulte de là que, si le produit de cette in-
» demnité est employé à la reconstruction du bâ-
» timent, son emploi ne devra être fait que dans
» l'intérêt du propriétaire ; qu'en conséquence, si
» cette reconstruction est nécessaire pour le ser-
» vice du domaine, et que, par cette considéra-
» tion, elle ne doive être envisagée que comme
» une réparation, cet emploi devra être fait, sans
» opérer aucun soulagement pour l'usufruitier, à
» raison des objets de fournitures qui, en pareil
» cas, doivent tomber à sa charge, ainsi que nous
» l'expliquerons ailleurs. »

Troisième hypothèse. — « Cette hypothèse est
» celle où le testateur aurait établi un droit d'u-
» sufruit universel, ou à titre universel, sur la
» masse des biens, dont le bâtiment incendié fai-
» sait partie.

» Quoique le legs universel de l'usufruit ne soit,
» à proprement parler, qu'un legs particulier,
» parce que l'usufruitier ne représente pas, *in*
» *universum jus*, la personne du défunt, néan-
» moins, ce légataire ayant le droit de jouir de
» la généralité des biens et des actions héréditai-
» res, il est nécessaire d'en conclure qu'il a celui
» de jouir de la somme en indemnité, due par suite

» du contrat d'assurance stipulé entre le défunt
» et les assureurs, parce que c'est véritablement
» là une créance qui appartient à la succession.

» D'autre part, la prime, qui doit être annuel-
» lement payée aux assureurs, est une dette de
» l'usufruitier universel pour ce qui en reste à
» payer durant le temps de sa jouissance, puis-
» qu'il est tenu de toutes les charges annuelles de
» la succession, comme nous le verrons dans un
» des chapitres suivans. Ainsi, et sous ce rapport
» encore, il doit avoir droit à la jouissance de
» l'indemnité due en cas de sinistre.

» Il résulte même de là que, si le défaut de
» paiement de la prime annuelle avait opéré la
» résolution du contrat d'assurance, l'usufruitier,
» qui aurait manqué à son devoir sur ce point,
» serait responsable, envers le propriétaire, de la
» perte ressentie par celui-ci pour cause de la ré-
» solution de l'assurance.

» Quoique l'indemnité due par les assureurs
» n'ait été, par aucun acte du père de famille,
» placée au rang des choses mobilières qui s'in-
» corporent au fonds, ou qui deviennent immeu-
» bles par droit d'accession, néanmoins, comme
» nous l'avons déjà dit, on ne peut se dissimuler
» que, dans l'intention présumée de celui qui a
» stipulé l'assurance, c'est là une ressource qu'il
» a voulu prévoir pour s'aider à reconstruire en
» cas d'incendie, et quelqu'imparfaite que soit
» cette espèce de destination présumée, il est na-
» turel d'en conclure qu'elle doit être jugée suffi-

» sante, pour que l'héritier puisse en requérir
» l'emploi à cette fin, sans qu'il soit permis à l'u-
» sufruitier d'y mettre obstacle, sauf à laisser à
» celui-ci la jouissance du bâtiment qui sera ré-
» paré.

» Lorsque le legs d'usufruit n'est qu'à titre
» universel, s'il y a eu partage opéré avec l'usu-
» fruitier, et que le bâtiment assuré soit tombé
» dans son lot, il est raisonnable et juste de le
» considérer dès lors comme obligé au paiement
» de la prime annuelle, sauf à lui accorder, par
» réciprocité et en cas de sinistre, le droit de
» jouir de la somme d'indemnité due par les as-
» sureurs, à moins que le propriétaire ne préfère
» en faire l'emploi en reconstruisant ou réparant
» le bâtiment, dont l'usufruitier restera en jouis-
» sance, ainsi qu'il vient d'être dit à l'égard de
» l'usufruitier universel.

» Si c'était par l'héritier lui-même que le con-
» trat d'assurance ait été formé depuis la mort du
» testateur, il n'y aurait plus de distinction à faire
» entre le légataire de l'usufruit à titre singulier,
» et le légataire universel de l'usufruit. Celui-ci
» n'aurait pas plus de droit que l'autre dans l'in-
» demnité due par les assureurs, puisqu'elle ne
» serait point l'objet d'une créance qui aurait ap-
» partenu à la succession du défunt.

» Au reste, la question de savoir si, de son
» côté, l'usufruitier peut seul stipuler aussi un
» acte d'assurance pour la garantie de ses intérêts
» de jouissance, doit être résolue à vue des sta-

» tuts des compagnies ou des sociétés mutuelles
» d'assurances auxquelles il peut s'adresser. Elles
» ont chacune leurs règles à cet égard. (M. Prou-
» dhon, t. 4, n. 1601 et suiv.)

Nous ne pouvons que souscrire à cette dissertation sur les trois hypothèses que pose le savant
professeur. Nous l'avons rapportée presque dans
son entier, parce que la question, envisagée sous
ces trois côtés, présente de l'intérêt..., et la solution est donnée par M. Proudhon beaucoup mieux
que nous n'aurions pu le faire. Nos lecteurs aussi
nous sauront sans doute gré de les avoir gratifiés
d'un passage dû à la plume d'un homme supérieur,
et ils apprécieront le dévouement, qui sait sacrifier l'amour-propre au bien de ceux qui daigneront nous lire.

123. Quelle sera l'indemnité payée à l'usufruitier quand le sinistre prévu frappera la chose assurée? Sera-t-elle la même que celle donnée à
l'individu qui réunirait la double qualité de nu-
propriétaire et d'usufruitier? Le simple bon sens
suffit pour répondre à cette question. Donner à
l'usufruitier cette indemnité, ce serait lui donner
les occasions de faire un gain par le contrat d'assurance. Le sinistre ne doit jamais être pour l'assuré une occasion de profit. L'usufruitier a simplement droit de jouissance, et l'indemnité doit
être proportionnée aux profits de cette jouissance.
S'il en était autrement, si l'assurance présentait
une source de gain, l'assuré trouverait son avantage dans le sinistre; et souvent, dans l'espoir de

toucher l'indemnité, il se porterait à des actions coupables.

Comment se fixeront la prime et l'indemnité de l'usufruitier de l'immeuble assuré? C'est là, il faut en convenir, l'objet des conventions de l'assureur et de l'assuré. La stipulation, intervenue entr'eux, fera loi. D'ailleurs, si, par hasard, la police ne contenait à cet égard aucune clause, les tribunaux ne manqueraient pas précisément de guide pour arriver à une solution. Nous avons l'article 1094 du code civil qui pourrait servir de base à une évaluation de l'intérêt de l'usufruitier, par suite de la prime qu'il devra verser et de l'indemnité qu'il devra toucher en cas de sinistre.

124. *Quid*, si le propriétaire fait assurer l'immeuble pour toute sa valeur? L'usufruitier participera-t-il à l'indemnité? Nous croyons qu'ici le propriétaire a été le *negotiorum gestor* de l'usufruitier, et si celui-ci se présente pour toucher l'indemnité, sauf bien entendu le paiement de la prime pour sa part et portion, la compagnie n'aura pas le droit de le repousser.

125. L'acquéreur avec pacte de rachat est un véritable propriétaire jusqu'au moment où son vendeur usera de la convention. Il a donc droit, comme tout autre propriétaire, de faire assurer sa propriété.

126. Nous avons déjà dit dans le courant de cette discussion que, pour faire assurer, il fallait être propriétaire, ou au moins être intéressé à la conservation de la chose par la responsabilité que

ferait encourir la perte de l'objet présenté à l'assurance. Ainsi, le créancier gagiste, nanti d'une chose mobilière comme garantie de sa créance, a le droit de faire assurer le gage. Il répond de la perte ou détérioration qui serait survenue par sa négligence. (Art. 2180 du cod. civ.) Quand le débiteur, propriétaire de la chose donnée en gage, paie le créancier gagiste, celui-ci est obligé de lui remettre l'objet dont il se trouve nanti. Si le gage avait disparu, il se trouverait responsable à son tour vis-à-vis de son débiteur. Aussi, pour éviter cette responsabilité, fait-il souvent assurer la chose qu'il détient à titre de gage, pour, en cas de paiement, remettre au propriétaire l'indemnité fournie par la compagnie d'assurance, ou bien pour se la faire adjuger dans le cas où la loi permet aux tribunaux de lui attribuer, à titre de paiement, la propriété de la chose donnée en gage.

127. *Quid*, à l'égard du dépositaire ? Peut-il faire assurer la chose déposée ? Le dépositaire, d'après nous, a ce droit, car il est obligé d'apporter, dans la garde de la chose déposée, les mêmes soins qu'il apporte dans la garde des choses qui lui appartiennent. (Art. 1927 du cod. civ.) Il n'est pas tenu, il est vrai, aux termes de l'art. 1929, des accidens de force majeure ; mais il pourrait être tenu des fautes qui ne tombent pas dans la catégorie des fautes graves.....; celles-ci, toujours dans notre opinion, sont les seules qui ne jouissent pas du bénéfice de l'assurance. D'ailleurs, il

n'y a pas lieu de jamais craindre que le dépositaire profite du contrat, puisque la loi l'oblige à rendre les choses dans l'état où elles se trouvent au moment de la restitution (art. 1933), ou de remettre ce qu'il a reçu en échange (art. 1934).

§ II.

DES MANDATAIRES ET DES COMMISSIONNAIRES.

128. Les mandataires sont les représentans des mandans : ceux-ci, par les stipulations des premiers justifiant de leur mandat, se trouvent engagés, comme s'ils avaient contracté eux-mêmes. Toutes les règles portées par le code civil, pour établir les obligations du mandataire, s'appliquent à l'individu qui fait assurer pour un autre, en vertu de la procuration à lui donnée. En un mot, il remplit les devoirs d'un mandataire ordinaire; les mêmes obligations lui sont imposées.

129. Si un individu, sans pouvoir aucun, fait assurer la propriété d'un tiers, l'assurance sera-t-elle valable à l'égard du propriétaire ?

Il n'est pas permis, ainsi que nous l'avons déjà remarqué, de donner de la valeur à une assurance contractée en dépit du refus formel du propriétaire ; mais la loi permet de faire les affaires d'un tiers, sans pouvoir émané de lui, à son insu même. On prend alors la qualité de *negotiorum gestor*, qualité qui entraîne des obligations réciproques; il existe ce qu'on appelle en droit *un quasi-contrat.* Le quasi-contrat s'applique à toutes sortes d'affaires, aussi bien pour la gestion ordinaire de tous les biens d'un individu, que pour l'assurance de ces mêmes biens. Celui qui gère se soumet à toutes les obligations qui résulteraient d'un mandat exprès que lui aurait donné le propriétaire. (Art. 1372 du cod. civ.)

MM. Grun et Jolliat ne partagent point notre sentiment. « Une assurance faite sans aucun inté-» rêt nous semble radicalement nulle, disent ces » auteurs, p. 91. Elle est contraire aux mœurs', » et menace l'ordre public en provoquant à l'in-» cendie volontaire; elle n'est qu'un pari; elle ne » doit pouvoir profiter à personne ; les principes » de la gestion d'affaires ne doivent point être ap-» pliqués; car celui qui fait assurer ainsi n'agit » que dans son propre intérêt, et il n'y a aucun » motif pour croire qu'il ait entendu faire le bien » du véritable propriétaire auquel il n'est attaché » par aucun lien légal. » Ils citent à l'appui de leur opinion l'avis de M. Estrangin sur Pothier, suppl., chap. 2, p. 334.

Les motifs donnés par MM. Grun et Jolliat ne nous paraissent pas avoir une grande force. Ils regardent l'assurance, faite pour un tiers sans mandat du propriétaire, comme constituant un pari. Nous ne savons pas où ils peuvent trouver les traces d'un pari. Le contrat est-il, comme ils le prétendent, dans l'intérêt de celui qui se présente en nom dans l'assurance? Non. Il est tout dans l'intérêt d'un tiers, propriétaire du bien assuré. Si celui-ci accepte l'assurance, elle ne sera

plus sans objet, et le propriétaire remboursera la
prime à celui qui a fait assurer. S'il refuse le bénéfice de l'assurance, le contrat sera regardé comme
non-avenu, et la compagnie restituera les primes
touchées. Nous n'apercevons, dans toutes ces conventions successives, rien de contraire à la morale,
rien de contraire à l'essence du contrat d'assurance; nous voyons un quasi-contrat, une gestion
d'affaires. La gestion d'affaires serait-elle défendue pour l'assurance ? Pourquoi ? Il n'existe aucun
motif de prohibition. MM. Grun et Jolliat le reconnaissent comme nous, puisque plus loin ils autorisent l'assurance faite en qualité de quasi-man-
dataire, au nom et dans l'intérêt d'un propriétaire
absent. Il faudrait alors, selon eux, suivre toutes
les règles de la gestion d'affaires. Que signifie cette
distinction ? Quel est, en droit, un quasi-manda-
taire ? La loi ne reconnaît pas cette dénomination.
Elle soumet celui qui gère l'affaire d'autrui à
toutes les obligations qui résulteraient d'un mandat exprès. Il se trouve engagé non pas *par une
quasi-obligation,* mais par une véritable obligation, *comme s'il avait traité directement avec le
propriétaire.* (Art. 1372, cod. civ.)

*Au nom et dans l'intérêt d'un propriétaire ab-
sent.* Pourquoi encore cette distinction ? Sur quel
texte se fonde-t-elle ? Sur aucun : elle est arbitraire, faite par MM. Grun et Jolliat, de leur pleine
autorité. L'article 1372 du code civil permet la
gestion d'affaires aussi bien en présence qu'en
l'absence du propriétaire, soit que le propriétaire

la connaisse, soit qu'il l'ignore. La disposition est claire, précise, ne souffre aucune ambiguité. Si MM. Grun et Jolliat admettent pour une seule foist a gestion d'affaires, pour le cas d'absence du propriétaire, ils sont forcés, sous peine d'inconséquence, de l'admettre dans toute l'étendue de la loi. Or, la loi la permet, *soit que le propriétaire connaisse la gestion, soit qu'il l'ignore; ce sont là ses termes.* Il faut, pour la rejeter du contrat d'assurance, qu'ils la prouvent incompatible avec les règles particulières à ce contrat, ce qu'ils ne font pas et ce qu'ils ne feront pas. Rien ne s'oppose à ce qu'un tiers assure un bien étranger sans mandat du propriétaire, car, encore une fois, si celui-ci consent à l'assurance, l'assureur sera considéré comme son *negotiorum gestor;* alors on lui appliquera toutes les règles de la gestion d'affaires. Si le propriétaire refuse de souscrire à toutes les clauses de la police, le contrat sera considéré comme non-avenu. C'est aussi l'opinion de M. Pardessus, t. 3, n° 826.

130. Le commissionnaire, aux termes de l'article 91 du code de commerce, stipule *en son propre nom, ou sous un nom social,* pour le compte d'un commettant. Il était utile en commençant les explications relatives au commissionnaire, de présenter cette définition, car elle doit dominer toute la discussion. C'est toujours à elle qu'il faut remonter pour déterminer d'une manière précise les obligations du commissionnaire et du propriétaire.

131. Quand il s'agit du contrat d'assurance, le commissionnaire peut le faire de deux manières : *ou pour compte de telle personne désignée, ou pour compte de la personne qui sera nommée, pour compte de qui il appartiendra* (1). « On peut faire
» assurer, dit Valin, pour soi *ou pour le compte*
» *de qui il appartiendra*, ou, ce qui revient au
» même, *pro personâ nominandâ*. Alors la per-
» sonne étant nommée, il n'importe en quel temps,
» s'il n'est fixé par la police, le contrat est valable
» de la même manière que si la personne eût été
» nommée d'abord. »

Celui qui stipule l'assurance se libère-t-il du paiement de la prime en nommant la personne ? « *Factâ nominatione stipulator non exit è con-*
» *tractu qui erat in eo radicatus abinitio... sed*
» *persona nominata accumulatur ipsi contrac-*
» *tui.* » (Casa Regis, disc. 5, p. 26. — Idem,

(1) Il se fait, il est vrai, dit M. Frémery, p. 346, des assurances *pour le compte de qui il appartiendra* ; mais ce sont des assurances sur marchandises à placer dans un magasin déterminé, et confiées à la garde et aux soins du propriétaire de ce magasin, lequel figure dans la police comme l'assuré et le débiteur de la prime; cette convention, loin d'affaiblir la certitude du principe, en confirme au contraire l'existence. En effet, il n'importe qui est le propriétaire de l'objet assuré, quand la convention détermine le lieu des risques et la limite au bâtiment, dont la conservation dépend des soins de la personne qui contracte l'assurance. Mais si le magasin vient à changer de maître, alors les marchandises qui y seraient apportées ne sont plus garanties par la police; car elle n'a d'effet que pour les objets que la personne qui a fait l'assurance peut, pour son compte ou pour le compte d'autrui, déposer dans ce magasin.

Ansaldus, disc. 12, contre l'avis de Targa, loc. cit.)

Valin distingue : « Ou la personne a été nom-
» mée avant tous risques commencés, ou elle ne
» l'a été que depuis. Au premier cas, si l'assureur
» ne veut pas accepter la nomination de la per-
» sonne, en libérant celui qui a stipulé l'assurance,
» il faut qu'il fasse une signification en règle, avec
» déclaration qu'il se désiste de l'assurance ; elle
» sera nulle, si celui qui l'a stipulée ne se soumet
» caution *solidaire* de la prime. Au second cas,
» l'assureur n'aura besoin d'aucune pièce de for-
» malité pour conserver son action directe pour
» la prime, contre celui avec qui il aura passé la
» police d'assurance.

» *Indè sequitur :* en point de droit, le commis-
» sionnaire qui nomme dans la police l'individu
» pour qui il stipule l'assurance, n'est obligé au
» paiement de la prime, ni directement, ni subsi-
» diairement, s'il ne s'est pas engagé en son pro-
» pre et privé nom.

» Dans l'usage pourtant, il est cité ; il subit vo-
» lontairement sa condamnation, sauf sa garantie
» contre son commettant. C'est à lui à prendre ses
» mesures et ses précautions.

» La réciproque a lieu pour le commettant de
» l'assuré ; il peut agir pour celui-ci sans qu'on
» puisse lui opposer qu'on ne plaide pas par pro-
» cureur. » (Jurisprudence de l'Amirauté de Marseille, renouvelée par sentence du 27 juillet
1758.)

Quant à nous, nous pensons qu'une fois la personne nommée, celle-ci devient seule responsable du paiement de la prime, puisque l'assurance est stipulée dans son intérêt. Elle doit supporter les charges du contrat, puisqu'elle a droit à ses bénéfices : *Ubi emolumentum, ibi onus.* Mais si le commissionnaire qui stipule l'assurance *pour compte de qui il appartiendra,* ne nomme pas la personne, nous croyons que l'assurance est nulle. En effet, quel est le principe du contrat d'assurance? Il faut que celui qui stipule l'assurance, ait intérêt à la conservation de l'objet assuré, sans quoi la convention dégénère en pari...., et la gageure est contraire à l'essence du contrat d'assurance. Si la personne *pour le compte de laquelle le commissionnaire a stipulé ne se nomme pas,* que reste-t-il au contrat? Le commissionnaire et l'assureur? Suffisent-ils pour la validité de la convention? Non, car qui dit commissionnaire, exclut la qualité de propriétaire, quant à l'objet assuré; par conséquent il y a absence d'intérêt à sa conservation de la part de l'individu qui ferait assurer; il manque une qualité essentielle au contrat; il n'existe plus par cela même.

132. Si le commissionnaire ne se renferme pas dans les termes précis du mandat qui lui est donné, tout le surplus sera à son compte. Il doit prendre garde aussi à la solvabilité des assureurs, sans quoi il serait responsable vis-à-vis de ses commettans.

S'il fait tout ce qui dépend de lui, l'insolvabilité

postérieure ne l'oblige qu'à en donner avis à ses commettans. (Valin.)

133. Émérigon recommande au commissionnaire, dans l'intérêt de son commettant, de faire réassurer pendant la durée du risque. Qu'il ne sorte pas pour cela des termes de la procuration donnée; il doit présenter de nouveau à l'assurance les seuls objets qu'il avait mission de faire assurer la première fois. Il est de principe certain, à la portée de toutes les intelligences, que l'on assume sur soi la responsabilité d'actes dont on ne vous avait pas chargé; on prend pour son compte des faits, car il est impossible de forcer le commettant de les accepter, puisqu'il ne les avait pas commandés.

134. « Le commissionnaire qui a fait des avan
» ces sur des marchandises à lui expédiées *pour*
» *être vendues* pour le compte d'un commettant,
» a privilége, pour le remboursement de ses
» avances, intérêts et frais, sur la valeur des
» marchandises, si elles sont à sa disposition,
» dans ses magasins, ou dans un dépôt public,
» ou si, avant qu'elles soient arrivées, il peut
» constater, par connaissement ou par une lettre
» de voiture, l'expédition qui lui en a été faite.

» Si les marchandises ont été vendues et li
» vrées pour le compte du commettant, le com
» missionnaire se rembourse, sur le produit de
» la vente, du montant de ses avances, intérêts
» et frais, par préférence aux créanciers du
» commettant. Telle est la règle générale posée

» par les articles 93 et 94 du code de commerce. »

135. Le privilége, accordé par l'article 93, comprend-il seulement les avances faites par le commissionnaire, en sa qualité de commissionnaire, sur les marchandises qui lui ont été expédiées, ou bien s'étend-il à toutes valeurs qui sortent des mains du commissionnaire, pour quelque cause que ce soit, dans l'intérêt du commettant ?

Si on se tient aux termes rigoureux de l'art. 93, il semble, au premier abord, que l'intention du législateur a été d'accorder simplement un privilége pour les avances faites *sur les marchandises* expédiées. Mais, si l'on réfléchit un instant, on verra que le but de la loi est de garantir le plus sûrement possible le remboursement de toutes les avances faites par le commissionnaire, dans l'intérêt de son commettant. En parlant simplement des avances faites *sur des marchandises expédiées*, l'article ne restreint pas le privilége à ces seules avances; il consigne seulement le cas le plus ordinaire, car le plus souvent les avances se font sur ces marchandises. D'ailleurs, ce sont elles qui toujours donnent naissance à tous les frais faits par le commissionnaire. Dans l'esprit du législateur, comme dans les termes de l'art. 93, le privilége est général; le consignataire a pour gage les choses déposées, qu'il fasse à l'expéditeur des avances en argent ou en marchandises. C'est dans ce sens que les commentateurs du code de commerce expliquent l'article 93. « Cet article ne dis-

» tingue pas, dit M. Locré ; il donne privilége
» pour *toutes sortes d'avances*, toutes les fois
» qu'il y a lieu à remboursement. » M. Pardessus
s'exprime dans le même sens. « Le droit commer-
» cial a créé, dit ce jurisconsulte, une autre ex-
» ception en faveur de ceux à qui des marchan-
» dises ont été envoyées *en consignation, simple*
» *dépôt...* ; ils acquièrent (les commissionnaires)
» sur ces objets un privilége pour *les prêts et*
» *avances* qu'ils avaient faits au commettant qui
» les leur a expédiées. »

La Cour de cassation a cassé un arrêt de la Cour
royale de Rouen qui avait méconnu ces principes.

« Considérant qu'aux termes de l'article 93 du
» code de commerce, le commissionnaire qui a
» fait des avances pour son commettant, a un
» privilége sur la valeur des marchandises qui lui
» ont été consignées et sont à sa disposition ;

» Que ce mot *avances* est générique et com-
» prend toutes les sommes, tous les objets et
» valeurs quelconques qui sortent des mains du
» commissionnaire et profitent au commettant ;

» Que, sauf le cas d'une convention contraire,
» le privilége accordé à raison de ces avances est
» acquis au commissionnaire par cela seul qu'il les
» a faites, étant nanti de l'objet consigné qui lui
» sert de gage ; l'article 93 n'exigeant pas d'autre
» condition, la Cour casse. »—(Arrêt du 23 juin
1830. Sirey, 30, 1, 254. — Voir aussi dans ce
sens un autre arrêt. Sirey, 18, 1, 46.)

136. Mais le négociant à qui une assurance a

été commise, et qui en a fait dresser les polices en son nom, a-t-il un privilége sur le produit de ces polices pour toutes les avances qu'il a faites par compte courant au correspondant, d'après les ordres et pour le compte duquel il a effectué l'assurance ?

Cette question est neuve : elle n'a encore été débattue qu'une seule fois devant la deuxième chambre de la Cour royale de Paris. Pour la négative, on prétend que l'article 93 du code de commerce ne peut recevoir d'application à l'espèce; car, dit-on, il ne s'agit pas de marchandises consignées ou expédiées pour être vendues, mais seulement d'une créance et d'un mandat à l'effet de toucher.

Nous pensons qu'il est facile de répondre à cette argumentation, qui se retranche dans l'article 93.

D'abord, d'après les principes que nous avons posés dans le paragraphe précédent, nous pensons que ce même article 93 est applicable à l'espèce. Cet article donne généralement un privilége à tout commissionnaire qui a fait des avances sur les marchandises expédiées ou sur leur valeur représentative. Quand les marchandises ont été assurées, le commissionnaire exercera son privilége sur elles pour le remboursement de toutes les avances qu'il a faites : quand elles auront disparu, frappées par le sinistre, sur quoi, raisonnablement, le commissionnaire exercera-t-il le privilége que la loi lui accorde ? Sur la valeur représentative de ces marchandises, sur la somme promise, à titre d'indemnité, par la compagnie d'assurance. En Angleterre, cette question ne souffre pas la controverse. Les lois et usages de ce pays, justifiés par des parères émanés de jurisconsultes et de négocians anglais, et produits dans la cause dont la deuxième chambre de la Cour royale de Paris s'est occupée, ne laissent aucun doute sur la question.

D'ailleurs, en ne consultant que les termes stricts de l'article 93, ne peut-on pas considérer le droit d'assurance *comme la marchandise* pour laquelle le mandat a été donné? Il ne s'agissait pas de vendre la chose appartenant au commettant, mais de la faire assurer. L'assurance a entraîné des frais; il est juste que le commissionnaire trouve toutes les garanties pour le remboursement de sommes dépensées dans un intérêt étranger. Le but de l'article 93 est de procurer d'une manière certaine le remboursement des avances faites par le commissionnaire pour le compte de son commettant..., et il doit user du privilége de l'article 93, toutes les fois qu'il réclame des frais faits par le commettant dans une sage et raisonnable appréciation de son mandat.

L'arrêt, rendu sur la plaidoirie de M⁰ Delangle, contrairement à celles de M⁰⁰ Dupin jeune et Bonnet, est ainsi conçu:

« La Cour, sur les conclusions conformes de » M. l'avocat-général Miller;

» En ce qui touche le rapport à la masse de » la faillite du montant de l'assurance du navire » *la Caroline*;

» Attendu qu'au vu et su de Barillon, la police
» d'assurance du navire *la Caroline* montant au
» total à 7,500 liv. sterl. , a été faite à la date du
» 23 mai 1821, tant au nom de Paxton, Cokrelle
» et cᵉ, qu'au nom de toutes autres personnes
» qu'il appartiendra ; que de l'agrément de Ba-
» rillon, la police est restée ès-mains des intimés ;
» que le sinistre du navire *la Caroline* est sur-
» venu avant la faillite de Barillon ; que lorsque
» ledit Barillon était encore dans l'intégrité de ses
» droits, il a été convenu que le recouvrement
» à faire par Paxton et compagnie de l'assurance
» dont s'agit leur servirait de couverture pour
» leurs avances faites et à faire ; qu'en outre des
» sommes par eux recouvrées sur la police d'assu-
» rance, Paxton et compagnie sont encore débi-
» teurs de Barillon de 100,578 fr. 55 c. , et qu'il
» a été du tout passé écriture en compte courant;
    » Considérant que de ce qui précède il résulte
» que Paxton et compagnie, antérieurement à la
» faillite de Barillon, ont été saisis, comme de
» chose leur appartenant, de la créance dont s'a-
» git ; que cette saisine a été opérée suivant les for-
» mes et de la manière universellement adoptées
» en matière commerciale ;
    » Que dans l'intérêt général du commerce, et
» pour en favoriser l'extension et les progrès, il
» est expédient que la justice tienne la main à
» l'exécution des conventions faites légalement et
» de bonne foi entre les maisons étrangères;
    » Considérant qu'au moyen de la saisine opé-

» rée d'après les lois françaises, il devient inutile
» d'examiner le point de savoir si la législation
» anglaise est applicable dans l'espèce ;

» Met l'appellation et ce dont est appel au
» néant ; émendant, etc. ; faisant droit au principal,
» déboute les syndics Barillon et Debruges Du-
» mesnil de leur demande à fin du rapport des
» sommes recouvrées sur les polices d'assurance
» du navire *la Caroline*, etc. »

137. Il est beaucoup d'individus qui n'ont pas
besoin d'une procuration, émanée du propriétaire, pour faire assurer les biens qui ne leur appartiennent pas. Ils tiennent leur pouvoir de la
loi. Nous les appellerons des mandataires légaux.
Ainsi les tuteurs agissent au nom des mineurs et
des interdits. Ils administrent, sous leur responsabilité, les propriétés de ceux-ci sans qu'ils aient
besoin de recourir, pour les actes d'administration, à l'autorisation du conseil de famille. Nous
avons déjà prouvé que l'assurance était du nombre des actes administratifs. C'était déjà laisser entrevoir que nous accordions aux tuteurs le droit
de faire assurer les biens soit des mineurs, soit
des interdits.

138. L'article 450 du code civil oblige le tuteur à administrer en bon père de famille, et le
condamne à la réparation des dommages qui pourraient résulter d'une mauvaise gestion. Regardera-t-on comme un acte de mauvaise gestion le
défaut d'assurance ? En d'autres termes, si le tu-

teur a négligé cette précaution, sera-t-il responsable de la perte qu'il aurait évitée en faisant assurer? Il faut convenir ici qu'une décision formelle
nous paraît difficile à prendre. On se trouve placé
entre deux intérêts divers, respectables tous deux,
entre celui du tuteur et celui du mineur. Il ne s'agit
ici que du tuteur diligent, bon administrateur;
car pour le tuteur coupable d'une administration peu
régulière, nous serions sans pitié, nous prononce-
rions hardiment sa responsabilité. La question est
difficile, nous le répétons, quand on se trouve en
présence d'un tuteur, administrateur fidèle, exact,
qui aurait négligé l'assurance des biens appartenant au mineur. MM. Grun et Jolliat, n. 70,
prononcent un verdict d'absolution en faveur du
tuteur qui n'aurait pas fait assurer, parce qu'il
n'accorderait pas une grande confiance, soit à
une compagnie, soit au système des assurances:
l'erreur, disent-ils, ne devrait pas être considérée
comme une faute. Cette opinion mériterait toute
confiance, si la loi ne forçait pas le tuteur d'apporter dans l'administration de la fortune du pupille plus de soin que dans l'administration de ses
propres biens. Mais l'article 450 lui impose l'obligation de gérer *en bon père de famille*; c'est-à-dire,
*d'apporter à cette administration tous les soins
qu'un homme vigilant et économe donne à ses propres affaires.* Ainsi le législateur ne se borne pas
à exiger la comparaison entre l'administration de
sa propre fortune, et l'administration des propriétés du mineur; il veut plus; il commande le

soin exact *qu'un homme diligent et qui peut servir de modèle,* a coutume d'apporter dans l'administration de sa fortune. (M. Boileux, commentaire sur l'article 450 du code civil.) Dira-t-on que le tuteur a manqué à cette obligation par le défaut d'assurance? Nous ne le croyons pas, si, du reste, il a géré avec toute la fidélité d'un bon père de famille, car nous pensons que le tuteur est seul juge des moyens qu'il emploie dans son administration, pour la conservation des biens de son pupille. Croit-il que le danger ne se présente pas assez menaçant pour risquer tous les ans la somme constitutive de la prime? existe-t-il de graves présomptions pour regarder le danger comme improbable? En cas de sinistre, il se sera trompé dans ses prévisions; mais il y aura bonne foi, et la bonne foi doit suffire pour son absolution. S'il avait résisté aux sollicitations du subrogé tuteur, du mineur, du conseil de famille, il y aurait entêtement; son obstination pourrait être considérée comme une faute...; sa responsabilité se trouverait engagée par le défaut d'assurance.

139. Le père, administrateur des biens de ses enfans mineurs, a le droit aussi de les faire assurer. Mais ici, il y a coexistence de deux intérêts : celui de l'enfant propriétaire, et celui du père usufruitier. (Art. 384, cod. civ.)

140. Le mari, administrateur légal des biens de sa femme, dans le régime de la communauté ou dans le régime exclusif de communauté, a le

droit de les faire assurer. Il jouirait aussi de la
même faculté pour les biens dotaux, parce que
seul il en a l'administration pendant le mariage.
Quant à la responsabilité du mari, pour défaut
d'assurance, il faut se référer à ce que nous avons
dit pour le tuteur.

141. *Quid* à l'égard d'un communiste, d'un copropriétaire? En principe général, on ne peut
faire assurer que ce que l'on a intérêt à conserver. Quel est l'intérêt du copropriétaire? De
sauver la part qui lui revient; par conséquent,
l'assurance est donc réductible jusqu'à concurrence de cette part. Si les autres propriétaires ratifient l'assurance avant le sinistre, le copropriétaire est réputé leur mandataire, et l'assurance, pour la totalité de l'immeuble, se trouve
validée. S'ils ne ratifient pas, on réduira l'assurance à la part de celui qui a fait assurer, parce
que son droit ne pouvait pas dépasser son intérêt.

142. Quant aux sociétaires, il faut établir des
distinctions : ou on a nommé des administrateurs,
ou on n'en pas nommé. Dans le premier cas, eux
seuls ont le pouvoir de faire assurer les propriétés
de la société; dans le second cas, tous les associés jouissent de ce droit en vertu de l'article 1859
du code civil. M. Quénault, n° 143, professe une
opinion contraire à la nôtre, pour ce qui regarde
l'application de l'article 1859. Cet auteur exprime
ainsi son avis : « Il est bien vrai qu'à défaut de
» stipulations spéciales sur le mode d'administra-
» tion, les associés sont censés s'être donné réci-

» prequement le pouvoir d'administrer l'un pour
» l'autre (art. 1859 du code civil). Mais ce pou-
» voir d'administrer ne comprend pas le droit de
» faire, pour les autres associés, des conventions
» qui ne peuvent être considérées comme néces-
» saires à la société, mais simplement comme
» étant d'une utilité éventuelle. Chaque associé,
» suivant le même article, ne peut obliger ses
» coassociés à faire avec lui les dépenses, qu'au-
» tant qu'elles sont *nécessaires pour la conser-*
» *vation des choses de la société* ».

Nous demandons à M. Quénault sur quel texte
il se fonde pour refuser, dans l'espèce, l'application de l'article 1859 du code civil ? Il distingue
là où la loi ne distingue pas : elle parle généralement ; elle donne à chaque associé le droit de faire
tout ce qui n'est pas contraire soit à l'essence
même du contrat de société, soit au but particulier de l'association dont s'agit. L'assurance est un
acte administratif ; à ce titre, le droit de faire
assurer appartient à tout associé, quand il n'existe
pas d'administrateur spécial. M. Quénault oppose
le § 3 de l'article 1859. Avec un peu de réflexion, cet auteur aurait vu que le § 3 n'altérait
en rien le droit conféré par le § 1er; qu'il créait,
au contraire, une extension de prérogative dans
l'intérêt général de la société. Ainsi, dans le § 1er,
le droit d'administrer appartient à chaque associé.
Quand l'un d'eux agit comme administrateur, il
engage tous les associés, sans prendre leur consentement, sauf le droit qu'ils ont de s'opposer à

13

l'opération avant sa conclusion. Mais souvent des
réparations sont nécessaires aux immeubles composant l'actif social ; un associé n'aurait pas voulu
avancer l'argent pour payer les travaux ; pourtant la société aurait pu péricliter par suite
des mauvais vouloirs d'un seul sociétaire ; alors,
pour remédier à ce grave inconvénient, le législateur a confié *à chaque associé le droit d'obliger
ses coassociés à faire avec lui les dépenses qui
sont nécessaires pour la conservation des choses
de la société.* Cette disposition ne retranche rien
du droit créé par le § 1ᵉʳ de l'article 1859 ; chaque
associé a toujours le droit d'administrer et d'engager ses associés par son administration. S'il signe une police d'assurance, il n'aura fait qu'un
acte administratif dans l'intérêt de la société. Il ne
pourra pas, nous le voulons bien, forcer les co-
sociétaires à verser, *de plano*, l'argent nécessaire
pour le paiement de la prime. Mais ils ne seront
pas moins engagés vis-à-vis des assureurs, une
fois la police signée, s'ils ne s'opposent pas à l'o-
pération avant qu'elle ne soit conclue. Pour prouver victorieusement sa thèse, M. Quénault aurait
dû commencer par établir que l'assurance n'est
pas un acte administratif ; alors il se serait trouvé
en contradiction avec lui-même, puisque plus
haut, au n° 129, il permettait au tuteur d'assurer pour son mineur ; par conséquent, il reconnaissait à l'assurance le caractère d'un acte
d'administration.

CHAPITRE VII.

ARTICLE Ier.

DES ASSURANCES FAITES PAR LE GOUVERNEMENT.

143. On a voulu engager le gouvernement à introduire un mode d'assurance créé par le gouvernement de Berne, qui a rendu un arrêté, le 28 mai 1806, portant création d'une compagnie d'assurances mutuelles contre l'incendie des immeubles pendant vingt-cinq ans. On croit qu'il y aurait intérêt pour les particuliers à faire assurer leurs propriétés par une association qui leur présenterait de bien plus grandes garanties. Ces garanties, selon nous, ne sont qu'apparentes. D'abord, ainsi que le remarquent MM. Grun et Jolliat, il y aurait absence de concurrence, ce qui laisserait tous les assurés à la discrétion du gouvernement; il fixerait les primes comme bon lui semblerait, sans jamais craindre que l'exagération diminuât le nombre de ses souscripteurs : ceux-ci seraient obligés de subir ses lois, puisqu'il n'existerait pas d'autre compagnie d'assurance qui pût rivaliser avec le gouvernement.

Dira-t-on que l'on éviterait, dans le système constitutionnel qui nous gouverne, les inconvéniens signalés, puisque les chambres voteraient une loi de laquelle il ne serait pas possible aux ministres de se départir, sans une autorisation

13.

expresse du pouvoir législatif. C'est là une erreur.
Les chambres seront bien appelées à voter pour
savoir si le gouvernement doit ou non se charger
des assurances; mais il leur sera impossible, en
admettant ce nouveau système, d'arrêter pour
toujours le montant des primes. Cette fixation
consituerait un acte d'administration, et les actes
administratifs regardent le pouvoir exécutif. Les
chambres ne pourraient pas établir la base de
toutes les primes, parce qu'il ne leur serait pas
donné de connaître toutes les circonstances d'appréciation entre le risque à courir et la prime,
regardée comme l'équivalent de ce risque. Regardera-t-on cette fixation de la prime comme un
impôt qui doit toujours être voté par les chambres? Impossible. L'impôt est la répartition de la
part que chaque membre du corps social supporte
dans les charges de l'état; il est obligatoire pour
tous. Pour la prime, au contraire, elle n'est pas
obligatoire : elle constitue l'indemnité du risque
dont se charge une compagnie d'assurances, et que
dans l'espèce, le gouvernement prendrait à son
compte. Le gouvernement ne l'exigerait qu'autant que le propriétaire aurait consenti à la lui
payer en retour du risque qu'il court de réparer
le sinistre arrivé à sa propriété. Il n'y a pas là impôt, mais obligation, que l'on peut aussi bien
contracter envers l'état qu'envers un simple particulier. La fixation de la prime appartiendrait
donc, sans contrôle, au gouvernement : il y aurait danger pour les contribuables.

D'ailleurs, nous le demandons dans l'intérêt de l'autorité, y aurait-il convenance à voir le gouvernement spéculateur? Ne perdrait-il pas de sa dignité dans tous ses petits calculs d'intérêts particuliers? Qu'il ne descende jamais à toutes ces mesquines spéculations; car, ce qu'il peut y gagner n'équivaut pas à la perte qu'il fait. Les gouvernés, quand ils voient leurs intérêts froissés par le gouvernement, quand ils se trouvent trop souvent en contact avec ses agens financiers, finissent par mettre de côté la considération nécessaire à tout pouvoir.

Nous rejetons bien loin l'opinion des hommes qui voulaient que le gouvernement dirigeât une vaste compagnie d'assurances; nous la rejetons et dans l'intérêt des administrés, et dans l'intérêt du gouvernement.

ARTICLE II.

ASSURANCES ENTRE FRANÇAIS ET ÉTRANGERS.

144. Rien ne s'oppose à l'assurance entre Français et étrangers. Permis à tout propriétaire d'avoir plus de confiance dans un étranger que dans un indigène. Si le Français se plaint des assureurs, s'il leur reproche de l'infidélité dans leurs engagemens, pour avoir justice, il s'adressera aux tribunaux du pays où se trouve domiciliée la compagnie. Ce grave inconvénient du déplacement pour des intérêts qu'il aurait bien pu faire assurer dans son propre pays, garantit contre la manie des assurances étrangères.

145. Si la compagnie, composée d'étrangers, réside en France, elle sera citée par le Français devant les tribunaux français.

Mais si la compagnie cite elle-même le Français devant les tribunaux, pour inexécution de ses engagemens, sera-t-elle obligée de donner caution? L'article 16 du code civil établit une dispense formelle pour les matières commerciales. Or, les compagnies d'assurances à prime sont des compagnies de commerce, jouissant, par conséquent, de l'exception portée par l'article 16.

146. On a pourtant discuté administrativement la validité des assurances faites par des compagnies étrangères.

MM. Grun et Jolliat rendent le compte suivant des débats qui ont eu lieu. Nous le rapporterons comme point d'histoire bon à consulter dans la législation des assurances étrangères.

« Les compagnies anglaises, favorisées par l'ex-
» tension du commerce maritime et la facilité des
» relations qui en sont le résultat, ont fait de
» nombreuses assurances dans nos villes mariti-
» mes, notamment à Bordeaux et au Havre. Elles
» ont des bureaux dans plusieurs parties de la
» France.

» Des doutes ayant été élevés sur la légalité des
» assurances faites en France par les étrangers,
» le ministre de l'intérieur, M. Siméon, répondit
» que des compagnies, en forme de sociétés ano-
» nymes étrangères, non approuvées par S. M.,
» ne peuvent faire en France ce qui ne serait pas

» permis à une compagnie française non autorisée;
» mais que cette restriction est sans préjudice de
» la liberté réciproque des assurés de faire cou-
» vrir leurs risques où bon leur semble, et de celle
» des individus commerçans d'étendre leurs spé-
» culations dans l'étranger, sous leur nom et sous
» leur responsabilité, quand ils y obtiennent
» confiance.

» Les compagnies anglaises continuèrent leurs
» opérations. Des réclamations furent adressées
» au gouvernement; le directeur-général du com-
» merce répondit, le 2 décembre 1825, que le
» gouvernement avait préparé un projet de loi
» qui ferait dépendre de l'autorisation toute en-
» treprise d'assurances contre l'incendie ; que les
» annexes, imprimées à la suite de l'ordonnance
» du 14 novembre 1821, avaient été rappelées
» avec toutes les conséquences qu'elles peuvent
» avoir, relativement aux assurances contre le
» feu, mais que le gouvernement ne ferait rien
» de plus à cet égard; que si, en ce qui le con-
» cerne, il avait trouvé cette ordonnance suffi-
» sante, il ne se serait pas occupé d'un projet de
» loi sur la même matière; que, si les particuliers
» y trouvaient des moyens pour leurs droits et
» prétentions, c'était à eux d'en faire l'usage qu'ils
» aviseraient ; enfin, que l'autorité administrative
» n'avait pas le pouvoir de déclarer qu'en vertu
» de l'ordonnance de 1821, les tribunaux n'ac-
» corderaient aucun recours, en cas d'incendie,
» contre les assureurs non autorisés. »

CHAPITRE VIII.

OBLIGATIONS DE L'ASSURÉ.

147. Les obligations de l'assuré naissent au moment même du contrat. Il est, nous l'avons déjà vu, contraint de dire toute la vérité sur la nature des risques ; car, aux termes de l'art. 348 du code de commerce, « toute réticence, toute » fausse déclaration, toute différence entre le » contrat d'assurance et le connaissement qui di- » minueraient l'opinion du risque ou en change- » raient le sujet, annulent l'assurance.

» L'assurance serait nulle, même dans le cas où » la réticence, la fausse déclaration ou la diffé- » rence n'auraient pas influé sur le dommage ou » la perte de l'objet assuré. »

148. Pendant le contrat, l'assuré se trouve encore soumis à diverses obligations. Enfin, après le sinistre, il doit remplir certaines formalités et faire certaines justifications. Nous allons expliquer les obligations de l'assuré pendant la durée du contrat, et celles qui pèsent encore sur lui après l'événement prévu par la police.

Si nous gardons maintenant le silence sur les obligations de l'assuré au moment où le contrat se passe, c'est que nous avons donné plus haut tous les développemens nécessaires à cet égard.

ARTICLE I⁰ʳ.

OBLIGATIONS DE L'ASSURÉ PENDANT LA DURÉE DU CONTRAT.

149. Dans les assurances mutuelles, chaque associé verse sa part contributive pour la réparation du préjudice causé à un des propriétaires associés.

150. Dans les assurances à prime, l'assuré est tenu de payer la prime aux époques fixées, sous peine de résolution du contrat. (Art. 1184, cod. civ.) Les contractans ont le droit d'insérer dans la police toutes les stipulations qu'ils jugeront convenables pour le paiement.

Quand la police se tait sur l'époque du versement de la prime, elle doit être payée comptant. L'assuré se trouve alors dans la même position que l'acquéreur, auquel son titre n'accorde pas de terme ; il peut être poursuivi de suite en paiement du prix.

151. Lorsque le contrat d'assurance porte que la prime de la première année sera payée comptant au moment de la signature de la police, que celle des années suivantes se donnera en billets payables dans la quinzaine de leur échéance, et qu'à défaut de paiement, l'assuré perdra son droit à l'indemnité, sans qu'il soit besoin de mise en demeure, cette clause est-elle de rigueur ? Oui ; au point que si, au lieu de payer comptant, l'assuré souscrit un billet, même pour la première

prime, sans l'acquitter dans les délais fixés, il ne
peut réclamer, en cas de sinistre, une indemnité,
alors que ce sinistre est survenu long-temps après
l'échéance du billet et avant le paiement d'aucune
prime de sa part. Il n'y a pas lieu de présumer
que l'assureur ait voulu opérer une novation, par
cela seul qu'il a accepté de l'assuré un billet causé
valeur en prime d'assurance due, suivant la police, pour le paiement au comptant de la première
prime, qu'il aurait droit d'exiger aux termes dudit contrat. (Arrêt de la Cour royale de Lyon.—
Recueil de M. Patorni, 1832, p. 10.)

152. Les différens termes, accordés à l'assuré
pour le paiement des primes annuelles, existent
dans l'intérêt de l'assuré; aussi lui est-il loisible
de renoncer, quand il le veut, à leur bénéfice.
(Art. 1187, cod. civ.) Les assureurs trouvent
souvent leur avantage à cette renonciation. En
touchant de suite toutes les primes, ils se trouvent
possesseurs de nombreux capitaux; aussi accor-
dent-ils un escompte aux assurés qui anticipent les
paiemens de leur prime. « En Angleterre, disent
» MM. Grun et Jolliat, p. 270, on fait remise,
» aux assurés, d'une partie des primes totales,
» proportionnée à l'importance des sommes payées
» au comptant. »

153. Si les tribunaux prononcent l'annulation de
l'assurance pour défaut de paiement de l'une des
primes au temps fixé par la police, celles qui ont
été payées par l'assuré doivent-elles lui être restituées? Non; car les primes touchées doivent appar-

tenir à l'assureur, comme l'indemnité des risques qu'il a courus. Que le sinistre fût arrivé antérieurement à l'annulation, évidemment l'assureur eût été responsable ; il aurait été condamné à réparer le dommage causé au propriétaire assuré. Le contrat a existé jusqu'au moment où l'assuré n'a plus payé les primes ; si son existence a duré jusqu'à cette époque, tous les effets qu'il produit ont dû coexister avec lui. Les risques ont été pour l'assureur ; la prime, encore une fois, lui appartient comme l'équivalent des pertes qu'il aurait subies, en cas du sinistre prévu.

154. Il en serait autrement si le contrat était annulé pour défaut d'une des conditions essentielles à sa validité. Dans ce cas, l'assurance n'a jamais existé ; par suite, la prime n'a jamais été due, car elle pouvait l'être seulement en vertu du contrat qui assujettissait l'assureur à la réparation du préjudice que causerait tel événement.

155. La créance de l'assureur, réclamant la prime qui lui est due, est-elle privilégiée ? L'article 191 du code de commerce semble prêter quelque importance à la question. Cet article accorde un privilége *pour le montant des primes d'assurances faites sur le corps, quille, agrès, apparaux, et sur armement et équipement du navire, dues pour le dernier voyage.* Cette disposition s'appliquera-t-elle aux assurances terrestres ? Telle est toute la question. Nous nous empressons de la résoudre par la négative. Un privilége ne se crée jamais par assimilation ; il constitue

toujours une exception, introduite à cause de la nature de la créance, dans l'intérêt du créancier, Comme toute exception, il doit se trouver restreint au cas spécial pour lequel le législateur l'a prononcé. L'article 191 ne parle que des primes d'assurances faites sur un vaisseau; il ne s'appliquera qu'à elles seules. Dira-t-on qu'il y a analogie parfaite entre l'assurance terrestre et l'assurance maritime? Fût-elle prouvée complètement, ce ne serait pas une raison pour attribuer à l'une et à l'autre un privilége qui a été créé par l'une d'elles seulement; partout la loi garde le silence sur le privilége à concéder à l'assurance terrestre pour le paiement de la prime due : que l'on consulte le code civil, que l'on consulte le code de commerce, tous les deux se taisent sur ce privilége; par conséquent il doit être refusé.

156. Tant que le contrat d'assurance subsiste, l'assuré paie la prime stipulée. Cette obligation ne cesse qu'à l'époque fixée pour la fin de l'assurance, ou bien au moment de l'annulation du contrat.

157. Remarquons que, si la prime se divise en paiemens annuels, chaque prime forme une dette particulière et se prescrit séparément par le laps de cinq années, aux termes de l'article 2277 du code civil. M. Quénault, p. 261, pense « avec » raison que, dans le cas où le prix de l'assurance » est divisé en primes annuelles, l'on doit modi- » fier, par l'application de cette règle du droit » commun, la règle particulière établie par l'ar-

» ticle 432 du code de commerce ». Suivant ce dernier article, toute action dérivant d'un contrat à la grosse, ou d'une police d'assurance, est prescrite après cinq années, à compter de la date du contrat. Pour les assurances maritimes, on conçoit fort bien l'application de cet article sans modification aucune; car elles sont presque toujours faites pour un voyage, ou du moins pour un seul terme. Dans les assurances contre l'incendie, au contraire, la prime est presque toujours annuelle; il y a lieu d'appliquer la prescription des cinq ans pour tout ce qui est payable par année ou à des termes périodiques plus courts.

158. L'obligation la plus importante, imposée à l'assuré, est, sans contredit, le paiement de la prime aux époques fixées. Il existe cependant d'autres obligations, dont l'accomplissement se trouve presque aussi nécessaire que le paiement de la prime. Ainsi, l'assuré doit donner connaissance de tous les changemens, des améliorations ou des détériorations survenus à l'objet présenté à l'assurance. Un changement dans la chose assurée, rend souvent la condition de l'assureur toute autre qu'au moment du contrat. Si celui-ci avait connu cette situation avant de contracter, ou s'il avait pu seulement la soupçonner, peut-être n'aurait-il jamais consenti à souscrire la police. Ainsi, supposons que la maison assurée renferme, au moment du contrat, des citoyens paisibles, des rentiers...., le danger du feu est peu menaçant; il y a de grandes présomptions que le

sinistre n'arrivera jamais; c'est par pure précaution que le propriétaire fait assurer sa maison.
Plus tard, il s'opère une mutation dans les locataires et dans la disposition de l'habitation. Les
rentiers paisibles cèdent la place à des négocians,
et les modestes appartemens se transforment en
vastes magasins où se déposent des marchandises
de toute espèce. La destination des lieux une fois
changée, l'assureur se trouve dans une condition
différente. La nature du risque n'étant plus la
même, sa responsabilité ne ressemble plus à
celle dont il avait consenti à se charger. Que se-
rait-ce donc si les magasins renfermaient des matières inflammables; si on établissait un dépôt
d'huile, par exemple, dans la maison destinée, au
moment de la police, à de tranquilles bourgeois?
Il faut que l'assuré fasse connaître à l'assureur
tous ces changemens, pour que celui-ci, réflé-
chissant sur la transformation subie par les localités, calcule toutes les nouvelles chances du sinistre, se décide, en connaissance de cause, à
continuer ou à résilier le contrat d'assurance.
Presque toutes les polices des diverses compagnies contiennent une disposition formelle à cet
égard : elles imposent aux assurés la déclaration
du changement survenu dans les objets assurés.
Ainsi l'article 6 de la compagnie d'assurances générales, est ainsi conçu :

« Avant de faire, dans les bâtimens assurés ou
» renfermant des objets assurés, ou à leur proxi-
» mité, des changemens, des constructions qui

» multiplient ou aggravent les risques ; — avant
» d'y établir une fabrique , une usine, une mani-
» pulation ou une profession dangereuse ;—avant
» d'introduire dans tout bâtiment, fabrique ou
» usine, des denrées, des marchandises ou des
» objets quelconques, qui, par leur nature, ac-
» cumulation ou accroissement de manipulation,
» augmentent les chances d'incendie ; — avant de
» transporter les objets assurés dans d'autres
» lieux que ceux désignés par la police ,

   » L'assuré est tenu d'en consigner la déclara-
» tion au bureau de la compagnie , de la faire
» mentionner sur sa police, et de payer, s'il y a
» lieu, une augmentation de prime proportionnée
» à la gravité du nouveau risque, soit que les
» changemens opérés proviennent de son fait,
» soit qu'ils proviennent du fait de ses fermiers ou
» locataires. »

   Art. 10. « Lors des déclarations prescrites par
» les articles 6 , etc., etc., la compagnie se ré-
» serve le droit de résilier la police par une simple
» notification , et les primes payées ou échues lui
» demeurent acquises. Faute de ces déclarations
» et de leur mention sur la police , l'assuré , ses
» représentans ou ayant-cause n'ont droit, en cas
» d'incendie, à aucune indemnité. » (Voir aussi
la compagnie du Phénix , art. 6 et 8. — La compagnie royale , règlement d'assurance, art. 13 ,
police, art. 6 et 8.)

   Ces précautions ne sont pas précisément inutiles ; *car ce qui abonde ne vicie pas* ; elles enlè-
vent toute cause aux discussions. Cependant, les

rédacteurs de ces polices auraient pu , sans
crainte , omettre ces dispositions réglementaires;
ils les auraient trouvées dans le code civil, au
chapitre des règles générales pour toutes conventions. L'article 1163 du code civil s'exprime
ainsi : « Quelque généraux que soient les termes
» dans lesquels une convention est conçue, *elle ne*
» *comprend que les choses sur lesquelles il paraît*
» *que les parties se sont proposé de contracter* ».
Puis, ce qui est plus fort encore, le consentement
de la partie qui s'oblige donne seul vie au contrat.
(Art. 1108, cod. civ.) En faisant à l'espèce l'application de ces principes généraux, on dit : Les
parties s'étaient engagées, à l'occasion d'une maison divisée en cinq ou six étages, habitée par des
gens pacifiques; c'est cette maison ainsi divisée,
ainsi habitée que la compagnie consentit à assurer. Si on change la disposition des lieux, si des
ouvriers succèdent à des locataires paisibles, on
change les termes du contrat, car les travaux
des nouveaux hôtes demandent plus de précaution , parce qu'ils présentent plus de danger.
La première convention ne subsiste plus, par conséquent les chaînes légales qui, à son occasion,
liaient les parties l'une à l'autre, sont brisées. En
effet, si la compagnie avait connu la disposition
future des lieux, selon toute vraisemblance, ou elle
n'aurait pas voulu assurer la maison , ou elle ne
l'aurait pas assurée aux mêmes conditions. En résumé, les dispositions légales suffisaient; mais les
compagnies ont agi sagement en exigeant la déclaration de toutes les modifications apportées à la

nature des risques ; elles ont enlevé , par l'insertion de cette clause obligatoire , tout prétexte à
des discussions.

159. Cependant, les changemens survenus dans
la valeur des objets assurés n'ont pas besoin d'être
indiqués à l'assureur, qui peut les connaître par
le prix courant. Si l'assureur s'est obligé , comme
cela arrive dans presque toutes les compagnies , à
payer la valeur que les choses assurées auraient au
moment du sinistre, il doit donner une indemnité
sur le pied du prix assigné à ces choses avant leur
destruction. Les marchandises haussent-elles de
valeur, l'assureur peut facilement connaître cette
augmentation par les mercuriales. D'ailleurs ,
quand il consentit à les assurer, il savait qu'il
s'exposait à voir leur valeur augmenter ; mais il
savait aussi que le prix pouvait diminuer : c'était
pour lui une chance. Tous ces calculs se basent
sur cette double possibilité, et quand il contracte,
c'est en connaissance de cause.

160. Les déclarations , exigées et par les principes généraux et par les statuts particuliers des
polices d'assurances, ne portent que sur les mutations opérées depuis le contrat dans la chose assurée. Quant à toutes les autres mutations, l'assuré
devient son propre assureur, sans que la compagnie argumente valablement du défaut de déclaration pour demander la résiliation de l'obligation.
Ainsi, que le propriétaire assuré ajoute une aile à
sa maison, quelques arpens de terre à son champ,
l'assurance ne portera pas sur les augmentations,

14

et les assureurs ne demanderont pas la nullité de
l'assurance, parce que la nature du risque qu'ils
ont garanti reste la même. Cependant, si ce nouveau corps de bâtiment inquiétait les anciennes
constructions, si le propriétaire le louait à des
ouvriers dont le métier, présentant quelque
danger dans son exercice, compromettrait la
partie assurée; s'il y mettait en dépôt des matières inflammables, cette proximité deviendrait
menaçante : nous pensons alors que ce voisinage
changerait la nature du risque, par conséquent
qu'il y aurait lieu à déclaration. Mais quand ces
nouvelles augmentations ne changent pas la position des contractans, quand il n'y a pas pour les
assureurs un plus grand péril qu'au jour de la signature de la police, le premier contrat subsiste
dans toute sa force, sauf aux parties à en faire un
second pour les nouvelles constructions. Si l'assurance ne porte pas sur les augmentations, elles
restent aux risques et périls du propriétaire.

ARTICLE II.

OBLIGATIONS DE L'ASSURÉ EN CAS DE SINISTRE.

161. L'article 374 du code de commerce fait un
devoir à l'assuré, en matière d'assurances maritimes, de donner avis aux assureurs des accidens
qu'il connaît. Cet avis est signifié dans les trois
jours de la réception de l'avis.

162. En matière d'assurances terrestres, quel

sera le délai? Sera-ce celui de trois jours, ainsi qu'en matière d'assurances maritimes? Sera-t-il obligatoire, de telle sorte que, si l'avertissement n'était pas donné dans les trois jours, l'assuré perdrait son droit à l'indemnité? Si les polices portent à cet égard des dispositions expresses, c'est à elles qu'il faudra se référer, et on prononcera d'après leur teneur.

La compagnie d'assurances mutuelles s'exprime ainsi dans son article 12 : « Tout fait d'incendie » est dénoncé, au moment où il se manifeste, par » le propriétaire assuré, ou par toute autre per- » sonne qu'il est tenu de charger expressément de » ce soin, au secrétariat de la direction, qui le » fait vérifier et constater de suite ».

Cette compagnie exige que l'incendie soit dénoncé au moment où il se manifeste. Cette dénonciation sera-t-elle faite au moment de l'incendie, à peine de la perte pour l'assuré de son droit à l'indemnité? L'article 12 ne s'explique pas à cet égard; il énonce une obligation, mais sans sanction pénale pour le défaut d'exécution exacte, ponctuelle. La sanction pénale sera-t-elle celle ordinairement prévue pour toute infraction à une clause d'un contrat, c'est-à-dire sa résiliation? Une réponse affirmative serait trop sévère. Dans le doute, dit l'article 1162 du code civil, la convention s'interprète contre celui qui a stipulé, *et en faveur de celui qui a contracté l'obligation.* Il faut admettre une distinction : si l'assuré a fait toutes les diligences possibles, il y aurait trop de

14.

rigueur à le priver de l'indemnité. Dans le cas contraire, il a manqué avec intention à la loi du contrat ; il sera puni par la déchéance de son droit à la réparation du sinistre.

La police de la compagnie du Phénix impose à l'assuré une déclaration immédiate. L'article 13 est ainsi conçu : « L'incendie doit être annoncé » *immédiatement*, et par écrit, au directeur de la » compagnie, si l'événement est arrivé dans le » département de la Seine, et à l'agent d'arron- » dissement, s'il a eu lieu dans un autre départe- » ment ». Nous ne dirons pas avec Pothier et Va- lin, commentateurs de l'ordonnance de 1681, que l'absence de toute forclusion ne soumet l'assuré à aucune peine. Nous croyons, avec MM. Grun et Jolliat, comme nous venons de le soutenir pour la compagnie d'assurances mutuelles, que la mau- vaise foi évidente de l'assuré doit entraîner la ré- solution du contrat, quant à sa personne, c'est- à-dire, la perte de tout droit à l'indemnité. MM. Grun et Jolliat citent, à l'appui de leur opi- nion, une sentence arbitrale qui prononce la dé- charge des assureurs pour cause de retard dans la notification régulière du sinistre.

Voici le texte de cette sentence :

« Considérant que les dispositions impérieuses » de l'article... de la police, qui impose à l'assuré » l'obligation de déclarer immédiatement le si- » nistre à un officier public, a pour but de faire » connaître authentiquement le sinistre, et de » fournir à la compagnie les moyens d'en consta-

» ter la quotité, ainsi que les faits et circonstances
» qui viendraient à sa libération, tels que dépla-
» cemens ou soustractions des effets avant, après
» ou durant l'incendie;

» Considérant que les attestations individuelles
» et tardives, présentées aux arbitres par le
» sieur.., à la date du 20 janvier 1823, ne peu-
» vent, par une double raison, suppléer, à l'égard
» de la compagnie, le procès-verbal de déclara-
» tion reçu par un officier public, immédiatement
» après l'incendie, d'abord parce que des décla-
» rations de personnes qui ne sont revêtues d'au-
» cun caractère, n'offrent pas à la compagnie les
» garanties qu'elle aurait trouvées dans un acte
» reçu par un officier public; en second lieu,
» parce que souvent, en matière de sinistre de
» mobilier, les déclarations reçues lorsque le fait
» est flagrant encore, offrent bien plus de certi-
» tude que des attestations délivrées long-temps
» après, quand les traces du fait principal ont dis-
» paru, ou du moins celles du fait accessoire, et
» qui aurait pu motiver la libération de la compa-
» gnie;

» Considérant que, non-seulement le sieur.....
» n'a pas fait les premières diligences et les pre-
» miers actes tendant à constater la réalité du si-
» nistre;

» Considérant que l'extrait du procès-verbal
» d'expertise, délivré par la compagnie d'assu-
» rances mutuelles, ne peut lier la compagnie du
» Phénix; que, d'ailleurs, le procès-verbal cons-

» tate bien l'incendie de la maison assurée par
» la première de ces compagnies ; mais qu'il n'y
» est pas question de l'incendie des meubles; que la
» compagnie d'assurances mutuelles n'avait point
» à faire cette constatation , puisque l'assurance
» n'embrassant que l'immeuble , elle était, quant
» au sinistre du mobilier , sans intérêt pour elle-
» même, et sans qualité à l'égard de la compagnie
» du Phénix , que ce sinistre concernait exclusi-
» vement ;

» Considérant que l'absence du sieur.... de son
» domicile ne peut préjudicier aux droits de la
» compagnie , qui est étrangère à ce fait; que
» c'était dans la prévoyance du cas d'absence de
» l'assuré , que la compagnie avait stipulé que
» les premières mesures , tendant à l'instruire
» du sinistre et à l'appeler à la vérification, se-
» raient prises, soit par l'assuré, soit par les tiers
» chargés de le représenter; qu'ainsi, en s'absen-
» tant pour une cause quelconque, le sieur.....
» aurait dû déléguer à un représentant le soin
» d'accomplir , en cas de sinistre, ses obligations
» envers la compagnie ;

» Considérant que le sieur.... n'a pas pris ces
» précautions ; que s'il a, comme il le déclare,
» emporté les clefs au lieu de les confier à une
» personne chargée de la surveillance de ses meu-
» bles , il a été, par son imprudence, la cause du
» sinistre , puisqu'au moment de l'incendie les
» premiers soins se seraient portés sur ces objets,
» qu'on auraient probablement soustraits aux

» flammes , soit en totalité, soit en partie , et que
» la clôture des appartemens a été un obstacle
» au salut du mobilier ; que par conséquent, aux
» termes de la loi, le sieur..... serait tenu d'in-
» demniser la compagnie du tort qu'il lui a causé,
» et par la clôture et par l'abandon de son domi-
» cile ; que l'indemnité due par le sieur..... à la
» compagnie , ne peut être autre chose que la pri-
» vation de celle qu'il aurait pu prétendre, s'il
» eût fidèlement rempli les devoirs qui lui étaient
» imposés par les dispositions explicites de la
» police, par les conditions de l'assurance et par
» les règles de prudence les plus communes : par
» ces motifs, nous, arbitres, jugeant en dernier
» ressort, en vertu des pouvoirs sus énoncés,
» déclarons le sieur...... purement et simple-
» ment non-recevable en la demande en paiement
» du mobilier assuré par la compagnie du Phé-
» nix, etc. »

La sentence arbitrale nous paraît un peu sévère.
Priver un propriétaire assuré de l'indemnité qui
doit lui revenir en cas de sinistre, c'est, nous
croyons, user d'une rigueur extraordinaire. S'il y
avait eu intention évidente de ne pas accomplir
les obligations imposées par les statuts , alors il y
aurait, sans aucun doute, lieu à la déchéance du
droit d'indemnité. Mais, pour n'avoir pas fait *les
premiers actes tendant à constater la réalité du
sinistre*, pour n'avoir pas, en s'absentant *pour une
cause quelconque*, nommer des tiers chargés
d'accomplir, en cas de sinistre, ses obligations

envers la compagnie, c'est entendre un peu trop strictement les dispositions de la police. Car, avec ce système, on en viendrait à l'exclusion de toutes les explications. Le cas fortuit même ne serait plus une excuse. Car toujours on pourrait dire, il fallait faire avertir la compagnie par des tiers. Pourtant *fortuitus casus est cui non potest resisti, et cui præcaveri non potest.* Cujas sur la rubrique du code, de locato, *est quoque quod fato contingit, et cuivis patrifamiliâs, quamvis diligentissimo possit contingere,* L. 11, § 5, ff., *de minorib.*

163. La plupart des compagnies d'assurances terrestres ordonnent que l'assuré déclare l'incendie devant les autorités locales, ordinairement devant le juge de paix du canton. La police du Phénix porte, art. 13 : « L'assuré doit ensuite, et » sans délai, faire sa déclaration d'incendie et de » dommage devant le juge de paix du canton ».

Nous voudrions que cet usage s'introduisît en France. L'autorité se trouve plus à même que tout particulier de donner des renseignemens précis sur un incendie. Mais il faudrait que cette institution se développât ; qu'une loi accordât, pour la constatation des sinistres, un pouvoir plus grand que celui accordé par les lois actuelles.

Ainsi, maintenant la déclaration est faite devant le juge de paix, parce que les statuts l'exigent ; elle contient toutes les circonstances, toutes les causes de l'incendie, mais telles que les rapporte l'assuré, sans mention aucune de la vérification opérée par le juge de paix, qui n'a pas mission à

cet égard. « L'intervention de l'autorité locale,
» dit avec raison M. Quénault, p. 181, rappro-
» chée du théâtre de l'événement, et à portée de
» recueillir tous les renseignemens propres à
» éclairer sur ses causes et ses circonstances, offre
» sans doute les plus grandes garanties à la société
» pour la recherche des crimes, délits ou contra-
» ventions qui pourraient avoir causé ou accom-
» pagné l'incendie. » Les devoirs imposés par les
lois actuelles aux maires et aux juges de paix, ne
consistent même que dans cette constatation, et
encore dans le cas de flagrant délit, et dans le cas
de réquisition d'un chef de maison pour crime ou
délit commis chez lui. (Art. 49 et 5o, cod. d'instr.
crim.)

La loi du 24 août 1790, tit. 2, art. 3, donne encore aux maires *le droit de prendre des précau-*
tions convenables contre l'incendie, et celui de
faire cesser, par les secours nécessaires, les acci-
dens et les fléaux calamiteux, tels que les incen-
dies.

La loi du 22 juillet 1791, tit. 1er, art. 46, autorise les maires *à publier de nouveau les lois et*
règlemens de police. Ils ont, par suite, la faculté
de faire exécuter les anciens règlemens, et de frap-
per les contrevenans des peines dont ils ordonnent
l'application.

Mais toutes ces lois ne confèrent aux maires
qu'un pouvoir de localité, dans l'intérêt public,
pour arriver à la constatation certaine des crimes

ou délits commis contre la société. S'il s'agit
de constater le préjudice causé à l'intérêt privé,
leur pouvoir cesse. La loi ne leur prescrit pas de
se charger de ce mandat particulier. Quand ils
reçoivent la nouvelle de l'incendie, ces magistrats
se transportent pour savoir si le malheur est dû à
la malveillance; ils dressent procès-verbal de
tous les renseignemens pris dans cette vue; une
fois qu'ils ont acquis la certitude que le feu n'a
pas été mis *avec intention de nuire*, ils se reti-
rent, car ils sont certains que la société n'a pas à
punir un crime. Plus tard, si la maison est assurée,
ils recevront la déclaration de l'assuré sur les circonstances et les causes de l'incendie; ils consigneront ses dires sur un procès-verbal : mais ce procès-
verbal ne fait pas foi pleine et entière, parce que,
en définitive, il n'est que la reproduction exacte
des dépositions de l'assuré..., et ce dernier n'a
pas le pouvoir de se créer un titre à lui-même.
Ce certificat sera discuté par l'assureur, et pourra
être infirmé par toutes les preuves qu'il jugera
convenable d'employer pour le combattre. Les
procès-verbaux, en cas d'incendie, rédigés par
les autorités locales, ne font foi que devant les tribunaux criminels, parce qu'elles sont chargées par
la loi de rechercher tous les indices de culpabilité.
Cette mission n'a rien de commun avec celle de
constater, dans un intérêt privé, les dommages
causés par l'incendie. Aussi la Cour royale de Paris
a-t-elle décidé, le 27 janvier 1824, que le procès-
verbal dressé par un officier de police judiciaire

pour constater l'existence du fait, ne prouve point, en matière civile, les circonstances qui y sont énoncées, et ne supplée pas, dans ce cas, à la preuve que la loi met à la charge du demandeur.

« Considérant, dit la Cour, en droit, qu'en cas
» d'incendie, comme dans tous autres cas, le de-
» mandeur qui réclame la réparation d'un dom-
» mage doit prouver que le préjudice provient du
» fait ou de l'imprudence du défendeur; que cette
» preuve doit être positive, et ne saurait être rem-
» placée par des présomptions d'aucune nature;
» que le code civil ne contient qu'une exception à
» cette règle entre le propriétaire et le locataire
» (Art. 1733, cod. civ.);
» Considérant, en fait, que le procès-verbal de
» l'officier de gendarmerie n'est pas d'espèce à
» constituer une preuve en matière civile; qu'il
» ne pourrait procurer que des indices auxquels
» la compagnie d'assurances générales a déclaré
» ne vouloir pas ajouter une articulation des faits;
» — A mis et met l'appellation au néant; ordonne
» que ce dont est appel sortira son plein et entier
» effet, etc., etc. »

Cette décision nous paraît très-juste, sous l'empire de la législation actuelle. Mais il faut qu'elle soit réformée : il faut donner pouvoir aux autorités locales de constater l'incendie dans un intérêt privé. La vérité sera bien connue, car le maire verra la situation des parties avec toute l'impartialité nécessaire pour l'authenticité des procès-verbaux. Il se transportera sur les lieux avec

toute la rapidité que lui permettra la distance
du lieu du sinistre ; il prendra tous les renseignemens les plus certains ; il aura sous la main
tous les témoins oculaires du désastre. Maintenant, au contraire, l'intérêt des assureurs est à la
merci des assurés, qui insèrent dans leurs dépositions devant le juge de paix toutes les circonstances qui paraissent favorables à leur cause,
et omettent souvent toutes celles qui les com-
promettraient. Les assureurs ont bien le droit de
contester le procès-verbal, mais il est difficile pour
eux de recueillir tous les renseignemens. Certains
faits qui n'échapperaient pas, si le magistrat rédi-
geait son procès-verbal sur les lieux, au moment
même du sinistre, échappent aux assureurs. Si le
procès-verbal ne suffit pas pour la condamnation
de la compagnie d'assurances au paiement de l'indemnité, toujours constitue-t-il un précédent qui
sert de base aux démonstrations que fera l'assuré.
Toutes ces difficultés disparaîtront quand un magistrat de la localité, investi de la confiance du
gouvernement, désintéressé dans la question qui
s'agitera entre l'assureur et l'assuré, viendra, avec
l'autorité attachée à son caractère, constater l'incendie, et certifier la vérité de toutes les déclarations insérées dans son procès-verbal. En Angleterre, l'assuré, d'après tous les statuts des compagnies d'assurances contre l'incendie, doit produire un certificat signé du ministre et des notables
de la paroisse. Ils attestent qu'ils savent, ou du
moins qu'ils ont la conviction sincère que l'assuré

a éprouvé un préjudice réel par suite d'un incendie fortuit, sans dol ni fraude ; que le dommage
qu'il allègue est ou non exagéré ; que la perte
monte jusqu'à concurrence de la valeur à laquelle
il l'estime.

Voilà un bon exemple à suivre en France. Il
faut, autant que possible, que l'avis du magistrat
serve de guide pour l'appréciation de toutes les
indemnités demandées en vertu du contrat d'assurance. Quand la loi prescrira cette marche, il
existera bien moins de difficultés. La compagnie
d'assurance se décidera avec peine à contester le
procès-verbal d'un magistrat qu'elle saura ne devoir être infirmé par les tribunaux, que si l'erreur dans l'appréciation est évidente. Une fois le
procès porté devant les tribunaux, ceux-ci rendront leur jugement avec plus de confiance, parce
qu'ils appuieront leur opinion sur des données
plus certaines, sur des déclarations faites avec
bonne foi, et présentées par un magistrat dont
l'impartialité, jusqu'à preuve contraire, ne saurait
être suspectée. Maintenant cette ressource n'existe
pas, car le législateur ne prescrit pas aux magistrats des localités de donner un certificat pareil ;
aussi est-il impossible d'exiger que l'assuré le présente à la justice. Il ne pourrait en réclamer la
délivrance, puisque la loi est muette à cet égard ;
son droit dépendrait d'une condition qu'il n'aurait pas le moyen de remplir : il y aurait souveraine injustice à lui imposer des règles dont l'exécution serait hors de sa puissance.

164. Quand l'assuré a rempli toutes les formalités que lui prescrit la police, c'est-à-dire, quand il a déclaré le sinistre soit à la compagnie, soit au juge de paix, il doit encore le prouver. L'art. 383 du code de commerce porte à cet égard une disposition expresse. « Les actes justificatifs du char-
» gement et de la perte, dit cet article, sont signi-
» fiés à l'assureur avant qu'il puisse être poursuivi
» pour le paiement des sommes assurées. »

165. Quelles sont les preuves admises par les tribunaux pour la réalité du dommage? Il est difficile de préciser les preuves à exiger. « Éméri-
» gon, chap. 11, sect. 3, prétend qu'en pareil cas,
» on doit se contenter des preuves qu'il est possi-
» ble d'avoir. » *Leviores et quæ possunt haberi admittuntur probationes.* Mais il faut des preuves, quelles qu'elles soient; c'est aux compagnies à les examiner, à voir si elles s'en contenteront. Si elles ne se trouvent pas satisfaites, et qu'elles aillent devant les tribunaux, ceux-ci jugeront dans leur âme et conscience la valeur des preuves offertes par l'assuré. Le pacte que ferait l'assureur de s'en rapporter à l'affirmation de l'assuré au sujet du sinistre, est illicite; car le témoignage de l'intéressé n'a aucun poids dans sa propre cause. *Nullus potest auctor esse in re suâ.* Une pareille clause n'engagerait pas l'assureur.

166. Ce principe des preuves s'applique à toute espèce d'assurance. Weskett, v° *proof,* n° 4, énonce cette doctrine comme incontestable. Ce n'est pas tant pour l'incendie d'un édifice, pour la destruc-

tion d'une récolte que l'on exige des preuves ; il
s'agit ici d'un fait notoire, non sujet à contestation, appréciable pour tout le monde. Si l'incendie a
consumé des meubles, des marchandises : la preuve
du sinistre devient plus difficile à établir. L'assuré
doit prouver l'existence de ces meubles ou de ces
marchandises au moment du sinistre, leur dépôt
dans le lieu incendié, enfin leur valeur au moment
du feu. Les livres sont d'un grand secours pour la
justification du dommage. Ce moyen lui manque-
t-il parce que les livres seront devenus la proie
de l'incendie, l'accusé pourra se servir du témoignage des personnes qui avaient connaissance de
la localité, qui savaient l'existence du dépôt : en
un mot, il aura recours à la commune renommée.
Encore une fois, il est impossible de fixer les
preuves qui seront admises pour la constatation
du sinistre et du dommage éprouvé. Les juges
examineront avec soin toutes les preuves alléguées ; ce sera alors à leur conscience de décider
s'ils sont assez éclairés pour condamner l'assureur
à l'indemnité réclamée. Si la vérité ne leur apparaît pas encore, ils pourront déférer le serment
supplétif à l'assuré. Les assureurs eux-mêmes le
déféreront, au cas où il paraîtrait utile à leurs
intérêts de le déférer. Beaucoup de compagnies se
réservent, dans leur police, le droit d'exiger le
serment.

167. L'article 381 du code de commerce impose
encore une autre obligation à l'assuré, en cas de
sinistre. Il veut *qu'en cas de naufrage ou d'é-*

chouement avec bris, l'assuré, sans préjudice du
délaissement à faire en temps et lieu, travaille au
recouvrement des effets naufragés.

Sur son affirmation, les frais de recouvrement
lui seront alloués jusqu'à concurrence de la valeur
des effets recouvrés.

La compagnie d'assurances générales contient
une disposition analogue. L'article 12 de la police
est ainsi conçu : « *Aussitôt que l'incendie se dé-*
» *clare, l'assuré doit en donner connaissance à*
» *l'agent de la compagnie le plus voisin du lieu de*
» *l'événement, et employer tous les moyens en*
» *son pouvoir pour arrêter les progrès de l'incen-*
» *die, et pour sauver les objets assurés.*

» *La compagnie lui tient compte des frais occa-*
» *sionnés par le déplacement des objets sauvés.* »

168. Mais l'inexécution de cette obligation au-
toriserait-elle l'assureur au refus du paiement
de l'indemnité stipulée? MM. Grun et Jolliat
se contentent d'exprimer un doute à cet égard,
p. 290. Nous pensons qu'il faut faire une distinction. L'assureur, selon nous, doit payer tout ce
qui a été consumé avant que les secours ne fussent
arrivés, et tout ce qui aura été brûlé en dépit des
secours apportés. Mais si l'assuré s'est refusé à
retirer de la maison incendiée tous les meubles,
toutes les marchandises qu'il aurait pu facilement
soustraire aux flammes, nous pensons qu'il doit
être privé de l'indemnité en vertu de ce principe
posé par l'article 1382 du code civil : « *Tout fait*
» *quelconque de l'homme, qui cause à autrui un*

» *dommage, oblige celui par la faute duquel il est*
» *arrivé à le réparer* ». Or, la réparation ici ne
peut être autre chose que la privation de l'indemnité à laquelle il aurait pu prétendre pour les marchandises et meubles brûlés, s'il eût fidèlement
rempli les devoirs qui lui étaient imposés, soit par
les dispositions du code de commerce, soit par
les dispositions explicites de la police.

Bien plus, une peine pourra être prononcée
contre l'accusé. Le code pénal, art. 475, n° 12,
dit : « Seront punis d'amende depuis 6 francs jus-
» qu'à 10 francs inclusivement, ceux qui, le pou-
» vant, auront refusé ou négligé de faire les tra-
» vaux, le service, ou de prêter le secours dont
» ils auront été requis, dans les circonstances
» d'accidens, tumultes, naufrages, inondation,
» incendie ou autres calamités, ainsi que dans les
» cas de brigandages, pillages, flagrant délit, cla-
» meur publique, ou d'exécution judiciaire ».

CHAPITRE IX.

ACTIONS DE L'ASSURÉ.

169. Une fois que l'assuré a justifié complètement par tous les moyens que la loi et les statuts
de police lui prescrivent, les pertes éprouvées,
il a droit alors à l'indemnité stipulée par le contrat d'assurance.

170. Si la police garde le silence sur le sinis-

tre qu'elle garantit, si elle n'énonce pas le risque que l'assureur a voulu courir, il est vraisemblable que l'intention de ce dernier a été de les garantir tous. Ainsi, si la chose assurée se trouve de nature à être volée, nous pensons que l'assureur doit, en cas de vol, l'indemnité promise. Le code de commerce met *la prise des objets assurés* au nombre des risques contre lesquels l'assureur donne une garantie. Il doit en être de même pour les assurances terrestres. *Inter piratam et latronem nulla alia est differentia, nisi quia prior depredator est in mari.* Santerna, part. 4, n° 50. — Blackstone, code criminel, chap. 5, n° 3.

Il faut pourtant admettre quelque distinction. Si l'assureur n'assure que des marchandises emmagasinées, sans dénomination aucune des risques qu'il garantit, il les assure contre tous risques, selon nous; mais pourtant, selon nous, à la condition qu'elles resteront en dépôt dans les magasins où il les trouve au moment de l'assurance. Si le propriétaire les tire du magasin, la condition de l'assurance manque, le contrat ne subsiste plus.

Dans le vol, reproche-t-on de la négligence au propriétaire, n'apporte-t-il pas à la garde de ses marchandises le soin qu'un père de famille apporte ordinairement à ses affaires, il est répréhensible, et la compagnie d'assurances est dégagée à son égard. *Latrocinium, fatale damnum, seu casus fortuitus est.* Godefroy, *ad leg.* 52, § 3, ff., *pro socio*.

171. Lorsqu'une assurance de marchandises à

transporter pour un voyage de retour, est faite avec indication d'un point de départ, et faculté de s'arrêter à tel endroit déterminé de la route, résultera-t-il de cette stipulation que, pour commencer le voyage de retour, la voiture de transport doive nécessairement partir de l'endroit désigné?

La négative a été admise par la Cour royale de Bordeaux dans une assurance maritime. Nous croyons que cette décision s'applique aussi aux assurances terrestres, parce qu'il existe, pour ce cas, analogie complète, identité de motifs. Cet arrêt est intéressant; il décide une question difficile.

Voici les faits. « En 1829, la maison Balguerie » et compagnie, de Bordeaux, avait expédié pour » la Cochinchine, avec faculté de relever pour » Manille ou Canton, le navire *le Saint-Michel*, » chargé de marchandises françaises. — En juin » 1830, ce navire arriva à la Cochinchine, où le » capitaine prit une cargaison de sucre et autres » denrées du pays, en échange du produit des » marchandises chargées à Bordeaux. Il est à re- » marquer qu'une portion de ces dernières mar- » chandises n'ayant pas été vendue, fut rechargée » à bord du navire. — En novembre 1830, la mai- » son Balguerie s'occupa des assurances de retour; » ces assurances furent faites *pour, de la Chine,* » *touchant à la Cochinchine et à Sincapare,* venir » à Bordeaux, *avec faculté de faire escale à Ma-* » *nille.*

15.

» Cependant, le 8 août 1830 , *le Saint-Michel*
» était parti de *Towane*, en Cochinchine, *pour*
» *Manille*. Le lendemain, 9 août, le navire et le
» chargement se perdirent. L'équipage se sauva
» sur les deux embarcations qui étaient à bord, et
» regagna les côtes de la Cochinchine. — En août
» 1831 , la maison Balguerie est informée de ce
» sinistre. Elle déclare aux assureurs en retour
» faire le délaissement du navire et de la cargai-
» son , et réclame le paiement des sommes assu-
» rées. — Refus des assureurs, fondé sur ce que
» les risques à leur charge n'avaient pas com-
» mencé, et qu'ils n'avaient pu commencer qu'au-
» tant que le navire fût parti de *la Chine*, point
» de départ fixé par la police d'assurance. — Sur
» ce refus, assignation aux assureurs devant le tri-
» bunal de commerce de Bordeaux. »

Jugement qui condamne les assureurs à payer
l'indemnité. Appel de la part de ceux-ci.

« D'après la police d'assurance , disaient-ils, le
» voyage assuré était pour, *de la Chine, touchant*
» *à la Cochinchine et Sincapare, venir à Bor-*
» *deaux, avec faculté de faire escale à Manille.*
» Or, il est reconnu que le navire ne s'est pas
» rendu en Chine ; si donc il n'est point parti de
» ce pays, si le départ a eu lieu , non de la Chine,
» mais de Towane, en Cochinchine, il s'ensuit que
» le voyage en retour n'a pas commencé. Les ris-
» ques des assureurs n'ayant pas commencé, ils
» ne peuvent être passibles du montant de l'assu-

» rance. — On objecte que les deux points extrê-
» mes du voyage assuré étaient la Chine et Bor-
» deaux, et l'on prétend que rien ne s'opposait à
» ce que le voyage de la Chine à Bordeaux fût rac-
» courci par l'un des termes *à quo* ou *ad quem*
» (cod. com., 364), et que l'on fît commencer à
» Towane les risques des assureurs. — C'est là
» une fausse interprétation à l'art. 365; cet arti-
» cle suppose que le navire est parti du point de
» départ fixé par le contrat. Mais si ce point de
» départ n'a jamais été atteint par le navire dans
» son voyage *d'aller, le retour* ne peut avoir com-
» mencé (V. Rogron, cod. com. annoté, p. 283);
» car on ne peut pas raccourcir un voyage avant
» de l'avoir entrepris. — On peut d'autant moins
» prétendre que, partant de Towane, et en se
» dirigeant sur Manille, le navire commençait son
» voyage de *retour*, que ce navire rétrogradait,
» déroutait, ou, pour mieux dire, *continuait son*
» *voyage d'aller.* — En vain objecterait-on
» qu'aux termes de l'assurance, le capitaine avait
» la faculté de faire escale à Manille. Oui, sans
» doute, mais dans la supposition où il serait parti
» de la Chine. D'ailleurs, en admettant que le na-
» vire eût pu partir de Towane pour son voyage
» de retour, le contrat ne lui permettait pas de
» faire indistinctement escale à Manille; car l'es-
» cale est la faculté accordée de s'arrêter à tel
» point déterminé de la route, et non celle d'al-
» longer le voyage. (V. arrêt de Rouen, rendu le 18
» janv. 1806, *J. du Palais*, t. 2, p. 490.) L'escale est

» *descendante* de sa nature et jamais *ascendante*,
» à moins que la police ne dise le contraire. Ainsi
» le tribunal de commerce, en décidant que le
» navire perdu dans son trajet de Towane à Ma-
» nille, avait péri dans la ligne du voyage assuré
» en retour, et en mettant le sinistre à la charge
» des assureurs, a mal jugé.

» La Cour, attendu que les assurances ont
» été faites pour, de la Chine, touchant à la Co-
» chinchine et à Sincapare, venir à Bordeaux, avec
» la faculté de faire escale à Manille, moyennant
» deux pour cent d'augmentation de la prime ; qu'il
» ne résulte pas de cette stipulation que, pour
» commencer son voyage de retour, le navire dût
» nécessairement partir de la Chine ; mais que si,
» sans aller à la Chine, il est parti d'un port in-
» termédiaire indiqué dans la police, à l'effet de
» revenir à Bordeaux, le voyage aura été rac-
» courci, et qu'il y a lieu d'appliquer l'art. 364,
» cod. com., qui décide qu'en pareil cas, l'as-
» surance doit avoir son entier effet ; attendu
» qu'il est justifié par les connaissemens et par le
» manifeste, que le capitaine Duhaut-Cylly a chargé
» à Towane, port de la Cochinchine, diverses
» marchandises à la destination de Manille, de
» Sincapare et de Bordeaux ; que Manille et
» Sincapare étaient des escales prévues par les
» polices d'assurances du voyage de retour ; que,
» par conséquent, en faisant voile de Towane à
» Bordeaux, en touchant à Manille et à Sincapare,
» le capitaine se tenait dans la ligne du voyage

» assuré; attendu que le navire a péri le 9 août
» 1830, dans le trajet de Towane à Manille, par
» conséquent dans la ligne de son voyage, et que
» ce sinistre maritime est à la charge des assu-
» reurs ; met l'appel au néant, etc., etc.

» Du 29 janvier 1833. — Cour royale de Bor-
» deaux, 1re cham. Présid., M. Roullet, p. p. —
» Pl. MM. de Chancel et Dufaure. » (Sirey, 1833,
2, 318.)

Nous avons rapporté toute la discussion des
appelans, parce qu'il est très-intéressant de connaître le pour et le contre dans une question difficile. D'ailleurs, quoiqu'il s'agisse d'assurance maritime dans l'espèce posée et développée devant
la Cour royale de Bordeaux, la même décision
doit être prise à l'égard des assurances terrestres. Ainsi, supposons qu'une compagnie assure
pour le retour de Marseille à Paris des marchandises qui ont été déposées à Aix. Un événement imprévu, de force majeure, empêche de
transporter les marchandises à Marseille : dans
ce cas, l'assurance de retour sera-t-elle non-ave-
nue? Pas du tout; nous dirons avec la Cour royale
de Bordeaux : « Il ne résulte pas de la stipulation,
» que pour commencer le voyage de retour, les
» marchandises doivent nécessairement partir de
» Marseille; mais que si, sans aller à Marseille,
» elles sont parties d'un lieu intermédiaire indiqué
» dans la police, à l'effet de revenir à Paris, le
» voyage aura été raccourci, et qu'il y a lieu

» *d'appliquer l'art.* 364 *du code de commerce*,
» *qui décide qu'en pareil cas, l'assurance doit*
» *avoir son entier effet.* »

Selon nous, cette décision est tout à fait logique. Pour s'assurer de sa parfaite justesse, il n'est
besoin que de consulter la commune intention des
parties au moment du contrat. Que voulaient-elles
alors? Assurer des marchandises en retour. Était-
ce à la condition expresse qu'elles partiraient de
Marseille, plutôt que de tout autre endroit intermédiaire entre cette ville et la capitale? Pas du
tout. La compagnie s'engageait à garantir le propriétaire de tous les risques qui surviendraient
dans le trajet, jusqu'à Paris. Aussitôt que le voyage
de retour commencerait, devaient commencer les
obligations des assureurs. En indiquant Marseille
comme point de départ, les assureurs ont limité
leurs engagemens, c'est-à-dire qu'ils n'ont pas
voulu répondre de tous les voyages faits au-delà
de Marseille. Ainsi le voyage de Marseille à Tou-
lon ne serait pas à leur charge, parce que c'est
encore là *le voyage d'aller,* et que celui *du retour*
n'est pas commencé. Si on transportait les marchandises dans une autre ville qui ne se trouve
pas sur la route de Marseille à Paris, les obligations des assureurs ne commenceraient qu'autant
que les marchandises placées ou à Marseille ou
dans une ville intermédiaire entre Marseille et
Paris, seraient dirigées sur la capitale. Une fois
que le retour a commencé, même d'un point moins
éloigné que Marseille, les assureurs sont obligés,

aux termes mêmes du contrat, car le voyage n'est
pas changé; il n'est que raccourci. Si une compagnie
s'oblige à garantir le trajet de Marseille à Paris, à
plus forte raison s'est-elle engagée à le garantir d'A-
vignon à Paris, puisque la distance est bien moins
grande. Pourtant, en supposant que les termes
de l'obligation étaient tellement clairs, tellement
précis, qu'il fût évident pour tous les esprits que
les assureurs n'ont voulu s'engager qu'à la condition expresse que le départ aurait lieu de Marseille, il faudrait se tenir aux termes du contrat,
sans examiner si la condition présente, ou non,
quelque apparence de raison. Mais dans l'absence
de toute condition expressément stipulée, il faut
admettre la décision de la Cour royale de Bordeaux
qui a jugé à propos d'appliquer l'art. 364 du code
de commerce, qui conserve à l'assurance tout son
effet, si le voyage est raccourci.

172. Dans les lois maritimes, on distingue entre
le *sinistre mineur,* qui occasionne une perte partielle, et le *sinistre majeur,* qui cause une perte
totale, ou du moins une perte assimilée par la loi
à la perte totale. Pour ce derniers cas, on a introduit le délaissement (1). On appelle délaissement,
dit M. Pardessus, n° 836, l'acte par lequel l'assuré
abandonne à l'assureur la propriété de la chose

(1) L'article 369 du code de commerce s'exprime ainsi : Le
délaissement des objets assurés peut être fait : en cas de prise,
de naufrage, d'échouement avec bris, d'innavigabilité par fortune de mer, en cas d'arrêt d'une puissance étrangère, en cas

assurée. Il faut convenir qu'il y a quelque chose
d'exorbitant dans ce droit accordé à l'assuré de
transmettre, bon gré malgré, à l'assureur la propriété des objets assurés. « Émérigon dit que
» l'objet de l'assurance est de procurer à l'assuré
» l'indemnité des pertes et des dommages qu'il
» souffre. Mais, pour parvenir à cette indemnité,
» il n'est pas nécessaire, suivant le droit des gens,
» que l'assuré abdique le domaine de la chose,
» quoique, si la chose assurée périt, elle périsse
» pour le compte des assureurs. Par réciprocité
» de raison, il suffit, suivant le droit des gens,
» que les assureurs paient l'indemnité de la perte
» ou du dommage, sans qu'ils soient obligés de
» devenir propriétaires d'une chose qui ne leur

de perte ou détérioration des effets assurés, si la détérioration
ou la perte va au moins à trois quarts.

Il peut être fait en cas d'arrêt du gouvernement, après le
voyage commencé.

Article 375. Si, après un an expiré, à compter du jour du
départ du navire, ou du jour auquel se rapportent les dernières
nouvelles reçues, pour les voyages ordinaires, après deux ans
pour les voyages de long cours, l'assuré déclare n'avoir reçu
aucunes nouvelles de son navire, il peut faire le délaissement à
l'assureur, et demander le paiement de l'assurance, sans qu'il
soit besoin d'attestation de la perte.

Après l'expiration de l'un ou des deux ans, l'assuré a pour
— agir les délais établis par l'article 373.

Article 376. Dans le cas d'une assurance pour temps limité,
après l'expiration des délais établis, comme ci-dessus, pour les
voyages ordinaires et pour ceux de long cours, la perte du navire
est présumée arrivée dans le temps de l'assurance.

» appartenait point, car l'assurance n'est pas de
» sa nature un moyen d'acquérir. »

Le délaissement tient aux incertitudes de la navigation. Il suppose toujours l'espoir de retrouver
en tout ou en partie les objets assurés. Aussi Ca-
saregis dit qu'en cas de perte absolue, le délaissement est une formalité inutile. S'il fallait que l'assuré attendît, pour réclamer l'indemnité, le sort
définitif du navire, il serait privé pendant trop
long-temps de son capital. Pour parer à ce malheur, qui frapperait l'assuré dans sa fortune, le
code de commerce permet le délaissement.

La même faculté existera-t-elle pour les assurances terrestres? MM. Grun et Jolliat répondent
généralement que le délaissement n'existe pas au
profit de l'assuré dans l'assurance terrestre, p. 331.
M. Quénault, n° 200, prétend qu'il n'y a aucune
raison d'analogie pour étendre la faculté du délaissement, *en matière d'assurance contre l'incendie.* Nous croyons que la décision de MM. Grun
et Jolliat est trop générale, que celle de M. Quénault est trop spéciale. Nous pensons avec ce dernier auteur que le délaissement ne doit pas être
admis dans les assurances contre l'incendie, *parce
que,* comme il le dit, *il ne s'agit que de garantir
l'existence matérielle des objets, et d'indemniser
l'assuré de leur perte réelle.* Mais il ne faut pas
dire, avec MM. Grun et Jolliat, que le délaissement doit être exclu de toutes assurances terrestres. Nous démontrerons qu'il se rencontre
des assurances terrestres où il existe autant de

motifs pour admettre le délaissement, que dans
les assurances maritimes. Nous avons dit que ce
délaissement est surtout basé sur la crainte de
voir pendant trop long-temps l'assuré privé de
son capital. La faculté du délaissement tient aussi
aux incertitudes du voyage et à la situation particulière de l'assuré. Eh bien! supposons qu'au lieu
de marchandises exposées sur un vaisseau aux hasards de la mer, il s'agisse de marchandises livrées
au roulage et destinées à un pays lointain. Si les
incertitudes du voyage sur mer et du voyage sur
terre ne sont pas les mêmes; si les dangers ne se
ressemblent pas, il existe pourtant des périls pour
l'un et pour l'autre. Au lieu d'être prises par des
pirates, les marchandises courent le risque d'être
prises par des brigands. Si le vaisseau peut se
perdre sur l'Océan, les voitures peuvent s'abîmer
dans les précipices des hautes montagnes. Pourquoi, dans le cas d'un long voyage sur terre,
n'admettrait-on pas le délaissement comme dans
les voyages sur mer? N'y a-t-il pas parité de motifs?
« Le délaissement, dit M. Quénault, n° 1991, tient
» au système d'une perte légale qui laisse subsis-
» ter l'espoir de recouvrer, en tout ou en partie,
» les objets assurés. » Cette perte légale n'existe-
t-elle pas aussi pour les cas d'un long voyage sur
terre? N'existe-t-il pas aussi l'espoir de retrouver
en tout ou en partie les objets assurés? L'assuré
ne peut-il pas être privé de son capital pendant
un temps indéfini, s'il est obligé pour agir d'attendre le sort définitif des marchandises? Le délais-

sement, comme vous le dites avec raison, tient à la situation de l'assuré; il faut l'admettre et dans les assurances maritimes et dans les assurances terrestres, où il existera parité de positions pour l'assuré. En matière d'assurances contre l'incendie, le délaissement ne sera pas admis; rien de plus juste, car il ne s'agit que de garantir l'existence matérielle des objets, et d'indemniser l'assuré de leur perte réelle. Dans les assurances de marchandises destinées à un long voyage sur terre, les accidens peuvent placer l'assuré dans des situations analogues à celles qui ont fait établir, en matière d'assurances maritimes, la faculté du délaissement. Il faut donc, pour être conséquent, admettre le délaissement dans les assurances terrestres chaque fois qu'il y aura quelque conformité, pour les risques à courir, entre elles et les assurances maritimes. Quand cette conformité n'existera pas, le délaissement ne sera permis, par exception, qu'au cas *où la perte ou détérioration des objets assurés va au moins à trois quarts.* (Art. 369, code de com.) Cette tolérance est accordée, parce que si les parties avaient renoncé à l'action ordinaire par la clause *franc d'avaries*, elles se trouveraient sans action dans le cas de perte presque totale.

173. Il n'est pas inutile, maintenant que nous avons reconnu le délaissement admissible dans quelques assurances terrestres, d'examiner une question qui a un grand intérêt dans les assurances maritimes, et dont la décision s'appliquera aussi

aux assurances terrestres, où la faculté du délaissement sera reconnue. Voici cette question : En
matière d'assurance, l'assuré peut-il cumuler l'action d'avaries avec l'action en délaissement?

La Cour royale de Poitiers avait décidé l'affirmative par les motifs suivans : « Ils portent que, si
» l'art. 332 du code de commerce exige que le con-
» trat d'assurance contienne expressément l'ap-
» préciation des objets assurés, les art. 335 et 409
» laissent aux assureurs la liberté de n'assurer que
» pour le corps des objets *francs et quittes d'ava-*
» *ries*; que les assureurs n'ont point entendu se
» borner à assurer le corps des objets assurés dans
» la police, mais qu'ils ont voulu en outre demeu-
» rer obligés à tous les risques de mer; qu'enfin
» leur volonté n'a point été de s'affranchir des ava-
» ries, puisque, pour cela, ils n'avaient qu'à y
» établir ces mots, *franc et quitte d'avaries*, et
» qu'ils ne l'ont pas fait; qu'au lieu de contracter
» franc et quitte d'avaries, ils ont, au contraire,
» détaillé dans la police toutes les avaries, pour
» les risques de mer qu'ils entendaient garantir;
» que même ils ont excepté cinq cas particuliers,
» qui ne sont nullement relatifs aux avaries; que
» cette exception confirme la règle générale de
» leurs obligations; et que de tout cela il résulte
» qu'indépendamment de l'évaluation du corps des
» objets assurés, ils doivent les avaries; que l'ar-
» ticle 409 vient encore confirmer contre eux cette
» double obligation : car, s'ils avaient stipulé franc
» et quitte d'avaries, ils ne devraient, en cas de

» délaissement, que l'évaluation des corps assurés
» par la police, et rien pour les avaries; mais que
» les assureurs, refusant ici de payer, outre le
» prix de l'assurance, le montant des avaries, ils
» demandent qu'on les traite comme s'ils avaient
» stipulé franc et quitte d'avaries, ce qui est im-
» proposable; qu'enfin l'art. 393 du même code,
» invoqué par les assureurs, n'est applicable qu'au
» cas de recouvrement d'objets naufragés ou de
» déchargement et rechargement sur d'autres na-
» vires, et que dès lors cet article est étranger à
» l'espèce. »

La Cour de cassation a cassé cet arrêt.

« La Cour, vu les articles 332, 393 et 409
» du code de commerce; attendu que si l'ar-
» ticle 331 exige que la police d'assurance exprime
» *la chose assurée et le coût de l'assurance*, c'est
» d'après le principe qu'en cas de perte totale de
» la chose assurée, les assureurs ne sont tenus que
» jusqu'à concurrence de la somme qu'ils ont as-
» assurée, et dont ils ont reçu la prime; que ce
» principe, fondé sur la nature des choses, et com-
» mun à tous les contrats synallagmatiques, est
» consacré par l'article 393, sans être contredit
» par l'article 350 du même code, qui, en décla-
» rant que les assureurs sont responsables de
» toutes les fortunes de mer, ne dit pas qu'ils en
» répondront, même au-delà de la somme qu'ils
» ont assurée; qu'il serait aussi contraire à l'é-
» quité qu'à l'essence de tout contrat qui renferme
» des obligations réciproques et proportionnelles,

» d'assujettir l'assureur, qui ne stipule et qui ne
» reçoit de prime que pour une somme détermi-
» née, à fournir une somme plus forte que celle
» pour laquelle il s'est engagé , et à raison de la-
» quelle il a reçu la prime, qui est le prix de son
» engagement ; qu'enfin , on ne saurait argu-
» menter de l'article 409 , parce que sa disposi-
» tion , toute spéciale au cas qu'elle régit, se trou-
» vant absolument étrangère et sans rapport à
» celui du litige, il n'y a, dans l'espèce, aucune
» induction à en tirer ; de tout quoi il résulte
» qu'en décidant que la compagnie d'assurances
» devait, pour n'avoir pas déclaré qu'elle assurait
» *franc d'avaries* , payer, à raison des sinistres
» partiels qui avaient précédé l'échouement avec
» bris, plus que la somme qu'elle avait assurée , et
» pour laquelle elle avait reçu une prime de tant
» pour cent, la Cour royale de Poitiers a violé les
» articles 332 et 393 , et faussement appliqué l'ar-
» ticle 409 du code de commerce; casse, etc. »
(*Journal du Palais* , 1823, 1 , p. 546.)

L'arrêt de la Cour de cassation nous paraît s'appuyer sur les vrais principes en matière d'assurance. Dans les assurances maritimes et dans les
assurances terrestres, où, selon nous, le délaissement doit être permis, la loi accorde deux
actions à l'assuré, l'action en délaissement et
l'action en avaries. Mais ces deux actions sont tout
à fait distinctes et séparées. L'action en délaissement est pour le paiement du prix total de l'assurance , au moyen de l'abandon que l'assuré fait

de tous ses droits de propriété sur les choses garanties par les assureurs. L'action en avarie est pour la réparation du dommage partiel que les objets assurés ont pu éprouver dans le trajet. Les actions ne se cumulent pas, car le délaissement, tout à fait exceptionnel au droit commun, qui ne permet pas qu'un tiers soit obligé d'acquérir des choses dont il ne se soucie pas de devenir le propriétaire, doit être renfermé dans les cas précis pour lesquels le législateur l'a institué. L'action d'avarie, au contraire, est l'action ordinaire ; c'est ce qui résulte de la disposition de l'article 309 du code de commerce, qui spécifie les cas de délaissement. Si l'action d'avarie est l'action ordinaire, tandis que celle d'abandon est extraordinaire, de toute évidence, ces deux actions ne se cumulent pas. Pothier adopte cette doctrine, n° 166. « Il ne peut y avoir lieu à l'action d'ava-
» rie, dit ce jurisconsulte, que lorsqu'il n'y a pas
» lieu à l'action en délaissement, soit parce que
» l'accident n'a pas causé une perte entière des
» effets assurés, soit que l'assuré ait préféré cette
» action en paiement d'avarie, à celle qui, en lui
» donnant le droit de demander toute la somme
» assurée, l'aurait obligé à faire le délaissement. »

L'art. 46 de l'ordonnance de la marine énumère les causes de délaissement. « Le délaissement ne
» pourra être fait qu'en cas de prise, naufrage,
» bris, échouement, arrêt du prince, *ou perte*
» *entière* des effets assurés ; et tous autres dommages ne seront réputés qu'avarie, qui sera ré-

16

» glée entre les assureurs et les.assurés, à pro-
» portion de leurs intérêts. »

Valin, sur cet article 46, fait pressentir aussi
cette impossibilité du double exercice de l'action
d'avarie et de l'action en délaissement. « Il ne se-
» rait pas juste, dit cet auteur, que l'assuré forçât,
» pour quelque dommage arrivé aux objets assu-
» rés, les assureurs de payer le montant de l'assu-
» rance. Il peut prétendre à la réparation du dom-
» mage ; l'indemnité qu'il recevra se nomme *ava-*
» *rie*. C'est la seule action qui lui appartienne. »
Si l'on consulte Émérigon, on trouve la même
solution. « L'action en délaissement, selon ce com-
» mentateur, ne compète point hors les cas déter-
» minés par l'ordonnance, dont la disposition est
» taxative. »

Le code de commerce a-t-il changé la disposition
de l'ordonnance de 1681 ? Non : partout il adopte
cette disposition, et se conforme à l'opinion des
jurisconsultes renommés dont nous avons cité la
doctrine sur ce point. D'abord les articles 332,
378, 383 et 384 repoussent jusqu'à la supposition
que l'assureur puisse, en cas de délaissement, être
tenu de payer plus que le montant de l'assurance.
Or, si l'on permettait le cumul de l'action en délaissement et de l'action d'avarie, l'indemnité sur-
passerait le montant de l'assurance ; car l'existence de cette double action entraînerait le paiement de tous les dommages qui auraient frappé
les objets assurés, plus le paiement de l'assurance
pour l'abandon de la propriété des mêmes objets.

Il y aurait là souveraine injustice. Bien plus, il y aurait violation du grand principe qui domine toutes les assurances. Ce contrat ne doit jamais être une occasion de gain ; le but légal, avoué par la loi, est la réparation du préjudice souffert. Eh bien ! il y aurait gain, si le cumul des deux actions était permis. Car l'assuré aurait, par le délaissement, le prix de l'assurance ; par l'action d'avarie, il bénéficierait de l'indemnité accordée pour la réparation du dommage souffert par les marchandises. Il y aurait là une violation manifeste de la condition essentielle à l'assurance.

Mais l'article 409, loin de présenter quelque point d'appui à ceux qui soutiennent le cumul, se prête, dans sa teneur, à l'explication raisonnable que donnent de la loi les adversaires du double exercice des deux actions. Il porte la disposition suivante : « La clause *franc d'avaries* affranchit » les assureurs de toutes avaries, soit communes, » soit particulières, excepté dans les cas qui don- » nent ouverture au délaissement ; et, dans ces cas, » les assurés ont *l'option* entre le délaissement et » l'exercice de l'action d'avarie ». Le code ne laisse là encore que le droit d'opter entre les deux ac- tions ; nulle part il n'accorde le cumul. Voudra- t-on soutenir, comme l'a décidé la Cour royale de Poitiers, que c'est la clause *franc d'avaries* qui re- pousse tout cumul. Mais tout l'effet de cette clause se borne à affranchir les assureurs de toutes ava- ries particulières, pour ne mettre à leur charge que les sinistres majeurs qui permettent le délaissement ou l'option entre le délaissement et l'action d'avarie. La clause *franc d'avaries* n'est qu'une convention particulière qui doit être limitée à son objet; son absence ne doit pas, par induction, faire présumer une dérogation au principe fondamental.

CHAPITRE X.

A QUI APPARTIENT L'ACTION RÉSULTANT DU CONTRAT D'ASSURANCE.

174. L'action n'appartient pas toujours à celui au profit duquel l'assurance a été stipulée. Ainsi le commissionnaire qui a fait assurer des objets pour le compte de son commettant, exerce l'action résultant de l'assurance en son propre et privé nom, sauf à rendre compte à son commettant de l'indemnité perçue.

175. Souvent aussi le propriétaire de l'action ne peut l'exercer lui-même, parce que son âge ne lui permet pas l'exercice de ses droits civils. Ainsi le mineur n'agit pas lui-même; c'est son tuteur qui le représente dans tous les actes où il se trouve intéressé; le tuteur seul poursuivra la réparation du sinistre éprouvé par la chose assurée.

176. La femme mariée sous le régime de la communauté, ou sous le régime exclusif de la com-

munauté, propriétaire, il est vrai, de l'action en indemnité, ne l'exerce pas, parce que, durant le mariage, l'administration de tous ses biens appartient à son mari. Seulement elle prélèvera, au moment du partage de la communauté, la somme perçue à titre d'indemnité, parce qu'elle appartient à elle seule, car seule elle avait intérêt à la conservation des objets assurés, puisque seule elle en était propriétaire. Son mari a agi comme son mandataire légal.

177. Il faut avoir la capacité de faire assurer au moment du contrat; il faut encore avoir, au temps du sinistre, le même intérêt à la conservation des objets assurés. C'est là une condition essentielle, encore plus indispensable à l'époque du sinistre qu'à celle de la signature de la police. *Obligatio, quamvis rectè constituta, extinguitur, si res inciderit in eum casum à quo incipere non poterat.* L. 140, § 2, ff., de verb. obl. — *Instit.*, § 2, de inutil. stipul.

178. Ici se présente tout naturellement une question sur laquelle M. Quéuault, n°ˢ 209, 210 et suiv., appuie longuement. Quant à nous, nous en parlerons comme pour mémoire; nous ne pensions pas qu'elle pût faire difficulté, en présence des principes généraux. Il s'agit de savoir si l'action, résultant du contrat d'assurance, passe à l'acquéreur de l'objet assuré. Remarquons d'abord que la question ne peut se présenter que lorsqu'il s'agit d'immeubles; car, quand il s'agit de meubles,

il y a presque toujours, à la suite de la vente, un déplacement des objets assurés, un changement dans la nature des risques, et par conséquent la résolution du contrat d'assurance. Si les objets, malgré la vente, restent en dépôt dans le même lieu, ce qui arrive très-rarement, il faut alors appliquer, jusqu'au déplacement, les principes adoptés en cas de vente d'un immeuble. Passons maintenant à la question.

Nous avons dit, dans le précédent paragraphe, que le propriétaire devait avoir, au moment du sinistre, intérêt à la conservation de l'objet assuré. S'il a vendu sa maison, et que le sinistre arrive après la vente, sera-t-il intéressé à sa conservation ? Non, car il aura touché le prix de sa propriété, ou, s'il ne l'a pas encore reçu, il possède une action contre son acquéreur pour le toucher. Il ne pourra donc pas réclamer contre la compagnie d'assurance le montant de l'indemnité ? Qui le réclamera ? L'acquéreur, puisqu'en vertu du contrat de vente, il a succédé, par rapport à l'immeuble vendu, à tous les droits et actions que cet héritage procurait à son vendeur. En vertu de l'article 1615 du code civil, avec l'achat de l'immeuble, il s'est rendu acquéreur de tous ses *accessoires*. « Or, dit Émérigon, l'assurance est un » contrat accessoire attaché à la chose assurée, » qui ne saurait subsister indépendamment de son » objet. En vendant les effets assurés, on est pré- » sumé avoir vendu l'assurance qui y était atta- » chée. » (Voir aussi M. Boulay-Paty, *Droit com-*

mercial, t. 4, p. 329.) Qu'il en soit autrement, la compagnie d'assurance aura de son côté tous les avantages. Ce contrat ne conservera pas le caractère de contrat synallagmatique.....; il deviendra unilatéral depuis la vente. En effet, supposons que la prime se paie, en vertu des conventions insérées dans la police, au mois de janvier, et que la vente se soit faite au mois de février. Évidemment la prime aura été touchée pour tous les risques à courir dans la présente année. Eh bien! si l'on décidait que l'assurance ne se transporte pas à l'acquéreur, il arriverait que si le sinistre frappait la maison assurée, personne ne pourrait réclamer l'indemnité, et que la compagnie aurait touché la prime sans la crainte d'aucun risque. Que l'on n'aille pas dire que le propriétaire se réservera le prix de l'assurance, sauf à lui à en tenir compte plus tard à l'acquéreur. Mais la compagnie d'assurance repousserait toujours son action, car il ne pourrait pas être assuré pour des choses dont il ne serait plus propriétaire.

De toute nécessité, le bénéfice de l'assurance passe à l'acquéreur, comme *accessoire* de la propriété vendue, pour tout le temps payé à la compagnie d'assurance. Quand le moment de renouveler la prime arrivera, peut-être sera-t-il permis, comme le veut M. Quénault, n° 221, à la compagnie d'assurance d'exiger que le nouvel acquéreur déclare dans un court délai s'il entend ou non continuer le contrat, et s'obliger au paiement de la prime. Mais le droit des assureurs ne va pas

jusqu'à refuser à l'acquéreur le bénéfice de l'assurance, quand celui-ci consent à subir les obligations imposées à son vendeur. Ce dernier avait
la faculté de lui transmettre, par une cession expresse, l'assurance, et il est censé la lui avoir transmise tacitement. Telle est la doctrine adoptée par
un jugement du tribunal de Laon, jugement cité par
M. Quénault. Ce jugement est tiré du *Courrier des
tribunaux*, du 12 juin 1827. « Considérant qu'il est
» de l'essence du contrat d'assurance que l'assuré
» soit propriétaire de la chose assurée, ou qu'il ait
» un intérêt à sa conservation ; que l'ordre public
» l'exige ainsi ; que si celui qui a fait assurer cesse
» d'être propriétaire de la chose, les mêmes rai-
» sons s'opposent à ce qu'il profite de l'indem-
» nité ; autrement la perte de la chose assurée
» serait pour le nouveau propriétaire, et le mon-
» tant du sinistre pour le précédent, qui cepen-
» dant avait déjà touché le prix de sa chose, ou
» avait du moins le droit de le toucher ; résultat
» immoral et contraire à la nature du contrat
» d'assurance, établi pour garantir des risques de
» l'incendie, celui qui y est exposé ;

» Que ce serait méconnaître l'essence de ce con-
» trat, que de le considérer comme aléatoire, et
» rentrant dans la classe du jeu et du pari, et de
» le rendre ainsi susceptible de tourner au pré-
» judice de la société ;

» Que la loi qui protége le contrat d'assurance,
» ne donne, au contraire, aucune action pour le
» jeu et le pari ; que de tout ce que dessus, il ré-

» sulte que, par sa nature, le droit à l'indemnité
» de l'assurance est un accessoire de la chose as-
» surée, et qu'il la suit dans les mains de l'acqué-
» reur, conformément aux articles 1614 et 1615
» du code civil;

. » Et que D...., propriétaire aujourd'hui du bâ-
» timent, a seul droit à l'indemnité résultant du
» fait de l'incendie qui l'a consumé; par ces mo-
» tifs, etc., etc. »

A la suite de ce jugement, M. Quénault men-
tionne un autre jugement du tribunal de Saint-
Quentin, qui adopte la même opinion. (*Courrier
des tribunaux*, 9 juillet 1827.)

179. Mais le principe que nous venons de développer s'applique-t-il à toutes les sociétés d'assurance? Existe-t-il aussi bien pour les sociétés
d'assurances mutuelles que pour les sociétés à
prime? Les règles générales de la société semblent,
au premier abord, s'opposer à la mise de ces deux
sociétés sur le même niveau. On sait que tous les
membres d'une société d'assurances mutuelles réu-
nissent la double qualité d'assureurs et d'assurés.
Les obligations sont réciproques, et lient également tous les associés. Or, tous les associés ont
consenti à se mettre en société, en considération
des membres qui composaient primitivement l'association, mais ils n'ont pas contracté l'obligation
de recevoir pour sociétaires tous ceux qu'il plairait aux divers associés de présenter en leur lieu
et place. Voilà un principe général, applicable à
toute société. Ce principe ne reçoit-il jamais de

modification? N'est-il pas susceptible d'exception?
Il se modifie, soit en raison des clauses particulières insérées dans l'acte social, soit en raison de
la nature de la société. Quand les clauses sociales
permettent l'adjonction de divers sociétaires ou la
faculté du remplacement, il n'y a pas de difficulté
possible; les conventions font la loi des parties.
— La nature de la société peut changer aussi la
règle générale. Ainsi est-il clair que la société n'a
pas été formée en vue des personnes, mais en
considération du but que se proposaient les divers
associés, alors le principe que la société se dis-
sout par la retraite d'un associé, au cas d'une association illimitée quant à sa durée (art. 1863, cod.
civ.), ne s'applique pas. Quel est le but d'une
société d'assurances mutuelles? De garantir contre
l'incendie les immeubles des divers propriétaires
assurés. Les sociétaires profitent de l'assurance,
mais ils ne sont pas pour cela la cause de la société.
Ils l'ont créée dans l'intérêt de leurs propriétés.
La garantie seule des immeubles contre les suites
désastreuses de l'incendie est la cause du contrat,
peu importe ceux qui y prennent part. L'immeuble est toujours là comme sauve-garde des intérêts
de tous, et comme gage de l'exécution des obligations réciproques. Nous pensons donc qu'un sociétaire peut transmettre à un tiers, avec son immeuble, le droit résultant de la société d'assurances
mutuelles. Seulement il est nécessaire que le cessionnaire, pour devenir assuré, s'engage comme
assureur, car l'une de ces qualités n'existe jamais

qu'à la condition de l'existence de l'autre. Cette mutation s'opère par le transport inscrit sur les registres de la société, et signé par les deux contractans. « La faculté de céder tout ou partie de » l'intérêt qu'on a dans une société, dit M. Par- » dessus, t. 4, p. 11, n'a pas toujours besoin d'ê- » tre établie par une stipulation expresse. Quel- » quefois *la nature de l'association* suffit pour » assurer ce droit. C'est surtout quand la réunion » d'intérêts entre diverses personnes tient plus » de la simple copropriété ou communauté, que » de la société, et qu'elle est, si l'on peut s'expri- » primer ainsi, plus réelle que personnelle. »

180. Les créanciers de l'assuré peuvent aussi exercer l'action *en indemnité* qui appartient à l'assuré. L'article 1166 du code civil permet aux créanciers d'exercer tous les droits et actions de leur débiteur, à l'exception de ceux qui sont exclusivement attachés à sa personne. L'action en indemnité ne figure pas dans cette dernière catégorie, par conséquent ils peuvent poursuivre en son lieu et place la réparation du préjudice qu'il a souffert. Sur ce point, pas de difficulté.

Mais il s'élève à cette occasion une question très controversée par les jurisconsultes. Il s'agit de savoir si les créanciers, ayant hypothèque constituée sur la maison incendiée, ont le droit de l'exercer sur l'indemnité due, au préjudice des créanciers chirographaires.

Pour arriver à une solution juste de cette question, il suffit d'expliquer la nature de l'indemnité versée par la compagnie d'assurance. L'indemnité représente-t-elle l'immeuble? Non. Elle est mobilière; elle est, comme la prime, l'équivalent d'un risque couru. Elle n'est pas et ne peut pas être l'équivalent de l'immeuble, mais elle est l'équivalent et le prix *du risque* que l'assuré a couru de verser en pure perte la prime qu'il a donnée, et de ne rien recevoir à la place, dans le cas auquel les effets assurés seraient arrivés à bon port, et n'auraient essuyé aucun accident.

L'immeuble n'est pas l'objet du contrat, mais seulement l'occasion. L'indemnité n'est pas produite par l'immeuble, mais elle naît à l'occasion du sinistre arrivé à l'immeuble assuré. La maxime *subrogatum sapit naturam subrogati* ne saurait être invoquée, comme le faisait remarquer M. Crémieux à la Cour de cassation, puisque l'immeuble n'existe plus, et qu'avec lui l'hypothèque s'est éteinte. La Cour de cassation, par son arrêt du 28 juin 1831, a donné gain de cause à la thèse que nous soutenons. Voici cet arrêt :

« La Cour, vu les articles 2093, 2115 et 2118 » du code civil : attendu 1° que, d'après l'ar- » ticle 2093, les biens du débiteur sont le gage » commun de ses créanciers, et que le prix doit » en être distribué entre eux par contribution, à » moins qu'il n'y ait entre les créanciers des causes » légitimes de préférence ;

» Que, suivant l'article 2115, l'hypothèque n'a » lieu que dans les cas et les formes autorisés par » la loi ;

» Que, d'après l'article 2118, les biens immeu-
» bles et leurs accessoires réputés immeubles
» sont seuls susceptibles d'hypothèque;

» Attendu qu'il n'y a aucune loi qui affecte la
» somme assurée, en cas de perte de l'immeuble
» péri par l'incendie, aux créanciers qui étaient
» inscrits sur cet immeuble, par préférence aux
» créanciers chirographaires de l'assuré;

» Qu'on ne peut induire cette préférence de ce
» que l'hypothèque suivait l'immeuble, et en affec-
» tait le prix aux créanciers, suivant le rang de
» leurs inscriptions, puisque, d'une part, l'hypo-
» thèque s'est éteinte par la perte de la chose, que,
» de l'autre, la somme assurée n'est pas un prix
» de vente, mais le produit du contrat d'assu-
» rance, sans lequel elle ne serait pas due; que
» même elle n'est pas susceptible d'hypothèque,
» puisque les biens immeubles et leurs accessoires
» réputés immeubles en sont seuls susceptibles,
» et qu'elle n'a reçu de la loi aucun de ces carac-
» tères;

» Qu'on ne peut la faire résulter de ce que, sui-
» vant l'article 1603 du code civil, le débiteur de
» la chose périe est tenu, s'il a des droits par rap-
» port à cette chose, de les céder à son créancier;

» Attendu que cet article est étranger aux hypo-
» thèques et inapplicable à la somme assurée, qui
» est due à cause de la prime payée par l'assuré
» pour prix de l'assurance et des risques courus
» par l'assureur; qu'on peut encore moins inférer
» cette préférence de ce que l'acte d'hypothèque

» des immeubles assurés fait mention de l'assu-
» rance, puisque la somme assurée n'est pas sus-
» ceptible d'hypothèques, et que la cession des
» droits de l'assuré, s'il en résultait une de cette
» mention, n'aurait d'effet au préjudice des tiers,
» qu'autant qu'elle aurait été signifiée à l'assureur,
» ou que celui-ci l'aurait dûment acceptée;

» Attendu, enfin, qu'au mépris de ces princi-
» pes, l'arrêt attaqué décide que la somme assu-
» rée, en cas de perte de l'immeuble fictif dont il
» s'agit, appartient aux créanciers qui étaient ins-
» crits sur cet immemble par préférence aux chi-
» rographaires de l'assuré; qu'en cela il a violé
» formellement les articles du code précités; —
» casse. » (*Journal du Palais*, 1831, 2, 554. —
Pothier, *Contrat d'assurance*, n° 8. — Rolland
de Villargues, *Répertoire du notariat,* v° *assurance,* n° 5 et suiv.)

CHAPITRE XI.

OBLIGATIONS DES ASSUREURS.

181. Une fois que toutes les justifications sont
faites par l'assuré, l'assureur, s'il n'a pas d'exception à opposer, est obligé de solder l'indemnité
promise par le contrat d'assurance. Mais dédom-
magera-t-il l'assuré de toutes les suites du sinistre ? MM. Grun et Jolliat font une distinction que

nous n'adoptons pas, parce que, à nos yeux, elle ne s'appuie sur rien de solide. Ces auteurs disent, n° 244, que les assureurs ne sont point obligés de payer l'indemnité pour les locations que le propriétaire assuré perd pendant la reconstruction de la maison incendiée. Mais ils mettent à la charge de l'assureur toutes les suites matérielles du sinistre. Ainsi les dommages causés aux meubles, soit par le feu, soit par les secours prodigués contre l'incendie, doivent être supportés par les compagnies d'assurance. Nous pensons que rien n'autorise cette distinction. Les conventions font la loi des parties, et quand elles ne se trouvent pas clairement exprimées, il faut consulter l'intention probable des contractans. (Art. 1156, cod. civ.) Eh bien! appliquons dans l'espèce ce principe général de toutes les conventions. On doit voir par le montant de la prime, si elle est proportionnée aux risques courus par la maison seule, ou bien aux risques réunis de la maison et de ce qu'elle contient. Si la prime se trouve simplement en rapport avec les risques que peut courir le bâtiment, le bâtiment seul est assuré. Si, au contraire, la prime est proportionnée aux risques qui peuvent menacer et la maison et son ameublement, alors la compagnie d'assurance, en cas de sinistre, se verra condamnée à payer la double indemnité. Dans le contrat d'assurance, comme dans tout autre contrat, la convention, quand il y a doute, s'interprète contre celui qui a stipulé, et en faveur de celui qui a contracté l'obligation. (Art. 1162, cod. civ.) L'étendue des engagemens réciproques imposés aux contractans doit être fixée par la police. Quand le contrat ne s'explique pas sur le dommage causé aux meubles par l'incendie de la maison, il y a tout lieu de croire que l'assurance a porté seulement sur la maison, car l'ameublement pouvait faire la matière d'une autre convention, soit avec la même compagnie, soit avec une autre compagnie.

182. Quel sera le montant de l'indemnité fournie par les assureurs? Il était impossible d'en ordonner la fixation par le contrat d'assurance, car l'indemnité ne doit jamais être plus forte que le préjudice souffert par l'assuré. Ainsi, pour fixer la somme que paieront les assureurs, faut-il attendre la réalisation du sinistre? La valeur de la chose assurée, au moment de l'incendie, pourra seule être réclamée, car le contrat d'assurance n'est jamais une occasion de gain pour l'assuré, mais simplement la réparation du préjudice éprouvé. Comment sera-t-il possible de connaître au juste la valeur de la chose assurée, au moment de l'incendie? Nous avons déjà parlé de cette difficulté dans une autre partie de cet ouvrage. Nous croyons que la commune renommée donnerait tous les renseignemens suffisans, puis il faudrait avoir un point de départ certain. Ainsi il faudrait l'indication exacte de la valeur de la chose assurée au moment de la signature de la police. Une sanction pénale existerait pour l'exécution certaine de cette obligation imposée à l'assuré. S'il trahissait la vé-

rité, s'il indiquait une valeur supérieure à celle
que possède réellement la chose, il perdrait tout
droit à l'indemnité. La peine serait assez forte
pour que l'assuré ne cherchât pas à l'encourir,
dans l'espoir d'un prix nullement proportionné à
la perte qu'il pourrait subir. Une fois ce point de
départ bien fixé, l'assureur aurait toujours la certitude de ne payer jamais au-delà de la valeur de
la chose assurée, au moment du contrat, tandis
qu'il courrait la chance de la voir diminuer de
prix, et en même temps de voir restreindre les
limites de son obligation. Alors il y aurait certitude que les assurés n'indiqueraient pas dans le
contrat, quand l'assureur, à cause des distances,
ne peut pas vérifier, pour des valeurs de 100,000 fr.,
quand en réalité ils ne présentent à l'assurance
que des valeurs de 80,000 fr. Ils font ces fausses
indications avec d'autant plus d'audace, qu'ils
savent que si l'on découvre leur mensonge, ils en
seront quittes pour diminuer leurs prétentions, et
que si la preuve ne se fait pas, ils bénéficieront.

En adoptant la mesure sévère que nous propo-
sons, on se débarrassera de toutes ces fraudes
honteuses, et de toutes les clauses que les compagnies insèrent dans leurs statuts pour parer à ces
erreurs volontaires des assurés. Plusieurs compagnies s'imposent la restriction du dixième, c'est-
à-dire laissent, comme autrefois dans les assurances maritimes, pour un dixième les risques au
compte de l'assuré. Dans le principe même, le
ministre de l'intérieur demanda si l'on devait dé-

17

fendre aux compagnies d'assurances pour les incendies, d'assurer le dernier dixième de la valeur.
(Instruction du 11 juillet 1818.) Ces restrictions
ne furent pas adoptées ; car, dit M. Vincens, c'eût
été sacrifier la sécurité de l'un à la plus grande
sécurité de l'autre.

D'ailleurs, ces restrictions sont injustes ; on
fait payer à l'assuré une prime proportionnée à
la valeur entière de l'immeuble, tandis qu'on refuse d'en assurer la totalité. Que l'assuré reste
son propre assureur pour une partie de sa propriété, mais aussi qu'il paie une prime en rapport avec la partie assurée. La justice doit exister pour les deux contractans. Si l'on met l'assureur à l'abri des fraudes de l'assuré, il faut
que le législateur prenne aussi l'assuré sous sa
protection, et qu'il ne le place pas dans l'alternative de ne pas jouir du bénéfice de l'assurance,
ou de courber la tête devant la volonté des assureurs qui lui imposent des conditions injustes.

183. Comment se constate la valeur de la chose
assurée au moment du sinistre? Il arrive de deux
choses l'une : ou l'assureur et l'assuré sont d'accord, ou ils ne s'entendent pas sur l'indemnité réclamée. Au premier cas, ils traitent à l'amiable,
et leurs conventions fixent l'indemnité. Au second
cas, on ordonne une expertise contradictoire, seul
moyen d'éclairer les parties sur leurs véritables
intérêts, et de donner aux juges, si le différend
est soumis aux tribunaux, la raison de décider.
Quand les experts sont nommés, ils emploient,

pour arriver à la découverte de la vérité, toutes
les ressources que la loi met à leur disposition ;
ils consultent le code de procédure, cet arcane de
toutes les formalités prescrites pour l'application
du droit. Pour que les experts fassent bien leur
rapport, il faut une enquête. Il faut consulter
des témoins qui fournissent des renseignemens
précis. Tous les propriétaires voisins sont à
même de connaître la valeur de l'immeuble con-
tigu à leur propriété. S'il s'agit de meubles assurés, les amis du propriétaire, ceux qui le visitaient
souvent, les marchands qui ont fait les fournitures,
donneront sur la valeur du mobilier incendié des
avis capables de guider les tribunaux dans l'application de l'indemnité à fixer.

184. Une fois toutes ces dispositions prises dans
l'intérêt de l'assureur, il faut veiller aussi à celui
de l'assuré. Son intérêt est d'être payé après la
liquidation qui suivra immédiatement le sinistre.
Un plus grand retard dans le paiement de l'indemnité nuirait à l'assuré, et irait contre le but
de l'assurance, telle qu'il l'a envisagée pour
son propre avantage, au moment du contrat. On
doit présumer que celui qui se fait assurer contre
l'incendie veut se procurer, par ce contrat, les
moyens de reconstruire ou réparer, ou de remplacer les objets incendiés.

Il existe pourtant certaines difficultés pour le
paiement, qui tiennent à la nature même des choses. Dans les compagnies d'assurances mutuelles,
par exemple, le paiement se trouve retardé par

les formalités administratives, par le temps nécessaire pour recueillir l'argent destiné à couvrir
les sinistres. Les articles 14 et 15 des statuts de
la compagnie d'assurances mutuelles s'expliquent
à cet égard; ils sont ainsi conçus:

Art. 14. Quatre mois après le procès-verbal
des experts, la somme à laquelle le dommage a
été fixé, est payée à l'assuré sur l'ordre exprès du
conseil d'administration.

Art. 15. Pour l'exécution de l'article qui précède, le directeur établit tous les trois mois le
compte de la contribution des sociétaires, à raison des événemens d'incendie survenus dans le
trimestre (1).

Le conseil d'administration vérifie ce compte,
et en arrête définitivement la répartition; le caissier est chargé d'en poursuivre le remboursement.

Il en est donné avis aux sociétaires, qui viennent

(1) MM. Grun et Jolliat font sur cet article des réflexions que
nous avons cru utile de consigner ici. « Pour qu'il soit possible
» d'établir ce compte, il faudrait que la somme à répartir fût
» assez considérable; puisque, dans la position où se trouve au-
» jourd'hui la compagnie, un dommage de 10,000 fr, ne coûte-
» rait à chaque sociétaire qu'environ 1 cent. 1/9 par 1,000 fr. de
» leur assurance; mais comme le propriétaire incendié ne peut
» ni, ne doit jamais éprouver le moindre retard pour recevoir,
» sauf le droit des tiers, la somme qui lui est due pour répara-
» tion du dommage, le directeur-général fait l'offre au conseil
» d'administration, qui l'a acceptée, d'avancer, de ses propres
» deniers (dont on lui paiera les intérets au taux fixé par la loi),
» les sommes nécessaires pour couvrir les dommages d'incendie,
» jusqu'à ce que l'accumulation de ces dommages donne lieu à
» une répartition assez forte pour être mise en recouvrement. »

en prendre connaissance, s'ils le jugent à propos,
et versent entre les mains du caissier le montant
de la part dont ils sont respectivement tenus dans
ladite contribution.

À défaut de paiement, cet avis est renouvelé,
et quinze jours après ce dernier avertissement,
l'assureur en retard est poursuivi à la diligence du
directeur-général, et par toutes voies de droit,
pour le paiement de la somme dont il se trouve
débiteur.

Le retardataire est, en outre, passible, au profit des hospices de Paris, d'une amende dont la
quotité est fixée au quart de la somme pour laquelle il est poursuivi.

Dans les compagnies à prime, si un délai pour
le paiement ne se trouve pas stipulé par la police, il doit se faire après l'événement, ou au
moins après l'expertise qui interviendra, si des
contestations s'élèvent entre l'assureur et l'assuré.

L'article 28 de la police de la compagnie d'assurances générales contre l'incendie dit : La
somme à laquelle le dommage a été fixé est payée
comptant.

La police de la compagnie française du Phénix,
article 25, contient une disposition identique.

Les ordres de paiement sont donnés par les
conseils d'administration: et la responsabilité des
versemens opérés antérieurement aux ordres re-
tomberait sur les agens. MM. Grun et Jolliat,
n° 274, après avoir dit, que les remboursemens

se font soit sur les recettes des agences, soit sur des mandats à vue ou à courte échéance sur la caisse des compagnies, donnent avec raison à ce dernier moyen la préférence sur les envois d'argent, malgré les lenteurs qu'il entraîne pour les assurés des départemens.

185. Une opposition formée par les créanciers de l'assuré entre les mains de l'assureur, retarde le paiement. Ils ont la faculté de saisir-arrêter les sommes dues à l'assuré à titre d'indemnité, comme celles qui lui seraient dues à tout autre titre.

186. Mais si le propriétaire assuré avait vendu son immeuble, et que le sinistre le frappât après la vente, les créanciers ne pourraient pas former opposition entre les mains de l'assureur, parce que leur débiteur n'aurait plus aucun droit à l'indemnité. Jusqu'au sinistre, l'assuré n'a aucune action contre ses assureurs; il a seulement l'espérance d'une indemnité, si le sinistre prévu atteint sa propriété. Peu importerait, comme le remarque judicieusement M. Quénault, n° 306, que leurs oppositions fussent antérieures à l'aliénation. Si l'assuré n'a pas, avant le sinistre, un droit, mais l'espérance d'un droit, ses créanciers ne doivent pas avoir une faculté plus étendue que la sienne. Comme lui, ils ont la perspective d'une action contre les assureurs, en cas de sinistre; mais si l'assuré perd cette espérance, ils la perdent aussi, et l'assuré la perd, quand il cesse d'être propriétaire de l'immeuble soumis à l'assurance. Les créanciers ne seraient

pas reçus à se plaindre de ce résultat, fâcheux pour leurs intérêts, car il est la conséquence forcée de l'aliénation des biens assurés..., et l'assuré a le droit, à toute époque, d'aliéner ses propriétés. C'était à eux, s'ils ne possédaient pas de priviléges ou d'hypothèques sur l'immeuble, d'user de tous les moyens mis à leur disposition par la loi pour arriver à la saisie de l'immeuble, et d'empêcher par là qu'il passât entre des mains étrangères. Une fois la saisie opérée, si l'immeuble avait péri dans les flammes, ils se seraient retournés contre les assureurs pour exercer l'action en indemnité qui compète à leur débiteur, créancier de la compagnie d'assurances.

187. Le paiement de l'indemnité se fait en argent monnayé. Jamais l'indemnité n'est stipulée payable en denrées, marchandises, ou autres valeurs.

Si la compagnie laisse à l'assuré les objets sauvés, ils sont comptés en déduction de l'indemnité. La compagnie française du Phénix contient à cet égard un article ainsi conçu :

« La compagnie peut reprendre pour le montant de leur estimation les matières, denrées et marchandises avariées, et les matériaux provenant des bâtimens incendiés ».

188. Pothier, *Contrat d'assurance*, n° 160, pense que les assureurs peuvent déduire la prime que leur doivent les assurés, sur la somme qu'ils sont forcés de payer à titre d'indemnité ; à moins que, par une clause particulière de la police, il

n'ait été convenu que la somme assurée serait payée, *sans aucune déduction de prime.*

« Lorsque la somme assurée, ajoute le même » auteur, s'étant trouvée excéder la valeur des » effets assurés, a souffert une réduction, la *prime* » dont les assureurs ont la déduction souffre une » réduction dans la même proportion. Mais il » doit être fait, en ce cas, aux assureurs, une dé- » duction d'un demi pour cent de ce qui a été » retranché de la somme assurée.

» Lorsque l'assuré a reçu quelque somme pour » le prix des effets assurés, dont il a fait le délais- » sement, il en doit aussi faire déduction aux as- » sureurs. »

189. La compensation s'opère-t-elle si l'une des parties tombe en faillite avant l'échéance du terme ou l'événement de la condition qui donne ouverture à son obligation ?

Émérigon prétend, chap. 3, sect. 9, que la faillite survenue est un milieu qui empêche les deux extrémités de se joindre.

L'article 1298 du code civil porte que la compensation n'a pas lieu au préjudice des droits acquis à un tiers. Ainsi celui qui, étant débiteur, est devenu créancier depuis la saisie-arrêt faite par un tiers entre ses mains, ne peut, au préjudice du saisissant, opposer la compensation.

Le failli, à compter du jour de la faillite, est dessaisi, de plein droit, de l'administration de tous ses biens. (Art. 442, cod. com.)

Le législateur, par les articles 443 et 444, res-

treint le droit de propriété du failli sur ses biens
propres. Il lui défend de rien faire qui puisse
préjudicier aux droits acquis de ses créanciers.
Il ordonne une quasi-dévolution de tous ses droits
et actions, non-seulement à dater du jour de la
faillite, mais il comprend dans sa prohibition générale les dix jours qui précèdent la faillite. Dans
cet intervalle, nul ne peut acquérir privilége ou
hypothèque sur les biens du failli. (Art. 443, cod.
com.) Tous les actes translatifs de propriétés immobilières, faits par le failli, à titre gratuit, sont
nuls et sans effet relativement à la masse des
créanciers ; tous actes du même genre, à titre
onéreux, sont susceptibles d'être annulés, sur la
demande des créanciers, s'ils paraissent aux juges
porter des caractères de fraude. (Art. 444, cod.
com.)

Enfin, l'art. 446 du même code porte que toutes
sommes payées, dans les dix jours qui précèdent
l'ouverture de la faillite, pour dettes commerciales non échues, sont rapportées. Or, la loi empêche aussi bien le paiement fictif que le paiement
réel. Si l'un des créanciers se trouve en même
temps débiteur du failli, il n'est pas dans une position meilleure que les autres ; et s'il compensait
sa dette, il améliorerait son sort aux dépens des
autres créanciers. Il doit être, comme tout créancier ordinaire, qui, dans les dix jours qui précèdent l'ouverture de la faillite, ne peut légitime-
ment rien recevoir ; il doit attendre la répartition
de tout l'actif, et ne pas être, au moyen de la

compensation, payé en totalité, quand les autres
ne le seraient qu'en partie. Il n'y a lieu à compensation après la faillite, que dans le cas où les
deux dettes se trouvaient échoir simultanément,
et seulement *jusqu'à concurrence du dividende dû
par la faillite.*

190. Tous les auteurs, unanimes sur les principes que nous venons de développer, se demandent s'ils s'appliquent au cas où la prime et l'indemnité sont dues en vertu d'une même police et
pour raison du même risque? M. Pardessus pose
l'exemple suivant : Paul assure les marchandises
de Jean pour 100,000 fr., moyennant une prime
de 10,000 fr., et tombe ensuite en faillite. Sa
masse ne peut exiger, en cas de sinistre, que Jean
paie la prime de 10,000 fr., sauf à entrer en
contribution pour le capital de 100,000 fr. ; ce
dernier retiendra la prime de 10,000 fr. qu'il a
promise, et viendra en contribution pour 90,000 f.
seulement. « Émérigon donne pour motif de cette
» décision, que la prime avait été promise à l'as-
» sureur pour prix du péril, et que celui-ci avait
» promis de payer la perte, qu'il ne paie pas à
» cause de sa faillite. L'assuré se trouvant frustré
» et comme évincé de la promesse à lui faite, est
» en droit de retenir le prix de la chose évincée.
» Ce n'est pas ici une compensation, mais bien
» une rétention pour cause de garantie et de
» gage, et cette rétention doit avoir lieu sans
» considérer ni l'époque de la faillite, ni celle du
» sinistre. On peut alléguer à ce sujet la loi 13,

» § 8, ff., de *Act. Empt.*, *ibiq. Cujas*; la loi 31,
» § 8, ff., de *OEdilit. edict.*; la loi 22, ff., de *Hœ-*
» *red. vend.*; la loi 14, § 1, ff., de *Furtis*, qui
» décident qu'avant la tradition, le vendeur peut
» retenir, comme en gage, la chose vendue, jus-
» qu'à ce qu'il soit payé du prix dont le terme est
» échu. L'exception dérive alors de l'action même;
» car s'il m'est permis d'agir, je puis à plus forte
» raison écarter la demande formée contre moi :
» *Juri convenit ut, cui datur actio, ei multo magis*
» *detur exceptio.* »

On peut encore tirer argument, en faveur de
cette opinion, de l'article 1653 du code civil, qui
porte : « Si l'acheteur est troublé, ou a juste su-
» jet de craindre d'être troublé par une action
» soit hypothécaire, soit en revendication, il
» peut suspendre le paiement du prix jusqu'à ce
» que le vendeur ait fait cesser le trouble, si
» mieux n'aime celui-ci donner caution ». (M. Quénault, n° 343.)

Nous ne voyons pas la raison de cette décision,
adoptée par les auteurs que nous avons cités. De
deux choses l'une, ou au moment de la faillite, les
marchandises assurées ont péri par l'événement
du risque prévu, ou elles subsistent encore. Au
premier cas, l'assuré se trouve dans une position
pareille à celle de tous les autres créanciers; selon nous, la double stipulation de la prime et de
l'indemnité dans une même police ne modifie pas
les principes énoncés dans le paragraphe précédent. L'assuré est débiteur et créancier de l'as-

sureur failli : débiteur de la prime, il doit la porter à la masse, pour qu'elle soit répartie entre
tous les créanciers, et il n'a pas plus de droit
que ceux-ci pour le partage de la prime.

Si le sinistre contre lequel l'assuré a voulu se
garantir par le contrat d'assurance n'est pas encore arrivé au moment de la faillite de l'assureur,
l'assuré ne pourra pas se refuser au paiement de
la prime, en s'appuyant sur l'art. 1653 du code
civil. Il n'y a aucune analogie à établir. Cet article
est fait pour un cas spécial, pour le cas de vente ;
au contrat de vente seul il s'appliquera. D'ailleurs remarquons que la faillite dérangerait toutes les combinaisons, si jamais on décidait que
cette disposition de l'art. 1653 s'applique à l'espèce en question. Dans l'art. 1653, il s'agit d'un
acheteur troublé dans sa possession, qui suspend
le paiement du prix jusqu'à ce que le vendeur ait
fait cesser le trouble, si mieux n'aime celui-ci
donner caution. Pourquoi a-t-il le droit d'agir
ainsi? Parce qu'il ne doit pas être contraint à
verser son argent entre les mains du vendeur,
sans avoir la certitude de posséder l'immeuble
comme représentatif de la valeur donnée pour
s'en assurer la propriété. Ici la prime n'est pas la
représentation des marchandises assurées, mais
du *risque couru* par l'assureur. Par conséquent
la prime appartient à l'assureur à dater du contrat, s'il n'existe pas de conventions contraires :
si elle appartient au failli, ses créanciers ont le
droit d'en opérer le recouvrement, sans que l'as-

suré puisse opposer l'article 1653, ni retenir la
prime à titre de garantie et de gage, pour le cas
où le sinistre prévu arriverait. Tous les auteurs
qui ont décidé le contraire ont fait une confusion
qu'ils auraient évitée, en se rappelant la différence
qui existe entre la vente et l'assurance. Ils auraient senti l'inutilité de citer les lois romaines,
qui décident qu'avant la tradition, le vendeur
peut retenir comme un gage la chose vendue,
jusqu'à ce qu'il soit payé du prix dont le terme est
échu. Elles n'ont aucun rapport avec le contrat
d'assurance; car, encore une fois, la prime ne
représente pas la valeur de la chose assurée, mais
le risque couru par l'assureur de payer toute la
valeur de la chose assurée, en cas de sinistre.
Quand le contrat est signé, le risque commence à
courir, par conséquent l'assureur exécute son obligation; il faut que l'assuré exécute aussi la sienne,
qu'il donne la *prime* promise comme dédommagement promis. Aurait-il peur, après la faillite, de
ne pas être payé de la valeur de la chose assurée,
si le malheur prévu arrivait, il ne doit pas retenir
la prime à titre de garantie, car elle est *l'équivalent* d'une obligation déjà exécutée par l'assureur,
qui s'est chargé du risque couru par la chose assurée.

En résumé, que la prime et l'indemnité soient
dues ou non, en vertu d'une même police et pour
raison du même risque, il faut toujours décider
que la compensation ne sera pas opposée par l'assuré à l'assureur failli, parce que les droits des
créanciers s'y opposent; parce que les principes

la rejettent ; parce que la prime et l'indemnité, quoique figurant dans le même contrat, ne sont pas des équivalens, et que l'une ne doit pas servir de garantie à l'exécution de l'autre.

CHAPITRE XII.

ACTIONS DES ASSUREURS CONTRE L'ASSURÉ.

191. L'assureur a contre l'assuré une action qui prend naissance dans l'obligation souscrite par celui-ci de lui payer une prime. Cette action existe pour l'assureur à dater du moment où le risque a été mis à sa charge ; peu importe la durée du risque. Ainsi, n'eût-il existé qu'un instant de raison, il n'en est pas moins vrai que la prime, à raison même de son indivisibilité, se trouve acquise à l'assureur.

192. Pothier, qui admet ce principe de l'indivisibilité de la prime, lui reconnaît pourtant trois exceptions qu'il est utile de consigner ici, car nous les admettons.

« Ce principe, dit ce savant jurisconsulte ! v° » *contrat d'assurance*, n° 182 ; que la prime est » due en entier et irrévocablement aux assureurs » aussitôt qu'ils ont commencé de courir les ris- » ques des effets assurés, quelque abrégé qu'ait » depuis été le temps pendant lequel ils les ont » courus, reçoit trois exceptions :

» La première est lorsque la prime a été conve-
» nue à raison de tant par chacun jour ou par cha-
» cun mois du temps que durera le voyage. Il est
» évident qu'une prime de cette nature ne peut
» être due qu'à proportion du temps qu'a duré le
» voyage, telle ayant été la convention des parties.

» La seconde exception est lorsque, pour une
» assurance de marchandises, on est convenu
» d'une seule prime, tant pour l'aller que pour le
» retour; ce qui s'appelle *une prime liée* : en ce
» cas, si le vaisseau étant arrivé au lieu de sa des-
» tination, il ne se fait pas de retour, l'ordon-
» nance veut que l'assureur soit tenu de rendre
» le tiers de la prime, s'il n'y a stipulation con-
» traire. C'est la disposition de l'article 6.

» La raison de cette disposition est que cette
» prime en réunit deux, celle de l'aller et celle
» du retour; c'est pourquoi elle est appelée prime
» liée. Les risques pour aller que les assureurs
» ont courus, leur ont bien fait gagner la prime
» pour l'aller, dès qu'ils ont commencé de les
» courir; mais celle du retour ne leur est pas due,
» puisque n'y ayant pas eu de retour, on ne peut pas
» dire qu'ils aient au moins commencé d'en courir
» les risques.

» La troisième exception à la règle que la prime
» est due irrévocablement aux assureurs aussitôt
» que les risques ont commencé, est le cas auquel
» les assureurs feraient banqueroute pendant le
» temps des risques; car, en ce cas, celui qui a
» fait assurer, se trouvant n'être plus assuré, par

» la faillite des assureurs, est fondé à demander
» la résolution du contrat, et, en conséquence,
» la décharge de la prime, s'il ne l'a pas encore
» payée; ou la restitution, s'il l'a payée. Si, sur
» cette demande de l'assuré, les créanciers inter-
» venaient, ils pourraient, en offrant à l'assuré
» une bonne et suffisante caution de l'assurance,
» le faire débouter de sa demande » (1).

La cause de ces trois exceptions tient à l'es-
cence des contrats en général. Dans toute obligation, il faut une cause. Dans certains contrats, il
n'existe qu'une seule obligation principale de part
et d'autre : la cause du contrat existe au moment
même de la signature de l'engagement. Dans les
contrats qui contiennent des obligations successives, la cessation de la cause du contrat fait cesser
l'obligation de l'engagé. C'est pourquoi l'obligation de payer la prime cesse dans les trois cas
posés par Pothier.

Écoutons M. Toullier, qui explique ces principes
avec une précision et une clarté remarquables.

« Quant aux contrats intéressés, dit-il, il faut
» distinguer entre les conventions qui ne contien-
» nent qu'une seule obligation contractée pour la
» totalité, et consommée au moment où le contrat
» reçoit sa perfection, quoique l'exécution de l'o-
» bligation soit différée ou divisée par termes, et
» les conventions qui contiennent plusieurs obli-

(1) Nous reviendrons plus loin sur cette cause de résolution.

» gations, lesquelles se renouvellent successive-
» ment à certaines époques.

» Par exemple, le contrat de vente ne contient
» de part et d'autre qu'une seule obligation prin-
» cipale, celle de payer le prix de la part de l'a-
» cheteur, celle de livrer la chose de la part du
» vendeur. Si la chose qui était l'objet du contrat
» vient à périr depuis sans la faute du vendeur, la
» cause du contrat a cessé d'exister. L'acquéreur
» n'est pas, pour cela, dégagé de l'obligation d'en
» payer le prix, parce que, au moment où le con-
» sentement réciproque a été donné, le contrat a
» été aussi parfait que si le prix avait été entière-
» ment payé. La propriété de la chose a été trans-
» férée à l'acheteur ; elle est demeurée à ses ris-
» ques. La cessation de la cause dans le contrat
» de vente et autres semblables, ne fait donc point
» cesser l'obligation de l'acquéreur, à moins que
» la cause n'ait cessé par la faute du vendeur,
» comme dans le cas d'une éviction pour une cause
» antérieure au contrat.

» Au contraire, dans les contrats qui contien-
» nent des obligations successives, c'est-à-dire
» des obligations qui se renouvellent successive-
» ment à certaines époques, tels que le contrat
» de louage et autres qui tiennent de sa nature,
» la cessation de la cause du contrat fait cesser
» l'obligation du locataire pour l'avenir. Si la chose
» louée vient à périr depuis le contrat, même sans
» la faute du locateur, le locataire n'en est pas
» moins dégagé pour l'avenir de l'obligation de

» payer le prix de la location, parce que cette obli-
» gation, qui se renouvelait chaque année, et qui
» était le prix de la jouissance de chaque année,
» demeure désormais sans cause. Le bail est
» donc résolu en totalité. » (M. Toullier, t. 6,
n° 173.)

193. Quels sont les moyens de contrainte accordés à l'assureur contre l'assuré? Nous avons déjà
vu qu'il n'a pas de privilége sur la chose assurée.
Nous avons dit en principe que le privilége était
étroit, et qu'il s'applique seulement aux cas pour
lesquels la loi l'a formellement accordé. Ne pourra-
t-on pas du moins le lui concéder par subrogation? S'il fait reconstruire ou réparer à ses frais
la maison assurée, ne jouira-t-il pas du privilége que concède l'article 2103, n° 4, du code
civil, aux individus qui fournissent les deniers
pour payer ou rembourser les architectes, ma-
çons, etc., etc.? Nous pensons avec M. Quénault,
qu'il n'y a aucune parité entre la position de ceux
auxquels l'article 2103, n° 4, accorde un privilége, et l'assureur qui fait reconstruire ou réparer la maison assurée. En définitive, le privilége
ne s'exerce jamais que lorsqu'il est l'accessoire
d'une créance contre le propriétaire. Quand des
ouvriers ont travaillé pour le propriétaire, on conçoit qu'ils possèdent un privilége sur la plus-value
existante à l'époque de l'aliénation. Mais on ne
conçoit pas que les ouvriers de l'assureur aient un
privilége sur la maison, quand ils n'ont pas travaillé en vertu des ordres du propriétaire. Ils ne

peuvent donc transmettre un droit, dont ils ne
jouissent pas eux-mêmes.

« M. Quénault cite avec raison l'affaire Galiffet ;
il voit entre elle et l'espèce en question une analogie frappante.

« Attendu, dit un des considérans de l'arrêt,
» qu'aux termes de l'article 599 du code civil,
» l'usufruitier ne peut, à la cessation de l'usufruit,
» exiger aucune indemnité pour les améliorations
» par lui faites sur le fonds soumis à son usufruit,
» encore que la valeur de la chose en soit aug-
» mentée ; et que de ce principe il résulte que les
» ouvriers constructeurs qui les ont faites sciem-
» ment sont soumis à la même fin de non-rece-
» voir, sans quoi la loi serait illusoire. » (Cour de
cassation. — *Journal du Palais*, 1825, 3, 15.)

« Nous pensons, ajoute M. Quénault, que l'on
» doit appliquer ces principes au cas où des ou-
» vriers constructeurs ou autres ont travaillé par
» l'ordre et pour le compte des assureurs. Ils ne
» peuvent contraindre indirectement le proprié-
» taire assuré au paiement de la valeur des cons-
» tructions par eux faites, paiement auquel il n'est
» obligé à aucun titre. Ils ne peuvent donc pré-
» tendre au privilége établi dans l'article 2103,
» n° 4, parce qu'ils n'ont point contre le proprié-
» taire le droit de créance auquel ce privilége est
» attaché. Ayant traité avec les assureurs, ils n'ont
» pu acquérir d'autres droits que ceux que les as-
» sureurs étaient capables de leur transmettre,
» et les assureurs n'ont pu leur transmettre une

18.

» créance et un privilége qu'ils n'avaient pas eux-
» mêmes contre l'assuré, pour la valeur de la
» construction ou réparation des objets assurés. »

§ II.

L'ASSUREUR PEUT RÉTABLIR EN NATURE.

194. Il est une autre série de droits accordés à
l'assureur. Dans toutes les assurances, il doit y
avoir une indemnité promise ; c'est là une condition essentielle ; sans elle, le contrat, ainsi que nous
l'avons déjà établi, serait nul. Mais il existe aussi
dans les différentes polices des clauses acciden-
dentelles. Ordinairement le sinistre se répare par
le versement d'une somme d'argent égale à la valeur de l'objet assuré ; c'est là une règle naturelle
au contrat d'assurance. Mais il peut être convenu
que l'assureur aura le choix de verser l'indemnité
promise, ou de rétablir en nature les objets frap-
pés par le sinistre. Les polices de plusieurs compagnies d'assurance portent des clauses à cet égard.
Les assureurs ont cru voir dans cette alternative,
créée à leur profit, un moyen plus efficace pour
empêcher les incendies volontaires, puisque les
assurés ne trouvaient plus aucun avantage dans
cette action criminelle.

195. Le rétablissement en nature des objets
assurés se fait soit à l'amiable, soit après un rapport d'experts capables de donner une apprécia-

tion certaine. Mais les assureurs doivent-ils indiquer l'usage de cette prérogative avant toute expertise, ou ont-ils le droit d'attendre l'avis des experts pour savoir s'il leur est plus avantageux de payer l'indemnité ou de rétablir en nature? La Cour de cassation a jugé, sur la plaidoirie de M⁰ Moreau, que la compagnie d'assurance pouvait ne prendre de résolution qu'après l'expertise; en conséquence, la chambre des requêtes a admis le pourvoi contre un arrêt de la Cour royale de Lyon, qui décidait le contraire.

196. Pour que l'assureur use de la faculté de rétablir en nature l'objet assuré, il faut que la partie incendiée n'excède pas la valeur assurée. Ainsi, que la maison, dont le quart seul se trouve assuré, vienne à brûler en entier, l'assureur ne sera pas reçu à proposer le rétablissement en nature de la partie assurée, ou la reconstruction d'un immeuble dont la valeur égalerait la partie assurée. Il sera obligé de solder l'indemnité proportionnée au prix de l'objet assuré. L'alternative n'existe pas pour lui, parce qu'il y aurait impossibilité de dédommager réellement l'assuré de la perte causée par le sinistre.

197. MM. Grun et Jolliat, nᵒˢ 285 et 286, posent deux questions qui, selon nous, ne présentent aucune difficulté : la première est celle de savoir si les créanciers de l'assuré s'opposeraient valablement au rétablissement en nature? Comment répondre à cette question? par un principe. Il est avéré, reconnu par tout le monde, en droit, que le créan-

cier, venant au lieu et place du débiteur, n'a pas
plus de droit que lui ; qu'il oppose seulement des
exceptions que celui-ci pourrait opposer. Or, l'assuré aurait-il le pouvoir de refuser le rétablissement en nature? Non, si la police contient à cet
égard une clause formelle. L'assureur ne connaît
que l'assuré avec lequel il a contracté. Il a stipulé
l'alternative de payer l'indemnité ou de rétablir
en nature, suivant qu'il croira l'un ou l'autre
mode plus convenable à ses intérêts. La convention fait la loi des parties... ; et des tiers, pas plus
que l'assuré lui-même, ne peuvent changer la position de l'assureur. Aussi le tribunal de première
instance a-t-il rejeté, par un jugement du 23 avril
1824, la prétention élevée par des créanciers.
MM. Grun et Jolliat citent ce jugement ; nous leur
ferons l'emprunt de ses dispositions qu'ils rapportent textuellement. Voici l'espèce et la décision qui
intervint :

« Le sieur G... avait fait assurer par la com-
» pagnie française du Phénix une scierie, ainsi
» que les ustensiles et mécaniques qui s'y trou-
» vaient renfermés. Un incendie ayant détruit ces
» choses, le sieur R..., créancier, fit opposition
» au paiement entre les mains de la compagnie.
» Cependant celle-ci jugea plus utile de recons-
» truire elle-même les machines, et de les rendre
» en nature. Le sieur R... eut recours aux tribu-
» naux, mais la quatrième chambre du tribunal
» de première instance de Paris rejeta ses préten-
» tions dans les termes suivans : — « Attendu

» qu'aux termes de la police d'assurance, la com-
» pagnie du Phénix avait l'alternative, à son choix,
» ou de payer le montant de l'avarie en argent, ou
» de rétablir en nature les choses péries; qu'en
» adoptant la dernière alternative, elle a usé de
» son droit et exécuté son contrat avec l'assuré;
» que l'opposition faite par R... n'a pu lui ôter
» cette alternative; que R... a à s'imputer de n'a-
» voir pas étendu son opposition sur les divers
» points de l'alternative; que, dès lors, l'opposition
» n'a point frappé les choses rétablies par la com-
» pagnie dans la maison de l'incendie; que le paie-
» ment fait à T... (l'ouvrier chargé par la com-
» pagnie de la reconstruction) est étranger à G...,
» et ne pouvait être arrêté que par une opposi-
» tion faite sur ledit T...; déclare bonne et
» valable la déclaration affirmative faite par la
» compagnie du Phénix; ordonne, en conséquence,
» qu'en payant et consignant les sommes par elle
» dues à G..., ladite compagnie sera bien et vala-
» blement libérée, etc. »

198. La seconde question proposée par MM.
Grun et Jolliat sera tout aussi facile à résoudre.
L'énonciation seule des principes suffira. Ces auteurs demandent si, au cas d'une assurance faite
par un usufruitier, le nu-propriétaire a le droit
d'empêcher l'assureur de rétablir en nature? Voici
la réponse : aussitôt que la chose sur laquelle se
trouvait constitué l'usufruit, est détruite, l'usufruit s'éteint. (Art. 617, cod. civ.) L'intérêt de
l'assureur sera-t-il plus respectable que celui du

nu-propriétaire? Le droit de celui-ci s'effacera-t-il devant celui du premier? Non, puisque celui du propriétaire est antérieur à celui de l'assureur, puisqu'il existait un nu-propriétaire avant qu'il existât un contrat d'assurance. La réserve, insérée dans la police, ne regarde pas le propriétaire; l'assureur ne peut pas s'en prévaloir contre lui.

199. Toutes ces difficultés, jointes à celles qui résulteraient soit des travaux de reconstruction, soit souvent du mauvais vouloir de l'assuré, expliquent l'usage peu fréquent de la faculté de rebâtir.

CHAPITRE XIII.

DE LA SUBROGATION DE L'ASSUREUR AUX DROITS DE L'ASSURÉ.

200. Il est clair pour tout le monde que le paiement de l'indemnité libère l'assureur à l'égard de l'assuré. Mais presque toutes les compagnies d'assurance stipulent la subrogation aux droits que l'assuré pourrait avoir contre les tiers. Cette subrogation, ainsi que le remarque M. Quénault, n° 325, semble une conséquence si nécessaire des principes qui dominent la matière, qu'on s'est demandé si elle n'existerait pas indépendamment de toute stipulation; en un mot, si elle ne passerait pas pour une subrogation légale. En effet, si, malgré l'indemnité fournie par l'assureur, indemnité qui le désintéresse complètement, l'assuré exerce

ses actions contre l'auteur du sinistre, de toute
évidence, l'assurance sera pour lui une occasion
de bénéfices, car il recevra deux fois la valeur
de ce qu'il aura perdu. Les règles du contrat
d'assurance s'opposent à ce qu'il soit une source
de bénéfices pour l'assuré; celui-ci doit y trouver
la compensation des pertes qu'il a faites, et rien
de plus. Aussi a-t-on conclu que la subrogation
légale devait exister, quand la police se taisait sur
l'abandon des actions de l'assuré au profit de l'assureur. Il nous sera facile de démontrer que ce
système doit être rejeté.

L'article 1249 du code civil ne reconnaît que
deux espèces de subrogation, la subrogation conventionnelle et la subrogation légale.

L'article 1250 énumère toutes les formalités nécessaires pour donner force à la subrogation conventionnelle.

L'article 1251 énumère tous les cas où la subrogation existe de plein droit. Hors des cas déterminés par l'article 1251, la subrogation légale
ne peut pas exister. Les auteurs qui soutenaient la
subrogation légale s'appuyaient sur le § 3 de l'article 1251; ils s'efforçaient d'établir une parité
entre l'assureur et *ceux qui, étant tenus avec
d'autres et pour d'autres au paiement de la dette,
auraient intérêt à l'acquitter.* La question fut portée à la Cour de cassation, et tous les efforts des
demandeurs tendaient à établir cette similitude
qui n'existe réellement pas.

« D'abord ils s'appuyaient de l'autorité de Po-

» thier, qui avait bien posé le principe admis plus
» tard par le §.3.de l'article 1251, mais qui est
» tout à fait étranger à l'espèce posée. Si l'arti-
» cle 1251, ajoutaient-ils, avait dû être restreint
» à une obligation solidaire ou conjointe, le légis-
» lateur se serait servi de ces expressions, *obligé*
» *à la dette*, et alors on serait fondé à soutenir
» que la subrogation légale ne peut être invoquée
» que par ceux qui sont placés dans les liens d'une
» obligation commune et identique. Mais il n'en
» est pas ainsi, d'après le texte de la loi. Pour que
» quelqu'un soit tenu *avec un autre ou pour un*
» *autre* à la dette, il suffit qu'ils soient tenus en-
» semble de payer au même créancier; qu'ils soient
» tous deux dans l'obligation de le désintéresser
» pour un même dommage, encore bien que cha-
» cun soit obligé par des causes distinctes, et en
» vertu de liens d'une nature toute différente. »

Il est facile de répondre à cette argumentation.
L'assureur ne se trouve pas dans la position vou-
lue par le § 3 de l'article 1251. En effet, que demande cet article pour admettre au bénéfice de la
subrogation légale? Il suppose une obligation
commune. Or, l'assureur a-t-il payé, en soldant
l'indemnité, ce qu'il devait avec d'autres et pour
d'autres? Non; il était lié envers l'assuré par une
obligation particulière qu'il avait souscrite seul et
volontairement; la police d'assurance faisait sa
loi. Le débiteur de l'assuré, par exemple le locataire dans le cas de responsabilité prévue par l'article 1733 du code civil, est tenu par une obliga-

tion toute différente. Il n'y a aucune relation entre
ces deux engagemens. Celle de l'assureur est absolument étrangère à celle de l'autre débiteur : on
ne dira pas que le premier est tenu de la dette
avec ou pour le second. Chacun se libère par le
paiement de sa propre dette.

La Cour de cassation admit ces principes. Elle
rejeta le pourvoi formé contre l'arrêt de la Cour
royale d'Amiens. L'arrêt est ainsi conçu :

« En ce qui touche le point de savoir si la com-
» pagnie d'assurance mutuelle est subrogée léga-
» lement, en vertu de l'article 1251 du code civil,
» à l'action de la veuve Dourdain, propriétaire de
» la ferme de Marandeuil, contre le sieur Lanque-
» tin, qui en était le fermier lors de l'incendie
» qui a donné lieu à la demande formée contre
» lui ;

» Considérant que la compagnie, n'étant dans
» aucun des cas prévus par le § 3 dudit art. 1251,
» n'a point en sa faveur la subrogation légale con-
» sacrée par cet article ; qu'ainsi elle n'est pas fon-
» dée à s'en prévaloir contre Lanquetin ;

» En ce qui touche la question de savoir si la
» compagnie peut, de son chef, agir contre Lan-
» quetin, en vertu des articles 1733 et 1382 du
» code civil ;

» Considérant que l'article 1733 ne concerne
» que le propriétaire, le fermier ou locataire ; que
» la compagnie n'a point la qualité de proprié-
» taire vis-à-vis de Lanquetin ; qu'elle ne peut con-

» séquemment user contre lui d'un droit qui n'ap-
» partient qu'à la veuve Dourdain, qui ne le lui a
» pas cédé; que ne pouvant invoquer l'art. 1733,
» à défaut de la qualité de propriétaire de la ferme
» incendiée, la compagnie ne saurait fonder son
» action sur l'article 1382 précité; la Cour met
» l'appellation au néant. » (*Journal du Palais*,
1829, 2, 1. — M. Quénault, n° 325 et suiv. —
MM. Grun et Jolliat, n° 294.)

201. On a critiqué les clauses des polices qui
assuraient la subrogation aux assureurs. On a
prétendu que le paiement de l'indemnité mettait
fin au contrat intervenu entre l'assureur et l'assuré, et qu'il ne pouvait revivre en faveur de l'assureur contre un tiers.

Pour repousser ces objections, il suffit d'examiner le chapitre relatif à la subrogation, dans le
code civil. Que dit l'art. 1250? Il explique les formalités nécessaires pour donner une valeur devant
la justice à la subrogation conventionnelle. Il veut
que la subrogation soit expresse, qu'elle n'ait pas
lieu après le paiement. Pourquoi le législateur
exige-t-il qu'elle le précède? Parce que par le
paiement l'obligation est éteinte, et que la subrogation à une obligation éteinte ne serait pas possible. Mais est-il exigé, sous peine de nullité, que
la subrogation soit faite au même moment que le
paiement? Non; telle n'a pas été et telle ne pouvait pas être l'intention du législateur. Il ne se
présente aucune raison pour défendre la convention de subrogation antérieurement au paiement,

tandis qu'il en existait une péremptoire pour la défendre postérieurement au paiement.

Aussi ne conçoit-on pas l'arrêt de la Cour de Colmar, qui a décidé que le droit accordé par l'article 1733 du code civil au propriétaire contre le locataire ou fermier, en cas d'incendie, est incessible de sa nature, tant qu'il reste *dans les termes d'une simple éventualité;* qu'il ne peut notamment être cédé à une compagnie d'assurance. Aux termes de cet article, la subrogation, antérieure au paiement, se trouve prohibée.

Voici les considérans de cet arrêt singulier, et si contraire aux vrais principes, que nous sommes encore à concevoir comment il a pu être rendu.

« Attendu que la présomption légale, établie » par l'art. 1735 du code civil, au profit du pro- » priétaire contre le locataire, est exorbitante du » droit commun; d'où il suit que l'action, basée » sur cette présomption, doit rester strictement » restreinte dans ses limites, et que, dès lors, » l'éventualité de cette action ne peut pas faire » l'objet d'une cession aléatoire, cession qui, soit » par la discussion de l'indemnité due, mettant le » locataire à la merci d'un tiers, d'un spéculateur, » ajouterait d'une manière cruelle au malheur de » sa position;

» Attendu que ce qui confirme la vérité de l'in- » cessibilité éventuelle de l'action ci-dessus, c'est » que cette cession constituerait une spéculation » sur la réalisation d'un événement désastreux, » sur la calamité d'un incendie; qu'elle interdirait

» d'avance au locataire toute chance de pitié, toute
» compassion possible de la part du propriétaire;
» ce qui serait refouler le droit le plus sacré des
» hommes, celui de la bienveillance due au mal-
» heur;

　　» Attendu, d'ailleurs, que toute cession est une
» vente, et qu'il n'y a pas de vente sans un prix
» stipulé en retour du droit cédé; qu'au cas par-
» ticulier, il n'a été stipulé aucune somme pour la
» cession que les appelans invoquent; que,
» d'autre part, il n'a été fait au cédant aucune
» diminution sur les droits usuels d'assurance, en
» indemnité du droit cédé; et qu'enfin cette dimi-
» nution, si elle avait eu lieu, ferait ressortir da-
» vantage, par son exiguité, mise en regard du
» bénéfice des 3,085 fr. demandés au cas particu-
» lier à l'incendie, l'immoralité du contrat;

　　» Attendu, enfin, que les appelans ont, par la
» police du 26 février 1831, garanti l'intimé contre
» tous risques d'incendie que, par son incurie
» même, il pourrait encourir sur le mobilier gar-
» nissant la ferme incendiée; que, dès lors, il
» répugne d'admettre que cette même incurie,
» contre laquelle l'intimé venait de se faire assu-
» rer par les appelans, ait, au même moment,
» pu opérer au profit de ces derniers une action
» qui modifierait ou anéantirait le bénéfice de
» cette assurance; la Cour confirme, etc., etc. »
(Sirey, 33, 2, 105.)

　Mais un arrêt de la Cour royale d'Amiens admet
la doctrine contraire, la seule qui s'accorde avec

les principes de la subrogation. Le tribunal de Montdidier avait décidé qu'il est licite de transporter *des droits éventuels aussi bien que des droits acquis*; que l'une des bases ordinaires du contrat d'assurance est que, lorsque le sinistre est arrivé, l'assuré fait aux assureurs l'abandon de ses droits sur la chose assurée, et qu'en compensation du prix de l'assurance, ceux-ci succèdent à tous les droits de l'assuré, à exercer même envers des tiers. Le jugement reconnaît que la convention qui transporte, en cas de sinistre, tous les droits et recours de l'assuré à l'assureur, n'a rien de contraire aux bonnes mœurs ou qui se trouve en opposition avec la loi.

La Cour d'Amiens, à laquelle fut soumis l'appel, confirma le jugement de Montdidier, attendu que *la convention de subrogation n'a rien d'illicite et qui soit repoussé par la loi.* (Dalloz, t. 26, 2, 230, *Jurisp. gén.*)

202. La subrogation ne doit jamais nuire au subrogeant : *Nemo contrà seipsum subrogasse videtur.* L'art. 1252 du code civil consacre ce principe par la disposition suivante : *La subrogation ne peut nuire au créancier lorsqu'il n'a été payé qu'en partie; en ce cas, il peut exercer ses droits pour ce qui lui reste dû, par préférence à celui dont il n'a reçu qu'un paiement partiel.*

L'assureur ne doit pas non plus trouver dans la subrogation un moyen de bénéfices. Aussi ne lui confère-t-elle pas des droits égaux à ceux du propriétaire ; il peut seulement poursuivre les auteurs du sinistre, responsables envers le propriétaire, jusqu'à concurrence de l'indemnité soldée à ce dernier.

203. Les assureurs auront-ils le droit, en vertu de la subrogation stipulée, d'exercer une action contre les propriétaires des maisons sauvées? Pas le moindre doute à cet égard, si le propriétaire assuré possédait cette action. Car l'effet de la subrogation est de mettre le subrogé au lieu et place du subrogeant, de lui conférer tous les droits qui appartiennent à celui-ci. La seule question consiste donc à savoir si le propriétaire possède contre ses voisins, préservés de l'incendie, une action récursoire.

Selon nous, cette question se résout par l'affirmative. Il est juste que tous les propriétaires, sauvés du sinistre par la démolition d'une maison voisine, supportent en commun une perte faite pour leur seul avantage. N'y aurait-il pas une souveraine injustice à laisser tout le dommage à la charge d'un seul propriétaire? M. Proudhon, qui soutient cette opinion, compare cette démolition, exigée par une nécessité pressante, au jet à la mer de tous les effets qui surchargent le vaisseau et compromettent son existence.

MM. Grun et Jolliat, n° 304, n'adoptent pas cette opinion, sans pourtant la combattre avec force. S'ils n'insistent pas sur cette question, c'est que, selon eux, elle n'offre pas grand intérêt, *parce que le plus souvent l'autorité s'empresse de venir au secours des victimes de l'incendie, et*

que l'action directe contre le maître de la maison
où le feu a éclaté, suffit pour procurer un dédommagement satisfaisant. Ils critiquent aussi la comparaison faite par le savant M. Proudhon avec le
jet des effets à la mer.

Nous répondrons à l'une et à l'autre critique.
Quant à la première, elle nous paraît vicieuse sous
deux rapports. D'abord MM. Grun et Jolliat ont,
selon nous, le tort de décider un point de droit
par une considération sentimentale, au lieu de la
résoudre par une bonne raison légale. Il est sans
doute très-bien que l'autorité vienne au secours
des victimes de l'incendie, qu'elle les désintéresse
par des dons qui compensent la perte. Mais cette
générosité ne tranche pas la question qui subsiste
toujours, en dépit de la bienveillance du gouvernement. Car si celui-ci, une fois, une seule fois,
ne protège pas les victimes du sinistre, il faudra
nécessairement que le propriétaire dont la maison
a été démolie, exerce son recours contre quelqu'un. Pourra-t-il l'exercer contre les propriétaires préservés de l'incendie par la démolition? Telle
se présente la question. Les secours du gouvernement sont tout à fait en dehors de la difficulté légale, maintenant débattue : malgré eux, le propriétaire aurait eu le droit de poursuivre ses voisins pour qu'ils supportassent leur part dans la
perte commune : bien mieux, nous pensons qu'il
pourrait refuser les bienfaits du gouvernement,
et s'en tenir aux droits que la loi lui confère, sauf
à l'autorité à reporter ses secours sur les pro-

priétaires voisins, et à les aider à payer l'indemnité
commune.

MM. Grun et Jolliat concluent *du particulier
au général*, ce qui constitue un grand défaut de
logique. Il faut qu'une décision, pour être juste,
s'applique à toutes les faces de la question. Nous
le demandons, y aurait-il possibilité d'arriver
toujours à une solution certaine avec les motifs
que ces auteurs avancent? Non, car on leur
dira : *mais quand l'autorité n'offrira pas des
secours aux victimes de l'incendie, quand l'action directe contre le maître de la maison où
le feu a éclaté, ne suffira pas pour procurer
un dédommagement satisfaisant,* que décideriez-
vous ? Accorderez-vous ou refuserez-vous au
propriétaire dont la maison a été démolie, l'action récursoire contre les propriétaires voisins,
préservés de l'incendie ? Vous voyez bien que la
question mérite une discussion sérieuse, et qu'elle
ne doit pas être résolue par des faits, indépendans du droit.

MM. Grun et Jolliat critiquent aussi la comparaison avec le jet des effets à la mer. Nous croyons encore qu'ils ont tort. Que fait-on, quand on jette les
effets à la mer? On choisit vraisemblablement ceux
qui, par leur chargement, compromettent le plus
l'existence du vaisseau. Mais il y a choix, nous disent ces auteurs, et par cela seul on doit indemniser les propriétaires dont les marchandises ont été
de préférence sacrifiées. Dans l'incendie, au con-

traire, il n'y a pas de choix à faire; on sacrifie le
bâtiment le plus voisin du feu. Mais, en mer, il y
a aussi nécessité de jeter toutes les marchandises
qui mettent en péril le vaisseau : de même que
sur terre il y a nécessité de sacrifier la maison qui
se trouve le plus près de l'incendie, et qui, s'em-
brasant aussi, communiquerait certainement le
feu aux bâtimens voisins. Sur le navire, il se trouve
des marchandises qui n'occasionnent pas de difficulté sur le danger qu'elles présentent; leur pe-
santeur est connue de tout le monde; — elles sont
sacrifiées d'un commun accord : sur terre aussi,
souvent il n'existe pas de contestation sur la maison dont l'existence expose le plus la sécurité publique; elle est démolie du consentement de tout
le monde. Souvent, sur le navire, on ne sait sur
quelles marchandises doit porter le sacrifice, parce
qu'on n'est pas d'accord sur le danger que cause
leur présence; alors on choisit, et on jette à la
mer celles qui ont été reconnues pour les plus
dangereuses. Sur terre aussi, la même difficulté ne
peut-elle pas exister? Si, dans un groupe de maisons, une d'elles vient à brûler, il y a souvent
doute pour savoir celle qu'il est urgent de démolir;
on choisit aussi : dira-t-on toujours, malgré le choix,
que le propriétaire ne doit pas être indemnisé?
Non. Selon nous, le choix n'augmente en rien les
droits qu'il a à l'indemnité; et cette indemnité doit
être, en tout cas, fournie par les propriétaires voisins, préservés de l'incendie. Car leurs maisons ont
été sauvées par la destruction du bâtiment le plus

voisin du feu; sans sa démolition, il aurait été atteint, et aurait communiqué l'incendie aux autres
bâtimens. Si les propriétaires voisins ont profité
de la démolition, ils doivent aussi en supporter les
charges, *ubi emolumentum, ibi onus*. La mesure,
il faut le reconnaître, a été prise dans l'intérêt général, et les propriétaires voisins retirant avantage
des sacrifices imposés à un voisin, ils ne doivent
pas laisser à sa charge une perte qu'ils auraient
partagée sans la démolition de son bâtiment.

Mais, disent MM. Grun et Jolliat, où s'arrêtera
cette responsabilité des propriétaires voisins? s'appliquera-t-elle à tous les propriétaires d'un quartier, d'une ville? Tout le quartier, toute la ville pouvaient brûler? Que MM. Grun et Jolliat ne prennent pas trop d'inquiétude! Comme eux, nous
savons qu'un principe, poussé jusque dans ses dernières conséquences logiques, aboutit souvent à
une absurdité, par conséquent à une impossibilité.
Mais le bon sens des juges ne leur donne-t-il pas
d'assez grandes garanties? Les tribunaux sauront
limiter la responsabilité, après s'être procuré tous
les renseignemens capables d'éclairer leur conscience. Des experts, pris parmi des hommes ins-
truits et désintéressés, indiqueront aux tribunaux
le point d'arrêt de cette responsabilité qui effraie
MM. Grun et Jolliat. D'ailleurs, tous les témoins
oculaires de l'événement préciseront aussi l'événement, et mettront les juges à même de ne pas in-
fliger à un individu la communauté d'une perte
qu'il n'aurait jamais partagée, quand bien même

on n'eût pas démoli une maison. (Proudhon, *usu-fruit*, n° 1594, t. 4.)

CHAPITRE XIV.

NULLITÉ ET RÉSOLUTION DU CONTRAT D'ASSURANCE.

204. Nous avons eu déjà souvent l'occasion de parler de la nullité du contrat, mais, dans le cours de l'ouvrage, nous n'avons traité cette partie qu'accessoirement. Le moment est venu de l'approfondir, et de discuter les difficultés qu'elle présentera.

205. Le contrat d'assurance peut être déclaré nul pour des motifs généraux, applicables à tous les contrats, ou pour des motifs particuliers applicables à lui seul. Ainsi, que le contrat d'assurance soit sans cause, il sera déclaré nul, parce que, aux termes de l'article 1131 du code civil, *l'obligation sans cause, ou sur une fausse cause, ou sur une cause illicite, ne produit aucun effet.*

206. Si l'un des contractans a usé de dol pour engager l'autre à signer la police d'assurance, il y a lieu de prononcer la nullité du contrat, s'il est prouvé que, sans les manœuvres frauduleuses, il n'eût jamais existé. (Art. 1116 du code civil.)

207. Quand la fraude a existé de la part de l'assuré, l'article 357 du code de commerce déclare le contrat nul à son égard seulement.

« Celui qui se rend coupable d'un pareil délit,
» est privé de l'effet des assurances. (Art. 54 de
» l'ordonn.) Il encourt la peine de la nullité de
» l'assurance (art. 22); c'est-à-dire que si le na-
» vire périt, l'assuré ne pourra pas demander le
» paiement de la perte, et soit que le navire pé-
» risse ou qu'il arrive à bon port, l'assuré ne
» pourra pas demander à ses assureurs la resti-
» tution de la prime. » (Emérigon, *Droits des
assurances*, chap. 9, sect. 2.)

208. M. Quénault, n° 205, après avoir parcouru,
dans différens paragraphes, toutes les causes de
nullité, se demande quelle est la partie chargée
de prouver la mauvaise foi de l'autre? L'assuré
devra-t-il faire la preuve de sa bonne foi? ou bien
l'assureur sera-t-il chargé de démontrer la mauvaise foi de l'assuré? M. Quénault commence par
reconnaître le principe que la preuve est toujours
à la charge de celui qui demande : *Probatio incumbit ei qui dicit, non ei qui negat. Qui dolo
dicit factum aliquid, docere dolum admissum de-
bet.* (L. 18, § 1, ff., de *Probat.*) Telles sont les
citations de M. Quénault. Nous avions donc raison de dire en commençant, qu'il reconnaissait le
principe général; s'il croit devoir y déroger, c'est
par exception. Écoutons ses raisons : « Mais les
» déclarations faites par l'assuré dans la police,
» lorsqu'elles sont inexactes, peuvent servir de
» moyens de preuve pour établir la mauvaise foi
» de l'assuré. La fausseté de ses déclarations sur
» des faits qui lui sont personnels ou sur des cir-

» constances qu il ne peut ignorer, élève contre
» lui une grave présomption de fraude qu'il est
» tenu de repousser par la preuve de sa bonne
» foi ». Nous ne voyons pas dans tout ce passage
la preuve d'une exception à la règle générale.
M. Quénault prétend que l'assuré doit repousser
par la preuve de sa bonne foi les présomptions de
fraude qui résulteraient de fausses déclarations
sur des faits personnels. Rien d'étonnant, il nous
semble. M. Quénault sait comme nous que les présomptions constituent un genre de preuves, lorsqu'elles sont légales, ou quand elles ne sont pas
établies par la loi, si elles sont graves, précises,
concordantes, et dans le cas où la loi admet la
preuve testimoniale, *à moins que l'acte ne soit attaqué pour cause de fraude et de dol.* Eh bien!
dans l'espèce, si l'assuré doit repousser ces présomptions par la preuve de sa bonne foi, ce n'est
pas que, malgré sa qualite de défendeur, la preuve
se trouve à sa charge; mais c'est qu'il doit, par
une preuve contraire, détourner les conséquences
fâcheuses d'une preuve déjà faite. Le principe n'est
pas changé; il ne rencontre aucune exception : la
charge de prouver reste toujours à l'assureur demandeur, sauf à l'assuré, si la preuve est faite
contre lui, à la détruire par une preuve contraire.

209. Si le dol avait été commis par le mandataire ou par le commissionnaire, le contrat serait
nul, malgré la bonne foi du commettant, *Nam is
qui mandat, ipse facere videtur.* « De même qu'un
» mineur, dit Pothier (n° 19, *Contrat d'assu-*

» *rance*), ne peut pas profiter du dol de son tuteur,
» et que le dol de son tuteur ne peut lui être op-
» posé, pareillement nous ne pouvons pas profiter
» du dol de ceux que nous avons chargés de notre
» procuration, soit générale, soit spéciale, et leur
» dol nous peut être opposé : *Si is procurator sit*
» *cui omnium bonorum administratio concessa,*
» *de omni dolo ejus excipi posse*, L. 4, ff., § 18.
» C'est pourquoi, lorsqu'un commissionnaire a
» fait assurer les effets de son commettant, soit
» en vertu d'un ordre spécial, soit en vertu du
» pouvoir général qu'il avait de gérer ses affaires,
» il n'est pas douteux que si, lors du contrat, le
» commissionnaire avait la connaissance de la perte
» des effets, le contrat est nul; et le commettant,
» quoiqu'il n'eût pas cette connaissance, non-
» seulement ne peut demander la somme assurée,
» mais doit la rendre, s'il l'a reçue. A l'égard de
» la peine de *la double prime*, l'assureur doit se
» pourvoir contre le commissionnaire qui a com-
» mis le dol, et ne peut la demander au com-
» mettant. »

Pothier cite un arrêt du parlement d'Aix, du
mois de mai 1744, qui juge le contrat valable,
quoique le commettant eût, dès le temps du contrat, connaissance de la perte des effets assurés.

Pothier restreint avec raison la décision de cet
arrêt au cas auquel le commissionnaire aurait fait
assurer les effets de son commettant sans aucun
ordre pécial, à son insu, et en vertu du pouvoir général qu'il avait de gérer ses affaires; car, en ce cas,

il n'y a aucun dol, ni de la part du commissionnaire, ni de la part du commettant, qui puisse
porter atteinte au contrat.

210. M. Pardessus prétend que l'on ne doit pas
s'abandonner avec trop de facilité à des présomptions de fraude; aussi soutient-il qu'il ne faut pas
s'arrêter à des différences qui n'auraient pas d'importance, ou à de faibles inégalités. Mais, s'il y a
excès dans le défaut d'évaluation, s'il existe entre
la valeur réelle des effets assurés et la valeur indiquée, une différence telle que l'erreur ne soit
pas présumable, alors il y a une présomption de
fraude, que l'assureur devra chercher à prouver,
s'il veut invoquer la nullité du contrat,

Quant aux déclarations erronnées, elles entraînent la nullité du contrat, seulement dans les cas
prévus par l'art. 348 du code de commerce. Nous
rappellerons simplement la teneur de cet article
que nous avons déjà développé; il serait inutile de
s'appesantir de nouveau sur les conséquences de
ses dispositions. *Toute réticence, toute fausse déclaration de la part de l'assuré, toute différence
entre le contrat et le connaissement, qui diminueraient l'opinion du risque ou en changeraient
le sujet, annulent l'assurance. L'assurance est
nulle, même dans le cas où la réticence, la fausse
déclaration ou la différence n'auraient pas influé sur le dommage ou la perte de l'objet assuré.* Le motif de cet article est facile à saisir.
L'erreur, ici, entraîne le changement de la nature
ou de l'étendue du risque. Il y a erreur sur la

substance de l'objet du contrat, erreur qui est une cause de nullité. (Art. 1110 du code civil.)

211. Cette nullité pourra-t-elle être invoquée par les deux parties? Telle est la question que se pose M. Quénault, n° 375. Nous ne concevons pas, il faut l'avouer, cette question. Nous ne voyons pas où réside la difficulté. Tous les principes répondent : Quel est l'auteur de la nullité du contrat? L'assuré. Qu'il soit la cause de la nullité par erreur, ou avec intention frauduleuse, peu importe ; c'est toujours lui qui se trouve dans son tort ; lui seul doit supporter la peine de l'annulation du contrat à son préjudice. Telle est la disposition formelle de l'art. 357 du code de commerce. L'assureur, au contraire, ne se reproche rien, pas même une erreur. L'assuré a toujours une négligence à s'imputer ; car l'erreur n'aurait pas existé, s'il s'était procuré avec soin tous les renseignemens nécessaires, s'il avait pris toutes les précautions que, par devoir et par intérêt, il devait prendre. A ce sujet, il ne peut se présenter aucune difficulté sérieuse.

§ II.

RÉSOLUTION DU CONTRAT D'ASSURANCE.

212. Nous avons déjà vu que l'assuré devait déclarer à l'assureur tous les changemens de risque qui s'opéraient dans la chose assurée. La modification de risques devient une cause de résolution.

Aussitôt que le risque est augmenté ou modifié, le contrat ne subsiste plus, car il ne se trouve plus dans les termes de la convention. Que l'assuré change la destination du bâtiment soumis à l'assurance, il faut qu'il déclare cette mutation à l'assureur; il peut se faire que les dangers du feu soient alors plus menaçans qu'ils ne l'étaient au moment de la signature de la police. Si la compagnie d'assurance avait su que le propriétaire donnerait cette destination à la maison, peut-être n'eût-elle pas consenti à signer le contrat, ou ne l'eût-elle pas signé aux mêmes conditions. Après la déclaration du changement, la compagnie pourra ou demander la résolution du contrat, ou continuer son exécution aux mêmes conditions.

S'il existe une simple modification dans le risque, l'assuré doit aussi la faire connaître à l'assureur. Les termes de la convention sont aussi changés. Ainsi, qu'il s'agisse de marchandises livrables à Strasbourg; qu'elles soient indiquées comme suivant la route de Nancy, et que l'assuré les expédie par Metz, il y a encore lieu à la résiliation du contrat, parce que le risque se trouve modifié. Après la déclaration de l'assuré, l'assureur jugera si, dans son intérêt, il doit, ou non, continuer l'exécution du contrat, malgré le changement de route.

213. Toutes les polices des compagnies d'assurance contiennent à cet égard des dispositions formelles. L'article 6 de la compagnie française du Phénix est ainsi conçu :

« Si des objets assurés dans un lieu sont trans-
» portés dans un autre ;

» Si, dans des bâtimens assurés ou renfermant
» des objets assurés, il est fait des changemens ou
» des constructions qui augmentent ou multiplient
» les chances d'incendie ;

» S'il y est établi une fabrique, une usine, une
» manipulation ou une profession dangereuse ;

» S'il y est introduit des matières, des denrées,
» des marchandises, des objets quelconques qui,
» par leur nature, aggravent évidemment les ris-
» ques ;

» L'assuré est tenu de le *déclarer immédiate-*
» *ment* à la compagnie, et de payer, s'il y a lieu,
» une augmentation de prime.

» Faute par lui de faire mentionner cette dé-
» claration sur sa police, il n'a droit, s'il survient
» dans l'intervalle un incendie, à aucune indem-
» nité.

» Dans tous les cas, le changement survenu
» dans la nature du risque donne à la compagnie
» *le droit de résilier* la police par une simple noti-
» fication, et les primes payées lui demeurent ac-
» quises. »

214. Remarquons que le déplacement momen-
tané ne résilierait pas l'assurance, si l'assuré ré-
tablissait les objets dans le même lieu indiqué par
la police.

Remarquons encore avec MM. Grun et Jolliat,
n° 325, qu'il n'existe pas entre l'assurance des
meubles et l'assurance des immeubles une indivi-

sibilité telle, que la résiliation de l'une entraîne toujours celle de l'autre. Ainsi, qu'un propriétaire fasse assurer, par la même police, les meubles renfermés dans tel bâtiment, qu'en même temps il fasse assurer le bâtiment, et que plus tard il retire les meubles pour les déposer dans un autre local, l'assurance du mobilier sera résiliée, et celle du bâtiment subsistera toujours. MM. Grun et Jolliat semblent appuyer beaucoup sur l'existence de cette double assurance dans la même police. Mais la question ne se présente raisonnablement que dans ce cas : car, s'il s'agissait de deux assurances, insérées dans des polices distinctes, il n'existerait pas de difficulté; les deux assurances seraient tellement indépendantes l'une de l'autre, que l'esprit le plus pointilleux, le plus disposé à la chicane, ne prétendrait pas raisonnablement que la décision, prise à l'égard de l'une, aurait de l'inl'influence à l'égard de l'autre.

215. Dans tous les cas où il y a lieu à résiliation pour augmentation ou simple modification de risque, plus que pour toute autre cause de résolution, des difficultés s'élèvent entre l'assureur et l'assuré. Des questions de faits se présentent; les tribunaux possèdent seuls la capacité de les résoudre. Il n'y a pas de règles à leur tracer; ils examineront avec conscience les discussions des parties; ils décideront si les griefs de l'assureur sont justifiés; et dans le cas d'une justification complète, ils résoudront le contrat.

216. Pothier et Émérigon traitent, à l'occasion

du risque, une question importante : ces deux
savans jurisconsultes s'accordent sur la décision.

Voici cette question telle que la pose M. Quénault, n° 385 :

Dans le cas où l'on a fait assurer une somme
fixe sur une quantité de marchandises ou d'effets
mobiliers en bloc, la diminution ou l'augmentation de la matière du risque doit-elle être regardée comme une aggravation de ce risque ?

Pothier s'exprime ainsi : « J'ai fait assurer
» 45,000 fr. sur un chargement qui est de valeur
» de 60,000 fr. Dans le cours du voyage, je retire
» du vaisseau des effets pour 15,000 fr. ; l'assu-
» reur court-il le risque du total des marchandi-
» ses ? Il n'y a pas lieu à la question dans le cas
» de la perte totale du chargement : il est, dans
» ce cas, indifférent à l'assureur que l'assuré ait
» retiré, ou non, la partie du chargement qui
» n'est pas assurée, puisque dans le cas d'une
» perte totale, soit qu'il l'eût retirée, soit qu'il
» ne l'eût pas retirée, l'assureur devrait toujours
» la même somme de 45,000 fr. Il y a lieu à la
» question dans le cas des pertes particulières et
» avaries : l'assureur a intérêt, pour ne les pas
» supporter seul, que la partie non assurée reste
» dans le vaisseau, afin de partager les pertes et
» avaries avec l'assuré, ou avec un second assu-
» reur à qui l'assuré aurait fait assurer cette par-
» tie qui restait à assurer.

» Cet intérêt qu'a l'assureur, que la partie qu'il
» n'a pas assurée reste dans le vaisseau, lui four-

» nit-il un moyen suffisant pour soutenir que,
» dans le cas auquel l'assuré l'a retirée du vais-
» seau, il ne doit supporter les pertes et avaries
» survenues depuis que pour la même part qu'il
» aurait supportée, si cette partie n'eût pas été
» retirée? Valin, sur l'art. 36, tient la négative.
» La raison est, que ce n'est qu'*ex accidenti* que
» l'assureur eût partagé les pertes et avaries avec
» l'assuré, si la partie qu'il n'a pas assurée fût
» restée dans le navire ; l'assuré ne s'est pas obli-
» gé envers lui de l'y laisser, et il ne s'est pas
» interdit la faculté de débiter partie de ses mar-
» chandises, dans le cours de son voyage, dans
» les ports où le navire relâcherait. L'assureur
» n'est donc pas fondé à refuser de porter seul
» les pertes et avaries survenues depuis, lorsqu'il
» n'y avait plus dans le vaisseau que la partie as-
» surée. J'ai néanmoins entendu faire à cet égard
» une distinction qui m'a paru assez plausible.
» Lorsque c'est dans le cours du voyage et pour
» l'intérêt de son commerce, que l'assuré a retiré
» une partie de ses marchandises pour les débiter
» dans les ports où le navire relâchait, l'assureur
» ne peut pas s'en plaindre, et la décision de
» M. Valin doit avoir lieu. Mais si le navire
» étant près d'arriver au port de sa destination,
» l'assuré avait fait décharger une partie de ses
» marchandises, dans la vue uniquement de sous-
» traire au danger des avaries qu'il y avait lieu
» de craindre, la partie non assurée, et de faire
» tomber en entier ces avaries sur la partie as-

» surée, en ce cas on pourrait dire que l'assureur
» ne doit porter dans l'avarie que la même part
» qu'il eût portée, si la partie qui a été retirée
» fût restée dans le navire, l'assuré n'ayant pas
» dû préférer son intérêt à celui de l'assureur. »

« Emérigon prétend qu'il est libre au marchand
» de mettre son découvert en lieu de sûreté, et
» de laisser dans le navire la seule partie assurée;
» car il n'avait eu recours à l'assurance que pour
» se garantir des risques, et il n'avait contracté
» avec ses assureurs aucune société proprement
» dite. »

« L'augmentation de la matière du risque, con-
» tinue M. Quénault, pendant le cours de l'assu-
» rance, peut encore moins servir de prétexte à
» l'assureur pour demander la résolution du con-
» trat; car si l'on peut dire qu'en multipliant les
» objets qui sont l'aliment des risques, on multi-
» plie jusqu'à un certain point ces risques, il faut
» considérer aussi qu'en augmentant son décou-
» vert, l'assuré augmente la proportion dans la-
» quelle il doit contribuer aux pertes partielles
» ou simples dommages. D'ailleurs, il faut s'atta-
» cher à l'intention dans laquelle sont faites les
» assurances d'une somme fixe sur facultés. Le
» but de ces contrats est de laisser aux assurés,
» et particulièrement aux négocians qui stipulent
» de semblables assurances, la liberté de vendre
» et d'acheter des marchandises, selon que l'exi-
» gera le besoin ou l'intérêt de leur commerce.
» On pourrait gêner leur liberté sur ce point,

» sans reconnaître l'intention dans laquelle de
» pareilles assurances sont faites, et sans leur
» ôter une grande partie de leur utilité. » (Pothier, n° 8o, *Contrat d'assurance.*—M. Quénault,
n° 38o.)

217. L'assurance est aussi résolue par la perte
de la qualité en laquelle l'assuré a figuré au contrat, car elle devient sans cause depuis le moment
où l'assuré cesse d'être intéressé à la conservation
des choses assurées.

218. Bien mieux, quand même l'assuré se trouverait intéressé, à un autre titre, à la conservation des choses assurées, le contrat ne serait pas
moins résolu. Ainsi qu'un locataire, qui a fait assurer ses risques locatifs, achète la maison qu'il
habite, son intérêt à la conservation du bâtiment
ne sera plus le même ; il y aura lieu à prononcer
la résolution du contrat d'assurance. On se con-
vainct facilement que les risques d'un propriétaire
et d'un locataire ne présentent aucune identité, et
qu'il n'est pas permis d'étendre aux uns la garantie qui s'applique aux autres.

219. Il est pourtant utile d'observer que cette
décision ne porte pas sur la transmission faite à
un tiers de l'objet assuré. Dans ce cas, l'intérêt
du premier assuré à la conservation de la chose
cesse bien avec la vente, mais l'assurance n'est
pas résolue, puisqu'elle passe, ainsi que nous l'a-
vons vu plus haut, aux successeurs et ayans-cause
de l'assuré.

220. Il existe encore une autre cause de résolu-

tion applicable à tous les contrats. Elle se tire de l'inexécution des conventions. Il s'agit de la condition résolutoire sous-entendue dans tous les contrats. (Art. 1183, cod. civ.) Que les clauses de la police aient prévu, ou non, l'inexécution du contrat, les assureurs trouvent dans les principes généraux, applicables à toutes les conventions, la garantie de leur intérêt. Les assurés jouissent aussi de la même faculté. Ainsi, à commencer par eux, nous dirons que si les assureurs ne les indemnisent pas des avaries particulières que peut souffrir la chose assurée, ils ont droit de demander la résolution du contrat.

221. L'assuré doit aussi le paiement de la prime stipulée. S'il manque à ses engagemens, la compagnie d'assurance a le droit de poursuivre la résolution de la convention. Souvent, aux termes de la police, cette faculté lui appartient sans qu'il soit besoin d'employer des formalités préliminaires. Que la police, prévoyant le cas où l'assuré violera la foi promise, stipule que, sans aucune mise en demeure, l'assurance demeurera résolue, si l'assuré ne verse pas la prime à l'époque fixée; la résolution sera de droit, une fois le terme arrivé, sans que la prime ait été versée.

Mais si la police garde le silence sur la résolution du contrat pour l'inexécution des conventions, il faut se référer aux principes généraux pour tous les contrats, et une mise en demeure est exigée avant toute demande pour la résiliation. Qu'est-ce donc qu'une mise en demeure?

L'article 1139 répond que le débiteur est constitué en demeure, soit par une sommation ou par
un autre acte équivalent, soit par l'effet de la
convention, lorsqu'elle porte que, sans qu'il soit
besoin d'acte et par la seule échéance du terme,
le débiteur sera en demeure.

222. Presque toutes les compagnies d'assurance
fixent pour le paiement de la prime un délai de
quinzaine, au commencement de chaque année.
Il est évident que le sinistre arrivé pendant ce
délai serait à la charge de l'assureur, autrement
il y aurait déception dans cette prétendue grâce
du délai. Une fois le délai passé, l'assuré se trouve
en retard; l'assureur doit se dépêcher de le mettre en demeure. Quand il a été mis en demeure,
s'il ne paie pas la prime, l'assureur ne lui devra
aucune indemnité en cas de sinistre. Vainement
ferait-il des offres réelles du montant de la prime,
le contrat doit être résilié (1).

223. Remarquons pourtant que la résolution du

(1) Nous empruntons ici à MM. Grun et Jolliat un historique
des clauses des polices anglaises, relativement au défaut de
paiement à l'époque fixée. « Parck, chap. 23, *of insurance
against fire*, p. 660, note *a*, et Marshall, qui l'avait précédé
(liv. 4, chap 3), citent un jugement d'un tribunal anglais qui a
décidé le contraire; mais les compagnies d'assurance du *Royal-
Exchange*, du *Phénix*, et plusieurs autres, déclarent qu'elles
ne voulaient point profiter de cette décision, et qu'elles se consi-
déraient comme obligées de payer le sinistre arrivé pendant les
quinze jours accordés à l'assuré. — Dans une autre affaire, intéressant la compagnie du *Sun-Fire-Office*, les assureurs furent, à raison des circonstances qu'on va voir, dégagés de leurs
obligations; avant la fin de l'année, ils avaient averti qu'ils exi-

20.

contrat d'assurance n'entraîne pas des résultats
aussi étendus que la résolution des contrats ordinaires. Ainsi, l'art. 1183 du code civil dit po-
sitivement que la condition résolutoire, sous-entendue dans toutes les conventions, opère la ré-
vocation de l'obligation, *et remet les choses au
même état que si l'obligation n'avait pas existé.*
Cette dernière conséquence ne s'applique pas au
contrat d'assurance; sa résolution n'a pas d'effet rétroactif. La raison de cette exception au
principe général se saisit facilement : elle résulte de l'indivisibilité de la prime qui appartient
à l'assureur au moment même de la signature de
la police; car, à partir de cette époque, le risque
commence à courir pour lui. Aussi, le risque ne
l'eût-il menacé qu'un *instant de raison*, la prime ne serait pas moins une propriété que rien ne
pourrait lui ravir. « Lorsque les assureurs, dit
» Pothier, n° 181, *Contrat d'assurance*, ont com-
» mencé à courir les risques, la prime entière

geraient une augmentation de prime sans laquelle ils ne conti-
nueraient pas l'assurance; l'assuré avait refusé. Dans la quinzaine, après l'expiration de l'année, un sinistre éclata; l'assureur
fut déclaré non responsable de la perte, quoique l'assuré offrît
la prime entière avant l'expiration de la quinzaine. Les magistrats
pensèrent que les assureurs n'ayant pas notifié à l'assuré, avant
l'expiration de l'année, qu'ils ne renouvelaient pas l'assurance,
l'assuré avait quinze jours pour se décider; mais que ce délai
n'avait d'autre but que de lui laisser l'option de continuer l'assurance en payant la prime pour l'année suivante, sans égard
au sinistre qui serait intervenu dans la quinzaine de l'option.—
Dans une pareille occurence, les tribunaux français adopteraient
assurément la même opinion.

» leur est dès lors acquise et due irrévocable-
» ment. » Que le contrat soit résolu plus tard,
parce que l'assuré, ne payant pas le prix à l'époque fixée, n'aura as satisfait à ses engagemens,
peu importe.... L'assureur a couru les risques ; il
doit jouir de la compensation qu'il a stipulée par
le contrat. Aussi, des assurances maritimes est
né cet axiome, qui donne une idée précise des
droits de l'assureur : *Nul ristourne, si les assureurs ont commencé à courir les risques.*

224. Ce principe, admis par tous les auteurs,
reçoit, selon eux, exception, lorsque l'assurance
est résolue par la faillite de l'assureur. Cette exception ne nous paraît pas motivée. Repose-t-elle
sur une disposition formelle du code de commerce ? Non : l'article 346 ne contient rien qui
puisse faire supposer que le législateur ait songé
à cette exception.

L'article 346 est ainsi conçu : « Si l'assureur
» tombe en faillite lorsque le risque n'est pas en-
» core fixé, l'assuré peut demander caution ou la
» résiliation du contrat.

» L'assureur a le même droit en cas de faillite
» de l'assuré. »

Voyons-nous une exception au principe, *nul
ristourne, si l'assureur a commencé à courir les
risques?* Non : l'article se contente de dire qu'en
cas de faillite soit de l'assureur, soit de l'assuré,
il y a lieu à caution, ou à résiliation du contrat;
il ne dit rien de plus. Pourquoi prononcer, dans
ce cas, la résolution entière du contrat d'assu-

rance, tandis que, dans les autres cas, on la prononce seulement pour l'avenir? Est-ce que les raisons qui ont fait rejeter l'application complète de
l'article 1183 pour l'inexécution des conventions,
ne militent pas avec autant de force en cas de
faillite? Est-ce que l'assureur n'a pas couru de
risque pendant le temps qui a précédé sa faillite?
S'il a couru les risques, il doit retenir la prime à
titre de compensation. L'indivisibilité de la prime
qui lui appartient entière, irrévocable, au moment même de la signature de la police, empêche
qu'elle lui soit retirée par un événement posté-
rieur. Tel est le principe que tous les auteurs reconnaissent et qu'ils doivent, sous peine d'inconséquence, admettre dans tous les cas, à moins
qu'il n'existe une disposition légale qui prononce
une exception formelle. Selon nous, M. Quénault,
n° 385, a tort lorsqu'il s'appuie sur l'indivisibilité
des risques, pour soutenir que c'est cette même
indivisibilité qui autorise la répétition de la prime
contre l'assureur qui s'est mis hors d'état de répondre du sinistre avant la fin des risques. Nous
reconnaissons que l'assureur doit une garantie
complète. Mais, au moment de la convention, il
l'offre vraisemblablement à l'assuré, puisque celui-ci a consenti le contrat. S'il a signé la police,
malgré le défaut de garantie, tant pis pour lui.
Si, plus tard, l'assureur ne présente plus la
même garantie, alors il y a lieu à faire prononcer
la résolution en vertu de la clause résolutoire sous-
entendue dans tous les contrats. Mais il n'y a pas

de raison pour sortir du droit commun de l'assurance ; la faillite n'empêche pas que, jusqu'à l'é-
poque de son ouverture, l'assureur n'ait couru
les risques ; par cela seul la prime lui appartient.
Un auteur semble avoir compris comme nous la
question. Seulement il n'est pas aussi explicite ; il
n'admet pas, pour le cas de faillite, aussi généralement le principe, *nul ristourne, si l'assureur a
commencé à courir les risques*. On dirait que, sous
la même impression que nous, reconnaissant
comme nous que rien n'autorisait l'exception admise par tous les auteurs, il n'a pas osé lutter
contre cette unanimité de jurisconsultes distin-
gués. M. Boudousquié, *Traité d'assurance terrestre*, n° 379, s'exprime ainsi :

« Ces termes ne peuvent s'entendre que d'une
» résolution entière, puisque la loi s'exprime en
» termes absolus. On peut opposer, il est vrai,
» que la faillite n'empêche pas que l'assureur n'ait
» couru les risques jusqu'au moment de la réso-
» lution, et qu'il n'ait été tenu de payer l'indem-
» nité, soit intégralement, si le sinistre était ar-
» rivé avant son insolvabilité, soit jusqu'à con-
» currence du dividende de l'assuré, si sa faillite
» avait précédé le sinistre ; mais la raison de dé-
» cider est que l'assuré, ainsi que nous l'avons
» déjà dit, a cherché une garantie entière dans le
» contrat d'assurance ; que, par l'effet de la fail-
» lite, il se trouve n'avoir pas été garanti, puis-
» qu'il l'a été incomplètement ; qu'ainsi, l'obliga-
» tion qu'il a contractée devient une obligation

» sans cause. Toutefois, cette décision, *plus par-*
» *ticulièrement applicable à l'assurance maritime,*
» qui n'est ordinairement consentie que pour un
» voyage ou pour une période déterminée, *nous*
» *paraît devoir être modifiée, en matière d'assu-*
» *rances terrestres,* lorsque le contrat étant divisé
» en plusieurs années, est censé contenir autant
» d'obligations successives que d'années; la réso-
» lution, dans ce cas, ne peut avoir lieu que pour
» l'année dans laquelle éclate la faillite, et pour
» les années suivantes, parce que le contrat ayant
» reçu son exécution pour les années antérieures,
» sans que la faillite soit venue diminuer la ga-
» rantie de l'assuré, il n'a pas de raison pour se
» dispenser de payer le prix de cette garantie. »

On le voit, M. Boudousquié se rapproche bien
de notre opinion. Pour le cas le plus ordinaire,
pour celui où la prime se paie par année, cet auteur adopte l'avis émis par nous; il pense que la
faillite produit la résolution du contrat, seulement pour l'année où elle éclate et pour les années suivantes. Quel est le motif de cette distinction ? Il vous répond : *parce que le contrat, pour*
les années antérieures, a reçu son exécution,
sans que la faillite soit venue diminuer la garantie
de l'assuré. Cette raison ne s'applique-t-elle pas
aussi à la prime de l'année de la faillite? Quelle
est la nature de la prime ? Est-elle, comme dans
les autres contrats commutatifs, l'équivalent d'une
autre chose que l'assureur donne ou s'oblige de
donner à la place? Non; elle est le prix du *risque*

dont il se charge par le contrat : ce qui est le vrai
caractère des contrats aléatoires. L'assureur a-t-il
couru le risque pendant un temps? Oui. Si le sinistre était arrivé avant la faillite, aurait-il été
contraint de verser l'indemnité promise? Oui. Pourquoi s'est-il chargé de ce risque? Pour une prime.
S'il a couru le risque, il a droit de retenir la
prime de l'année, sauf, si sa faillite éclate,
à résilier le contrat pour les années suivantes.
Telle est notre ferme conviction... Nous croyons
notre opinion fondée sur l'équité et sur les principes du droit.

225. Malgré les termes de l'article 346 du code
de commerce, qui semblent laisser au demandeur
le choix entre la caution et la résiliation, il est de
jurisprudence constante que la résolution n'est accordée qu'autant que le failli ne présente pas bonne
et suffisante caution. Si, à défaut de cette caution,
la résolution du contrat est poursuivie en justice,
elle date du jour du jugement qui l'accorde. Que
le sinistre arrive entre la demande et le jugement,
et l'obligation de l'assureur doit recevoir son exécution. Les risques sont fixés; la résolution du
contrat ne peut plus être prononcée. Si le jugement est prononcé avant l'événement, la résolution, au cas où elle est prononcée, aura la même
date que le jugement, à moins que les juges n'aient
accordé un délai. (Art. 1184, cod. civ.)

226. Cet article 1184 s'applique-t-il dans son
entier au cas prévu par l'art. 346 du code de commerce? Par exemple, l'assuré, en cas de faillite

de l'assureur, peut-il demander, avec la résolution du contrat, des dommages et intérêts?

Les partisans de la négative soutiennent que l'art. 346 du code de commerce a créé, pour les assurances, un droit distinct, particulier. L'assuré ou l'assureur, en cas de faillite de l'autre contractant, ne peut demander qu'une caution, ou la résiliation pure et simple. L'article 346 contient une disposition exceptionnelle, par conséquent limitative.

D'ailleurs, ajoute-t-on, l'article 1184, qui accorde des dommages-intérêts, suppose que l'inexécution du contrat provient d'un fait volontaire de l'obligé; tandis que la faillite est évidemment un fait indépendant de sa volonté.

Enfin on fait valoir, comme un argument décisif, le privilége que des créanciers spéciaux d'une faillite pourraient se créer par leur volonté, et sous de vains prétextes de dommages et intérêts.

Nous croyons qu'il est facile de répondre à toutes ces raisons, et de ruiner même *l'argument décisif.*

L'article renferme-t-il une restriction au droit commun?

Protégeant d'un côté les contractans contre la faillite de l'un d'eux, a-t-il voulu, de l'autre, les priver des avantages qu'il accorde ordinairement, et les mettre hors du droit commun? Non : rien du moins n'autorise cette supposition. Son intention a été de leur offrir les moyens qu'ils ne trouvaient pas dans le droit commun, de pourvoir à leur sûreté. Le législateur n'avait pas besoin de rappeler les dommages-intérêts dans l'article 346 du code de commerce, puisqu'ils appartenaient de droit. D'ailleurs, n'est-il pas de principe que le code de commerce, tout à fait exceptionnel, se réfère au code civil pour les règles générales dont il ne parle pas, et auxquelles il ne déroge pas expressément? L'article 1184 est applicable, parce qu'il contient la règle générale.

Quant à l'*argument décisif*, que certains créanciers se présenteraient, de leur seule volonté, comme créanciers privilégiés de la faillite, il est sans fondement. Depuis quand, nous le demandons, exige-t-on que tous les créanciers du failli se trouvent dans la même condition? Ne peut-il pas se faire que le failli, en raison de faits personnels, soit exposé, vis-à-vis de quelques-uns d'entre eux, à des condamnations en dommages et intérêts, de même que pour les cas ordinaires? Dans ce cas, les dispositions générales de la loi ne recevront-elles pas leur application? Seulement les dommages-intérêts ne sont payés que dans la proportion des dividendes. Il n'existe plus alors entre les créanciers de ces distinctions chimériques que les adversaires croyaient voir dans le simple exercice des droits conférés par la loi.

Notre système a été adopté par le tribunal de Lille, et sanctionné par la Cour de Douai. Déféré à la Cour de cassation, il fut accueilli par cette Cour souveraine. L'arrêt suivant le consacra :

« La Cour, considérant que tout dommage fait

» à autrui exige une réparation de la part de ce-
» lui qui l'a causé; que ce principe est consa-
» cré par les articles 1382, 1383 et 1184; qu'il
» s'applique, comme toutes les dispositions fon-
» dées sur l'équité naturelle, non-seulement aux
» matières régies par le code civil, mais à celles
» soumises à des lois spéciales, à moins que ces
» lois n'y dérogent expressément; que l'article
» 346 du code de commerce et les lois sur les fail-
» lites ne renferment aucune dérogation à ce prin-
» cipe; qu'ainsi l'arrêt qui l'a pris pour règle
» de décision est inattaquable en droit; qu'il
» l'est également dans la disposition qui recon-
» naît le dommage éprouvé par ....., l'arrêt ne
» présentant, sous ce rapport, qu'une décision
» de fait, dont les motifs, quels qu'ils soient, ne
» peuvent être soumis à la censure de la Cour;
» rejette. » (*Journal du Palais*, 1828. 3. 441.)

227. L'article 346 du code de commerce s'applique-t-il aussi bien au cas de déconfiture qu'au
cas de faillite? Il arrive presque toujours que
l'assuré, n'étant pas commerçant, ne tombe
pas en faillite. A ne prendre que les termes de
l'article 346, la déconfiture semble n'être pas
comprise dans sa disposition; mais les motifs de
sa rédaction s'appliquent à la déconfiture. Dans
la déconfiture, comme dans la faillite, l'assuré ne
présente plus les garanties qu'il avait promises au
moment de la signature de la police; les conséquences doivent donc être les mêmes. Si l'article
346 ne parle pas de la déconfiture, c'est qu'il se

trouve dans le code de commerce , fait pour les seuls commerçans , tandis que la déconfiture existe pour les individus non commerçans. En un mot, il ne parle pas de la déconfiture , parce qu'il ne pouvait pas en parler, *non erat hìc locus*. Mais la disposition de loi, applicable à l'une, doit s'appliquer à l'autre, parce qu'il y a même motif de décider, *ubi eadem ratio, ibi idem jus*.

228. Pour les sociétés d'assurances mutuelles, il faut faire des distinctions : ou les causes de nullité, de résolution, tiennent à la société elle-même , ou elles tiennent simplement à quelques-uns des souscripteurs. Au premier cas, la société se dissoudra; au second cas, les souscripteurs sortiront de la société. Ainsi, les statuts portent que le fonds social se composera d'une quantité fixe de valeurs; si cette clause ne reçoit pas son exécution, la société doit se dissoudre, parce qu'elle ne remplit pas la condition de son existence.

Mais s'il s'agit de l'inexécution des clauses particulières à chaque associé, le lien réciproque sera rompu pour celui-là seul qui ne remplira pas la condition de son admission. Nous avons déjà vu que les sociétés d'assurances mutuelles ne se forment pas en considération des personnes, mais en considération de l'avantage qui résultera pour chaque sociétaire de la réunion de capitaux considérables. Ces sociétés sont beaucoup plus réelles que personnelles; elles ne sont, à vrai dire, que des sociétés de capitaux ou d'immeubles. Par

conséquent les articles 1865 et 1867 du code civil
ne leur sont pas applicables. Elles continuent de
subsister, malgré la déconfiture de plusieurs sociétaires.

229. Comment se proposent les causes de nullité, de résolution totale ou partielle de l'assurance? Elles se proposent, soit par voie d'action,
avant le sinistre, soit par voie d'exception à la
demande en paiement des primes, ou de l'indemnité, suivant les droits respectifs des parties.

230. Combien de temps durent les actions en
nullité ou en rescision du contrat d'assurance?
Sont-elles sous l'empire du droit commun? L'article 1304 du code civil fixe à dix années les actions en nullité ou en rescision, à moins qu'elles
n'aient été limitées à un moindre temps par une
loi particulière. Pour les formalités des conventions sur l'assurance, nous avons été obligé de
recourir aux dispositions générales ; nous nous
sommes référé aux règles applicables à tous les
contrats ; nous devons donc adopter la durée fixée
pour l'exercice de l'action en nullité résultant
d'une formalité essentielle.

Cependant il se rencontre des nullités qui sont
tellement radicales qu'elles ne se couvrent point
par le temps, ni par aucune ratification. Tels sont
les cas où une convention repose sur une cause
illicite, ou contraire aux bonnes mœurs, ou
fausse, ou bien encore lorsque la convention serait sans objet. Dans l'espèce, par exemple, si
l'assurance dégénérait en pari, si elle cachait une

donation, le contrat n'aurait que l'apparence de
l'assurance, et il ne produirait pas d'effet. Cette
convention ne pourrait pas être confirmée tacitement par le laps de dix années, ou d'un temps
quelconque, puisqu'elle ne saurait l'être, à aucune
époque, par les actes les plus formels. « L'action
» en nullité ou en rescision, disait M. Jaubert,
» dans son rapport au tribunat sur le projet de loi,
» l'action en nullité ou en rescision ne s'applique
» donc qu'au cas où la convention peut produire
» une action qui néanmoins est susceptible d'être
» repoussée par une exception, c'est-à-dire, 1° au
» cas d'incapacité ; 2° au défaut de consentement.

» Et c'est là la grande matière des demandes en
» restitution, et des actions rescisoires qui ont
» tant occupé les jurisconsultes.

» Il a paru à votre section, que le projet avait
» adopté les principes les plus justes, les plus
» équitables et les plus analogues à la morale et
» au repos des familles.

» Et d'abord il était impossible de ne pas con-
» server l'ancienne distinction entre les actes
» faussement qualifiés de contrats, et qui ne pro-
» duisent jamais d'action, et les contrats qui ont
» contenu une obligation, et conséquemment le
» principe d'une action, laquelle action peut être
» seulement repoussée par une exception.

» Lorsqu'il s'agit d'un engagement contracté sans
» objet ou sans cause, ou pour une cause illicite,
» il est tout simple que celui qui a souscrit l'en-
» gagement n'ait pas besoin de recourir à la jus-

» tice pour se faire dégager, ou que, du moins,
» *à quelque époque qu'il soit poursuivi, il soit tou-*
» *jours admis à répondre qu'il n'y a pas d'obli-*
» *gation.* Mais, *lorsqu'il s'agit d'un mineur,*
» *d'une femme mariée, ne serait-il pas extraor-*
» *dinaire que le temps de la restitution ne fût*
» *pas limité ?* »

Le temps fixé pour l'exercice de l'action en nullité ou en rescision, court, dans le cas de violence,
du jour où elle a cessé ; dans le cas d'erreur ou de
dol, du jour où ils ont été découverts ; et pour les
actes passés par les femmes mariées non autorisées, du jour de la dissolution du mariage.

Le temps court, à l'égard des actes faits par les
interdits, du jour où l'interdiction est levée ; et à
l'égard de ceux faits par les mineurs, du jour de
la majorité (Art. 1304, cod. civ.)

Dans tous les cas, le défaut seul de consentement donne lieu à l'action en rescision, parce
qu'il n'est pas possible de dire qu'il y a consentement à une obligation quand elle a été surprise
par dol, arrachée par la violence, ou souscrite par
erreur. Il n'y a pas non plus consentement légal,
quand l'obligation est signée par un individu qui,
aux yeux du législateur, n'était pas présumé avoir
la capacité nécessaire pour contracter.

231. L'action en nullité ou en rescision n'est
pas exclusivement attachée à la personne ; aussi
est-elle transmissible aux héritiers.

Ceux-ci, pour l'exercer, jouissent seulement du

temps qui restait à leur auteur, car un héritier n'a jamais plus de droit que celui auquel il suc-cède. La loi romaine, la loi 19, ff., *de minoribus*, le décidait ainsi, même à l'égard de l'héritier mi-neur; seulement le temps ne commençait à courir qu'à dater de sa majorité.

Quid, sous le code? Le temps de l'action en nullité ou en rescision, est-il suspendu pendant la minorité ou l'interdiction des héritiers de celui qui possédait cette action, comme en matière de prescription ordinaire de dix, vingt ou trente ans? (Art. 2252, cod. civ.)

Dans cette question délicate, nous n'émettrons pas un système nouveau; nous nous porterons seulement le défenseur d'une opinion soutenue par un savant professeur de la Faculté de Paris. M. Duranton enseigne, dans son tome 12, n° 548, qu'il n'y a aucune comparaison à établir ici entre la prescription et l'action en rescision; que la dis-position de l'art. 2252, *la prescription ne court pas contre les mineurs et les interdits*, ne s'ap-plique pas aux mineurs ou aux interdits réclamant le bénéfice de la rescision. Selon cet auteur, le temps de l'action est un délai *préfix*, et non une prescription ordinaire. Cette opinion nous paraît conforme à l'intention du législateur. Si l'on ap-pliquait à l'exercice de cette action toutes les règles de la prescription, on irait évidemment contre la volonté du législateur, qui a fixé, comme maximum, le délai de dix ans, pour la stabilité des contrats et de la propriété; on donnerait aux parties le moyen de perpétuer l'action. En effet, aux termes de l'article 2244, une simple citation en justice, un commandement ou une saisie, signifiés à celui qu'on veut empêcher de prescrire, forment l'interruption civile. Cette signification, faite au moment où l'action serait sur le point d'expirer, l'éterniserait. Enfin cet exemple de non-interruption du délai fixé pour l'exercice d'une action, malgré la minorité, n'est pas unique dans notre code. L'article 2278 ne porte-t-il pas que les prescriptions dont il s'agit dans les articles 2271 et suivans courent contre les mineurs et les interdits ; sauf leur recours contre leurs tuteurs.

Enfin reste un article qui confirme pleinement notre opinion. L'article 2264 porte que les règles de la prescription sur d'autres objets que ceux mentionnés dans le présent titre, sont expliquées dans les titres qui leur sont propres. C'est ainsi que l'article 1663 dit que le délai fixé pour le réméré court contre toutes personnes, même contre le mineur, sauf, s'il y a lieu, son recours contre qui de droit. C'est encore ainsi que l'article 1676 fait courir le délai de deux ans, pour la lésion des sept douzièmes contre les femmes mariées, les absens, les interdits, et les mineurs, venant du chef d'un majeur qui a vendu. La minorité et l'interdiction ne suspendent pas non plus le délai de l'appel, si la signification du jugement est faite au tuteur et au subrogé tuteur, encore que ce dernier n'ait pas été en cause. (Art. 444, cod. proc.)

On va dire que, dans tous ces cas, la loi s'explique formellement; qu'elle est muette à l'égard des actions en nullité ou en rescision ; que pour elles, on doit se tenir au droit commun, et que le droit commun est la suspension de la prescription contre les mineurs et les interdits.

On ne comprendrait plus l'intention du législateur, si on s'arrêtait sérieusement devant cette objection. Si elle pouvait avoir quelque force, quelque crédit, on serait forcé de reprocher un défaut d'ensemble à la loi. Quoi ! l'action en rescision pour lésion des sept douzièmes se prescrirait par un délai de deux années contre les mineurs, venant du chef d'un majeur... et toute autre, l'action en rescision ou en nullité ne jouirait pas du même bénéfice ! Est-ce que la première n'est pas aussi importante que les autres pour les mineurs ou les interdits ? De plus, elle dure deux ans seulement, tandis que les autres actions durent dix années.

« Or, dit avec justesse M. Duranton, si, en » vue de consolider la propriété et de maintenir » l'effet des contrats, la loi actuelle a voulu que » le délai de cette action en rescision pour lé- » sion énorme courût même contre les mineurs, » quelque bref qu'il soit, et quelle que soit l'im- » portance de l'action elle-même, sauf leur re- » cours contre qui de droit, elle a dû vouloir éga- » lement, sous peine d'inconséquence, qu'il cou- » rût aussi contre eux, quand la rescision serait » fondée sur une autre cause, et quand le délai » serait cinq fois plus long. »

21.

Il existe d'ailleurs beaucoup d'autres cas où il ne serait pas possible de soutenir que la prescription ne doit pas courir contre les mineurs et les interdits, malgré le silence de la loi. Ainsi l'article 1622 dit que *l'action en supplément de prix de là part du vendeur, et celle en diminution de prix ou en résiliation du contrat de la part de l'acquéreur, doivent être intentées dans l'année, à compter du jour du contrat, à peine de nullité.* Soutiendra-t-on que cette action se prolongera pendant la minorité d'un héritier , soit du vendeur, soit de l'acquéreur , et par la même raison pendant la minorité de leurs propres héritiers, de manière à l'éterniser? Le soutiendra-t-on aussi dans le cas de l'article 1648? Non. Une pareille prétention nous semblerait contraire à l'esprit de ces diverses dispositions. Car, s'il se présentait, pour exercer l'action, une suite non-interrompue d'héritiers mineurs, ce qui peut fort bien arriver, il s'ensuivrait que l'action , dont l'exercice devait avoir lieu dans un délai fixé, ne s'exercerait qu'après un espace de temps prolongé , qu'elle n'aurait pour ainsi dire pas de fin. Il y aurait contradiction choquante entre les intentions du législateur et les dispositions de la loi. Il permettrait de traîner en longueur une action , dont il avait annoncé vouloir limiter et fixer la durée. Cette contradiction ne peut pas exister et n'existe pas. Elle existerait, si on adoptait l'opinion contraire à la nôtre.

232. Le moyen de nullité ou de rescision s'oppose-t-il valablement en défendant, même après

le délai fixé par l'article 1304? En d'autres termes, la maxime *quæ temporalia sunt ad agendum, perpetua sunt ad excipiendum,* a-t-elle été adoptée par le code?

Non sicut de dolo actio certo tempore finitur, ita etiam exceptio eodem tempore danda est : nam hæc perpetuo competit. L. 5., § 6, ff., *de doli mali except.* Quelle est donc la raison de cette différence? Le jurisconsulte Paul la donne en ces termes : *Cum actor quidem in suâ potestate habeat, quandò utatur suo jure ; is autem cum quo agitur, non habeat potestatem quandò conveniatur.*

La difficulté ne se présente sous l'empire du code que pour les obligations qui ne sont pas nulles de droit, mais susceptibles d'être annulées. Pour les premières, elles ne produisent aucune action; elles sont réputées n'avoir jamais eu d'existence.

Nous ne serions pas éloigné d'adopter la maxime suivie dans l'ancien droit : *Nemo invitus agere cogitur.* Tant qu'un individu possède, tant qu'il conserve la jouissance tranquille de la chose possédée, l'exception ne peut se prescrire, car *contra non valentem agere non currit præscriptio.*

« On répond qu'il est faux de dire dans notre droit,
» que celui qui s'est obligé par violence, dol ou
» erreur, ne peut agir avant d'être lui-même at-
» taqué aux fins d'exécuter le contrat; il peut de
» suite demander aux tribunaux l'annulation de

» son engagement. Il a droit, et même intérêt à le
» faire, parce que les preuves de la nullité pour-
» raient venir à périr avec le temps, et qu'ensuite,
» poursuivi par le créancier, il n'aurait peut-être
» plus les moyens de faire rejeter la demande.
» Ainsi, cet argument qui était bon dans l'espèce
» de la loi 5, § 6, ff., *de doli mali except.*, citée
» plus haut, ne vaut absolument rien dans notre
» droit. » (M. Duranton, t. 12, n° 549.)

Il nous semble que les raisons données par le
jurisconsulte ne sont pas bien concluantes. Son
argumentation tend à prouver qu'il est du plus
grand intérêt de l'obligé de faire rescinder son contrat; mais elle ne prouve pas que, s'il ne poursuit
pas la rescision, il ne pourra pas l'opposer par
exception, lorsqu'il sera lui-même poursuivi. Pourquoi le forcer à se jeter dans les embarras d'un
procès, quand on ne lui demande rien ? Si plus
tard les preuves lui manquent, il s'en prendra à
lui ; mais il aura toujours le pouvoir de solliciter
la rescision du contrat; s'il ne justifie pas sa demande, il exécutera son obligation, parce qu'il
n'aura pas prouvé le dol, l'erreur ou la violence.
Jusqu'aux poursuites de son créancier, il n'a rien
à dire ; il possède tranquillement; tant qu'il possède, son exception ne sera point prescrite : car,
*quæ sunt temporalia ad agendum, perpetua sunt
ad excipiendum.*

233. Nous avons, dans le cours de ce chapitre,
parlé de l'action en nullité et de l'action en rescision. Le moment est venu de s'expliquer sur

ces deux actions. N'existe-t-il aucune différence
entre elles? Ne sont-elles que la double expression d'une seule et même chose? M. Toullier,
t. 7, n° 521 et suivans, établit savamment la
distinction qui existe entre ces deux actions.
M. Duranton, qui a fait, nous le reconnaissons,
un bon livre, a pourtant le tort fréquent de
chercher la contre-partie des systèmes émis par
le vénérable jurisconsulte de Rennes. Il suit trop
souvent l'exemple donné par ses collègues de l'é-
cole de Paris, qui ont combattu avec passion les
opinions de M. Toullier. Aussi, quand nous avons
vu la longue discussion de ce savant auteur sur les
actions en nullité et sur les actions en rescision,
nous étions presque certain de trouver la réfutation dans M. Duranton. Cette fois, ce dernier jurisconsulte ne nous a pas convaincu : sa discussion ne détruit point les argumens, pleins de
force, que son adversaire donne à l'appui de son
système. Voici le résumé de la doctrine de M. Duranton :

« Il soutient que les nullités de forme, la plu-
» part du temps, ne consistent pas dans un vice
» apparent; qu'il faut fournir des preuves, et
» que bien souvent les nullités ne sont découver-
» tes que par une instruction approfondie suivie
» de jugement. Il dit aussi que les actes consentis
» par erreur, violence ou dol, ne portent pas non
» plus avec eux la preuve de leur nullité; que
» l'instruction approfondie est aussi nécessaire
» pour parvenir à leur découverte. La conclusion

» est qu'il n'existe aucune différence entre les ac-
» tions en nullité et les actions en rescision. »

M. Toullier établit trois différences remarquables. « La première, dit-il, a pour fondement
» immédiat la loi et l'acte lui-même. » Il existe des
formalités essentielles à chaque contrat : leur violation suffit pour priver la convention de toute effi-
cacité. Que celui qui invoque la nullité de l'acte,
le montre, et sa seule présentation le fera annu-
ler. Qu'il oppose la nullité par voie d'action ou
par voie d'exception, peu importe : il n'a pas besoin d'établir une lésion; qu'il prouve seulement
l'absence des formalités essentielles, et les tribunaux prononceront la nullité demandée.

Dans l'action en rescision, l'acte est valable jusqu'à la preuve des vices intrinsèques qui en opè-
rent la nullité. Il faut que le demandeur en rescision établisse l'erreur, la violence ou le dol. Le
mineur lui-même doit prouver la lésion qu'il prétend éprouver; car maintenant il est de règle certaine que le mineur n'est pas restitué *tanquàm
minor, sed tanquàm læsus.* S'il invoquait, au
contraire, une nullité de droit, il n'y aurait pas
nécessité pour lui de prouver la lésion, mais l'absence des formalités exigées sous peine de nullité.
Voilà donc une grande différence entre les deux
actions.

La seconde différence a bien aussi son importance. Si le juge, malgré la démonstration la plus
palpable d'un défaut de forme, ne prononce pas
la nullité prescrite par la loi, son jugement, at-

taqué devant la Cour de cassation, sera cassé comme violant une disposition écrite. Pour les actions en rescision, au contraire, il conserve son libre arbitre : il peut décider en fait que les moyens de fraude ne sont pas suffisamment établis; que l'erreur, la violence ne sont pas démontrées : et sa décision échappera à la censure de la Cour souveraine.

« La troisième différence, dit M. Toullier (ici » nous citons textuellement), concerne l'exécu-» tion provisoire de l'acte. C'est une maxime an-» cienne, en jurisprudence, que ce qui est nul ne » produit aucun effet. Les actes *nuls* sont, suivant » la force du mot, considérés comme s'ils n'avaient » point existé ou comme non-avenus : *pró infectis* » *habentur*, dit Justinien. (L. 5, *Cod. de Legibus*, » 1, 14.) La loi, qui en a d'avance prononcé la » nullité, les réduit, dit Dunod (*Traité des pres-* » *criptions*, p. 47), à un pur fait, qui ne produit » aucun droit, aucune action, aucune exception. » *Actus merifacti, sinè ullo juris effectu, ne no-* » *mine quidem contractús digni*, dit d'Argentré, » p. 1368, n° 9. Un pareil acte ne peut transférer » la propriété. Ainsi, lorsqu'il paraît, on n'a au-» cun égard à la possession qui l'a suivi. (Dunod, » *ibid.*) C'est le cas de la maxime : *Melius est non* » *ostendere titulum, quàm ostendere vitiosum.* » Si l'acte nul est considéré comme non-avenu, » s'il ne peut produire aucun droit, aucune ac-» tion, il en résulte d'abord qu'il ne doit pas être » exécuté provisoirement. » M. Toullier cite alors l'exemple d'un juge de paix qui, appelé à décider sur la contestation qui s'élèverait entre un vendeur et son acquéreur, ne doit pas faire atten-tion au contrat présenté, puisqu'il est nul aux yeux de la loi, et doit défendre à l'acquéreur de troubler le vendeur dans sa possession. Si l'ac-quéreur avait été mis en possession, le vendeur pourrait intenter l'action en réintégrande, et le juge de paix devrait ordonner sa réintégration. « Le juge de paix, dit M. Toullier, ne prononce » point sur la validité ou l'invalidité du titre; il » s'en sert uniquement pour caractériser la pos-» session à laquelle les parties conviennent qu'il » sert de fondement. »

M. Toullier soutient que les questions propo-sées recevraient une autre solution, si le titre n'é-tait pas nul de droit, mais seulement susceptible de rescision, ou si la nullité n'en était pas appa-rente. « En ce cas, ajoute l'auteur, il présente » l'apparence d'un titre légal qui doit être respecté » provisoirement jusqu'au moment où la justice » en aura prononcé la nullité. Il fait foi jusqu'à ce » moment, et la provision lui est due : c'est un » point de droit très-ancien en France. Il est at-» testé par d'Argentré, sur l'art. 288 de l'an-» cienne coutume de Bretagne, glos. 1, n° 25. » Loisel l'établit comme une maxime reçue dans » le cas le moins favorable, celui de la rescision » pour cause de violence. « *Quand le vendeur* » *reconnaît la vente, mais dit que ce fut par* » *force, garnir lui convient; et puis plaider de*

» *la force, s'il lui plaît.* » *Institut. coutum.* , lib.
3, tit. 4, n° 9.

M. Duranton répond en ces termes à l'argumentation de M. Toullier :

« Il résulterait évidemment de la doctrine de
» l'auteur, qu'il en devrait être autrement si l'acte
» était simplement sujet à rescision, c'est-à-dire,
» selon lui, pour un vice intrinsèque et caché ;
» autrement la différence qu'il prétend voir en-
» tre la nullité et la rescision sous ce rapport,
» serait chimérique ; or, elle l'est cependant
» tout à fait. En effet, le juge de paix, dans la
» première hypothèse, maintient le vendeur en
» possession, parce qu'il y est, et non l'ache-
» teur, depuis plus d'une année ; et dans la se-
» conde, il le réintègre dans la possession, parce
» qu'il n'a pas cessé de posséder depuis plus d'un
» an. (Art. 23, cod. proc.) Le juge de paix ne
» connaît que de la possession, qui est un fait, et
» non du droit, ou du mérite des conventions ; et
» cela est vrai, tout aussi bien dans le cas où
» l'acte donnerait seulement lieu à une de ces ac-
» tions pour vice intrinsèque et caché, que
» M. Toullier appelle pour cette cause, action en
» rescision, que dans le cas où il donne lieu à une
» action en nullité, parce que dans aucun cas le
» juge de paix n'est compétent pour connaître de
» l'acte, pour le prendre ou non en considéra-
» tion. Les actes ne sont pas, en général, d'un
» grand poids dans les simples questions de pos-
» session, et le juge de paix, pour se conformer

» aux règles sur les actions possessoires, ne doit y
» avoir égard que comme moyen de preuve du
» fait de possession lui-même; comme serait le
» cas où des titres déjà anciens détermineraient
» les limites de certains héritages qui n'ont point
» été livrés à la culture, et où ils pourraient don-
» ner lieu de penser, jusqu'à preuve du contrai-
» re, que celui qui les produit a possédé jusqu'à
» ces mêmes limités. Mais il ne s'agit point de
» cela dans l'espèce, et quand bien même l'acte
» de vente *présenterait tous les caractères indi-*
» *qués par la loi pour le faire reconnaître*, qu'au
» lieu d'un vice de forme, il ne renfermerait
» qu'un vice intrinsèque et caché, comme le dol
» ou la lésion; qu'il faudrait en conséquence une
» instruction approfondie pour découvrir ce
» vice, et un jugement pour le déclarer : le
» juge de paix ne devrait pas moins statuer de
» la même manière sur l'action possessoire
» dans l'une ou l'autre des hypothèses faites
» par M. Toullier; en sorte que la différence
» qu'il a cru voir, sous ce rapport, entre le cas
» de nullité et celui de rescision, est tout aussi
» chimérique que les précédentes, et contient de
» plus une erreur préjudiciable.

  » Peut-être, ajoute M. Duranton, l'unique
» différence qui existe actuellement dans les effets
» entre l'action en nullité et l'action en rescision,
» (quoique le code, ainsi que nous l'avons dit,
» leur donne indifféremment l'une ou l'autre dé-
» nomination dans beaucoup de cas), c'est que

» lorsque la demande est fondée sur la lésion, le
» défendeur peut en arrêter le cours par l'offre
» d'une indemnité, et empêcher ainsi la rescision
» de l'acte : du moins la loi lui donne positive-
» ment ce droit en matière de vente d'immeubles,
» attaquée pour lésion de plus des sept douzièmes
» dans le prix (art. 1681), et en matière de par-
» tage, attaquée pour lésion de plus du quart
» (891); et l'on ne voit pas pourquoi cela ne se-
» rait pas également admis dans le cas où un mi-
» neur se pourvoit en rescision pour simple lé-
» sion, en vertu de l'article 1305.

» Dans ces trois cas, au surplus, l'action est
» constamment qualifiée par le code, *action en*
» *rescision.* »

Que dirait M. Duranton, si l'acquéreur se trouvait en possession depuis moins d'un an? Le juge
de paix le maintiendrait-il dans la possession,
par cela seul qu'il possède au moment de la discussion? Non : il devrait examiner les titres de
chacun à la possession, et prononcer suivant leur
mérite, Eh bien ! c'est ici que se place tout naturellement la distinction établie par M. Toullier.
Si l'acte est *nul*, le juge de paix n'en tiendra aucun
compte, parce que ce qui est nul ne produit aucun
effet. Si l'acte est seulement susceptible de rescision, le juge de paix prononcera conformément à
la teneur de l'acte, parce qu'il fait foi jusqu'au
moment où il sera rescindé, et que la provision lui
est due. N'est-ce pas une grande distinction entre
les actes nuls et les actes sujets à rescision? Peut-

on soutenir en présence d'effets si divers que le législateur n'a songé à établir aucune différence entre eux, qu'il a pris alternativement les uns pour les autres? Il aurait donc oublié les principes posés par lui-même? La doctrine de M. Duranton doit être rejetée, car elle se trouve en contradiction avec les règles élémentaires du droit. Presque tous les anciens jurisconsultes ont établi la différence entre les actes nuls et les actes sujets à rescision, et rien n'empêche qu'elle existe sous l'empire du code. C'est là notre opinion; nous croyons qu'elle est la seule conforme à l'esprit de la loi. Nous ne pensons pas que, soumise aux tribunaux, la difficulté, soulevée par M. Duranton, embarrassât les juges; car nous la regardons comme contraire à tous les principes. (*Voir* M. Toullier, t. 7, n°s 521 et suiv. — M. Boudousquié, *Traité d'assurances terrestres*, n° 357.)

234. Enfin, ce qui prouverait encore la différence des deux actions, c'est la différence pour le droit de mutation. Ainsi, l'action en nullité, introduite avant que ce droit soit perçu, doit en suspendre la perception.

S'il s'agissait, au contraire, d'une action en rescision pour cause de dol, de violence, ou d'erreur, le droit de mutation devrait être payé, sans attendre l'issue du jugement.

235. *Quid,* si le jugement rescinde ou annule l'acte? Le droit perçu sera-t-il restitué? S'il n'est pas restitué, sera-t-il dû un nouveau droit de mu-

tation pour la rescision ou résolution du contrat ?

Ces deux questions furent beaucoup agitées sous l'ancienne jurisprudence. Elles présentaient un grand intérêt pour les seigneurs féodaux qui percevaient un droit de mutation appelé *lods* et *ventes*, à l'occasion de la vente des immeubles. Aujourd'hui, ce n'est plus qu'une question fiscale, toute dans l'intérêt du trésor public. Aussi la loi de l'enregistrement a-t-elle tranché la difficulté de manière à ne laisser aucun doute. Elle s'exprime ainsi dans son article 60 : « Tout droit d'enregis- » trement perçu *régulièrement*, en conformité de » la présente, ne pourra être restitué, *quels que* » *soient les événemens ultérieurs*, sauf les cas » prévus par la présente ». Pourquoi cette sévérité, quand l'ancienne jurisprudence ordonnait la restitution du droit de mutation, illégitimement perçu ? Quand un acte est annulé, il est regardé comme n'ayant jamais existé ; il ne peut donc produire aucun effet ; aussi était-il permis de répéter les lods et ventes payés, *condictione inde- biti*. Pourquoi les mêmes motifs n'ont-ils pas prévalu auprès des rédacteurs de la loi du 22 frimaire an 7 ? Ils ont regardé la disposition de l'article 60 comme une sanction pénale : ils ont voulu assurer l'observance rigoureuse de la loi, et prémunir les citoyens contre cette légèreté coupable à signer des contrats qui n'ont pas toute la régularité légale. Le législateur a pensé que même celui qui se plaignait d'un contrat nul, ou susceptible d'être annulé par la rescision, devait s'imputer une faute. Il le punit d'un fait personnel, et qu'on peut toujours lui reprocher avec plus ou moins de fondement, par la perte de la somme payée pour le droit de mutation.

Quant à la seconde question, qui consiste à savoir si le fisc peut exiger un nouveau droit de mutation, quand il existe un jugement prononçant la rescision ou la résolution d'un contrat, elle trouve sa solution dans les lois sur la matière. La loi du 22 frimaire an 7 porte dans son article 68, § 3, n° 7, qu'il ne sera perçu qu'un droit fixe de 3 fr., et non pas un droit de mutation pour les expéditions de jugement portant *résolution de contrat ou de clause de contrat, pour cause de nullité radicale*.

Cette disposition générale semblait ne présenter aucune difficulté sur son application à tous les cas de résolution. Cependant des doutes se sont élevés sur la résolution faite de paiement du prix d'un contrat de vente. Cette indécision était la suite du peu de fixité de l'ancienne jurisprudence à cet égard. La loi interprétative, du 27 ventôse an 9, trancha la question. Son article 12 est ainsi conçu : « Les jugemens portant résolu- » tion de contrats de vente pour défaut de paie- » ment quelconque sur le prix de l'acquisition, » lorsque l'acquéreur *ne sera point entré en jouis- » sance*, ne seront assujettis qu'au droit fixe d'en- » registrement, tel qu'il est réglé par l'art. 67 de » la loi du 22 frimaire an 7, § 3, n° 7, pour les

» jugemens portant résolution de contrats *pour*
» *cause de nullité radicale.* »

§ III.

236. Nous avons discuté longuement sur la nature des actions en nullité et en rescision, sur le
délai pendant lequel elles s'exercent, sur les effets
qu'elles produisent par rapport aux contractans ;
il nous reste maintenant à voir les fins de non-
recevoir qu'on peut leur opposer, et les effets
qu'elles produisent à l'égard des tiers.

237. La ratification ou la confirmation d'un
acte empêche d'en demander plus tard la nullité
ou la rescision. L'art. 1338 du code civil donne
l'énumération des formalités nécessaires pour la
validité des actes portant ratification ou confirmation.

238. L'exécution volontaire en temps de capacité et de pleine liberté, purge les vices d'incapacité, de violence, d'erreur ou de dol, et en général aussi les vices de formes. (Art. 1338 et 1115.)
Ainsi, pour choisir un exemple applicable aux
assurances terrestres, si une des parties qui avait
souscrit le contrat d'assurance par suite de vio-
lences exercées à son égard, l'exécute plus tard,
de son propre mouvement, elle ne sera plus reçue à en demander la rescision. Une exécution
partielle même serait suffisante. Si, par exemple, l'assuré avait payé la moitié de la prime promise, il ne pourrait plus se refuser au paiement

22

de l'autre moitié et invoquer la nullité de l'acte, car il en aurait reconnu la validité en lui donnant un commencement d'exécution.

239. Il existe pourtant une exception à ce principe général. Il ne s'applique point à une obligation sans cause. Quoique exécutée en partie par suite d'une volonté libre, elle reste toujours sans cause pour le surplus. « On peut créer » à la place une obligation valable, en faisant une » donation de ce qui avait été promis d'abord, et » en employant à cet effet les formes prescrites » pour les actes portant donation; mais quant à » la promesse faite sans cause, elle est et sera » toujours nulle. Sans doute celui qui a payé volontairement une partie de la somme qu'il avait » promise sans cause et sans emploi des formes » prescrites pour les actes portant donation, ne » pourra répéter ce qu'il a ainsi librement payé, » à raison du principe *cujus per errorem soluti* » *est repetitio, ejusdem consultò dati donatio est,* » l. 53, ff., *de regul. juris.*; et une donation » manuelle de sommes ou d'effets mobiliers est » très-bonne, ainsi que nous l'avons démontré en » son lieu; mais le surplus ne lui a pas été *donné,* » il ne lui a été que *promis,* et promis sans cause; » donc il n'a aucune action pour pouvoir *l'exiger.* » (M. Duranton, t. 12, n° 559.)

EFFETS DE LA NULLITÉ DU CONTRAT A L'ÉGARD DES TIERS.

240. Quand le contrat est annulé, les parties se trouvent dégagées de toute obligation. Quant aux tiers, ils ne profitaient du contrat que du chef de l'une des parties, leur débitrice. Supposons que Paul ait fait assurer sa maison; frappée plus tard par le sinistre prévu, ses créanciers se présenteront pour toucher, en son lieu et place, l'indemnité promise. L'assureur parvient à prouver qu'il a signé le contrat quand il était incapable de contracter, la convention est annulée; les créanciers de l'assuré n'ont plus aucun droit pour exiger l'indemnité, car ils ne venaient que comme représentans de l'assuré qui ne possède plus d'action contre l'assureur.

C'est là un principe certain, contre lequel il n'est pas possible d'argumenter; les tiers doivent courber la tête devant une nécessité plus forte que leurs droits, devant des droits aussi justes que les leurs.

241. Nous sommes arrivé au terme de cette discussion importante. Nous avons cru devoir donner de longs développemens à cette partie générale des contrats, parce qu'il est d'un grand intérêt pour ceux qui contractent, de connaître

22.

les conséquences d'un vice de forme ou d'une incapacité à s'obliger. Nous avons insisté sur la
distinction entre les actions en nullité et les actions en rescision, parce que nous avons trouvé
logique de bien définir des actions que l'on aurait
pu confondre, par cela seul que le code, ne donnant pas d'explication à leur égard, semble au
premier abord les prendre indifféremment les unes
pour les autres. Il nous reste maintenant à indiquer les tribunaux qui statuent sur les contestations qui s'élèvent entre l'assureur et l'assuré.
Nous consacrerons le chapitre suivant à l'indication de la juridiction à laquelle ces contestations
ressortissent.

CHAPITRE XV.

JURIDICTION ET COMPÉTENCE EN MATIÈRE D'ASSURANCES TERRESTRES.

242. La juridiction arbitrale n'est point forcée
pour les contestations qui s'élèvent entre l'assureur et l'assuré; elle n'existe que lorsqu'elle a été
convenue par la police. (Art. 332, cod. com.)
Quand les statuts se taisent sur la soumission des
parties à des arbitres, les contestations se portent devant les tribunaux. Mais devant quels tribunaux? Sera-ce devant les tribunaux civils ou

devant les tribunaux de commerce? Il faut faire plusieurs distinctions entre les diverses compagnies d'assurance, et entre les contractans.

243. Aux termes de l'art. 631 du code de commerce, les tribunaux de commerce connaissent seulement des contestations relatives aux engagemens et transactions entre négocians, marchands et banquiers ;

Entre toutes personnes, des contestations relatives *aux actes de commerce.*

L'article 632 répute actes de commerce :

Tout achat de denrées et marchandises pour les revendre, soit en nature, soit après les avoir travaillées et mises en œuvre, ou même pour en louer simplement l'usage ;

Toute entreprise de manufactures, de commission, de transport par terre ou par eau ;

Toute entreprise de fournitures, d'agences, bureaux d'affaires, établissemens de ventes à l'encan, de spectacles publics ;

Toute opération de change, banque et courtage ;

Toutes les opérations de banques publiques ;

Toutes obligations entre négocians, marchands et banquiers ;

Entre toutes personnes, les lettres de change, ou remises d'argent faites de places en places.

244. Les compagnies d'assurances mutuelles ne peuvent être considérées comme des sociétés commerciales, puisqu'elles n'ont en vue aucune spé-

culation, mais simplement la garantie de toutes les
propriétés appartenant à chaque sociétaire. Les
contestations qui s'élèvent entre les divers membres, ressortissent à la juridiction civile. La Cour
royale de Douai a rendu, le 4 décembre 1820, un
arrêt qui fixe bien la nature des compagnies d'assurances mutuelles, et la juridiction à laquelle appartiennent les différends qui s'élèvent à leur occasion. Cet arrêt porte : « Que la compétence des
» tribunaux de commerce a pour limites les bor-
» nes étroites qu'une loi spéciale lui a assignées;
» que tout ce qui n'est pas nommément et préci-
» sément compris dans cette attribution excep-
» tionnelle, reste dans le domaine des tribunaux
» civils ordinaires, auxquels seuls appartient dans
» toute sa plénitude le pouvoir judiciaire; qu'il
» n'y a d'actes de commerce, attributifs de juri-
» diction aux tribunaux qui portent cette quali-
» fication, que ceux qui sont reconnus et décla-
» rés tels par la loi; qu'en fait, la société d'assu-
» rances mutuelles du département du nord n'est
» point une société commerciale, en ce que de
» l'objet de son institution ni de ses actes, ne
» peut résulter pour ceux qui la composent,
» qu'une diminution des pertes qu'éventuelle-
» ment ils peuvent éprouver; que jamais aucun
» bénéfice ne peut balancer, compenser, excéder,
» ni même atteindre ces pertes; que, de sa nature,
» le commerce doit offrir des chances différentes,
» et qu'il est impossible de dire qu'il existe là où
» ne se trouve pour résultat qu'une perte plus ou

» moins considérable. » (Dalloz, *Recueil de jurisprudence générale*, t. 11. 2. 740.)

245. La même décision s'appliquera-t-elle aux
compagnies d'assurance à prime? Non : car leurs
opérations sont faites dans le but de retirer des
bénéfices. Il existe donc, de leur part, une suite
de spéculations, par conséquent des actes de
commerce. Leurs opérations rentrent, en un mot,
dans le genre de celles exprimées par l'art. 632,
puisque, indépendamment de leur constitution
commerciale, les spéculations de ces compagnies
ne sont autre chose qu'une vente faite dans l'espoir de bénéfices. (Boudousquié, n° 384.) Les
contestations qui s'élèvent entre les sociétaires
doivent donc être soumises au droit général.
Ainsi, elles devront être décidées par des arbitres. (Art. 51, cod. com.) Si, au contraire, des
difficultés s'élèvent entre les assureurs et les assurés, il faut distinguer : ou l'assuré prend l'ini-
tiative, ou il est assigné par les assureurs. Au
premier cas, l'assuré citera la compagnie d'assurance devant les tribunaux de commerce, parce
qu'il est clair qu'elle a fait, par la stipulation
d'assurance, un acte de commerce. Si, au contraire, elle assigne l'assuré, elle doit l'assigner
devant le tribunal civil, parce que, à son égard,
l'assurance ne constitue pas un acte commercial,
mais seulement une précaution pour la conservation de son patrimoine.

246. Plusieurs jurisconsultes refusent aux sociétés d'assurance à prime la qualité de sociétés com-

merciales, parce que l'art. 633, énumérant les actes de commerce, parle des assurances maritimes, et passe sous silence les assurances terrestres. M. Carré, dans le deuxième volume de ses *Lois de la compétence*, et M. Dalloz, dans sa *Jurisprudence générale*, v.° *commerce*, p. 740, soutiennent la compétence des tribunaux civils pour les actions intentées contre ces sociétés. MM. Grun et Jolliat annoncent dans une note, page 395, que M. Dalloz les a autorisés à déclarer qu'il abandonnait son avis, et considérait les compagnies terrestres à prime comme des sociétés commerciales. Il n'est pas moins vrai que la première opinion reste dans le Répertoire de Jurisprudence générale qui se trouve entre les mains de tous les jurisconsultes; elle mérite donc une réfutation. N'y eût-il d'ailleurs que M. Carré qui soutînt cette opinion, elle mériterait une dissertation en réponse, car la renommée de l'auteur lui donne le crédit qui s'attache toujours aux grands talens. Le principal argument se tire, ainsi que nous l'avons déjà dit, de l'art. 633, qui se tait sur les assurances terrestres. Une raison péremptoire de ce silence se présente tout d'abord à l'esprit, et on ne sait comment elle a échappé au célèbre jurisconsulte, dont nous combattons l'avis. Si l'article 633 est muet sur les assurances terrestres, c'est qu'à l'époque de la confection du code de commerce, les assurances terrestres n'existaient pas en France. La question maintenant est de savoir s'il y a pour déclarer commer-

ciales les compagnies d'assurances terrestres à
prime les mêmes raisons que pour les assurances
maritimes. Dans quel but sont instituées les unes
et les autres ? Pour se procurer des bénéfices,
pour recueillir des primes en compensation du
risque de payer des indemnités en cas de sinistre.
Il y a chance que les malheurs n'arriveront pas,
tandis qu'il y a certitude de toucher la prime. Si
le sinistre prévu ne frappe pas l'objet assuré, il
existe un gain pour l'assureur. Qu'il s'agisse d'une
assurance maritime, qu'il s'agisse d'une assurance
terrestre, le même caractère se présente. Dans
l'une et dans l'autre se rencontre une opération
commerciale; toutes les deux doivent donc être
soumises à la juridiction consulaire. « La parfaite
» conformité de spéculation entre l'assurance des
» risques de mer et celle des risques de feu, moyen-
» nant une prime, a fait pencher le Conseil d'É-
» tat, comité de l'intérieur et du commerce, à
» décider, par analogie, que la dernière est aussi
» commerciale. » (M. Vincens, t. 1, p. 348.)

Bien plus, les sociétés terrestres ne sont-elles
pas constituées comme toutes les autres sociétés
de commerce ? N'annoncent-elles pas, par cette
conformité de rédaction, que leur intention est de
fonder une association commerciale ? Les forcera-
t-on de répudier un titre qu'elles ont pris publiquement ? Récuseront-elles une juridiction à laquelle elles se sont soumises volontairement ?
Non : elles sont sociétés de commerce, et par la
nature de leurs opérations, et par leur soumis-

sion aux règles qui régissent la rédaction des actes de sociétés commerciales : elles seront donc nécessairement traduites devant les tribunaux de commerce pour l'exécution des engagemens qu'elles ont contractés.

247. Une fois la compétence bien établie, il faut savoir devant quel tribunal sera donnée l'assignation. S'il s'agit d'une assurance mutuelle, on se conformera à l'article 59 du code de procédure civile. Aux termes de cet article, en matière de société, l'assignation se donne devant le juge du lieu où elle est établie. S'il s'agit d'une assurance à prime, il sera loisible d'user de cet article 59 ou de l'article 420 du même code. Cet article, placé au titre de la procédure devant les tribunaux de commerce, permet d'assigner au choix du demandeur,

Devant le tribunal du domicile du défendeur; devant celui dans l'arrondissement duquel la promesse a été faite et la marchandise livrée;

Devant celui dans l'arrondissement duquel le paiement devait être effectué.

248. Voilà, sans contredit, une exception au principe général; comme toute exception, elle doit être strictement renfermée dans les cas prévus par le législateur. Aussi la Cour de cassation a-t-elle décidé, par arrêt de rejet, que l'article 420, portant que le défendeur peut être assigné devant le tribunal dans l'arrondissement duquel la promesse a été faite et la marchandise livrée, doit être entendu en ce sens, que les deux

circonstances doivent concourir ; qu'il ne suffirait pas, pour que le tribunal fût compétent, *que la marchandise eût été livrée dans son arrondissement*, mais qu'il faut encore que la promesse y ait été faite. (Sirey. 18. 1. 211.)

249. Si l'assuré est en contestation avec la compagnie d'assurance pour la prime, celle-ci doit le citer devant le tribunal de son domicile, ou bien devant celui du domicile élu dans la police. (Art. 59, cod. proc., et 111, cod. civ.)

250. Le plus souvent, toutes ces difficultés ne s'élèvent pas, parce que la convention d'arbitrage se trouve insérée dans les statuts. Nous conseillons cette voie à toutes les sociétés d'assurances ; c'est le meilleur moyen de terminer promptement les contestations qui naissent entre les assureurs et les assurés sur l'interprétation de la police. Car toutes les difficultés portent presque toujours sur la solution des questions que produisent les statuts, rédigés quelquefois de manière à ne pas satisfaire toutes les intelligences. Quand les statuts renferment cette convention d'arbitrage, ordinairement ils indiquent aussi le nombre des arbitres, le mode de leur nomination, l'étendue de leurs pouvoirs. Ainsi, pour citer un exemple, la police de la compagnie française du Phénix, dans son article 24, a indiqué le mode de terminer les différends : cet article 24 est ainsi conçu :

« Toute autre contestation entre l'assuré et la » compagnie sur les dommages d'incendie, sur

» les opérations et règlemens des experts ; et sur
» l'exécution de la présente police, est jugée par
» trois arbitres choisis, l'un par l'assuré, l'autre
» par la compagnie, et le troisième par les deux
» arbitres réunis.

» Faute par l'une des parties de nommer son
» arbitre, ou par les arbitres de s'accorder sur le
» choix du troisième arbitre, il est désigné d'office,
» dans les villes où il existe un tribunal de com-
» merce, par le président de ce tribunal, et dans
» celles où il n'en existe pas, par le président du
» tribunal de première instance.

» Les arbitres sont dispensés de toutes forma-
» lités judiciaires.

» Les frais d'arbitrage sont supportés par moi-
» tié entre la compagnie et l'assuré. »

251. Mais quand les statuts gardent le silence
sur la manière dont se constituera le tribunal
arbitral, il faut recourir aux principes posés par
le législateur sur cette matière. Nous ne la traiterons pas ici ; le sujet nous entraînerait trop loin ;
pour les règles précises, pour la solution des difficultés, le lecteur recourra aux traités spéciaux.

252. Pourtant nous excepterons une question
assez grave qui mérite particulièrement notre intérêt, parce qu'elle tient un peu à l'essence de
l'arbitrage. Le code de procédure n'indique pas
les personnes qui peuvent être arbitres ; il n'énumère pas les conditions nécessaires pour prendre
cette qualité. Il laisse entendre par son silence
que le choix appartient exclusivement à l'individu

qui veut faire juger une contestation par cette
voie; que l'on réunit toutes les qualités nécessaires, quand on possède la confiance de la personne
intéressée à bien choisir. Pourtant cette liberté
de choix s'arrête aux limites posées par le législateur à la validité de tout contrat. Ainsi, la minorité, l'interdiction, entraînent l'incapacité de
contracter; elles doivent aussi empêcher l'accepta-
tion des fonctions d'arbitres; car en consentant à la
mission d'arbitre, on contracte des obligations.
Il existe encore un motif particulier pour que
la minorité et l'interdiction entraînent l'exclusion des fonctions d'arbitres. C'est que les arbitres remplissent momentanément les fonctions
de juges, et il serait ridicule que l'on accordât à
des individus que la loi répute incapables d'administrer leurs affaires, la faculté de statuer sur
celles des autres. Hormis ces incapacités générales, le code de procédure paraît accorder la
mission d'arbitres à tout le monde.

Mais la qualité d'étranger n'entraîne-t-elle pas
l'exclusion des fonctions d'arbitre? Telle est la
question sur laquelle nous appelons toute l'attention de nos lecteurs; elle mérite un intérêt particulier.

On fait une distinction. Certains auteurs, entre
autres M. Pardessus, refusent la qualité d'arbitres forcés à des étrangers; mais ils leur concè-
dent la qualité d'arbitres volontaires. Pourquoi
ces auteurs dénient-ils aux étrangers une mission
qu'ils ont reçue de la confiance des contestans? Ils

prétendent que les arbitres forcés remplacent le tribunal de commerce, et que, s'il est hors de doute que les étrangers ne peuvent pas remplir les fonctions de juges consulaires, ils ne peuvent pas davantage remplir les fonctions d'arbitres forcés. Cet argument n'en est pas un. D'abord, remarquons que les arbitres remplacent les juges du tribunal de commerce pour une affaire spéciale, tandis que ceux-ci sont permanens; que la loi même a reconnu une grande différence entre eux, puisqu'elle n'exige pas pour les arbitres forcés les mêmes qualités que pour les juges de commerce. Les juges doivent avoir trente ans, exercer le commerce depuis cinq années, et figurer sur la liste des notables commerçans. On n'impose aucune de ces conditions aux arbitres forcés; on exige seulement d'eux la représentation de l'acte qui leur confie ces fonctions temporaires.

N'y aurait-il pas, d'ailleurs, souveraine injustice à priver une des parties qui veulent soumettre leurs différends aux arbitres, de choisir l'homme de sa confiance? Ainsi, supposons qu'il s'agisse d'une contestation entre un Français et un étranger; il sera défendu à celui-ci de choisir un homme de sa nation pour juger ses intérêts! Des contestations entre indigènes et étrangers s'élèvent surtout à l'occasion des assurances. En effet, on peut faire assurer en Espagne des marchandises transportables à Paris. Des difficultés s'élèvent entre l'assureur et l'assuré. L'assureur étranger aura un grand intérêt à choisir pour arbitre du différend un homme de son pays.... et cette consolation lui serait refusée! D'ailleurs, on ne peut vous forcer à prendre pour arbitre un autre que celui qui possède toute votre confiance, et les tribunaux ne doivent remplir cet office que dans le cas d'une convention insérée aux statuts, ou dans le cas du refus de l'une des parties.

MM. Malpeyre et Jourdain, dans leur *Traité sur les sociétés commerciales*, p. 386 et suiv., soutiennent l'opinion que nous défendons. Ils s'expriment ainsi dans le dernier paragraphe de leur discussion :

« Cependant, quelques auteurs modernes in-
» sistent, par exemple, les auteurs du *Praticien
» français*. Ils refusent à l'étranger le droit d'ê-
» tre arbitre, même volontaire, parce que, disent-
» ils, il ne jouit pas des droits civils, et qu'il ne
» pourrait être témoin instrumentaire dans un
» acte authentique. Mais ces auteurs auraient dû
» distinguer, pour rendre au moins probable
» leur premier motif, l'étranger qui habite la
» France sans l'autorisation expresse du gouver-
» nement, de l'étranger admis à y établir son do-
» micile; car, aux termes de l'article 13 du code
» civil, ce dernier jouit des droits civils tant qu'il
» continue d'y résider. Mais ce qui doit entière-
» ment faire disparaître ce motif, c'est que,
» comme nous l'avons dit, ce n'est pas là l'exer-
» cice d'un droit civil, mais bien l'exercice d'un
» droit naturel que la loi civile n'a soumis ni dû
» soumettre à aucune condition. Le second motif

» est plus mauvais encore ; car si l'arbitre revêt
» le caractère de juge, quant au fond, il ne l'a pas
» quant à la forme, puisqu'il ne fait qu'émettre
» son avis, et que c'est une autorité légale qui
» donne à son opinion la force d'un jugement et
» l'exécution parée qui en est la conséquence. Le
» témoin instrumentaire, au contraire, en s'asso-
» ciant à un officier civil, participe à la puissance
» exécutive qui lui a été déléguée, et donne à
» l'acte directement un caractère public et au-
» thentique ; il remplit aussi momentanément une
» charge publique, celle d'adjoint de l'officier mi-
» nistériel. Il y a donc entre le témoin instrumen-
» taire et l'arbitre toute la différence qui sépare
» une fonction civique d'une fonction privée. »

L'argument tiré de la nécessité de l'ordonnance
d'*exequatur* est le plus net. En effet, les arbitres
n'expriment qu'une opinion... et cette opinion ne
devient sentence judiciaire que lorsqu'elle est re-
vêtue de la sanction de l'autorité légale. Pourquoi les jugemens étrangers n'ont-ils de force en
France que lorsqu'ils ont été revisés en France,
et lorsqu'ils ont été sanctionnés par les tribunaux français ? C'est justement parce que les tribunaux n'avaient, en France, aucune puissance
publique, et qu'ils ne pouvaient ordonner l'exécution de leur sentence sur le territoire de France. Aussi, leurs jugemens ont-ils besoin de la ré-
vision de nos juges pour avoir de la valeur. La
Cour de cassation a décidé qu'il en était de même
à l'égard des décisions rendues, en pays étranger,

par des arbitres étrangers. Pourquoi donc en serait-il autrement lorsque la sentence a été rendue par des arbitres étrangers résidant sur le sol français? Leur jugement, comme tous les jugemens arbitraux, n'aura de force qu'autant qu'il sera revêtu de l'ordonnance d'*exequatur*; jusques là, il ne représente qu'un avis, qui puisera de la valeur dans la sanction donnée par le tribunal.

Que les compagnies d'assurance nomment sans crainte des étrangers pour arbitres des différends qui s'élèveront. Les rapports de commerce et de confiance motivent presque toujours le choix des parties; il n'y a nul inconvénient de confier à la délicatesse et à la moralité des étrangers les fonctions d'arbitres forcés.

PRESCRIPTION.

253. L'article 432 du code de commerce fixe à cinq années, à compter de la date du contrat, la prescription de toute action dérivant d'une police d'assurance.

Cet article régit-il les actions provenant d'un contrat d'assurance terrestre? La prescription, comme toutes les autres déchéances, est de droit strict; elle ne peut être étendue d'un cas à un autre; elle n'existe qu'en vertu d'une loi formelle.

La prescription trentenaire s'applique à toutes les actions que le législateur n'a pas mises hors du droit commun par une disposition précise, ou

23

que la convention particulière des parties contractantes n'a pas prévues.

MM. Grun et Jolliat établissent avec raison une
distinction que nous nous empressons d'accueillir.
Si la prime doit se payer à une époque fixe, sans
division d'années, la prescription trentenaire mettra l'assuré à l'abri des réclamations qui seraient,
après ce délai, intentées par les assureurs. Si,
au contraire, la prime se divisait par année, la
prescription, aux termes de l'article 2277 du
code civil, ne serait plus que quinquennale.

254. Quant aux actions intentées par l'assuré
contre l'assureur, pour le paiement de l'indemnité, la prescription de trente ans seule, dans le
silence des statuts, est le terme pour la réclamation du paiement d'un sinistre. Mais ordinairement les polices fixent un délai, au-delà duquel
l'assuré ne peut plus réclamer l'indemnité promise. L'article 26 de la police du Phénix s'exprime ainsi : « Toute action en paiement de per-
» tes et dommages est prescrite par un an, à
» compter du jour de l'incendie ». L'article 26 de
la compagnie royale fixe un délai plus court:
« Toute demande ou action en paiement de pertes
» et dommages est éteinte dans le délai de six
» mois, à compter du jour de l'incendie : en con-
» séquence, la compagnie, ce délai expiré, n'est
» et ne peut être tenue à aucune indemnité ».

255. Il y a donc proscription constante de
l'article 432 et par les principes généraux et par
les conventions particulières. Mais, indépendam-

ment des considérations que les princiqes font prévaloir, un auteur, M. Boudousquié, n° 402, prétend que l'application de l'article 432 à l'assurance contre l'incendie présenterait des difficultés qui doivent nécessairement la faire rejeter.

« En effet, dit-il, l'article 432 fait courir la » prescription à compter *de la date du contrat,* » et établit par conséquent une règle contraire » au principe général de l'article 2257 du code » civil, qui porte que *la prescription ne court* » *point à l'égard d'une créance qui dépend d'une* » *condition, jusqu'à ce que la condition arrive.* » L'article 432, applicable à l'assurance mariti- » me, qui n'est ordinairement consentie que » pour un voyage ou pour un seul terme, ne pa- » raît donc pas susceptible d'être étendu à l'assu- » rance contre l'incendie, qui, étant toujours » souscrite pour plusieurs années, renferme, » ainsi que nous l'avons vu, plusieurs obligations » successives ; car si cet article était appliqué » textuellement à ce dernier contrat, il pourrait » en résulter, non-seulement que la prescription » des obligations que l'assurance fait naître se- » rait acquise avant l'expiration du contrat, dans » le cas où il aurait été souscrit pour plus de cinq » années, mais encore que l'action de l'assuré » contre l'assureur serait éteinte avant d'avoir » pris naissance, dans le cas où le sinistre n'au- » rait éclaté qu'après le délai de cinq ans. La rè- » gle établie par cet article ne pourrait donc être » étendue à l'assurance contre l'incendie, qu'au-

23.

» tant qu'on en modifierait l'application en faisant
» courir la prescription à compter du renouvel-
» lement de chacune des obligations successives;
» mais la nécessité de cette modification, tout à
» fait contraire au texte de l'article qui veut que la
» prescription coure à compter de *la date du con-*
» *trat,* démontre suffisamment que l'article est
» inapplicable à l'assurance contre l'incendie;
» c'est donc dans les dispositions du droit com-
» mun qu'il faut, en l'absence de conventions spé-
» ciales, aller chercher les règles relatives à la
» prescription en matière d'assurances terres-
» tres. »

Ces réflexions sont de toute justesse; nous les
adoptons complètement.

ASSURANCES

sur

LA VIE DES HOMMES.

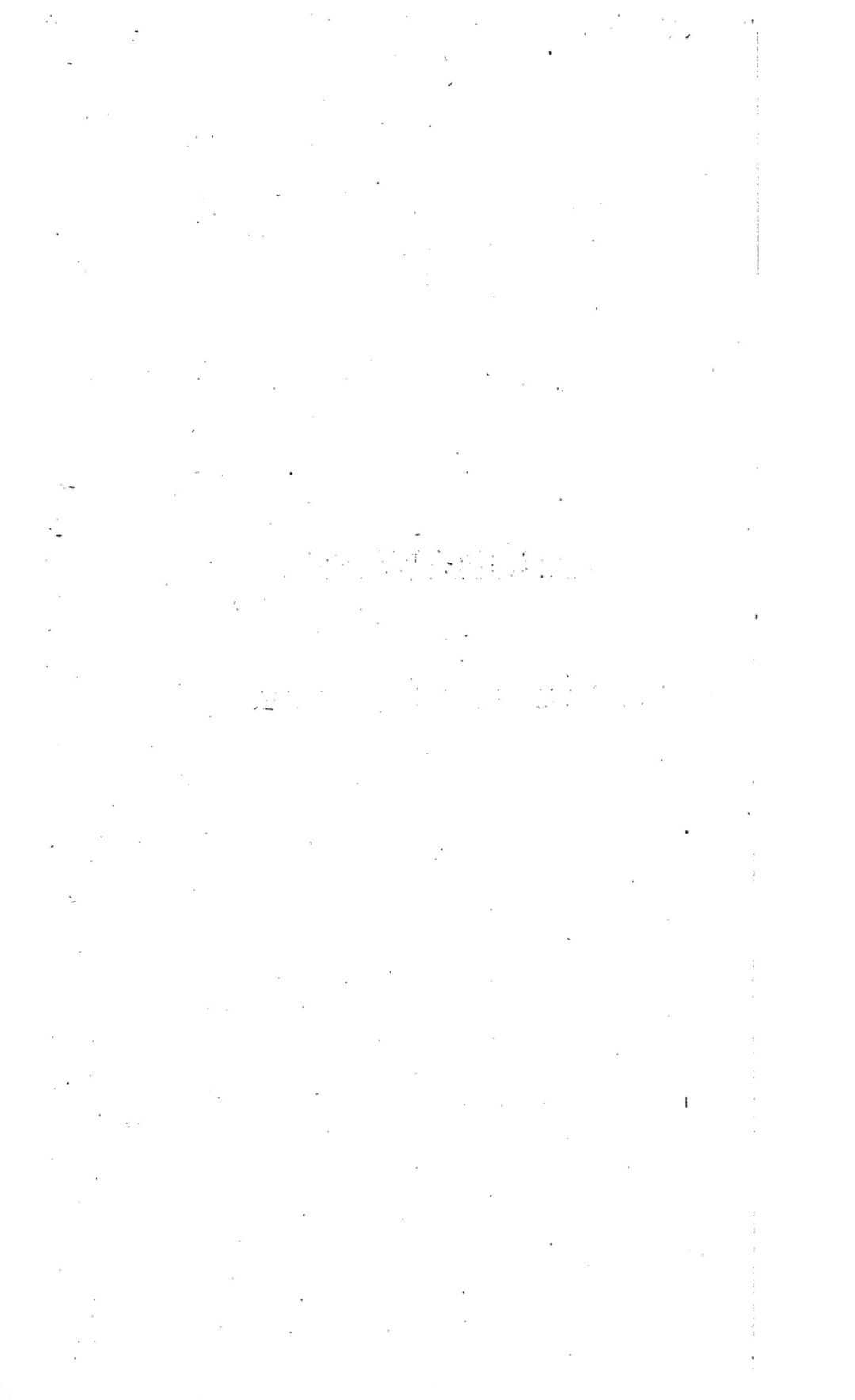

ASSURANCES

LA VIE DES HOMMES.

—————

256. Nous avons pensé que cette assurance méritait une mention particulière ; aussi nous sommes-nous décidé à la traiter à part. Si elle se trouve soumise aux règles générales pour les formalités qui tiennent à toutes les conventions, elle a aussi des lois particulières, soit par sa nature, soit par les conventions que les parties contractantes ont, par nécessité, insérées dans leurs statuts.

257. Nous parlerons seulement des dispositions particulières à cette assurance, nous rapportant, pour les principes applicables à toutes les assurances terrestres, aux développemens donnés dans les chapitres précédens. Commençons par définir la nature de ce nouveau contrat.

§ 1er.

NATURE DU CONTRAT.

258. « L'assurance sur la vie, dit Marshall,

» est un contrat par lequel l'assureur s'enga-
» ge, moyennant une prime acquittée en une
» seule fois, ou divisée en prestations périodi-
» ques, à payer à la personne au profit de la-
» quelle l'assurance est faite, soit un capital dé-
» terminé, soit une annuité équivalente, à la
» mort de l'individu dont la vie est assurée lors-
» que l'assurance est faite pour toute la durée de
» la vie, ou si son décès arrive dans une certaine
» période, lorsque l'assurance est faite seulement
» pour un temps limité. »

259. On conçoit facilement les motifs qui donnèrent naissance à ce nouveau contrat. Souvent
tout le bien-être d'une famille dépend de la vie de
son chef; elle se trouve soutenue par son travail.
Si cet homme disparaît, avec lui disparaissent
tous les moyens d'existence dont il faisait jouir
ceux qui l'entouraient. Un bon père veut assurer
à toujours le bonheur de ses enfans, même pour
le temps où il ne sera plus. Rien de mieux que de
leur créer des ressources tout à fait indépendantes de son existence, et qui ne commenceront à
produire leur effet qu'au moment où les secours
de leur père manqueront. Alors, pour parer aux
embarras que la mort d'un chef de famille peut
causer dans un ménage, on imagina l'assurance
sur la vie. Cette assurance, nous l'avons vu dans
la définition donnée par Marshall, consiste dans
l'engagement pris par l'assureur, de donner
une certaine somme fixe ou certaines prestations
annuelles *aux personnes au profit desquelles le*

contrat est souscrit, au décès de l'individu dont la vie est assurée. Cette obligation existe moyennant une prime fixe ou une somme annuelle que celui-ci doit verser. Cette convention a beaucoup de rapport avec le contrat de rente viagère, autorisé par l'article 1973 du code civil : *la rente viagère,* dit cet article, *peut être constituée au profit d'un tiers, quoique le prix en soit fourni par une autre personne.*

260. Toutes les conventions sur la vie ne sont pas conçues dans ce sens. Dans l'usage, les polices des compagnies consacrent d'autres obligations. Ainsi, elles stipulent, soit des assurances temporaires, soit des annuités différées. La compagnie d'assurances générales sur la vie, article 4, s'engage, moyennant une somme qui lui est payée immédiatement, ou moyennant une prime que l'assuré s'oblige à acquitter annuellement, à payer un capital convenu à la mort de l'assuré, si sa mort a lieu dans un nombre d'années déterminé. Si l'assuré survit, les sommes versées sont acquises à la compagnie, et elle n'a rien à payer. Cette assurance est celle que l'on nomme *temporaire.*

261. La même compagnie s'oblige, par son article 6, à payer, à une époque fixe, un capital convenu à l'assuré, s'il vit à cette époque, moyennant une somme que l'assuré paie immédiatement, ou moyennant une prime qu'il s'engage à acquitter annuellement. Cette assurance prend le nom *d'assurance différée.*

262. M. Quénault, n° 16, critique cette der-

nière convention. « L'assurance, dit-il, qui ne
» roule que sur des événemens dépourvus d'in-
» térêt pour l'assuré, ou sur des événemens tels
» qu'ils ne peuvent lui causer aucune perte dont
» la somme assurée soit la réparation, n'est, ainsi
» qu'on l'a déjà dit, qu'une gageure : et nous ne
» verrions pas autre chose dans la convention
» connue sous le nom d'annuité différée, à moins
» qu'on ne donnât à l'obligation de l'assureur un
» caractère de certitude et de réalité, en stipu-
» lant qu'il sera tenu, si l'assuré vient à mourir
» avant le terme fixé, de payer une somme à ses
» héritiers. »

Nous ne partageons pas du tout cette manière de voir. Nous apercevons, dans cette assurance, une obligation éventuelle, dont l'accomplissement dépend d'un fait incertain. Mais
elle ne constitue pas une gageure. En effet, dans
cette convention comme dans toutes les assurances, la prime, payée à l'assureur, est le prix du
risque qu'il court de solder une certaine somme
si tel événement arrive. Si l'événement n'arrive
pas, la prime lui appartient; mais il en est ici
comme dans toutes les autres assurances. Le sinistre prévu ne frappe-t-il pas les objets assurés?
La prime appartient en entier à l'assureur. La
prime est l'indemnité du risque qu'il a couru.
Dans les assurances différées, la prime lui appartient aussi à ce titre. L'assuré ne vit-il pas à l'é-
poque fixée, l'assureur bénéficie, il est vrai; mais
il a couru le risque de solder la somme stipulée :

en effet, elle aurait été due à l'assuré, s'il eût vécu au temps prescrit. Nous ne voyons dans cette convention qu'un aléat pour l'assureur et pour l'assuré; il y a obligation réciproque; car celui-là reçoit une somme en échange du risque d'en payer une plus forte. La gageure ne présente pas cette chance réciproque. Un seul des parieurs gagnera, sans qu'il se trouve obligé, en échange, à l'égard de celui qui perd le pari. Dans l'assurance différée, au contraire, l'assureur, tout en gardant la prime, peut, par suite d'un événement, être obligé à fournir une somme plus forte que la prime touchée. Il y a là un véritable contrat commutatif qui produit des obligations dont l'accomplissement pour l'assuré est obligatoire après l'apposition de sa signature sur la police, tandis qu'il est éventuel pour l'assureur, puisqu'il dépend d'un fait incertain. Alors ce contrat commutatif, par suite de cette éventualité, prend un autre nom. *Lorsque l'équivalent*, dit l'article 1104 du code civil, § 2, *consiste dans la chance de gain ou de perte pour chacune des parties, d'après un événement incertain, le contrat est aléatoire.* Eh bien! nous nous trouvons dans le cas prévu par cet article. La chance de gain ou de perte existe pour les deux parties. En effet, si l'assuré vit à l'époque convenue, il trouvera dans la somme que devra lui payer l'assureur, l'indemnité du risque couru de verser la prime en pure perte : s'il n'existe plus, l'assureur a gagné la prime comme l'équivalent du risque qu'il aura couru de payer la somme stipulée par le contrat. Cette convention ne comporte rien de contraire aux assurances ordinaires ; elle ne ressemble pas plus que celles-ci à une gageure ; elle doit donc être tolérée comme elles. Aussi avait-elle été permise à la compagnie établie, par arrêt du conseil du 27 juillet 1788, et figure-t-elle dans les combinaisons de la société d'assurance sur la vie, autorisée par ordonnance du Roi du 12 juillet 1820.

263. L'avantage de ces assurances ne fut compris qu'avec le temps. L'Angleterre nous précéda pour leur établissement. « Ce fut sous le règne » de la reine Anne, que l'évêque d'Oxford et plu- » sieurs autres personnes dirigées comme lui par » des vues de bienfaisance, sollicitèrent une charte » pour l'établissement de la corporation appelée » Société amicale (*Amicable society*), dont le but » était de mettre différentes personnes à portée » de souscrire pour une portion de leur revenu, » à l'effet qu'au décès de chaque souscripteur, » son représentant reçût la part contributive que » la société pourrait payer, eu égard au nombre » des décès arrivés dans l'année.

» Mais, comme les bienfaits de cette société » étaient restreints à un nombre limité de sous- » cripteurs, et encore pour de petites sommes, il » s'établit plusieurs autres corporations et compa- » gnies sur des plans plus étendus. Les compagnies » de *la Bourse royale* et de *l'Assurance de Lon-* » *dres* obtinrent de Georges Ier, des chartes

» qui les autorisèrent à faire des assurances sur
» la vie.

» La société des *Équitables assurances sur la*
» *vie et la survie,* fut établie en 1762, par un acte
» enregistré à la Cour du banc du roi à Westmins-
» ter, par lequel tout assuré devient membre de
» la société, et prend part aux bénéfices comme
» aux pertes. Le succès de cet établissement a
» fait naître d'autres institutions de même nature,
» dans la province aussi bien que dans la métro-
» pole, mais toutes bien inférieures à l'*Équitable*
» *assurance,* tant pour l'étendue des opérations
» que pour la masse des capitaux.

» Nous ne saurions dire à quelle époque cette
» espèce d'assurance fut introduite dans ce pays;
» probablement parce que l'usage s'en établit
» lentement et par degrés insensibles. Roccus
» s'est efforcé de prouver la légalité des contrats
» d'assurance sur la vie. Toutefois, dans la plupart
» des États d'Europe, ces assurances ont été pro-
» hibées par des lois positives. Dans ce pays, ces
» contrats ont été plusieurs fois sanctionnés par
» l'autorité législative, et leur légalité n'est plus
» aujourd'hui susceptible d'être contestée.» (Marshall. *Traité de l'assurance sur la vie des hommes,*
traduit par Charles Marshall, chap. 1er.)

264. En France, ces assurances se sont im-
plantées difficilement. Il a fallu lutter long-temps
contre la défiance qu'elles inspiraient. Enfin la
raison a insensiblement prévalu; les avantages
réels de ces assurances ont été sentis par tout le

monde, et le gouvernement a fini par les autoriser. Le Conseil d'État se prononça pour leur existence, et le ministre de l'intérieur, dans son instruction du 11 juillet 1818, a rendu compte du
résultat de sa délibération.

Question. « Y a-t-il lieu d'autoriser les sociétés
» anonymes à s'engager à payer une somme dé-
» terminée au décès d'un individu, moyennant une
» prestation annuelle à payer par cet individu? »

Réponse. « Cet engagement (en d'autres termes,
» l'assurance sur la vie), peut être autorisé; mais
» il ne doit pas être permis d'assurer sur la vie
» d'autrui sans son consentement. »

Observations. « Ce genre de contrat peut être
» assimilé aux contrats aléatoires que permet le
» code civil; il est même plus digne de protection
» que le contrat de rente viagère : c'est un sen-
» timent bienveillant et généreux qui porte le
» souscripteur à s'imposer des sacrifices annuels
» pour assurer aux objets de son affection une
» aisance dont sa mort pourrait les priver.

» La restriction proposée à l'égard de l'assu-
» rance sur la vie d'un tiers, s'explique et se jus-
» tifie d'elle-même.

» Ce contrat est susceptible de plusieurs com-
» binaisons. Le gouvernement jugera, d'après les
» principes ci-dessus, les divers modes que les
» compagnies d'assurance pourront se proposer. »

265. Quelques auteurs, malgré l'autorisation du
gouvernement, continuent de soutenir l'illégalité
de l'assurance sur la vie. Entr'autres, M. Boulay-

Paty, dans son ouvrage sur le droit commercial maritime, se prononce fortement contre l'assurance sur la vie des hommes.

Avant d'entrer dans la discussion pour notre compte, nous donnerons un article, que M. Philippe Dupin a inséré dans la *Thémis*, contre la doctrine de M. Boulay-Paty. On est trop heureux de pouvoir offrir à ses lecteurs l'opinion motivée d'un jurisconsulte aussi recommandable.

M. Dupin s'exprime ainsi : « Il est en législation, » comme en beaucoup d'autres matières, des opi- » nions qui séduisent par une apparence de gran- » deur et de générosité, qui se propagent à l'aide » de ce passe-port, et qui finissent par être ad- » mises sans discussion et sans examen, comme » chose convenue. Telle est, je crois l'opinion que » je combats.

» Comme tous ceux qui partagent son senti- » ment, M. Boulay-Paty donne pour motifs : que » la vie des hommes n'est point une chose ou une » valeur appréciable (1); qu'il serait odieux, et » contre l'honnêteté publique, qu'elle devînt un » sujet d'opérations mercantiles; qu'un pacte » de cette nature pourrait être de fâcheuse con- » séquence, et provoquer un crime (2).

_____

(1) Liberum corpus œstimationem non recipit. L. 3, ff., si quadrupes; I. 2, § 2, ff., cod. leg. Rhod.— Mercis appellatione homines non contineri, Mela ait. L. 207, ff., de verb. signif.

(2) Istæ conditiones sunt plenæ tristissimi eventûs, et possunt invitare ad delinquendum. — Grivel, dec. 57, n. 28.

» Sans doute la vie des hommes est inappré-
» ciable; sans doute elle est hors le commerce,
» en ce sens qu'un homme ne pourrait vendre la
» vie d'un autre, ni même la sienne qui ne lui ap-
» partient pas. Aussi tel n'est point le but des
» assurances sur la vie des hommes. L'objet de
» ce contrat est uniquement d'estimer et de répa-
» rer le tort pécuniaire que la mort d'une per-
» sonne fait éprouver à une autre. Or, ce tort est
» appréciable; il peut être l'objet d'une stipula-
» tion; et cette stipulation n'a rien de contraire à
» la morale ou même à l'honnêté publique.

» Prenons des exemples : un père de famille va
» entreprendre un voyage maritime de long cours;
» il craint de laisser dans la misère une femme et
» des enfans dont il est le seul soutien; il fait as-
» surer sa vie. Il veut que sa famille trouve dans
» le prix de cette assurance les secours qu'il ne
» pourra plus lui donner. Quoi de plus moral que
» cet acte? En quoi peut-il provoquer un crime?

» Un négociant anglais avait essuyé des malheurs
» qui le forcèrent de faillir. Ses créanciers, dont
» il n'avait pas perdu la confiance, le laissèrent à
» la tête de ses affaires, et lui firent même de
» nouvelles avances. Persuadés que son intelli-
» gence et son activité répareraient avec le temps
» les injures de la fortune, ils firent assurer sa vie.
» Si la mort l'eût frappé, le produit de l'assurance
» eût du moins diminué leur perte, et allégé leur
» sort. Quoi de plus honorable pour le défunt?
» quoi de plus avantageux pour le commerce?

» Les mémoires de mistriss Bellamy (qu'on ne
» s'attendait peut-être pas à voir citer dans la
» Thémis), nous fournissent encore une au-
» tre autorité historique. Un célèbre acteur an-
» glais avait de nombreux créanciers ; c'est une
» des nécessités de la profession. Tous n'avaient
» d'autre hypothèque que son talent, d'autre
» espoir que sa longévité. Aussi était-il toujours
» inscrit sur les registres des compagnies d'assu-
» rance sur la vie des hommes. Cela ne vaut-il
» pas mieux qu'une action contre l'hérédité d'un
» acteur ?

» Maintenant, je le demande, où est le danger
» de ces contrats ? En quoi peuvent-ils blesser la
» justice ou l'ordre public ? Assurément notre con-
» trat de rente viagère serait bien plus dange-
» reux, et plus contraire à la morale. C'est là
» réellement qu'on spécule sur la mort des indi-
» vidus, c'est là réellement qu'il pourrait y avoir
» danger pour la vie des rentiers, comme l'ont
» prouvé quelques exemples funestes. Mais le con-
» trat d'assurance sur la vie n'a, généralement,
» d'autre objet que de réparer les suites d'un
» malheur qu'on n'a pu prévoir (1).

» Aussi le savant et judicieux M. Toullier, com-
» patriote de M. Boulay-Paty, dit-il, en parlant
» de la disposition de l'assurance de 1681, qui

(1) Les tontines sont-elles autre chose qu'une spéculation sur
la vie des hommes? Cependant elles sont permises. Enfin, personne ne conteste la légitimité des assurances sur la vie des cap-
tifs rachetés; l'ordonnance même les autorisait.

24

» prohibe les assurances sur la vie des hommes
» *Il faut avouer que cette disposition n'est fondée*
» *que sur le droit positif. On ne voit rien de con-*
» *traire à la morale, ni au droit naturel, dans*
» *une convention par laquelle je m'oblige de vous*
» *payer une somme de.... pour la perte que vous*
» *éprouveriez, si telle personne mourait avant*
» *tel temps.*

» Maintenant le droit civil a-t-il réellement pro-
» hibé ce genre de convention?

» L'article 10 de l'ordonnance de 1681 renfer-
» mait, à cet égard, une disposition formelle: *Dé-*
» *fendons*, y est-il dit, *de faire aucune assurance*
» *sur la vie des personnes.*

» Cependant deux arrêts du Conseil du Roi, l'un
» du 3 novembre 1787, l'autre du 27 juillet 1788,
» avaient autorisé la formation d'une compagnie
» pour cette espèce d'assurance. Assurément je
» n'approuve point cette espèce d'assurances.
» Quand une loi existe, tout citoyen doit s'y sou-
» mettre; les magistrats surtout, suivant l'expres-
» sion de d'Aguesseau, sont ses premiers esclaves.
» Mais ces actes prouvent quelle était l'opinion
» sur la prohibition de l'ordonnance.

» Le code de commerce ne l'a point répétée.
» En faut-il conclure avec M. Boulay-Paty, qu'elle
» n'est point rapportée? Je ne le pense pas. Je
» crois même qu'on doit en tirer la conséquence
» contraire; car tout ce que la loi ne défend pas
» est permis.

» L'argument tiré de ce qu'a dit l'orateur du

» gouvernement, en présentant le code de com-
» merce, me touche peu, parce que ce n'est point
» son discours, mais le code lui-même qui fait loi,
» et qu'il faut consulter.

» Enfin, j'en dirai autant de l'argument tiré de
» l'article 334 du code de commerce, suivant le-
» quel les choses ou valeurs *estimables à prix*
» *d'argent*, peuvent seules fournir la matière
» d'une assurance. En effet, ce n'est point, com-
» me il a été dit plus haut, la vie de l'homme,
» chose inappréciable en elle-même, c'est le pré-
» judice qui en résulte pour autrui qu'on assure.
» La vie ou la mort ne sont point ici l'objet du con-
» trat; c'est une condition de laquelle dépend
» son effet et ses conséquences.

» Aussi, une ordonnance du Roi, du 11 février
» 1820, a autorisé sans difficulté *la Compagnie*
» *royale d'assurance sur la vie des personnes.*

» M. Boulay-Paty la combat, il est vrai, en di-
» sant qu'une ordonnance ne peut modifier le code
» de commerce, ni aucune autre loi. Je suis loin
» de contester cette doctrine, et si j'ai cité l'or-
» donnance du 11 février 1820, c'est pour faire
» voir quelle est l'opinion du gouvernement du Roi
» sur la prétendue prohibition de l'article 334
» du code de commerce.

» Au surplus, ce sont des réflexions que je sou-
» mets à nos lecteurs et à M. Boulay-Paty lui-mê-
» me. Du reste, je ne me dissimule ni la difficulté
» de la question, ni la gravité des nombreuses au-
» torités qui appuient le système ne notre au-

24.

» teur. Mais je crois qu'on ne saurait trop éten-
» dre et favoriser le système des assurances, en
» prenant toutefois les précautions nécessaires
» pour qu'il ne puisse dégénérer en gageure ou en
» spéculation frauduleuse. » (Thémis, t. 5, p. 339.)

Certes, après une discussion aussi forte que celle
dont nous venons de donner connaissance à nos lecteurs, il ne reste pas beaucoup d'argumens à ajouter
pour soutenir la même doctrine. Nous ne voyons
pas comment il est possible de professer l'illégalité des assurances sur la vie des hommes. La citation de l'ordonnance de 1681 ne peut avoir aucune influence sur la question, puisqu'il paraît
certain à tous les esprits que la prohibition portait seulement sur la confusion, dans les risques
maritimes, des individus avec les marchandises des
cargaisons. L'article 334 du code de commerce
sera-t-il raisonnablement cité à l'appui de l'opinion qui tend au rejet de l'assurance sur la vie
des hommes? Non. Que dit cet article? Est-il limitatif ou simplement énonciatif? Il est énonciatif.
Selon lui, l'assurance peut avoir pour objet :

  « Le corps et quille du vaisseau, vide ou char-
» gé, armé ou non armé, seul ou accompagné,
  » Les agrès et apparaux,
  » Les armemens, les victuailles, les sommes
» prêtées à la grosse, les marchandises du char-
» gement, et toutes autres choses ou valeurs es-
» timables à prix d'argent, sujettes aux risques de
» la navigation ». Cet article ne porte pas que
l'assurance peut avoir *seulement* pour objet...; il

serait alors limitatif; il porte qu'elle peut avoir pour objet, etc. Comme le législateur ne prévoit pas tous les cas d'assurance, il énumère ceux qui se présentent à son esprit, comme les plus communs, les plus ordinaires. Si la disposition de cet article était regardée comme limitative, par suite on prohiberait l'assurance contre l'incendie, contre la grêle, etc., puisqu'elle ne se trouve pas mentionnée dans les paragraphes de cet article.

Quand bien même, à la rigueur, on déclarerait que cet article est limitatif, il le serait pour les assurances maritimes seulement; car le code de commerce ne s'occupe que de ces assurances. Si parfois, pour les assurances terrestres, on a recours aux principes qu'il pose, c'est qu'il s'agit de principes généraux applicables à toutes les assurances; mais quant aux règles particulières, aux règles qui n'intéressent pas l'essence et la nature du contrat d'assurance en général, elles ne sont applicables qu'au cas pour lequel elles ont été créées. L'article 334, que, pour ce moment, nous regardons comme limitatif, ne devrait régir que les assurances maritimes; car il est évident, par ses diverses dispositions, qu'il s'adresse à elles seules. Tous les auteurs, en admettant qu'ils regardent comme limitatif l'article 334, l'auraient pensé ainsi, puisqu'ils reconnaissent l'assurance contre l'incendie, contre la grêle, dont le code de commerce ne parle pas. Le gouvernement se serait trouvé d'accord avec les auteurs, puisqu'il autorise toutes les assurances terrestres.

Parlerons-nous sérieusement de la prétendue immoralité du contrat d'assurance sur la vie des hommes? Que lui reproche-t-on raisonnablement? On prétend qu'il met en lutte l'honneur et l'intérêt des contractans. Rien de plus faux que cette assertion. On démontrera facilement que les contractans sont tout à fait désintéressés à la réalisation de l'événement qui donnera ouverture à l'obligation. L'assureur doit craindre ce moment; car, à son égard, la convention produira son effet à dater de cette époque. L'individu qui recevra le montant de l'assurance ne rencontre pas un grand avantage dans la mort de l'assuré : il trouvera tout au plus dans l'indemnité promise l'équivalent de ce qu'il possédait du vivant de l'assuré. L'assurance sur la vie des hommes n'offre donc aucun danger : elle ne porte pas atteinte à la morale. L'assurance est tout simplement une précaution prise contre les résultats fâcheux que la mort d'un homme nécessaire peut entraîner. Tous les argumens d'immoralité que font valoir les adversaires de l'assurance sur la vie des hommes, s'appliquent à bien plus forte raison à la rente viagère. Celle-ci n'est rien moins qu'un usufruit, dont la durée est fixée à l'existence de l'usufruitier. Celui qui sert la rente trouve son avantage dans la mort du rentier; puisqu'alors il cesse de payer les arrérages; son intérêt se trouve en lutte avec sa conscience. Il y a danger, parce que, dans un moment d'embarras, il peut être conduit à exécuter ce que le temps, trop

lent à servir l'empressement de ses désirs, tarde
à accomplir. C'est dans ce contrat qu'il est plutôt
permis de présumer que l'un des contractans spécule sur la mort de l'autre, puisqu'il a tout à gagner à la réalisation de cet événement. Pourtant la
rente viagère est permise et même régularisée par
toutes les législations, sans qu'on ait jamais songé
à critiquer la moralité de son existence. Si on
l'avait attaquée comme contraire à la morale, il
aurait fallu prohiber aussi l'usufruit, puisqu'il engage aussi l'intérêt du nu-propriétaire. Celui-ci
gagne aussi à la mort de l'usufruitier, il recouvre
alors tous les véritables avantages de la propriété... la jouissance en un mot. Bien d'autres contrats
devraient être mis à l'index ; presque tous, dans
telle ou telle circonstance donnée, peuvent mettre l'honneur et l'intérêt d'un individu en face
l'un de l'autre. Mais le législateur ne s'est pas
arrêté à ces inconvéniens ; il s'est un peu fié à la
bonne foi des hommes ; le crime n'est que l'exception. Pourvu que le contrat, en lui-même, ne
soit pas contraire à la morale, la loi le permet.
Qu'il n'ait pas une cause illicite, fausse ou immorale, et le législateur le tolère, sans s'inquiéter
des actions honteuses que l'un des contractans
pourra commettre pour échapper à ses obligations. Pour savoir si un contrat est immoral, il
faut remonter à sa cause ; quand la cause est juste,
les conséquences seront bonnes aussi. Que l'un
des contractans divertisse la convention de sa
juste origine, lui seul est coupable ; et la faute
ne retombera pas sur le législateur pour l'avoir

tolérée. Appliquons ces principes à l'assurance
sur la vie des hommes et demandons-nous si sa
cause est immorale. La réponse sera facile. On
voit facilement que rien de plus noble, de plus
juste, n'a présidé à la rédaction d'un contrat.
Un père de famille cherche à assurer l'avenir de ses enfans ; il s'aperçoit que leur
bien-être dépend de son existence. Il veut être
certain que leur aisance lui survivra; il se
fait assurer, et stipule qu'en cas de son décès,
une somme de... sera payée annuellement à ses
enfans. Des créanciers n'ont pour gage de leur
créance que le travail de leur débiteur. Ils savent
que si ce dernier vient à mourir, leur garantie
disparaît avec lui ; ils prennent le parti de le faire
assurer et stipulent qu'au cas de son décès, une
somme de... leur sera comptée annuellement. Où
se trouve l'immoralité d'une pareille convention?
Au premier cas, un père stipule pour le bonheur
de sa famille; au second cas, des créanciers pourvoient à la continuation du paiement d'une dette
qui contribue peut-être à leur bien-être et à celui
de leurs enfans. Quelles que soient les diverses
espèces qui se présentent, le but de l'assurance
sur la vie des hommes est toujours une garantie
pour soi ou sa famille. Elle s'appuie donc sur la
moralité; elle ne contient rien de contraire à l'esprit des conventions en général. C'est aussi l'o-
pinion du gouvernement qui la permet et qui
la permettra toujours, parce qu'elle est d'une
grande utilité publique. (Voir aussi M. Quénault, n° 9.)

Il existe encore une combinaison qui se rapproche beaucoup des assurances sur la vie, et qui pourtant en diffère. Nous voulons parler des tontines. M. Pardessus, t. 4, n° 970, *les définit un genre de réunion formée de rentiers qui conviennent que les parts des prémourans profiteront, en tout ou partie, aux survivans.*

« Une tontine, suivant cet auteur, ne présente
» ni travail, ni produit ; c'est une simple conven-
» tion par laquelle les co-intéressés sacrifient
» à la chance d'un avantage personnel, ce qu'ils
» auraient pu laisser à leurs héritiers. Le travail
» des administrateurs consiste à assurer l'exécu-
» tion de cette convention ; il ne produit et ne
» rapporte aucun profit social. La somme des ca-
» pitaux, une fois déterminée, reste toujours la
» même ; l'industrie, le temps, les spéculations
» n'y peuvent rien changer ; seulement les chan-
» ces de survie, chances qui ne dépendent ni du
» travail, ni d'aucune industrie commerciale, fa-
» vorisent quelques-uns des co-intéressés, par
» des bénéfices indépendans des volontés et des
» efforts humains. Quoique l'établissement de ces
» sortes d'aggrégations soit soumis aux mêmes au-
» torisations que certaines sociétés, par des mo-
» tifs indiqués n° 98, ce rapport de ressemblance
» n'est qu'accidentel et ne peut fonder une simi-
» litude que repousse la nature des chose : quand
» même les directeurs d'un tel établissement
» feraient, avec les fonds qui leur sont confiés
» ou avec les réserves dont ils sont dépositaires,

» des négociations commerciales qui donneraient
» lieu à des actions de la compétence des tribu-
» naux de commerce, on ne pourrait encore en
» conclure que la tontine fût une société. »

Cette combinaison intéresse l'ordre public,
puisqu'elle s'adresse à la fortune des citoyens. Le
gouvernement, qui a la mission de protéger la
société, devait examiner la nature des tontines
d'une manière toute particulière. Aussi, le Conseil d'État fut-il consulté sur le danger qu'elles
pourraient présenter, sur la nécessité d'une autorisation préalable. Le Conseil d'État examina la
question et donna la réponse suivante :

« Considérant qu'une association de la nature
» des tontines sort évidemment de la classe com-
» mune des transactions entre citoyens, soit que
» l'on considère la foule de personnes de tout état
» et de tout âge qui y prennent ou qui peuvent y
» prendre des intérêts ; soit que l'on considère le
» mode dont ces associations se forment, mode
» qui ne suppose entre les parties intéressées ni
» ces rapprochemens, ni ces discussions si néces-
» saires pour caractériser un consentement don-
» né avec connaissance; soit que l'on considère la
» nature de ces établissemens, qui ne permet aux
» associés aucun moyen efficace et réel de sur-
» veillance ; soit enfin que l'on considère leur du-
» rée, toujours inconnue, et qui peut se prolon-
» ger pendant un siècle ; qu'une association de
» cette nature ne peut, par conséquent, se for-
» mer sans une autorisation expresse du souve-

» rain qui la donne sur le vu des projets des sta-
» tuts de l'association, et qui lui impose des con-
» ditions telles, que les intérêts des actionnaires
» ne se trouvent compromis ni par l'avidité, ni
» par la négligence, ni par l'ignorance de ceux à
» qui ils auraient confié leurs fonds, sans aucun
» moyen d'en suivre et d'en vérifier l'emploi, sur
» la foi de promesses presque toujours fallacieu-
» ses ;

  » Que l'expérience n'a que trop démontré les
» conséquences funestes de l'oubli de ces maximes,
» et du défaut d'une autorisation spéciale donnée
» par le gouvernement; que dans la tontine La-
» farge, par exemple, ce défaut d'autorisation
» spéciale, et de toutes mesures contre les abus,
» a laissé les actionnaires sans défense et la ges-
» tion sans surveillance réelle;

  » Est d'avis :

  » 1° Qu'une association de la nature des ton-
» tines ne peut être établie sans une autorisation
» spéciale donnée par S. M., dans la forme des
» réglemens d'administration publique;

  » 2° Qu'à l'égard de toutes les associations de
» cette nature, qui existeraient sans autorisation
» légale, il n'y aurait pas un moment à perdre
» pour suppléer à ce qui aurait dû être fait dans
» le principe;

  » Qu'il est, par conséquent, urgent de leur
» donner un mode d'administration qui calme
» toute inquiétude de la part des actionnaires,
» soit par le choix d'administrateurs faits pour

» réunir toute leur confiance, soit par la régula-
» rité et la publicité des comptes;

 » Qu'en ce qui regarde les difficultés qui pour-
» raient s'élever au sujet de la gestion et compta-
» bilité des administrateurs jusqu'à ce jour, on ne
» pourrait rien faire de plus avantageux aux in-
» téressés que d'en soumettre le jugement à des
» magistrats dont les lumières garantiraient une
» justice entière à toutes les parties;

 » Que le bienfait d'une pareille mesure ne pour-
» rait être contesté que par ceux qui auraient
» intérêt à la prolongation des abus, ou par ceux
» qui, voulant les arrêter, auraient spéculé sur
» les avantages qu'ils pourraient retirer d'une ad-
» ministration nouvelle dont ils feraient partie. »

§ II.

CONDITIONS DE LA VALIDITÉ DU CONTRAT D'ASSURANCE SUR LA VIE.

266. Nous ne parlerons pas des conditions exigées pour tous les contrats. Le droit général s'applique à l'assurance sur la vie, comme aux autres conventions. Quant à ce qui regarde le consentement, la capacité de contracter, on trouvera au code civil toutes les dispositions applicables à tous les contrats. Nous les avons énumérées dans l'explication de l'assurance terrestre. Nous nous arrêterons aux conditions particulières à la validité des assurances sur la vie d'un tiers. Nous parlerons d'abord de l'intérêt que doit avoir à la con-

servation de l'individu assuré, celui qui fait assurer la vie d'un tiers.

267. On conçoit facilement le motif de cette nécessité. On se rappelle sans doute que le législateur avait toujours déclaré nullés les conventions qui, tout en offrant les apparences d'une assurance, ne présentaient en réalité que les chances d'un pari. L'assurance sur la vie permettait, plus que toute autre, les moyens de cacher le jeu. « En Angleterre, dit Marshall, dans le principe de cette as- » surance, il se faisait journellement des paris sur » la durée de la vie des hommes, par des personnes » qui n'avaient ni relations de parenté avec les » parties, ni intérêt d'aucune sorte à la durée de » leur vie; de leur côté, les assureurs ne se met- » taient guère en peine de savoir pour quel inté- » rêt ou pour quelle raison on faisait ces assu- » rances. » On peut facilement imaginer tous les dangers que présentait cette fureur des paris. L'assurance sur la vie, créée dans des vues toutes morales, développait la passion du jeu, et était détournée du but de son origine. Souvent elle mettait en péril la vie des personnes assurées, car elle était souvent la cause de la ruine des spéculateurs. Il fallait, à tout prix, mettre un terme à cette fureur des paris, régulariser l'assurance sur la vie, et rendre le jeu impossible.

Georges III, par le statut de la quatorzième année de son règne, c. 48, § Ier, ordonna :

« 1° Qu'aucune assurance ne serait faite par une » ou plusieurs personnes, corps politiques ou cor-

» porations, sur la vie ou les vies d'une ou plu-
» sieurs personnes, ou sur quelqu'autre événement
» que ce fût, si la personne ou les personnes,
» pour l'utilité, le besoin ou le compte desquels
» ces assurances seraient faites, *n'y avaient aucun*
» *intérêt, ou ne faisaient qu'un jeu ou un pari,*
» et que toute assurance, faite contrairement au
» véritable esprit et à l'instruction de cet acte,
» serait nulle et de nul effet, à tous égards et sous
» tous les rapports.

» § II. 2° Qu'il ne serait pas permis de faire
» une ou plusieurs assurances sur la vie ou les
» vies d'une ou plusieurs personnes, ou sur tous
» autres événemens, sans insérer dans les polices
» le nom ou les noms de la personne ou des per-
» sonnes qui y seraient intéressées, ou pour l'uti-
» lité, le bénéfice ou le compte desquels l'assu-
» rance ou les assurances seraient faites.

§ III. 3° Et que dans tous les cas où l'assuré
» aurait un intérêt à telle ou telles vies, à tel ou
» tels événemens, il ne pourrait obtenir ni rece-
» voir de l'assureur ou des assureurs une somme
» supérieure au montant ou à la valeur de son
» intérêt. » (Marshall, chap. 3.)

268. En France, on a suivi les règles prescrites
par le statut de Georges III. Les compagnies d'assurance n'assurent jamais la vie d'un tiers, que
lorsque celui qui fait assurer a un intérêt certain à la conservation de ce tiers assuré. *Bien plus,*
disent MM. Grun et Jolliat, n° 371, *afin de mieux*
assurer le maintien du principe, le gouvernement

français a prescrit le consentement exprès du tiers sur la vie duquel l'assurance repose ; les statuts de la Compagnie d'Assurances générales, qu'il a revêtus de son approbation, exigent ou ce consentement, ou la justification, par le contractant, d'un intérêt équivalent à la somme assurée.

§ III.

AGE ET SANTÉ DE L'ASSURÉ.

269. Celui qui se fait assurer ou qui fait assurer un tiers, doit déclarer son âge et son état de santé, ou l'âge et l'état de santé du tiers assuré. On conçoit l'utilité de cette déclaration. Les risques des assureurs sont en raison de l'âge et de la santé de l'individu assuré ; aussi fixeront-ils une prime proportionnée aux risques qu'ils auront à courir. Celui qui fait assurer doit bien prendre garde de ne pas donner des renseignemens inexacts, car une fausse déclaration entraînerait la nullité du contrat. (Art. 5, §§ 2 de l'assurance générale, 3 et 4 de la Compagnie royale d'Assurance sur la vie.)

§ IV.

DES RISQUES.

270. Dans le contrat d'assurance sur la vie, comme dans tous les autres contrats, il faut qu'il y ait des risques à courir, sans quoi l'assurance dégénérerait en pari. Ici, pour l'assuré, le risque est le paiement de la prime sans indemnité à tou-

cher en retour ; pour l'assureur, le risque consiste dans la chance de payer l'indemnité, par suite de la réalisation de l'événement prévu.

271. En règle générale, si des conventions particulières ne portent pas quelques modifica-tions, l'assureur doit l'indemnité quand l'individu assuré cesse d'exister. Ainsi, que la police soit muette sur les morts arrivées par le duel, par le suicide. et l'assureur devra l'indemnité stipulée.

272. Mais les compagnies d'assurance ne man-quent pas d'insérer des restrictions au principe. Elles ne se chargent pas de tous les risques de mortalité. L'art. 5, § 4 des statuts de l'assurance générale sur la vie, exprime ainsi les exceptions : « Si l'assuré périt dans une guerre ou par suite » de blessures qu'il y aurait reçues, s'il se donne » la mort, s'il est tué dans un duel, s'il perd la » vie par exécution d'une condamnation judi- » ciaire, il s'ensuit nullité de la police.

» Il y a également nullité de la police, si l'as- » suré meurt dans un voyage sur mer, pendant » un voyage ou séjour hors des limites de l'Eu- » rope, à moins que la compagnie n'ait consenti » à courir ce risque moyennant une augmentation » de prime. Dans tous les cas de nullité, les » sommes payées par l'assuré sont acquises à la » compagnie. » Quant à la compagnie royale, son article 6 des règlemens généraux est ainsi conçu : « La mort d'une personne sur la tête de qui re- » pose une assurance, arrivant par suite d'un » combat singulier, par sentence de justice, par

» suicide, l'assurance est annulée de droit, et les
» paiemens faits à la compagnie, jusqu'à l'époque
» du décès, lui demeurent acquis. La compagnie
» se réserve néanmoins la faculté de renoncer
» dans les trois cas ci-dessus, au bénéfice de l'an-
» nulation, et de regarder, quant à son intérêt, le
» contrat comme résilié.

» L'arrêté général du conseil d'administration,
» mentionné à l'article précédent, déterminera
» également les cas où cette renonciation sera ef-
» fectuée, et où la compagnie disposera, en con-
» séquence, du prix de la résiliation, soit en fa-
» veur de la famille du décédé ou des intéressés
» dans l'assurance, soit en faveur des indigens. »

La compagnie de la *Bourse royale* en *Angleterre*,
dit Marshall, déclare nulle toute assurance faite
par une personne *sur sa propre vie*, si elle sort
de l'Europe, si elle meurt sur mer, si elle entre
dans le service de terre ou de mer, enfin si elle
meurt par suicide, duel ou par la main de justice.

Pour l'assurance faite par une personne *sur la
vie d'un autre*, la mort par *suicide, duel ou par la
main de la justice*, n'est pas exceptée de l'assurance.

273. Cette exception, adoptée par les compagnies anglaises, s'appliquera-t-elle aussi aux assurances faites en France? M. Pardessus se prononce pour l'affirmative. « L'égalité, dit ce
» jurisconsulte, doit régner dans les conventions
» non pas en ce sens qu'il y ait similitude, mais en
» ce sens que des événemens, indépendans des

25

» contractans, décident seuls de leur sort, et que
» l'on ne soit pas maître d'apporter un change-
» ment quelconque et sous quelque prétexte que
» ce soit, aux chances qui existaient ou qui étaient
» envisagées à l'instant de la convention, ni de
» donner, par son fait, ouverture à l'événe-
» ment qui doit rendre l'autre débiteur.

» Ainsi, dans le cas où celui qui a stipulé l'as-
» surance de sa propre vie, périrait par suite
» d'une condamnation légale, même quand on la
» prétendrait injuste, ou se suiciderait, ou serait
» assassiné par ses héritiers, l'assureur serait dé-
» chargé avec ces derniers.

» Mais si quelqu'un a fait assurer la vie d'un
» autre, ces circonstances ne peuvent lui être
» opposées; et la seule exception admissible se-
» rait qu'il a causé la mort de cette personne. »
(M. Pardessus, t. 2, n° 591. — Voir aussi MM.
Grun et Jolliat, n 384.)

Nous n'adoptons pas cette opinion. Nous croyons
que si les statuts s'expriment d'une manière générale sur les exceptions provenant du duel, du
suicide, ils s'appliquent tout aussi bien à l'assurance faite sur la vie d'un tiers qu'à l'assurance
faite sur sa propre vie. Par la généralité de
leurs termes, les compagnies indiquent qu'elles
veulent seulement se charger des risques que
court l'individu assuré par suite d'événemens indépendans de sa volonté, et non des risques qu'il
se créerait volontairement. La grande raison de
MM. Grun et Jolliat est celle-ci : *les faits sont*

étrangers à celui qui a fait assurer. Qu'importe à l'assureur. Qu'a-t-il voulu garantir par le contrat d'assurance ? Tous les risques de mortalité ? Non ; mais simplement les décès arrivés par force majeure. C'est toujours à l'intention des parties qu'il faut remonter, quand le contrat ne s'explique pas clairement. Ne citons pas l'exemple des compagnies anglaises. Elles contiennent à cet égard des exceptions formelles, sur lesquelles il ne peut exister de difficultés par cela seul qu'elles sont écrites. En France, la compagnie d'assurance générale ne s'exprime pas catégoriquement ; mais dans l'usage, MM. Grun et Jolliat le reconnaissent, elle n'admet pas de distinction. Quant à la compagnie royale d'assurance, elle ne présente pas d'ambiguité ; car ses termes sont généraux : elle annule l'assurance sur la vie d'un tiers, comme celle faite sur la vie de l'assuré lui-même : » *La mort*, dit-elle dans l'article 6 de son règle-»ment, *de la personne sur la tête de qui repose* »*une assurance...* » Il ne peut exister là aucune difficulté d'interprétation ; les statuts exceptent de la garantie toute mort arrivée par suite d'un duel, d'un suicide. Que ceux qui veulent faire assurer la vie d'un tiers exigent que la garantie ne cesse pas, si le tiers succombe en duel, ou se tue de ses mains, alors la convention particulière recevra son exécution. Mais si la police s'explique généralement sur le duel, le suicide ; si elle annule l'assurance, sans distinguer entre celui qui fait assurer et le tiers assuré, la garantie

25.

cessera dans l'un et l'autre cas, parce que la convention tient lieu de loi entre les parties, et que celles-ci ne doivent pas distinguer là où la loi ne distingue pas.

274. Les voyages sur mer, les dangers de la guerre, augmentent beaucoup les risques; aussi les assureurs et les assurés doivent-ils avoir grand soin de les mentionner dans la police, soit pour les excepter de la garantie, soit pour les y comprendre sans que des difficultés puissent s'élever. Les statuts des compagnies françaises contiennent des dispositions expresses à l'égard de ces risques. (Voir l'art. 5 , § 5 des statuts de l'Assurance générale sur la vie.)

275. Une fois que la convention signée détermine bien les conditions du contrat, elle doit être exécutée dans toute son étendue. Aucun changement ne peut être apporté sans le consentement réciproque des parties Ainsi, le risque ne doit pas être augmenté sans l'assentiment de l'assureur. Il est évident que les voyages sur mer et la guerre augmentent les risques que le contrat avait prévus; aussi, est-il permis de croire que, dans le silence même de la police, l'assureur aurait le droit de réclamer une augmentation de prime. Nous pensons que cette augmentation de prime devrait être demandée au moment où le voyage a commencé; car c'est l'époque où les risques ont augmenté. Si l'assureur, averti du voyage de l'assuré, ne la sollicitait pas, nous croyons qu'il ne serait plus reçu à la réclamer, quand celui qui

a fait assurer ou les représentans de l'individu assuré demanderaient l'indemnité promise ; par son silence, l'assureur devrait être regardé comme ayant consenti à exécuter le contrat, malgré l'aggravation des risques.

On va peut-être nous dire que nous sommes en contradiction avec nous-mêmes ; que plus haut, nous avons laissé à la charge de l'assureur les décès survenus par suite d'un duel ou d'un suicide, quand les statuts gardaient le silence sur ce genre de mort violente, tandis que nous accordons, pour le cas d'un voyage sur mer ou d'une guerre, le droit à l'assureur de réclamer une augmentation de prime ou la résiliation du contrat. La contradiction n'est qu'apparente ; dans le fond, elle n'existe pas. En effet, le duel, le suicide sont des malheurs commandés souvent par des événemens qu'il est impossible de prévoir. Celui qui se fait assurer ou celui qui fait assurer la vie d'un tiers, a voulu prémunir sa famille ou ses propres intérêts contre les fâcheuses conséquences d'un fait hors de toute prévision. Il ne connaît pas l'époque de son décès ou de celui dont il fait assurer la vie ; il veut prendre ses précautions contre un événement qui peut se réaliser à tout moment : peu importe la cause du décès, qu'il soit occasionné par un duel, par un suicide ou par une maladie, c'est contre le fait seul qu'il veut se prémunir. Sa vie ou celle du tiers est la cause du contrat : il se précautionne contre l'événement de force majeure qui peut la lui enlever ; que ce soit un homicide, un meurtre, un assassinat, peu importe. C'est à la compagnie d'assurance à énoncer ses conditions et à excepter de la garantie tous les faits qu'elle ne prend pas à sa charge. Si elle se tait, elle semble les mettre tous sous sa responsabilité.

Dans le cas d'un voyage sur mer ou d'une guerre, la position change. Il s'agit alors d'une augmentation de risques de tous les jours, de tous les momens; il n'est plus question d'un fait isolé, qui met la vie en péril pour un instant, mais d'un danger continuel pendant un temps donné : la vie se trouve incessamment mise en doute. Le danger surtout dans la guerre peut être considéré comme la situation habituelle, tandis que la sécurité est exceptionnelle. Alors il existe véritablement pour l'assureur une augmentation de risques; il ne court plus des chances égales à celles qu'il croyait devoir courir au moment de la convention : les conditions de la convention sont modifiées; elles prennent une extension au détriment de l'assureur : celui-ci rencontre des périls autres que ceux qu'il avait consenti à subir; il peut demander l'annulation du contrat ou au moins sa modification.

276. Quand la police ne contient pas de délai pour le cours de l'assurance, elle commence à produire effet du jour même de la signature. Si l'assurance est stipulée pour la vie entière, le risque cesse au jour du décès de la personne assurée. Si elle n'est contractée que pour un certain temps, le risque cesse à l'époque fixée, si la

mort n'a pas eu lieu. Quant à l'assurance différée, si le décès arrive avant le moment prévu, le risque cesse.

277. Marshall dit que souvent les jurisconsultes ont été embarrassés pour la solution de la question qui consistait à savoir si l'assurance faite pour commencer à compter *du jour de sa date*, comprend ou non ce jour. Cet auteur rapporte que *lord C. J. Holt* fut d'avis que ces expressions à partir « *du jour de la date* » excluent ce jour, mais qu'il se trouve compris dans celles-ci « *à* » *compter de sa date* »; et qu'en conséquence, le jour de la date ne se trouvant pas compris dans l'espèce, l'assureur n'était pas responsable.

278. En Angleterre, on a jugé aussi, d'après le même auteur, qu'il faut que non-seulement la *cause* de la perte, mais que la perte même soit arrivée pendant la durée du risque. Ainsi, que la vie d'un homme soit assurée pour un an, et que peu de temps avant l'expiration du terme, il reçoive une blessure mortelle dont il meurt après l'année, l'assureur ne sera pas responsable.

279. Nous n'entrerons pas ici dans des détails que nous avons déjà énumérés en parlant des assurances terrestres. Nous ne reviendrons pas sur les difficultés qui peuvent s'élever relativement à l'indemnité, dont nécessairement l'assureur doit promettre le paiement au cas où l'événement prévu se réalisera. Nous nous taisons aussi sur le prix de l'assurance. Nous nous contenterons de répéter que l'indemnité et la prime sont essen-

tielles au contrat et qu'elles doivent figurer dans la police certaines, et révocables seulement du consentement réciproque des parties. Quant aux formalités de rédaction, elles sont les mêmes pour l'assurance sur la vie des hommes et pour l'assurance terrestre.

280. L'événement prévu s'est-il réalisé avec toutes les conditions imposées par la convention, il y a lieu à l'ouverture des obligations de l'assureur. Ceux qui se présentent pour réclamer l'indemnité promise, doivent justifier du décès qui constitue l'événement du risque assuré. Cette justification se fait conformément aux dispositions des articles 78 et suivans du code civil. L'article 46 du code civil recevra aussi son application. Il est ainsi conçu : « Lorsqu'il n'aura pas existé de » registres ou qu'ils seront perdus, la preuve en » sera reçue tant par titres que par témoins; et » dans ces cas, les mariages, naissances et décès » pourront être prouvés tant par les registres et » papiers émanés des pères et mères décédés que » par témoins ».

281. Quant à la déclaration d'absence, nous ne croyons pas qu'elle suffise pour donner ouverture aux obligations de l'assureur. En effet, la conséquence du jugement qui déclare l'absence, est l'envoi en possession provisoire. Cet envoi indique qu'il y a incertitude sur la vie ou la mort de l'absent; on ne donne sur ses biens que des droits provisoires, à la charge encore de donner caution. (Cod. civ., art. 120 et 123.) Cette incerti-

tude seule s'oppose à la validité de la réclamation qui serait adressée à la compagnie d'assurance; car pour elle, il faut plus qu'une présomption de décès, il faut une justification complète.

Mais nous pensons que la décision devrait être différente si l'absence a continué pendant trente ans depuis l'envoi provisoire, ou s'il s'est écoulé cent ans depuis la naissance de l'absent. Dans ce cas, il y a lieu à envoi en possession définitif des biens de l'absent; alors sa succession est ouverte; et les effets ne cessent qu'autant qu'il vient par sa présence donner un démenti à la croyance générale de sa mort. Il est juste aussi de faire droit aux réclamations de ceux qui poursuivent le paiement de l'indemnité promise par suite de l'assurance sur la vie. Aux yeux de la loi, l'absent est réputé décédé après un long temps de disparition. S'il revient contre toute apparence, la compagnie exercera son recours contre lui...; et d'abord elle peut prendre toutes les mesures conservatrices que prescrit le chapitre 1ᵉʳ du titre de l'absence dans l'intérêt de l'absent. (Cod. civ., art. 131.)

282. Dans les assurances sur la vie, il ne peut jamais y avoir d'avarie; le sinistre est toujours total. La somme entière doit être payée lors d'un événement unique qui n'arrive jamais partiellement, et qui cause à l'assuré tout le dommage dont il a voulu se garantir par l'assurance. (Park, chap. 22, p. 645.)

283. Si l'assureur, induit en erreur par la mauvaise foi de ceux qui doivent profiter de l'assu-

rance, aperçoit plus tard le dol dont il a été victime ; s'il prouve, par exemple, par des pièces justificatives que la personne assurée dont on lui a annoncé le décès existe encore, il possède une action en répétition de la somme qu'il a versée indûment.

284. Ici se terminent toutes les explications particulières que nous avons cru utile de présenter sur cette dernière assurance. Du reste, toutes les formalités exigées par la loi pour les autres contrats d'assurance, s'appliquent à celui-ci. C'est ce que Marshall explique à la fin de son Traité de l'Assurance sur la vie des hommes. Nous ne pouvons mieux faire que de transcrire ici l'opinion de ce jurisconsulte. Nous terminerons notre ouvrage avec le passage tiré de cet auteur. Il s'exprime ainsi :

« En parcourant tous les points qui semblent
» de quelque importance dans la matière des as-
» surances sur la vie, nous avons eu l'occasion de
» nous convaincre qu'une grande partie des prin-
» cipes régulateurs des assurances maritimes sont
» également applicables à ce contrat. Comparati-
» vement au grand nombre d'assurances qui ont
» été faites dans ces dernières années sur la vie
» des hommes, le nombre de cas litigieux qu'elles
» ont offert est bien peu considérable. On en
» trouve une première raison dans la facilité de la
» preuve du sinistre en vue duquel l'assurance
» est faite, et sur l'existence duquel il ne peut
» guère s'élever de contestation : la rareté des

» procès tient aussi à la grande difficulté qu'il y a
» de pratiquer des fraudes dans cette espèce d'as-
» surances; mais aucune cause n'a plus contribué
» à cet heureux résultat, que la loyauté, l'inté-
» grité et la générosité des compagnies qui exploi-
» tent cette branche des assurances.

» Aucune question relative au ristourne ne s'est
» encore présentée, à ma connaissance, en matière
» d'assurance sur la vie. Si une question de ce
» genre s'élevait, elle serait régie par les prin-
» cipes admis en pareil cas pour les assurances
» maritimes. Dans deux occasions, lord Mans-
» field, voulant éclaircir, par des exemples, sa
» doctrine sur le ristourne, en montra l'applica-
» tion dans le cas d'une assurance sur la vie.

» Quant aux droits que l'assuré pourrait exer-
» cer sur les biens de l'assureur tombé en faillite
» pendant le cours de la vie assurée, ils seraient
» les mêmes que dans le cas d'une assurance ma-
» ritime. »

LOI

A PROPOSER SUR

LES

ASSURANCES CONTRE L'INCENDIE.

LOI

A PROPOSER SUR

LES

ASSURANCES CONTRE L'INCENDIE.

———◆◆◆———

Art 1er. Tous les objets périssables peuvent être assurés contre l'incendie, à l'exception *des titres, billets, valeurs de banque ou autres objets négociables, de l'argent et or monnayés, des perles et pierres fines.*

On peut aussi assurer les créances hypothécaires pour les sommes inscrites en ordre utile sur des propriétés bâties, et les risques que font courir aux propriétaires, locataires et voisins, les art. 1382, 1383, 1384, 1732 et 1733 du code civil.

L'assurance ne peut jamais procurer bénéfice à l'assuré en cas d'incendie.

Toute police portant l'assurance de quelques-uns des objets qui sont la matière de l'exception ci-dessus, ou qui permettrait un bénéfice à l'assuré, est nulle.

On peut faire assurer les mêmes objets par plusieurs assureurs, en le déclarant à chacun d'eux ; dans ce cas, le sinistre est payé par tous, dans la proportion du montant assuré par chacun, à moins de stipulation contraire.

On peut aussi faire réassurer les objets déjà assurés, et alors les derniers assureurs se rendent garans des premiers, et se mettent au lieu et place de l'assuré.

Dans le cas où un assuré fait couvrir par d'autres assureurs, de plus fortes sommes que celles assurées sur un même risque, les premiers assureurs peuvent résilier leurs polices, et les primes de l'année courante leur demeurent acquises.

L'assureur a toujours le droit de vérifier ou de faire vérifier les objets assurés, et de veiller à ce que toutes les mesures soient prises pour les garantir contre l'incendie.

2. Les assureurs, à moins de stipulation contraire, répondent de tous les cas d'incendie, même des dégâts causés aux objets assurés par démolition ou par les secours portés pendant l'incendie.

Ils ne répondent pas des pertes occasionnées par suite d'incendies provenant de guerre, d'émeute, de violence à main armée, d'explosion de poudrière et de tremblement de terre.

Ils ne répondent de l'argenterie, des tulles, dentelles, tableaux, statues et généralement de tous les objets rares ou précieux, que lorsqu'ils sont spécialement désignés dans la police. Il en est de même des risques que la loi fait courir aux propriétaires, voisins et locataires, conformément aux art. 1382, 1383, 1384, 1732, 1733 du code civil.

3. La police doit contenir, à peine de nullité :

1° La signature de l'assureur ou de son fondé de pouvoir, légalement autorisé ;

2° La date du jour et de l'heure où le risque commence à courir ;

3° Les sommes assurées ;

4° La prime payée ou à payer ;

5° Le nom et la demeure de celui qui fait assurer ;

6° La qualité dans laquelle il agit ;

7° La désignation des objets assurés.

L'assureur n'est engagé que par ses polices d'assurance, dans les termes y énoncés, et seulement envers les personnes qui y sont désignées ; aucune allégation ne peut être admise hors des termes de la police, ou en l'absence de la police.

Toute déclaration portant un changement à la police doit être consignée sur un avenant et signée des deux parties, à peine de nullité.

Si la police ne stipule pas de durée, elle est censée faite pour le temps pour lequel on a payé la prime.

4. L'assureur ne peut être tenu à payer plus que les pertes réelles occasionnées aux objets assurés par l'incendie ou par les démolitions et secours portés pendant l'incendie ; l'assuré est tenu d'en justifier par ses titres, livres et factures, et par tous autres moyens propres à découvrir la vérité ; les désignations et évaluations contenues dans la police ne peuvent être opposées

comme preuves de l'existence et de la valeur des objets assurés, au moment de l'incendie, quand même une vérification préalable aurait été faite antérieurement au sinistre, toute stipulation contraire est nulle.

Les pertes résultant de la non-jouissance des objets détruits ou endommagés, ne peuvent être remboursées, ni aucuns dommages-intérêts prononcés contre aucune des parties, pour le fait du sinistre ou du règlement.

L'assureur a l'option de rétablir les bâtimens et objets assurés, dans l'état où ils étaient avant l'incendie, ou d'abandonner les débris à l'assuré, au prix de l'estimation, à valoir sur l'indemnité fixée.

5. En cas d'incendie, l'assuré doit veiller à ce que les assureurs ou leurs agens fondés de pouvoir, soient immédiatement avertis, et que les dispositions qu'ils croiront devoir prendre dans leurs intérêts, pendant ou après l'incendie, soient exécutées, comme si tous les objets assurés étaient leur propriété.

Si les assureurs n'ont pu être représentés pendant l'incendie, l'assuré devra, dans les vingt-quatre heures, faire sa déclaration aux agens fondés de pouvoir, les plus rapprochés du lieu de l'incendie, et établir, sous serment, sa réclamation, pour le montant de ses pertes, et aussitôt les assureurs en reconnaîtront ou en feront constater la sincérité.

Si les parties ne peuvent s'arranger à l'amiable, le dommage est constaté par deux experts, en présence du maire ou du commissaire de police; l'un des experts sera nommé par l'assuré, l'autre par l'assureur. Les experts pourront s'adjoindre des hommes connaissant la nature des objets détruits ou endommagés.

Si les experts ne sont pas d'accord, chacun donnera son avis séparément, mais sur le même procès-verbal, à peine de nullité. Les experts seront tenus de donner leur avis sur le lieu où le feu aura pris naissance, et sur les causes connues ou présumées de l'incendie, et ils constateront sur leur procès-verbal les dires, exceptions, protestations ou acceptations des parties qui les signeront.

En cas de division des experts, la partie mécontente pourra exiger le rapport d'un tiers-expert, qui sera nommé par le président du tribunal civil, dans les vingt-quatre heures.

Le tiers-expert devra opérer en présence des deux autres experts et du maire ou du commissaire de police; ceux-ci invités

26

à ces fins par les parties, et s'ils ne se présentent, il pourra passer outre en présence de l'officier public, qui donnera son avis sur la manière d'opérer des experts et tiers-experts.

Les procès-verbaux d'expertise ne pourront jamais être produits en justice, dans l'intérêt de la vindicte publique, en cas d'action criminelle, à moins que l'assureur ne se porte partie civile. Les frais d'expertise sont à la charge de la partie qui y a donné lieu injustement, soit pour avoir trop exigé, soit pour avoir refusé de reconnaître les pertes suffisamment justifiées.

L'expertise ne préjudicie en rien aux droits exceptionnels que les assureurs peuvent avoir à invoquer.

6. Les assureurs ne peuvent jamais être tenus de payer les dommages dans le cas où l'incendie porterait le caractère de fraude.

L'incendie porte le caractère de fraude si l'assuré ou un des assurés a mis volontairement le feu, ou employé un moyen quelconque pour le faire prendre, ou s'il l'a fait mettre ou laissé mettre lorsqu'il pouvait l'empêcher; si le feu a été mis volontairement par quelqu'un de sa maison ou de sa famille, dans l'intérêt de l'assuré, ou si ceux-ci l'ont fait prendre par un moyen quelconque; si le feu a pris par la faute de l'assuré, ou si on peut lui reprocher une grande négligence, lorsqu'il avait un intérêt à incendier les objets assurés; si l'assuré a soustrait ou caché des objets sauvés sans le déclarer.

7. L'assuré n'a droit à aucune indemnité dans les cas suivans :

1° Si la prime n'a pas été payée conformément à la police d'assurance;

2° S'il n'a pas déclaré la véritable qualité dans laquelle il peut agir, soit comme unique propriétaire, propriétaire indivis ou associé, soit comme usufruitier, locataire fermier ou intéressé sous quelque titre que ce soit, soit comme créancier, fondé de pouvoirs, se portant fort, tuteur ou syndic, etc., etc.;

3° S'il n'a pas fait connaître les charges ou les vices qui peuvent diminuer la valeur apparente des bâtimens et objets assurés, si les bâtimens sont construits sur le terrain d'autrui, ou s'ils sont sous le poids d'un bail emphytéotique, destinés à démolition, forcés à alignement, ou si quelqu'un en a l'usufruit en tout ou en partie; si les objets sont avariés ou en danger de l'être, etc.;

4° S'il a fait assurer des objets qui ne lui appartenaient pas, sans le déclarer; s'il a fait assurer pour une plus grande quantité ou pour une valeur supérieure de plus du tiers;

5° S'il est antérieurement assuré pour tout ou partie des objets désignés dans la police, ou s'il les fait assurer postérieurement en tout ou en partie, sans en faire la déclaration aux divers assureurs;

6° S'il a donné de fausses désignations sur la nature des risques, ou dissimulé des circonstances qui auraient augmenté la prime d'assurance; s'il a déjà été incendié sans l'avoir déclaré;

7° Si postérieurement à la signature de la police, le risque des objets assurés a été augmenté par une cause quelconque, sans l'avoir déclaré et payé le supplément de prime dû à l'assureur avant l'incendie;

8° Si les objets ont été transportés dans un autre lieu que celui désigné dans la police, sans l'avoir déclaré avant l'incendie;

9° Si en cas de mutation de propriétaire, soit par décès, vente, changement de raison sociale, faillite ou interdiction, les nouveaux propriétaires ne se sont pas fait substituer par l'assureur, au lieu et place de l'assuré;

10° Enfin s'il y a fausse déclaration, réticence ou dissimulation avant ou après l'incendie, soit pour obtenir plus forte indemnité, soit pour payer moins de primes.

8. Le créancier qui a fait assurer sa créance ne peut réclamer, en cas d'incendie des bâtimens sur lesquels repose sa créance, plus qu'il n'aurait eu à prétendre sur la valeur vénale desdits bâtimens.

9. Si, au moment de l'incendie, la valeur des objets assurés par la compagnie est reconnue excéder le montant de l'assurance, l'assuré est considéré comme étant resté son propre assureur pour l'excédant, et il supporte, en cette qualité, sa part du dommage, au marc le franc.

10. L'assureur, par le seul fait de son assurance, est subrogé, sans garantie, à tous droits, actions et recours que l'assuré pourrait avoir à exercer, en cas d'incendie, contre tous garans, tels que locataires, voisins auteurs connus ou présumés de l'incendie, et tous assureurs ou compagnies d'assurances.

11. Toute action en paiement de dommages pour cause d'incendie, est prescrite, après *un mois*, à compter du lendemain

de l'incendie ou du lendemain de l'expertise, s'il en a été faite.

Si, dans l'intervalle, il n'a été fait aucune réclamation par acte authentique, l'assuré peut refuser le paiement ou l'indemnité.

12. Toute contestation entre l'assuré et l'assureur est jugée devant les juges de paix et tribunaux du lieu où la police a été souscrite, à moins de stipulation contraire.

APPENDICE.

STATUTS DES COMPAGNIES.

COMPAGNIE D'ASSURANCE MUTUELLE
CONTRE L'INCENDIE.

(AUTORISÉE LE 4 SEPTEMBRE 1816.)

STATUTS.

CHAPITRE PREMIER.

Fondation.

Art. 1ᵉʳ. Il y a société entre les propriétaires des maisons à Paris, soussignés, et ceux des propriétaires en la même ville qui adhéreront aux présens statuts.

Cette société est anonyme. Elle a pour unique objet de garantir mutuellement ses membres des dommages et risques que pourrait causer l'incendie, et même tout feu du ciel ou de cheminée, aux maisons et bâtimens qui participent au bienfait de l'association; tout objet étranger à l'immeuble lui-même étant et demeurant expressément excepté.

Ne sont compris dans la présente assurance, et ne peuvent donner lieu à aucun paiement de dommages, tous incendies provenant soit d'invasion, soit de commotion ou émeute civile, soit enfin de force militaire quelconque.

Les spectacles ne peuvent faire partie de la présente association.

2. La société est administrée par un conseil-général des sociétaires, un conseil d'administration et un directeur-général.

3. Cette société exclut toute solidarité entre les sociétaires, dont chacun, en tout état de cause, ne peut apporter que la part dont il est tenu dans la contribution à laquelle le risque peut donner lieu.

4. Le conseil d'administration, s'il le juge avantageux pour les intérêts des sociétaires, pourra, par une délibération spéciale, déterminer les bases d'augmentation progressive, d'après lesquelles les propriétaires devront concourir au paiement des

dommages, suivant le plus au moins de risques que présentera leur immeuble (1).

5. Chaque sociétaire est assureur et assuré pour cinq ans, à partir du premier jour du mois qui suit celui dans lequel il est devenu sociétaire.

Trois mois avant l'échéance des cinq ans, il fait connaître, par une déclaration consignée sur un registre tenu à cet effet, s'il entend continuer de faire partie de la société, ou s'il y renonce.

Par le fait seul du défaut de déclaration à l'époque donnée, on lui suppose l'intention de demeurer attaché à la société, et il continue d'en faire partie.

S'il continue, toutes les conditions de l'assurance, une nouvelle expertise même comprise, doivent être remplies avant l'échéance du terme de l'engagement.

S'il y renonce, son immeuble est dégagé de toutes charges sociales, comme il cesse de profiter d'aucun bénéfice de garantie, à partir de l'échéance dudit terme, et son dernier jour compris.

6. La durée de la société est de trente années, pourvu, toutefois, qu'au renouvellement de cinq ans en cinq ans, il se trouve toujours pour vingt-cinq millions de propriétés engagées à l'Assurance.

7. La présente association ne peut avoir d'effet que du moment où, par suite des adhésions aux présens statuts, il se trouve pour une somme de vingt-cinq millions de propriétés engagées à l'Assurance Mutuelle.

Un arrêté du conseil d'administration, dont il sera donné connaissance par le directeur à chaque sociétaire, déterminera le jour de la mise en activité de la société (2).

Cette somme de vingt-cinq millions n'est point limitative : le nombre des sociétaires est indéfini, la compagnie admettant à l'Assurance Mutuelle tous les propriétaires de maisons, à Paris, qui adhéreront aux présens statuts.

8. La présente société ayant pour objet, tout à la fois, une police d'assurance et une association de bienfaisance, le dixiè-

----

(1) Le conseil d'administration, dans sa séance du 31 juillet 1817, a déterminé les propriétés qui présentent plus de risques, à cause des professions exercées par ceux qui les habitent. Il a décidé que ces propriétés concourraient au paiement des dommages d'incendie dans chaque répartition, au prorata de ces risques. Ordinairement elles concourent pour le double de la valeur de la somme pour laquelle elles sont engagées à l'assurance, à moins qu'il ne se rencontre des circonstances particulières qui permettent de modifier cette fixation ; mais alors il est pris une délibération spéciale.

(2) Le 3 avril 1817, les 25 millions de propriétés dont il est parlé au 1er paragraphe du présent article 7 existaient ; et c'est à partir de ce jour que la société a été mise en activité. (Grun et Jolliat.)

me de la somme que doit verser chaque sociétaire, aux termes de l'article 33 ci-après, est attribué aux hospices de Paris.

Le président de leur commission et leur trésorier se concertent avec l'administration et le directeur de la compagnie, pour l'exécution du présent article.

CHAPITRE DEUXIÈME.

Estimation des immeubles, leur assurance contre l'incendie, et leur paiement au propriétaire en cas d'incendie.

9. La contribution foncière de l'année 1812, calculée comme quart ou comme cinquième du revenu, suivant le plus ou moins d'ancienneté et de solidité de construction de l'immeuble à estimer, capitalisé ensuite au denier vingt, est prise pour servir de base à l'estimation des maisons destinées à être garanties par l'Assurance.

Dans le cas où l'évaluation résultant du mode indiqué ci-dessus ne conviendrait pas, soit au propriétaire, soit à la compagnie, il est procédé à une nouvelle estimation qui a lieu par trois experts, l'un nommé par la compagnie, l'autre par le propriétaire assuré, et le troisième par les deux premiers.

Les frais de cette expertise sont à la charge de la partie qui l'a requise.

Le montant de cette estimation, déduction faite de la valeur du sol, dont le mode d'estimation sera déterminé par le conseil d'administration, forme le capital à assurer, et ce capital est la base de la somme à laquelle le propriétaire assuré a droit en cas d'incendie, comme il est la base de la somme pour laquelle il doit concourir au paiement des dommages audit cas (1).

10. En sa qualité d'assureur, tout sociétaire est tenu de fournir à la compagnie une garantie pour le paiement des portions contributives auxquelles l'assujettit le présent système d'Assurance Mutuelle : cette garantie qui forme le fonds capital de la société, est d'un pour cent de la valeur assurée.

Si cette garantie vient à être entamée pour le paiement d'une portion contributive, elle doit être aussitôt complétée.

Pour les maisons au-dessous de vingt mille francs, le mode de garantie est déterminé par le conseil d'administration.

Pour celles de vingt mille francs et au-dessus, le propriétaire affecte spécialement la propriété assurée, jusqu'à concurrence d'un pour cent de sa valeur.

Cette affectation donne lieu à une inscription que prend le directeur, en son nom pour la compagnie, sur la propriété as-

---

(1) Le conseil d'administration a décidé que la déduction à faire pour la valeur du sol serait provisoirement du dixième de celle de la propriété, sauf estimation rigoureuse de cette valeur, au cas où il y aurait lieu.

surée, dans les trois jours de l'engagement de son propriétaire (1).

Cette inscription peut être suppléée par une rente sur l'État,
représentative au pair, du montant de la garantie, ou par un
dépôt d'espèces, soit à la Banque de France, soit à la caisse de
l'administration, soit à la caisse du Mont-de-Piété : dans l'un
ou l'autre cas, l'engagement s'accomplit de manière que la valeur qui sert de garantie soit constamment, en cas de besoin, à
la disposition de l'administration.

Si la garantie s'opère en espèces entre les mains du caissier
de l'administration, elles sont converties en une inscription sur
le grand-livre de la dette publique, laquelle est déposée chez
un notaire.

Cette garantie d'un pour cent, jugée nécessaire à la naissance
de l'établissement, peut être réduite à un pour mille de la valeur assurée, sans que néanmoins ce changement puisse avoir
lieu avant qu'il y ait pour trois cent millions de propriétés assurées; il s'opère en vertu d'un arrêté du conseil d'administration,
délibéré avec le comité des sociétaires.

Ce changement étant opéré, le directeur donne main-levée des
neuf dixièmes des garanties reçues.

Dans tous les cas, le montant d'une portion contributive ne
peut excéder la garantie fournie par le sociétaire.

11. Tous locataires principaux et particuliers, soit ensemble,
soit divisément, sont admis sous le consentement du propriétaire, à cause de la responsabilité dont ils sont tenus pour tout incendie de leur fait dans la propriété qu'ils habitent ou dont ils
ont la jouissance, à devenir membres de la présente société, en
satisfaisant, comme s'ils étaient propriétaires, aux dispositions
des présens statuts.

Tout locataire d'une maison assurée, en état de justifier qu'il
concourt avec son propriétaire aux frais d'assurance de la mai-

(1) Pour avoir la faculté de dispenser de cette inscription ceux des
sociétaires qu'il croirait devoir en affranchir, le directeur-général a offert au conseil d'administration, qui l'a accepté, de fournir en remplacement de cette garantie, pour la compagnie, un cautionnement
de 300,000 fr., qui a été effectué de la manière suivante, savoir:
75,000 fr. en immeubles à Paris, et 225,000 en valeurs réalisables à
volonté, qui sont déposées dans la caisse à trois clefs de la compagnie.
Le montant de ce cautionnement est uniquement destiné à indemniser, dans le délai prescrit, le sociétaire qui aurait éprouvé un dommage, s'il arrivait qu'un ou plusieurs de ceux qui auraient été dispensés mal à propos de l'inscription fussent en retard pour le paiement de
leurs parts contributives. Il est évident que le nombre des retardataires ne peut jamais être considérable, car il n'est pas probable que
des propriétaires se laissent poursuivre pour être contraints au paiement de sommes qui ne peuvent jamais être que très modiques, et
qu'ils ne pourraient se dispenser de payer tôt ou tard. (Grun et
Jolliat.)

son qu'il habite ou dont il a la jouissance, est affranchi envers la compagnie de la responsabilité résultant de l'incendie causé par son fait dans lesdits lieux.

Tout créancier hypothécaire est également admis à faire assurer l'immeuble qui lui sert de garantie, en satisfaisant, comme s'il était propriétaire, aux conditions de l'assurance.

Ce créancier ainsi assuré, jouit, en cas d'incendie de l'immeuble qui lui sert de gage, des deniers dont l'emploi devait être affecté à sa reconstruction.

12. Tout fait d'incendie est dénoncé, au moment où il se manifeste, par le propriétaire assuré, ou par toute autre personne qu'il est tenu de charger expressément de ce soin, au secrétariat de la direction, qui le fait vérifier et constater de suite.

La déclaration du propriétaire ou de son représentant est consignée sur un registre à ce destiné, et signée du déclarant, à qui il en est donné copie.

Toute personne qui, la première, vient dénoncer un incendie, a droit à une prime dont la quotité est réglée par le conseil d'administration.

13. Vingt-quatre heures après l'événement constaté, trois experts procèdent à l'estimation du dommage causé par l'incendie à la propriété assurée.

L'un de ces experts est nommé par la compagnie, l'autre par le propriétaire assuré, et le troisième par les deux premiers.

Les frais de cette expertise sont à la charge de la compagnie.

La base de cette estimation est la valeur de la portion incendiée et non le prix de la reconstruction.

Si la propriété est entièrement consumée, l'effet de la police d'assurance est suspendu jusqu'à sa reconstruction, et le sociétaire reste pendant le même temps affranchi des charges sociales.

Les matériaux qui ont résisté à l'incendie deviennent la propriété de la compagnie, qui les fait enlever dans la quinzaine qui suit la clôture du procès-verbal.

La police d'assurance devient nulle dans ses effets actifs et passifs, si la propriété cesse d'exister par d'autres causes que celles d'incendie.

14. Quatre mois après la clôture du procès-verbal de ces experts, la somme à laquelle le dommage a été fixé est payée à l'assuré sur l'ordre exprès du conseil d'administration.

Dans le cas où il existe des créanciers hypothécaires sur l'immeuble incendié, le paiement ci-dessus représentant en partie la valeur dudit immeuble, et étant destiné à tenir lieu du gage des créanciers hypothécaires, ou à le rétablir par sa reconstruction ou réparation, il ne peut être arrêté ou suspendu par l'effet d'aucune saisie ni opposition au profit d'aucun créancier non hypothécaire.

15 Pour l'exécution de l'article qui précède, le directeur éta-

blit tous les trois mois le compte de la contribution des sociétaires, à raison des événemens d'incendie survenus dans le trimestre (1).

Le conseil d'administration vérifie ce compte, et en arrête
définitivement la répartition; le caissier est chargé d'en poursuivre le remboursement.

Il en est donné avis aux sociétaires, qui viennent en prendre
connaissance, s'ils le jugent à propos, au secrétariat de l'administration, et versent entre les mains du caissier le montant de
la part dont ils sont respectivement tenus dans ladite contribution.

A défaut de paiement, cet avis est renouvelé, et quinze jours
après ce dernier avertissement, l'assureur en retard est poursuivi
à la diligence du directeur-général, et par toutes voies de droit,
pour le paiement de la somme dont il se trouve débiteur.

Le retardataire est, en outre, passible, au profit des hospices
de Paris, d'une amende dont la quotité est fixée au quart de la
somme pour laquelle il est poursuivi.

CHAPITRE TROISIÈME.
Conseil-général des sociétaires.

16. Il y a une assemblée des sociétaires, sous la dénomination
de conseil-général.

17. Le conseil-général est composé des cinquante plus forts
sociétaires, il est présidé par un de ses membres, élu à la majorité des suffrages.

Il se réunit une fois par année; sa première réunion a lieu six
mois après la mise en activité de la société.

18. Le conseil-général nomme les membres du conseil d'administration.

19. Le conseil-général choisit, dans son sein, un comité de
cinq membres, chargé de suivre, pendant le courant de l'année, toutes les opérations de l'administration.

(1) Pour qu'il soit possible d'établir ce compte, il faudrait que la
somme à répartir fût assez considérable, puisque, dans la position où
se trouve aujourd'hui la compagnie, un dommage de 10,000 fr. ne
coûterait à chaque sociétaire qu'environ 1 c. 1/9 par 1000 fr. de leur
assurance; mais comme le propriétaire incendié ne peut ni ne doit jamais éprouver le moindre retard pour recevoir, sauf le droit des tiers,
la somme qui lui est due pour réparation de dommage, le directeur-
général a fait l'offre au conseil d'administration, qui l'a acceptée, d'a-
vancer, de ses propres deniers (dont on lui paiera les intérêts au taux
fixé par la loi), les sommes nécessaires pour couvrir les dommages
d'incendie jusqu'à ce que l'accumulation de ces dommages donne lieu
à une répartition assez forte pour être mise en recouvrement. (Grun
et Jolliat.)

20. Le comité des sociétaires prend part aux délibérations du conseil d'administration, dans tous les cas prévus par les présens statuts.

Il rend compte au conseil-général des observations qu'il a pu faire pendant l'année, et des abus qu'il aurait pu reconnaître dans l'administration.

Le conseil-général, après avoir délibéré sur le rapport du comité, statue sur ses observations.

CHAPITRE QUATRIÈME.

Conseil d'administration.

21. Le conseil d'administration est composé des six sociétaires fondateurs dont les noms suivent : . . . .

Chacun des membres du conseil d'administration s'adjoint un suppléant dont il a fait choix parmi les plus forts sociétaires.

Les avocats, notaire, avoués et architectes de la compagnie, qui sont : . . . . peuvent être appelés, avec voix consultative, aux délibérations du conseil d'administration.

22. En cas de décès ou de démission de l'un des membres du conseil d'administration, il est remplacé de droit par son suppléant, jusqu'à ce qu'il ait été pourvu à son remplacement définitif par le conseil-général.

23. Les membres du conseil d'administration sont renouvelés par moitié tous les dix ans ; les premiers sortans sont déterminés par le sort.

Tout membre du conseil d'administration doit être sociétaire, et avoir au moins pour cent mille francs de propriétés engagées à l'Assurance Mutuelle.

Les membres du conseil d'administration dont le temps est expiré, peuvent être réélus.

24. Le conseil d'administration se réunit, d'obligation, le jeudi de chaque semaine.

Il est présidé par un de ses membres ; son secrétaire est pris hors de son sein et salarié.

25. Les membres du conseil d'administration ne sont responsables que de l'exécution du mandat qu'ils ont reçu.

Ils ne contractent, à raison de leur gestion, aucune obligation personnelle ni solidaire, relativement aux engagemens de la société.

26. Le conseil nomme le directeur-général et les autres employés, sur sa présentation.

Il délibère sur toutes les affaires de la société, et les décide par des arrêtés consignés sur des registres tenus à cet effet ; le directeur-général est tenu de s'y conformer.

Il ne peut prendre aucun arrêté, qui, en contrevenant aux

présens statuts, tende à grever ou à changer le sort des sociétaires.

Ses décisions sont prises à la majorité absolue des suffrages.

27. Un commissaire du gouvernement, désigné par le ministre de l'intérieur, peut prendre connaissance des arrêtés du conseil d'administration, et en suspendre l'exécution, s'il les trouve contraires aux lois et en opposition avec les règlemens de police.

CHAPITRE CINQUIÈME.

Direction.

28. Il y a un directeur-général, qui, à ce titre et sous les ordres du conseil d'administration, dirige et exécute toutes les opérations de la société.

Il assiste, avec voix consultative, aux assemblées du conseil d'administration.

Il convoque les assemblées du conseil-général des sociétaires.

Il convoque également, lorsque cela peut devenir nécessaire, les assemblées extraordinaires du conseil d'administration.

29. Le directeur met sous les yeux du conseil-général des sociétaires, lors de sa réunion, l'état de situation de l'établissement, celui des recettes et dépenses de l'année précédente, et le compte détaillé de tout ce que la compagnie a été dans le cas de rembourser pour cause d'incendie.

Il donne aux membres du comité des sociétaires tous les renseignemens qu'ils peuvent désirer; il leur communique les registres des délibérations et arrêtés de l'administration, les états de situation de l'établissement, et leur procure tous les renseignemens que les intérêts de leurs commettans exigent.

Il donne également à chaque sociétaire tous les renseignemens dont il peut avoir besoin.

30. Le directeur fait procéder à l'estimation des maisons engagées à l'Assurance, et prend en son nom, pour la compagnie, toutes les inscriptions nécessaires : il est chargé de la délivrance des polices d'assurance, de la tenue et de l'ordre des bureaux, des rapports de la société avec les autorités, de la correspondance, enfin de la confection comme de la suite ou de l'exécution de tous les actes qui peuvent concerner l'établissement.

31. Le directeur, chargé de l'exécution des présens statuts, ne peut s'en écarter en aucune des opérations qui en font l'objet.

En conséquence, il est tenu, non-seulement d'ouvrir les registres nécessaires au conseil d'administration pour ses délibérations et ses arrêtés, mais encore d'avoir un journal général qui offre, dans l'ordre jugé convenable, les noms des sociétaires, la valeur de leurs assurances et le compte ouvert à chacun d'eux; les registres relatifs aux déclarations d'incendie, aux évaluations des dommages et à la correspondance.

32. Le directeur fait apposer sur chaque maison assurée, et

dans la quinzaine au plus tard de l'engagement de son propriétaire, une plaque de tôle, indicative de l'assurance par ces lettres initiales M. A. C. L.

33. Tous frais de loyers, frais de bureaux et de corespondance; tous traitemens d'employés, droits d'enregistrement, honoraires du notaire, prix des plaques à apposer sur les maisons assurées, toutes ditributions de jetons ou autres droits de présence aux membres du conseil d'administration, enfin toutes dépenses, soit d'établissement, soit de gestion, sont et demeurent à la charge de la direction.

A cet effet, et pour faire face tant à ces dépenses qu'au prélévement établi par l'article 8 en faveur des hospices, chaque sociétaire paie pour cinq ans, un et quart pour mille du prix d'estimation de chaque maison assurée (1).

Le paiement de ce droit n'est exigible que d'année en année, et par cinquième au commencement de chaque année.

Cependant le sociétaire dont la propriété est d'une valeur au-dessous de quarante mille francs, est tenu d'acquitter ce droit, pour les cinq années, au moment même de son engagement.

Ces recettes et ces dépenses forment, entre la compagnie et le directeur, un traité à forfait dont la durée est fixée à cinq ans.

A cette époque, le conseil d'administration, réuni au comité des sociétaires, se fait représenter l'état des recettes et des dépenses de ces cinq années; s'il juge les recettes dans une proportion convenable avec les dépenses, la société continue sur les mêmes bases; si les recettes excèdent les dépenses de manière à offrir la possibilité d'une réduction dans le droit attribué aux frais de direction, il ordonne et règle cette réduction.

34. Toute action judiciaire à laquelle pourrait donner ouverture tout autre objet que le simple recouvrement, soit des portions contributives, soit des cotisations annuelles, ne pourra être engagée ou soutenue par le directeur, en son nom et aux frais de la direction, que d'après l'avis du conseil d'administration, l'avocat et l'avoué de la compagnie entendus.

35. Le directeur-général est responsable de l'exécution du mandat qu'il reçoit.

Il fournit un cautionnement en immeubles de la valeur de cinquante mille francs.

36. M ..., fondateur de cet établissement, en est le directeur-général.

En cas de décès dudit sieur avant le terme de la société, le conseil d'administration lui choisit un successeur dans les sujets que sa veuve ou ses héritiers lui présenteront pour le remplacer.

____

(1) La redevance annuelle est réduite, à commencer du 1er avril 1822, à 5/8 pour mille, pour cinq années, c'est-à-dire, à 12 c. 1/2 pour mille francs, pour chaque année, au lieu de 25 c.

CHAPITRE SIXIÈME.

Comptabilité.

37. Il y a un caissier auprès de la direction; il fournit un cautionnement en immeubles de la valeur de vingt-cinq mille francs.

Les inscriptions nécessaires sont prises sur ses biens par le directeur, en son nom, pour la compagnie; il n'en peut être donné de main-levée et consenti de radiation qu'après l'apurement de ces comptes et la représentation d'un quitus délivré ensuite d'une délibération du conseil d'administration.

38. Pour sûreté des fonds provenant des dispositions des articles 15 et 33, il est établi une caisse à trois clefs, dans laquelle le caissier remet, le dernier jour de chaque mois, le montant des fonds qui ont été versés entre ses mains dans cet espace de temps, et qui n'en sont tirés qu'au fur et à mesure des besoins de la direction.

Les entrées et sorties de ces fonds sont constatées par le moyen que l'administration juge à propos d'adopter.

Des trois clefs de la caisse, l'une est remise entre les mains du caissier, l'autre en celles du directeur-général, et la troisième au président du conseil d'administration.

39. Le caissier tient sa comptabilité journalière sous le contrôle immédiat du directeur-général; cependant il n'est fait aucun versement de fonds que sur l'autorisation du conseil d'administration et sur des bordereaux ordonnancés par lui.

CHAPITRE SEPTIÈME.

Dispositions générales.

40. La compagnie se réserve, pour sa plus grande prospérité, de pourvoir, par les voies que sa prudence et son expérience lui suggéreront, aux moyens de préservation d'incendie, dont l'objet des présens statuts est de faire garantir les dommages, et particulièrement de veiller à ce que les lois et ordonnances de police sur le ramonage des cheminées soient ponctuellement observées dans les maisons garanties par l'assurance (1).

(1) L'expérience a démontré que la plupart des incendies proviennent des feux de cheminées; ainsi une entreprise de ramonage a dû être regardée comme le corollaire d'un établissement d'assurances contre l'incendie. L'article 10 des présens statuts indiquait assez l'importance attachée à l'emploi des moyens préservatifs contre les dangers de cette nature, et les demandes réitérées des sociétaires ont déterminé le directeur-général à n'en pas retarder l'exécution; à cet effet, il a été établi auprès de la direction une entreprise de ramonage des cheminées dans les maisons assurées contre l'incendie. Cette entreprise, utile dès son origine, se perfectionne encore de jour en jour; on peut

41. S'il survient quelque contestation entre la compagnie, comme chambre d'assurance, et un ou plusieurs des assurés, elle est jugée, à la diligence du directeur-général pour la société, par trois arbitres, dont deux sont nommés par les parties respectives, et le troisième par le juge de paix de l'arrondissement du siége de l'établissement.

Leur jugement est sans appel.

42. Le domicile de la compagnie est élu dans le local de la direction; chaque sociétaire est tenu d'en élire un à Paris.

43. Les bureaux de la direction sont établis rue de Richelieu, n° 89, à Paris.

Ils sont ouverts tous les jours non fériés, depuis neuf heures du matin jusqu'à quatre.

ORDONNANCE DU ROI *qui autorise la Compagnie d'Assurance Mutuelle contre l'incendie.*

Louis, etc. Vu l'acte de société passé sous seing privé le 6 janvier dernier, et reçu chez Me Roard, notaire, et son confrère, à Paris, le 8 du même mois; les changemens apportés audit acte par les sociétaires, d'après les observations de notre ministre secrétaire d'État de l'intérieur; une nouvelle rédaction dudit acte, avec nouvelles modifications, transmise au comité, au nom des sociétaires, par le directeur-général, le 30 avril dernier; vu l'article premier dudit acte de société, par lequel il est déclaré qu'elle forme une société anonyme; vu les observations de notre ministre d'État préfet de police, en date du 28 mars dernier; vu les modifications apportées au projet des statuts de la compagnie, par acte passé devant Roard, notaire, le 29 juin dernier; sur le rapport de notre ministre secrétaire d'État de l'intérieur; notre Conseil d'État entendu, nous avons ordonné et ordonnons ce qui suit :

Art. 1er La société anonyme, formée à Paris, sous le nom de *Compagnie d'Assurance Mutuelle contre l'incendie,* est et demeure autorisée, conformément aux statuts compris dans l'acte passé par devant Roard, notaire à Paris, le 29 juin dernier, les-

se convaincre des heureux résultats déjà obtenus par le petit nombre d'incendies qui ont frappé jusqu'à ce moment les membres de l'association, eu égard à celui bien plus considérable, toute proportion gardée, dont les propriétaires non assurés ont été les victimes.

L'entreprise du ramonage est confiée à MM. Amans et Petit, qui font effectuer ce service avec zèle, exactitude, et à la satisfaction générale des sociétaires et de la direction ; on ne saurait trop la recommander à MM. les propriétaires assurés. (Grun et Jolliat.)

quels demeureront annexés à la présente ordonnance, et seront affichés avec elle.

2. Devront les sociétaires se conformer à toutes les dispositions du code de commerce, aux lois, règlemens, et aux ordonnances de police sur le fait des incendies.

3. Notre ministre secrétaire d'État de l'intérieur désignera un commissaire chargé, conformément à l'article 27 des statuts, de prendre connaissance des opérations de cette société. Le commissaire surveillera ces opérations et en rendra compte à notre ministre secrétaire d'État de l'interieur; il informera notre préfet de police, à Paris, de tout ce qui pourrait intéresser l'ordre et la sûreté publics.

Il pourra suspendre provisoirement celles des opérations de ladite société qui lui paraîtraient contraires aux lois et aux statuts de la société, ou dangereuses pour l'ordre et la sûreté publics, et ce jusqu'à la décision à intervenir de la part des autorités compétentes.

Il préviendra notre préfet de police des réunions du conseil-général des sociétaires, qui auront lieu conformément aux articles 16 et 17 de l'acte de la société.

4. Notre ministre secrétaire d'État de l'intérieur est chargé de l'exécution de la présente ordonnance, qui sera insérée au Bulletin des lois.

Donné en notre château des Tuileries, le 4 septembre, l'an de grâce mil huit cent seize, et de notre règne le vingt-deuxième.

Signé : LOUIS.

NOTA. Depuis la formation de cette société, il s'en est établi, jusque dans les derniers temps, un grand nombre de semblables dans les départemens. Il serait trop long d'en donner ici la liste entière; on trouvera les ordonnances qui les autorisent, et souvent le texte de leurs statuts, dans le *Bulletin des lois*, et dans le *Recueil des lois et ordonnances du royaume*, par M. Isambert. — Voyez, par exemple, les ordonnances des 20 mai 1818 et 17 juillet 1820, pour la Compagnie Mutuelle d'Assurance contre l'incendie dans le département du Haut-Rhin; — du 22 juillet 1818, pour la Seine-Inférieure et l'Eure; — du 5 mai 1819, pour la Seine (Paris excepté) et Seine-et-Oise; — du 27 octobre 1819, pour le Rhône; — du 17 juillet 1819, pour le Nord; — pour le Bas-Rhin, du 2 février 1820; — pour le Loir-et-Cher, le 26 janvier 1821, etc., etc.

COMPAGNIE DU SOLEIL.

ASSURANCE EN PARTICIPATION
CONTRE L'INCENDIE,

AUTORISÉE PAR ORDONNANCE ROYALE DU 16 DÉCEMBRE 1829.

STATUTS.

Art 1er. Il est établi, sous le nom de *Compagnie du Soleil*, et sauf l'autorisation du Roi, une société anonyme dont le but est d'assurer contre l'incendie, avec ou sans participation, toutes les valeurs périssables, à l'exception *des titres, billets, valeurs de banque ou autres effets négociables, de l'argent et or monnayés, des perles et pierres fines*.

2. Si les incendies sont causés par fait de *guerre, émeute, explosion de poudrière* ou *tremblement de terre*, les pertes ne peuvent être payées, conformément à l'art. 13 ci-après, que par le fonds de prévoyance, constitué par l'art. 12, tel qu'il existera lors des événemens, et dans l'ordre où ils auront eu lieu.

En cas d'insuffisance du fonds de prévoyance pour couvrir les pertes arrivées un même jour, il est fait de la somme existante une répartition au marc le franc des pertes. Dans tous les cas, les assurés n'ont aucune prétention à élever sur le fonds capital, ni sur le produit des primes, ni, en un mot, sur aucun autre fonds que celui de prévoyance, pour raison des sinistres extraordinaires ci-dessus mentionnés.

3. La durée de la société est de quatre-vingt-dix ans, à dater de son approbation par une ordonnance royale.

Son siège est à Paris, hôtel de la direction générale.

FONDS SOCIAL.

4. Le fonds social est de six millions, formés par mille actions nominatives de 6,000 francs, divisibles chacune en coupons de 1,000 francs, qui pourront être au porteur, au choix des actionnaires, et avec le consentement du conseil d'administration.

Le nombre d'actions nécessaire pour l'ouverture des opérations étant surpassé par les souscriptions actuelles, la société se réserve la faculté de ne compléter que successivement, et dans le délai d'une année à partir du jour de l'autorisation royale, les mille actions qui doivent former son fonds social.

27.

5. Les actionnaires du fonds social souscrivent l'oblgation de verser, s'il y a lieu, jusqu'à concurrence du montant de leurs actions, avec indication d'un domicile à Paris.

Ceux qui veulent convertir leurs actions en coupons au porteur, sont tenus de verser à la caisse de la compagnie la somme de *mille francs* en numéraire, pour le montant de chaque coupon ; et il leur est payé *cinq pour cent* d'intérêt par an, à prélever sur les bénéfices stipulés en l'art. 38.

6. Pour chaque action de 6,000 francs, le souscripteur est tenu de fournir, à titre de garantie, dans le mois de la date de l'ordonnance royale d'autorisation, une inscription transférée au nom de la compagnie, de quarante-cinq francs de rente sur la dette publique de France, ou l'équivalent en actions de la Banque de France.

7. Les actions entières et les coupons non au porteur sont représentés par une inscription nominative sur les registres de la compagnie. Un certificat de cette inscription, signé par le caissier, le directeur-général et un administrateur, sert de titre à l'actionnaire.

Les coupons au porteur sont délivrés dans la forme qui sera arrêtée par le conseil d'administration.

8. La transmission des actions et coupons nominatifs s'opère par de simples transferts sur les registres tenus à cet effet, signés du cédant et du cessionnaire ou de leurs fondés de pouvoir.

Le transfert opère la libération du cédant, en mettant le cessionnaire à son lieu et place.

Aucun cessionnaire ne peut être admis que par arrêté du conseil d'administration ; jusque là, le cédant reste obligé vis-à-vis de la compagnie.

Ne sont pas soumis aux conditions ci-dessus ceux qui fournissent 300 fr. de rente sur l'État, par action, transférés au nom de la compagnie.

9. Si les fonds encaissés sont insuffisans pour payer les sinistres, le conseil d'administration fixe la quotité des appels de fonds à faire sur les actions nominatives.

Ces appels doivent être proportionnés aux besoins réels ; et ne peuvent jamais excéder la valeur nominale des actions.

Ces appels n'étant qu'une simple avance, la restitution en est faite aux actionnaires sur le fonds des primes et sur le fonds de prévoyance, avec intérêts à *cinq pour cent par an.*

Chaque actionnaire est tenu de payer sa quote-part dans le mois de l'avis qui lui en est donné.

L'actionnaire en retard peut être contraint de payer immédiatement, en numéraire, la totalité des actions ou coupons dont il est propriétaire, avec les intérêts à raison d'un *demi pour cent* par mois, à compter du jour de l'échéance du délai fixé ; en ce cas, il a droit aux intérêts stipulés dans l'article 5.

10. Dans le cas où un actionnaire serait en faillite, en inter-

diction, ou pourvu d'un conseil judiciaire, le capital intégral de ses actions deviendra exigible en espèces.

Pourra être également exigible en espèces le capital des actions d'un actionnaire décédé, si, dans les six mois du décès, ses héritiers ou ayans-droit n'ont pas présenté en remplacement un actionnaire agréé par le conseil d'administration.

11. Dans les cas prévus part les art. 9 et 10 ci-dessus, les actionnaires, leurs héritiers, ayans-droit, ou représentans, peuvent être contraints par les voies de droit.

Indépendamment de toutes poursuites, l'administration peut faire vendre, par le ministère d'un agent de change, après une simple mise en demeure constatée par une sommation régulière, et sans qu'il soit besoin d'autorisation, les valeurs données en garantie et les actions ou coupons d'actions appartenant aux actionnaires dont il s'agit.

Le produit est affecté par compensation à ce qui peut être dû à la compagnie; et l'excédant est tenu à la disposition des ayans-droit, sans intérêts et sans préjudice de la responsabilité des débiteurs pour la moins-value, s'il y en a.

FONDS DE PRÉVOYANCE.

12. Le fonds de prévoyance est formé :

1° Par le prélèvement de cinq pour cent sur la recette des primes;

2° Par le *dixième des bénéfices annuels* dont il est parlé en l'art. 35 ci-après;

3°. Par les intérêts capitalisés et cumulés du placement desdits produits.

13. Le fonds de prévoyance est destiné :

1°. Au paiement des frais extraordinaires compris en l'art. 34 ci-après;

2° Au paiement des sinistres, en cas d'insuffisance du fonds des primes;

3°. A faire face aux pertes provenant d'incendie causé par *guerre*, *émeute*, *explosion de poudrière* ou *tremblement de terre*.

14. Lorsque le fonds de prévoyance forme un capital de six millions, le conseil d'administration peut employer les sommes qui viennent annuellement en accroissement, en répartition de bénéfices, conformément à l'article 35 ci-après.

CONSERVATION ET PLACEMENT DES FONDS.

15. Toutes les valeurs appartenant à la compagnie sont renfermées dans une caisse à trois serrures différentes, dont une clef est entre les mains du caissier, une dans celles du directeur-général, et une dans celles de l'administrateur de service.

16. Les fonds libres sont déposés à la Banque de France, où

la compagnie a un compte courant; ils sont retirés suivant les besoins, sur mandats signés par le directeur-général et visés par l'administrateur de service.

Néanmoins, le conseil d'administration peut en autoriser le placement en valeurs réalisables immédiatement.

ASSURANCES.

17. Quoique la base fondamentale de la compagnie soit *l'assurance à prime en participation*, elle peut faire des assurances sans participation.

18. Tout assuré qui voudra participer aux chances de profits ou de pertes de la compagnie, y sera admis moyennant l'engagement qu'il prendra dans sa police d'assurance, pour le temps de sa durée, de fournir à la société, à mesure des appels, une somme égale à la prime de sadite assurance.

Les appels auront lieu pour le paiement des sinistres éprouvés par la compagnie et pour rembourser les deniers provisoirement avancés par les actionnaires pour le prompt paiement.

Dans aucun cas, les appels, en une année, ne pourront surpasser le montant de la prime stipulée.

19. Les opérations d'assurances s'appliquent à tous les biens situés en France et à l'étranger.

Néanmoins, le conseil d'administration peut restreindre le nombre des assurances à faire dans une même localité, lorsqu'il le juge prudent.

20. Le *maximum* des assurances sur un seul risque ne doit pas excéder 200,000 fr., pour les assurances de l'espèce la plus dangereuse; et 600,000 fr. pour toutes autres valeurs, jusqu'à ce que la masse des biens assurés ait atteint 400 millions.

Ce *maximum* suivra la progression des assurances dans la proportion de un par mille.

21. La société garantit les objets déjà assurés par d'autres compagnies, en se mettant au lieu et place des assurés.

En cas d'assurance déjà existante, l'assuré doit en faire la déclaration dans la police, à peine de nullité à son égard et de perte des sommes par lui payées.

La société peut garantir aussi contre les droits et actions des propriétaires et voisins, dans le cas d'incendie.

22. Il est fait une évaluation, aux frais de l'assuré, des objets offerts à l'assurance.

Dans les propriétés bâties ou plantées, la valeur du sol est déduite.

23. Chaque maison où il est fait une assurance ou qui renferme des objets assurés, porte, aux frais de l'assuré, une plaque de la compagnie.

24. Les changemens apportés aux objets assurés, qui les classent dans une catégorie plus dangereuse, rendent la police nulle à l'égard de l'assuré, qui perd par ce fait tout droit au paiement

des dommages, à moins qu'il n'en fasse, avant tout sinistre, une déclaration, et ne paye la différence des primes.

25. Le modèle des polices d'assurance est arrêté en conseil d'administration.

Les polices sont faites et signées par le directeur-général ou par les agens-receveurs, au nom de la compagnie, suivant les bases des tarifs arrêtés par le conseil d'administration.

26. La compagnie ne garantit les pertes qu'autant qu'il existe une police signée, comme il est dit ci-dessus; et qu'à partir du jour et de l'heure fixés par la police.

SINISTRES.

27. Tout sinistre doit être déclaré, immédiatement après l'incendie, à l'agent de la compagnie ou à un officier public.

Le dommage est constaté par des experts nommés par la compagnie et par l'assuré.

En cas de division, il est nommé un tiers-expert.

28. La compagnie paye les *pertes réelles* et les dégâts occasionnés par l'incendie, par la foudre et par la démolition, ou tous autres dommages causés, en cas d'incendie, aux objets assurés, pour sauver d'autres maisons ou porter des secours.

29. La compagnie a l'option de rétablir les objets assurés dans l'état où ils étaient ou d'abandonner les débris à l'assuré, au prix de l'estimation, à valoir sur l'indemnité fixée.

30. Si, au moment de l'incendie, la valeur des objets couverts par la police est reconnue excéder le montant de l'assurance, l'assuré est considéré comme étant resté son propre assureur pour cet excédant; et il supporte, en cette qualité, sa part du dommage, au marc le franc, à moins de stipulation contraire.

31. Par le seul fait de sa police d'assurance, la compagnie est subrogée à tous les droits, actions et recours que l'assuré pourrait avoir à exercer, en cas d'incendie, contre tous garans, tels que locataires, voisins, auteurs connus ou présumés de l'incendie, et toutes compagnies d'assurance.

FRAIS ET DÉPENSES.

32. Les frais et dépenses se divisent en deux classes :

La première comprend les frais généraux d'administration, qui sont compris dans le taux de la prime et payés par les assurés;

La seconde comprend les frais extraordinaires qui sont payés par le fonds de prévoyance.

FRAIS GÉNÉRAUX D'ADMINISTRATION.

33. Les frais généraux d'administration se composent :

1° Des frais faits pour parvenir à la formation de la compagnie; 2° des dépenses de premier établissement; 3° des traitemens et appointemens du directeur-général, du directeur-adjoint, du secrétaire-général, du caissier, des inspecteurs et des employés des bureaux de l'administration; 4° des commissions et des remises et tous agens-receveurs et commis ambulans ou sédentaires, soit à Paris, soit partout ailleurs; 5° du loyer et de l'ameublement des bureaux et des salles destinés à l'administration, des gravures, balanciers, timbres et autres objets de cette nature; 6° des contributions et patente; 7° des fournitures de bureau; 8° du chauffage et de l'éclairage; 9° des impressions diverses; 10° des ports de lettres et paquets; 11° des frais de voyages et de tournées ordinaires des inspecteurs; 12° des menues dépenses du bureau; 13° de la fourniture de polices et des plaques.

DÉPENSES EXTRAORDINAIRES.

34. Les dépenses extraordinaires, qui sont à la charge du fonds de prévoyance, comprennent :

1° Les jetons de présence pour les administrateurs, les membres du comité de vérification des comptes et autres, dont la valeur sera déterminée par l'assemblée générale;

2° Les achats de pompes et autres objets pour arrêter les progrès des incendies;

3° Les gratifications aux pompiers et autres personnes qui rendront des services à la compagnie;

4° Les actes de bienfaisance;

5° Les frais de procès;

6° Les frais de voyage des inspecteurs ou des commissaires que l'administration juge nécessaire d'envoyer extraordinairement dans les départemens;

7° Toutes les dépenses imprévues que l'administration peut trouver utile de faire dans l'intérêt de la compagnie, et qui ne sont pas mentionnées en l'article 33 ci-dessus.

Aucune de ces dépenses ne peut être faite sans avoir été ordonnée par un arrêté du conseil d'administration, et ne peut être payée que sur les deniers du fonds de prévoyance.

DES COMPTES ET BÉNÉFICES.

35. Tous les ans, il est fait un compte de liquidation des opérations de l'année.

Si la simple prime, déduction faite des charges, y compris les prélèvemens indiqués dans les articles 12 et 38, présente un bénéfice, il est réparti, savoir :

Huit dixièmes entre les assurés participans, au marc le franc de la prime payée dans le cours de l'année;

Un dixième entre les actionnaires;

Et le *dixième* restant se porte au compte du fonds de prévoyance.

Les assurés non participans n'ont aucun droit aux bénéfices.

36. Si les primes reçues ne couvrent pas les frais, prélèvemens et dommages, il est fait aux assurés participans un appel proportionnel pour remplir le déficit. Cet appel ne peut jamais excéder une seconde prime égale à la première.

En cas d'insuffisance, le fonds de prévoyance et subsidiairement le fonds social supportent le surplus.

Les sommes dont le fonds social est à découvert sont, avec les intérêts à cinq pour cent par an, réintégrées, les années suivantes, par le fonds de prévoyance.

37. Après le prélèvement des dépenses autorisées sur le fonds de prévoyance, le conseil d'administration en fixe le capital à la fin de chaque année.

38. Les bénéfices des actionnaires se composent :

1° De *cinq pour cent* de la prime des valeurs assurées en participation, et de *dix pour cent* de la prime des valeurs assurées sans participation;

2° Du *dixième* des bénéfices annuels, mentionnés en l'article 35 ;

3° De l'*intérêt* des fonds, autres que le fonds de prévoyance.

Il est fait du tout une répartition annuelle, en raison d'un millième par action de six mille francs, à titre de dividende, après le prélèvement des intérêts dus aux actionnaires, pour les fonds par eux versés en espèces.

39. Les arrérages des rentes transférées à la compagnie, ou des actions de la Banque en dépôt, sont perçus par la société et sont remis aux actionnaires propriétaires desdites rentes ou actions de la Banque, immédiatement après qu'ils ont été encaissés.

40. Indépendamment des comptes annuels que l'administration doit soumettre au comité de vérification des comptes, conformément à l'article 53 ci-après, il est fait à la fin de chaque année :

1° Un bilan contenant la situation active et passive de la société;

2° Un compte de profits et pertes pour l'année qui vient de s'écouler;

3° Une situation du fonds de garantie;

4° Une situation du fonds de prévoyance.

DE L'ADMINISTRATION.

1° CONSEIL D'ADMINISTRATION.

41. La compagnie est administrée par un conseil d'administration composé de huit administrateurs et du directeur-général.

Les huit administrateurs sont nommés par l'assemblée générale, moitié parmi les actionnaires propriétaires de vingt actions, et moitié parmi les assurés participans pour une valeur de 200,000 francs au moins.

Ils sont renouvelés par quart chaque année.

Pour la deuxième, la troisième et la quatrième année, le sort désigne les membres qui doivent être remplacés.

Les administrateurs qui cessent de réunir les conditions ci-dessus sont censés démissionnaires; et il est pourvu à leur remplacement.

42. Le conseil d'administration nomme, tous les ans, un président et un vice-président pour présider ses séances.

43. Le directeur-général a voix délibérative au conseil d'administration.

44. Dans le cas où le nombre des administrateurs se trouve réduit pour quelque cause que ce soit, il est pourvu à leur remplacement par le comité de vérification des comptes, ainsi qu'il est dit en l'article 55 ci-après.

45. Le conseil d'administration se réunit tous les quinze jours. Il peut être convoqué extraordinairement par le président ou par le directeur-général.

46. Pour qu'une délibération soit valable, cinq membres au moins doivent assister au conseil.

Les arrêtés sont pris à la majorité des voix.

En cas de partage, celle du président ou de celui qui siége à sa place est prépondérante.

47. Le conseil d'administration est chargé spécialement :

D'arrêter les conditions principales des polices d'assurance et le tarif des primes;

D'autoriser l'emploi et le placement des fonds;

D'ordonnancer le paiement des sinistres;

D'autoriser les dépenses qui doivent être faites sur le fonds de prévoyance;

D'autoriser les poursuites judiciaires et extrajudiciaires et les procès, tant en demandant qu'en défendant, et le paiement des frais auxquels ils peuvent donner lieu;

De transiger et consentir à arbitrage;

De régler et d'arrêter les comptes annuels et les répartitions de bénéfices;

De surveiller l'exécution de l'acte de société et des règlemens;

De faire aux assemblées les rapports sur la situation générale de la compagnie;

De nommer et révoquer les agens comptables.

48. Un administrateur de service, désigné à tour de rôle, surveille les opérations du directeur-général.

49. Toute opération non autorisée reste provisoirement sous la responsabilité de celui qui l'a faite ou ordonnée.

50. Les membres du conseil d'administration et le directeur-général ne contractent aucune obligation personnelle ni solidaire à raison de leur gestion; ils n'agissent que comme mandataires de la compagnie.

51. Les fonctions des administrateurs sont gratuites; ils reçoivent des jetons de présence.

2° COMITÉ DE VÉRIFICATION DES COMPTES.

52. Il y a un comité de vérification des comptes composé de huit membres nommés annuellement et d'avance par l'assemblée générale, moitié parmi les actionnaires et moitié parmi les assurés participans ayant droit de voter à l'assemblée générale.

53. Le comité de vérification des comptes vérifie les comptes d'administration de l'année, et en fait son rapport à l'assemblée générale.

Il prend connaissance, chaque semestre, et toutes les fois qu'il le juge nécessaire dans l'intérêt de la compagnie, de la situation générale, active et passive de la société, et des opérations; et il entend à cet égard les rapports du conseil d'administration et du directeur-général.

54. Les membres du comité de vérification des comptes peuvent être convoqués en comité par le conseil d'administration ou par le directeur-général. Leurs délibérations ne sont valables que par la majorité de cinq voix.

55. Dans le cas où le nombre des administrateurs se trouve réduit par quelque cause que ce soit, le comité de vérification des comptes désigne, provisoirement, celui ou ceux de ses membres qui doivent remplir les places vacantes jusqu'à la première assemblée générale.

56. Les membres du comité de vérification des comptes pourvoient au remplacement des membres de leur comité passés au conseil d'administration ou qui viennent à cesser leurs fonctions. Les remplaçans ne peuvent être pris que parmi les actionnaires et parmi les assurés qui ont eu le droit de voter à la dernière assemblée générale et qui l'ont conservé.

57. Les membres du comité de vérification des comptes peuvent être réélus sans intervalle; leurs fonctions sont gratuites; ils reçoivent des jetons de présence.

3° CONSEIL EXTRAORDINAIRE.

58. Il y a un conseil pour délibérer, dans les cas extraordinaires, sur ce qu'il convient de faire dans l'intérêt de la compagnie.

Ce conseil est composé des administrateurs, des membres du comité de vérification des comptes et du directeur-général; tous y ont voix délibérative.

59. Le conseil extraordinaire peut être convoqué par le conseil d'administration, ou par le directeur-général, ou par le comité de vérification des comptes. Il est présidé par le président ou le vice-président du conseil d'administration. Le secrétaire-général tient la plume.

60. Pour qu'une délibération soit valable, elle doit être prise par neuf membres au moins et à la majorité absolue de cinq voix, sans que celle du président soit prépondérante en cas de partage.

4° CONSEIL JUDICIAIRE.

61. Il y a un conseil judiciaire nommé par le conseil d'administration.

Il est convoqué toutes les fois que sa présence est jugée nécessaire.

Il reçoit des jetons de présence.

DE LA DIRECTION GÉNÉRALE.

62. Les opérations de la compagnie sont dirigées par le directeur-général, sous la surveillance du conseil d'administration.

Le directeur-général doit être propriétaire de trente actions.

63. Le chevalier Thomas, de Colmar, est nommé directeur-général.

64. Le directeur-général, indépendamment des diverses attributions qui lui sont déléguées par les présens statuts, est spécialement chargé :

1° De signer les polices d'assurance qui sont passées à Paris ; de faire rentrer les primes et de faire payer les indemnités dues par suite d'incendies;

2° De signer la correspondance ;

3° De signer, avec l'administrateur de service, les transferts de rentes et autres effets publics appartenant à la compagnie ;

4° De suivre, conformément aux délibérations du conseil d'administration, les procès qui intéressent la compagnie.

65. Le directeur-général nomme tous les employés et préposés de la compagnie, tant à Paris que dans les départemens, à l'exception des comptables qui sont nommés par le conseil d'administration.

66. Le directeur-général peut déléguer ses pouvoirs et se faire substituer, avec l'approbation du conseil d'administration, par un adjoint ou par des agens et des employés de la compagnie, lorsqu'il le juge nécessaire, pour accélérer et assurer l'expédition des affaires.

67. Il y a un caissier nommé par le conseil d'administration.

Le caissier fournit une garantie de sa gestion, de la manière et dans la forme qui sont déterminées par le conseil d'administration.

68. Il y a des agens-receveurs et des commis ambulans dans les départemens, suivant les besoins des localités.

Les receveurs et les commis ambulans reçoivent leurs instructions du directeur-général. Leurs fonctions et leurs obligations sont fixées par un règlement approuvé en conseil d'administration.

Les receveurs sont seuls autorisés à signer les polices d'assurance au nom de la compagnie.

Le conseil d'administration déterminera les garanties à fournir par les agens comptables.

DES ASSEMBLÉES GÉNÉRALES.

69. L'universalité des actionnaires et des assurés participans est représentée par une assemblée générale annuelle, composée des actionnaires propriétaires de *huit* actions nominatives, et des trente plus forts assurés participans, domiciliés à Paris.

Le nombre de *huit* actions nominatives pourra être remplacé, en partie ou en totalité, par des coupons au porteur, à raison de six coupons par action.

Les droits des actionnaires et des assurés participans doivent être constatés par la propriété des actions ou par une assurance antérieure de trois mois, au moins, au jour de l'assemblée. En cas d'égalité de droits des assurés participans, le plus ancien inscrit est préféré.

Cette assemblée a lieu dans le *mois d'avril* de chaque année, aux jour et heure indiqués par le conseil d'administration. Elle peut être convoquée extraordinairement par le conseil extraordinaire.

70. Si, au jour indiqué pour l'assemblée, les membres réunis ne représentent pas la moitié, au moins, des actionnaires ayant droit de voter, l'assemblée est continuée à un mois, et il en est donné avis à tous les ayans-droit, par une insertion dans un journal quotidien.

Au nouveau jour indiqué, les membres présens, quel que soit leur nombre, peuvent délibérer valablement, mais seulement sur les objets énoncés dans les lettres de convocation.

71. Une première assemblée est convoquée pour nommer les administrateurs et les membres du comité de vérification des comptes, et pour arrêter les frais généraux d'administration mentionnés en l'article 33.

Tous les souscripteurs d'actions, pour quelque nombre que ce soit, auront droit d'assister à cette assemblée, en justifiant du versement des valeurs qui doivent être données en garantie, conformément à l'article 6 ci-dessus.

72. Les assemblées générales sont présidées par le président du conseil d'administration; et en son absence, par le vice-président; les deux plus forts actionnaires et les deux plus forts assurés présens remplissent les fonctions de scrutateurs. Le secrétaire-général de l'administration tient la plume.

73. Les délibérations de l'assemblée générale sont prises par assis et levé, à la majorité des suffrages.

Toutes les fois que cinq votans demandent que les voix soient recueillies au scrutin secret, il est de suite procédé à l'appel nominal.

74. Le droit de voter dans les assemblées générales est personnel; nul ne peut s'y faire représenter, ni avoir plus d'une voix, quel que soit l'intérêt qu'il a dans la compagnie, sauf le cas prévu en l'article 77 ci-après.

430

75. Les assemblées annuelles nomment les administrateurs et les membres du comité de vérification des comptes.

Elles délibèrent sur les rapports du conseil d'administration et du comité de vérification des comptes sur les opérations de l'année qui vient de s'écouler.

Les rapports, bilans et comptes sont imprimés et distribués.

76. Toutes les nominations sont faites au scrutin, par bulletins de liste, et à la majorité absolue des suffrages.

DE LA DISSOLUTION DE LA SOCIÉTÉ.

77. Les actionnaires peuvent demander la dissolution de la société, si le fonds social se trouve réduit de moitié; mais elle ne peut être prononcée qu'en assemblée générale, par la réunion des deux tiers des actionnaires ayant droit de voter, et réunissant plus de la moitié des actions : elle est dissoute de plein droit si le fonds social est réduit au quart. La dissolution ne peut être demandée ni prononcée dans aucun autre cas.

Dans cette seule circonstance, les actionnaires peuvent se faire représenter par procuration. Dans tous les cas de dissolution, les engagemens existans devront être maintenus jusqu'à leur expiration, à moins de résiliation volontaire : et il ne peut y avoir ni distribution de fonds, ni libération des associés jusqu'à l'entière libération des engagemens.

DE LA LIQUIDATION GÉNÉRALE.

78. Lors de la cessation de la société, il est procédé à la liquidation générale. Le mode à suivre est soumis à l'assemblée générale convoquée à cet effet.

79. Si le compte final présente un excédant en recette, les actionnaires sont déchargés de droit de leurs obligations; et le fonds de garantie est immédiatement mis à leur disposition.

80. Le fonds de prévoyance est partagé par moitié entre les actionnaires et les assurés participans.

La moitié revenant aux assurés participans est répartie au marc le franc des valeurs que chacun d'eux a fait assurer pendant les cinq dernières années. Ceux qui ont été assurés pendant ces cinq années ont seuls droit au partage.

81. Le compte final de la société est présenté et arrêté en assemblée générale convoquée à ce sujet pour la dernière fois.

82. La part revenant aux assurés ou assurés qui ne se sont pas présentés pour recevoir dans les trois mois de l'avis public qui en est donné dans les journaux, est déposée, à leur profit ou risque, à la caisse des consignations.

DES CONTESTATIONS.

83. En cas de contestation entre l'administration et les actionnaires, il est formé, conformément à la loi, un tribunal arbitral à Paris, domicile légal de la compagnie.

Il sera stipulé, dans les polices, que les contestations entre la compagnie et les assurés seront de même jugées par arbitres, à Paris, s'il n'en a été autrement convenu.

S'il y a plusieurs parties ayant un même intérêt, elles doivent s'entendre entre elles pour la nomination d'un seul arbitre, sinon il en est nommé un d'office.

84. Les arbitres prononcent sur simples mémoires qui leur sont remis, ou, à défaut, sur les documens qu'ils se sont procurés.

Ils sont dispensés des formes et délais de la procédure.

85. Les actions judiciaires sont exercées au nom de la compagnie, poursuites et diligences du directeur-général.

Toutes assignations et significations qui intéressent la compagnie, doivent être faites à la société anonyme constituée sous le nom de Compagnie du Soleil, en la personne du directeur-général, au siége de la compagnie, conformément aux articles 69 et 70 du code de procédure.

DISPOSITIONS GÉNÉRALES.

86. Les membres du conseil d'administration, ainsi que le directeur-général, peuvent être révoqués ou suspendus de leurs fonctions, en assemblée générale, par le concours des trois quarts des membres présens.

87. Aucune assemblée générale ni aucune réunion du conseil d'administration, du comité de vérification des comptes, ni du conseil extraordinaire, ne peut avoir lieu, pour délibérer valablement, que dans l'hôtel où se tiennent les bureaux de l'administration, seul légal domicile de la compagnie.

88. M. le chevalier Thomas, directeur-général, est chargé, en cette qualité, de faire toutes les démarches nécessaires pour obtenir l'autorisation royale.

Il est autorisé à signer les divers actes auxquels la présente association peut donner lieu.

89. Il ne peut être fait aucun changement aux présens statuts sans le consentement des trois quarts des actionnaires nominatifs réunissant la moitié du fonds social, et sans l'autorisation du Roi.

ORDONNANCE ROYALE.

CHARLES, par la grâce de Dieu, Roi de France et de Navarre,
Sur le rapport de notre ministre secrétaire d'État au département de l'intérieur;
Vu les articles 29 à 37, 40 et 45 du code de commerce;
Notre Conseil d'État entendu,

Nous avons ordonné et ordonnons ce qui suit :

Art. 1er. La société anonyme formée à Paris pour l'assurance contre l'incendie, sous la dénomination de *Compagnie du Soleil*, par acte passé les 26, 27, 28, 30 novembre, 3 et 12 décembre 1829, par devant Gilbert Juge et son collègue, notaires en ladite ville, est autorisée.

Sont approuvés les statuts contenus audit acte qui restera annexé à la présente ordonnance.

2. Nous nous réservons de révoquer notre autorisation, en cas de violation ou de non-exécution des statuts approuvés, sans préjudice des dommages-intérêts des tiers.

3. La société sera tenue de remettre, tous les six mois, un extrait de son état de situation au préfet du département de la Seine, au greffe du tribunal de commerce et à la chambre de commerce de Paris. Pareil extrait sera adressé au ministre de l'intérieur.

4. Notre ministre secrétaire d'État au département de l'intérieur est chargé de l'exécution de la présente ordonnance qui sera publié au *Bulletin des lois*, et insérée au *Moniteur* et dans un journal d'annonces judiciaires du département de la Seine.

Donné au château des Tuileries, le 16 décembre de l'an de grâce 1829, et de notre règne le sixième.

Signé : CHARLES.

Par le Roi,

Le ministre secrétaire d'État de l'intérieur,

Signé : MONTBEL.

N°

ÉPARTEMENT.

BONDISSEMENT

N DE L'ASSURÉ.

de la police

ans aucun cas, présente minute peut être remise, servir de titre à ré.

COMPAGNIE DU SOLEIL,

AUTORISÉE PAR ORDONNANCE ROYALE DU 16 DÉCEMBRE 1829.

ASSURANCE GÉNÉRALE
CONTRE L'INCENDIE,

Rue du Helder, n° 13, à Paris.

N°

Lieu où la propriété est située.

DÉCOMPTE.

AMPLIATION DE POLICE POUR LES ARCHIVES

DE LA COMPAGNIE DU SOLEIL.

CONDITIONS GÉNÉRALES.

PAIEMENT DES SINISTRES.

Art. 1er. La *Compagnie du Soleil* assure contre l'incendie et contre le feu du ciel la valeur vénale des propriétés mobilières et immobilières, à l'exception des *titres, billets, valeurs de banque* ou *autres effets négociables*, de l'*argent* et *or monnayés*, des *perles et pierres fines.*

Elle garantit les dégâts causés par la *foudre*, la *démolition* et tous autres dommages occasionnés, en cas d'incendie, pour sauver d'autres maisons ou porter des secours.

2. Si les incendies sont causés par *guerre, émeute, violence à main armée, explosion de poudrière,* ou *tremblement de terre* (1), les pertes ne peuvent être payées, conformément à l'art. 13 des statuts, que par le fonds de prévoyance constitué par l'art. 12 desdits statuts, tel qu'il existera lors des événemens et dans l'ordre où ils auront eu lieu.

En cas d'insuffisance du fonds de prévoyance pour couvrir les pertes arrivées un même jour, il est fait de la somme existante une répartition au marc le franc des pertes. Dans tous les cas, les assurés n'ont aucune prétention à élever sur le fonds social, ni sur le produit des primes, ni en un mot sur aucun autre fonds que celui de prévoyance, pour raison des sinistres extraordinaires mentionnés dans le présent article.

3. La compagnie ne répond de l'*argenterie*, des *tulles, dentelles, tableaux, statues,* et en général de tous les objets rares ou précieux, que lorsqu'ils sont spécialement désignés dans la

(1) Risques qui ne sont pas assurés par les autres compagnies.

police : il en est de même des risques locatifs et de voisinage (1).

4. Tout sinistre doit être déclaré immédiatement après l'incendie, à Paris, au directeur-général, et dans les départemens, au juge de paix du canton et à l'agent de la compagnie.

La compagnie ne paye que les pertes réelles; l'assuré est tenu d'en justifier. Les désignations et les évaluations contenues dans la police ne peuvent être opposées comme preuves de l'existence et de la valeur des objets assurés au moment de l'incendie.

Le dommage est constaté par deux experts nommés l'un par la compagnie et l'autre par l'assuré. En cas de division, ils sont autorisés à nommer un tiers-expert, ou, à défaut, le tiers-expert est nommé par le tribunal civil.

5. Le montant des dommages est payé comptant.

Après un sinistre survenu aux objets assurés, la compagnie peut résilier la police en tout ou en partie; et les primes échues lui demeurent acquises.

6. La compagnie a l'option de rétablir les objets assurés dans l'état où ils étaient avant l'incendie, ou d'abandonner les débris à l'assuré, au prix de l'estimation, à valoir sur l'indemnité fixée.

7. Si, au moment de l'incendie, la valeur des objets assurés par la compagnie est reconnue excéder le montant de l'assurance, l'assuré est considéré comme étant resté son propre assureur pour l'excédant; et il supporte, en cette qualité, sa part du dommage, au marc le franc.

8. La compagnie, par le seul fait de la présente police, est subrogée, sans garantie, à tous droits, actions et recours que l'assuré pourrait avoir à exercer, en cas d'incendie, contre tous garans, tels que locataires, voisins, auteurs connus ou présumés de l'incendie, et toutes compagnies d'assurances. L'assuré s'o-

(1) C'est-à-dire de la responsabilité que la loi fait peser sur les propriétaires et locataires par les articles du code civil ci-après :

Art. 1382. Tout fait quelconque de l'homme, qui cause à autrui un dommage, oblige celui par la faute duquel il est arrivé à le réparer.

1383. Chacun est responsable du dommage qu'il a causé, non-seulement par son fait, mais encore par sa négligence ou par son imprudence.

1384. On est responsable non-seulement du dommage que l'on cause par son propre fait, mais encore de celui qui est causé par le fait des personnes dont on doit répondre ou des choses que l'on a sous sa garde.

1733. Le locataire répond de l'incendie, à moins qu'il ne prouve que l'incendie est arrivé par cas fortuit, ou force majeure, ou par vice de construction, ou que le feu a été communiqué par une maison voisine.

1734. S'il y a plusieurs locataires, tous sont solidairement responsables de l'incendie, à moins qu'ils ne prouvent que l'incendie a commencé dans l'habitation de l'un d'eux, auquel cas celui-là seul en est tenu; ou que quelques-uns ne prouvent que l'incendie n'a pu commencer chez eux, auquel cas ceux-là n'en sont pas tenus.

blige à réitérer la présente subrogation par acte séparé si la compagnie le juge nécessaire.

9. Si les objets assurés le sont déjà par d'autres compagnies en totalité ou en partie, sans qu'il en ait été fait mention sur la présente police, ou si on les fait assurer après, en tout ou en partie; et même si on fait assurer des portions non couvertes par la compagnie du Soleil, sans en avoir fait accepter la déclaration par un avenant, il n'est dû aucune indemnité en cas de sinistre.

Lors des déclarations ci-dessus prescrites, la compagnie se réserve le droit de résilier la police, et les primes payées ou échues lui demeurent acquises.

10. Toute action en paiement de dommages pour incendie est prescrite après *six mois*, à compter du lendemain de l'incendie, si, dans l'intervalle, il n'a été fait aucune réclamation.

PAIEMENT DES PRIMES ET DURÉE DES POLICES.

11. Les primes d'assurances sont payées d'avance et comptant, tous les ans, au bureau de la compagnie ou des agens-receveurs : celles de la première année, au moment de la signature de la police; et celles des années suivantes, dans le mois qui précède chaque année, sans qu'il soit besoin de mettre l'assuré en demeure.

La compagnie ne doit pas d'indemnité pour les sinistres qui pourraient arriver dans l'espace de temps pendant lequel l'assuré serait en retard de payer la prime.

La prime d'assurance et la participation remontent au *premier du mois* pendant lequel l'assurance a été faite.

12. Le paiement des primes dues se poursuit par les voies de droit devant le juge du domicile de l'agent-receveur; et tous les frais et déboursés, même ceux du timbre, d'amende et d'enregistrement, sont à la charge de l'assuré.

13. La durée de la police est illimitée, à moins de stipulation contraire.

Son effet cesse de droit par la disparition de l'objet assuré, par la dissolution de la compagnie, ou en manifestant, de part ou d'autre, une année d'avance, la volonté de le faire cesser.

Si c'est l'assuré qui veut résilier, il paye, à titre d'indemnité, une seconde prime pour la dernière année; et, s'il est participant, il perd tous droits aux bénéfices et au fonds de prévoyance.

Si c'est la compagnie qui veut résilier, elle ne peut exiger de l'assuré au-delà de la simple prime; et, s'il est participant, il conserve ses droits aux bénéfices, conformément aux statuts.

S'il a été fixé un terme à la durée de la police, elle continue de droit d'avoir son effet pendant une semblable durée, à moins que l'une des parties n'ait déclaré, trois mois avant l'expiration du terme fixé, l'intention de faire cesser l'assurance.

La même continuation aura lieu à chaque nouvelle période, à moins de déclaration contraire dans le délai prescrit.

14. En cas de mutation des objets assurés, si le nouveau propriétaire ne continue pas l'effet de la police, l'assuré paye une année de prime à titre d'indemnité.

15. Si les objets assurés sont transportés d'un domicile dans un autre, l'assuré est tenu d'en faire la déclaration à la compagnie.

Si les risques des objets assurés sont augmentés par une cause quelconque, l'assuré est tenu de le déclarer et de payer un supplément de prime, s'il y a lieu.

La compagnie ne doit aucune indemnité pour les sinistres arrivés avant que lesdites déclarations n'ayent été faites, et le supplément de prime payé.

16. La compagnie n'est engagée que par ses polices d'assurances signées du directeur-général, ou d'un agent ayant pouvoir à cet effet.

Toute déclaration portant changement à une police, doit être consignée sur un avenant, et approuvée par la compagnie, à peine de nullité.

Dans tous les cas prévus par les art. 9, 11, 12, 14 et 15, la compagnie conserve tous ses droits à l'exécution de la police et des avenans.

CONTESTATIONS.

17. Toutes contestations, autres que celles relatives au paiement des primes arriérées, entre l'assuré et la compagnie, sont jugées par arbitres, à Paris, s'il n'en a été autrement convenu.

S'il y a plusieurs parties ayant un même intérêt, elles doivent s'entendre entre elles pour la nomination d'un seul arbitre, sinon il en est nommé un d'office.

18. Les arbitres jugent dans les termes du droit; et ils ne peuvent, sous peine de nullité, s'écarter des dispositions de la présente police, ni de celles des statuts approuvés par ordonnance royale du 16 décembre 1829.

Les arbitres prononcent sur simples mémoires qui leur sont remis, ou, à défaut, sur les documens qu'ils se sont procurés. En cas de partage, ils sont autorisés à nommer un tiers-arbitre.

Ils sont dispensés des formes et des délais de la procédure.

Le coût de la police est de 1 franc.

CONDITIONS PARTICULIÈRES.

La Compagnie du Soleil *assure aux conditions générales, d'autre part, et aux conditions particulières ci-après à M ......*

demeurant à..... arrondissement d..... département d..... agis-
sant. . . . .
. . . . .
. . . . .

L'assuré déclare qu'aucune profession dangereuse ni aucune
marchandise hasardeuse n'augmente le risque des objets désignés
d'autre part.

L'assurance est faite..... participation aux bénéfices de la
compagnie (1), *moyennant une prime annuelle de......*

Pour l'exécution de la présente, M......... entre mes mains
la somme de..... et il s'engage, conformément aux conditions
générales et particulières d'autre part, à payer tous les ans.....
pour jouir des droits comme assuré...... participation.

Au moyen desdits paiement et engagement, je, soussigné, dé-
clare que les objets désignés ci-dessus sont assurés contre l'in-
cendie, à dater d...... à midi, pour, en cas d'incendie et suivant
les conditions déjà énoncées, leur valeur être remboursée par la
Compagnie du Soleil, jusqu'à concurrence de la somme de......

Fait   *à*

POUR LA COMPAGNIE :

Signature de l'Assuré,   *L'Agent-Receveur,*

(1) L'article 35 des statuts règle les bénéfices de la participation de
la manière suivante :

« Tous les ans, il est fait un compte de liquidation des opérations de
» l'année. Si la simple prime, déduction faite des charges, y compris
» les prélèvemens indiqués dans les articles 12 et 33, présente un
» bénéfice, il est réparti, savoir :

» Huit dixièmes entre les assurés participans, au marc le franc de
» la prime payée dans le cours de l'année;

» Un dixième entre les actionnaires;

» Et le dixième restant se porte au compte du fonds de prévoyance.

» Les assurés non-participans n'ont aucun droit aux bénéfices. »

COMPAGNIE DU SOLEIL.

INSTRUCTION

SUR

LE RÈGLEMENT DES SINISTRES.

L'article 4 de la police porte :

« Tout sinistre doit être déclaré immédiatement après l'incen-
» die, à Paris, au directeur-général, et dans les départemens,
» au juge de paix du canton et à l'agent de la compagnie.

» La compagnie ne paie que les pertes réelles ; l'assuré est
» tenu d'en justifier. Les désignations et les évaluations conte-
» nues dans la police, ne peuvent être opposées comme preuves
» de l'existence et de la valeur des objets assurés au moment de
» l'incendie.

» Le dommage est constaté par deux experts nommés l'un par
» la compagnie et l'autre par l'assuré. En cas de division, ils
» sont autorisés à nommer un tiers-expert, ou, à défaut, le
» tiers-expert est nommé par le tribunal civil. »

Justification des pertes. — Cet article indique suffisamment
que la valeur donnée par la police aux objets assurés, ne doit
pas servir de base à l'estimation des pertes, quand même tout
serait détruit par l'incendie.

Peu de personnes ont une juste idée du système des assurances. On croit généralement qu'il suffit de faire assurer une
somme et d'en payer la prime, pour recevoir cette somme en
cas de sinistre, et cela sans examen ni justification, lors même
que l'objet assuré aurait été d'une valeur moindre au moment
de l'incendie. « J'ai fait assurer *dix mille* francs sur ma mai-
» son ; elle est brûlée, payez-moi *dix mille* francs. » Ou bien :
« Les objets sauvés des flammes valent *deux mille* francs, vous
» m'en devez *huit mille* ».

Cette manière de raisonner, juste en apparence et dans d'autres circonstances, est erronée en matière d'assurance contre
l'incendie, car si l'on devait opérer dans ce sens, les incendies
deviendraient un objet de spéculation ; la sûreté publique serait
compromise, et les compagnies d'assurances ruinées en peu de
temps.

En effet, si l'on pouvait réclamer la somme assurée sans justifier :

1° Que les objets assurés existaient réellement au moment de
l'incendie;

2° Qu'ils valaient la somme assurée au moment de l'incendie;

3° Qu'ils ont été effectivement détruits par l'incendie;

La fraude deviendrait générale ; tout homme de mauvaise
foi, et il y en a à peu près partout, ferait assurer des valeurs
supérieures à celles de ses propriétés, et y mettrait le feu pour
s'enrichir. Il est si difficile de constater ces faits en justice, que
les lois pénales, quoique très-sévères, seraient impuissantes
pour prévenir ce genre de crime, si les compagnies d'assurances ne prenaient elles-mêmes les précautions nécessaires pour
les rendre infructueux, en stipulant dans les polices qu'elles ne
paient que les pertes réelles, et que l'assuré est tenu d'en justifier.

Cette clause est d'ailleurs dictée par toutes les lois de morale
et de justice, et notamment par l'article 347 du code de commerce, qui prononce la nullité de toute assurance qui a pour objet,
des bénéfices. La police d'assurance doit servir de *limite* et non
de *base* à l'estimation des pertes; la prime minime payée par
l'assuré est calculée d'après l'obligation où est la compagnie de
ne payer que les *pertes justifiées*, par conséquent *réelles*.

Les compagnies d'assurances ont réparé assez de dommages,
et la compagnie du Soleil a montré, dans le règlement des sinistres, assez d'empressement et de loyauté pour qu'on ne puisse
pas interpréter défavorablement les mesures de prudence re-
commandées aux agens. Le public ignore combien il arrive souvent que les assurés causent eux-mêmes les incendies par leur
fait ou leur négligence, ou que du moins ils veulent tirer parti
des sinistres dus au hasard. Dans une petite ville de 5,000 âmes,
en Alsace, on a compté huit incendies en *un an*, tous sur des
maisons assurées. Dans son rapport à l'autorité, le maire de
cette ville affirme qu'avant l'établissement des compagnies d'assurances, on ne voyait pas autant d'incendies en un *demi-siècle*.

On pourrait remédier à ces maux en n'assurant que la valeur, ou moins que la valeur réelle des objets, mais on n'aurait
pas encore paralysé toutes les ressources de la fraude, puisqu'on a vu des assurés *enfouir leurs marchandises avant d'incendier la maison qui les contenait*.

Ainsi donc justice pour tous! Prompte et loyale indemnité à
l'assuré honnête que le malheur a frappé; stricte exécution des
traités avec l'assuré de mauvaise foi, dont la conduite est suspecte, ou qui voudrait spéculer sur un sinistre.

Estimation des bâtimens. — Et qu'on ne dise pas que la justification des pertes est impossible ou difficile. Quand il s'agit de
bâtimens, rien de plus simple; les parties qui subsistent, les
fondations, les indications diverses mettent les architectes à

même de faire un devis exact de la valeur des objets avant l'incendie. Ils calculent la diminution de valeur sur le temps depuis lequel le bâtiment était construit, et après avoir déduit le prix du sol, l'estimation est parfaite.

Mobiliers. — Pour les objets mobiliers, l'assuré en donne la note; au moyen de renseignemens pris chez les voisins et les personnes qui fréquentaient la maison, on en reconnaît l'existence, surtout quand on se donne la peine de faire l'inventaire de ce qu'il y avait dans chaque pièces de la maison. Le prix en est établi sur le rapport des marchands ou gens de l'art, et d'après l'état où ils se trouvaient lors de l'incendie. Il est aisé de connaître la quantité de bestiaux, récoltes, provisions et meubles de l'assuré, et quand on est convaincu que rien n'a été changé ni soustrait avant l'incendie, quand il y a, de part et d'autre, franchise et bonne foi, on a bientôt trouvé le chiffre de la perte.

Marchandises. — Si les livres d'un négociant n'ont pas été la proie des flammes, ils servent à fixer promptement le dommage éprouvé sur les marchandises qui faisaient l'objet de son commerce. Dans le cas contraire, c'est au négociant à justifier des entrées et des sorties au moyen des factures. C'est à l'agent à consulter, dans cette circonstance comme dans toutes, la notoriété publique, les personnes qui fréquentaient les magasins, celles qui peuvent fournir des renseignemens sur la quantité et la qualité des marchandises, sur la moralité et la situation financière de l'assuré. Les agens doivent se tenir en garde contre une bienveillance malentendue, plus nuisible que favorable aux intérêts de la compagnie qu'ils représentent.

Ces observations suffisent pour faire connaître aux agens l'esprit et le but des assurances; elles leur inspirent d'avance les dispositions qu'ils doivent apporter au règlement d'un sinistre. Nous allons tracer la marche qu'ils ont à suivre et les actes qui en dépendent

DÉMARCHES PENDANT L'INCENDIE.

Secours. — Aussitôt que l'agent apprend qu'un incendie a éclaté dans un lieu où la compagnie a des assurances, même sans avoir acquis la certitude que la propriété qui brûle est assurée par la compagnie, il doit s'y transporter pour diriger les secours de manière à préserver, autant que possible, les maisons assurées par la compagnie du Soleil: la présence d'un agent ou d'un sous-agent intelligent a souvent épargné des pertes aux compagnies, qu'ils représentaient(1). Le public est toujours disposé à abattre les maisons assurées pour sauver les autres, ou à diri-

(1) C'est une des raisons pour exiger que les maisons portent une plaque.

ger de préférence les pompes et autres secours sur les maisons non assurées.

Il est donc indispensable que les agens et autres employés se rendent immédiatement sur les lieux des incendies, de nuit comme de jour; c'est d'ailleurs le devoir de tout bon citoyen.

L'agent et ses employés dirigent et stimulent les efforts des pompiers quand il en est temps; ils empêchent toute soustraction au préjudice de la compagnie; ils s'entendent avec les autorités pour les démolitions jugées nécessaires, afin d'arrêter les progrès du feu et préserver les propriétés voisines, et ils veillent surtout à ce qu'on ne détruise pas de bâtimens assurés par la compagnie, à moins d'une nécessité absolue.

SAUVETAGE.

Si l'incendie a atteint quelques propriétés assurées par la compagnie, aussitôt qu'il est arrêté, on s'occupe de la réunion des objets assurés qui ont été sauvés, endommagés ou non; on en fait un inventaire double, si cela est possible, et on les laisse à la disposition de l'assuré, sous toutes réserves, ce qui sera constaté par les signatures au bas des inventaires (voir modèle n° 1), dont un reste entre les mains de l'assuré, et l'autre est joint au dossier du sinistre.

Si la remise des objets sauvés présentait trop de difficultés, on s'entendrait avec l'autorité ou avec des voisins, pour les déposer en lieu de sûreté jusqu'à conclusion de l'expertise.

Il arrive souvent qu'on peut les laisser dans la maison incendiée sans les déplacer; c'est aux agens à agir selon les circonstances, dans les intérêts de la compagnie et de la justice. Dans tous les cas, l'inventaire dont il est question ci-dessus, devra indiquer dans quel lieu auront été placés les objets laissés à la disposition de l'assuré.

DÉMARCHES AVANT L'EXPERTISE.

L'agent étant informé qu'un sinistre a frappé la compagnie, il doit exiger de l'assuré l'original de l'expédition de la déclaration faite devant le juge de paix du lieu de l'incendie; si cette formalité n'a pas été remplie, il la fera remplir suivant le modèle n° 2.

Cette pièce sera jointe au dossier du sinistre et envoyée à la direction générale avec les autres pièces.

Dès qu'il est informé du sinistre, l'agent doit:

Chercher la police dans ses archives, et voir si les primes en ont été exactement payées tous les ans;

S'assurer si les noms et prénoms de l'assuré, les lieux, rues et numéros ont été bien désignés dans la police, et s'il ne peut y avoir erreur sur la propriété.

Si l'affaire présente des particularités qui inspirent des doutes, en prendre note, sans en faire part à l'assuré ou à celui qui vient en son nom, pour en faire usage en temps et lieu :

Dresser alors la déclaration d'incendie, sans égard pour celle qui aurait déjà été faite au juge de paix. Cette déclaration sera faite conformément au modèle n° 3 ci-après. Le caractère et la moralité de l'assuré feront reconnaître à l'agent le cas qu'il devra faire de tout ou partie des questions indiquées dans le troisième modèle.

Faire une liasse ou dossier contenant :

La police,

Les notes qu'on a prises,

La déclaration n° 3 qu'on vient de faire signer,

Les instructions sur les sinistres,

Les modèles nécessaires et tout ce qu'il faut pour écrire, même du papier timbré.

Se transporter sur les lieux, après en avoir donné connaissance au directeur-général par lettre spéciale adressée par le plus prochain courrier ; car il est essentiel que la compagnie soit de suite informée des sinistres qui pèsent sur elle.

Renseignemens. — En arrivant sur les lieux, l'agent visite d'abord les membres du comité d'assurance, lorsqu'il y en a, puis le maire et toutes autres personnes qui peuvent lui donner des renseignemens sur le sinistre et sur la moralité de l'incendié, afin de s'assurer si la déclaration n° 3 est conforme à la vérité, ou s'il y a quelque suspicion de fraude ou de mauvaise foi.

Fraude. — La fraude se reconnaît facilement, mais elle est toujours difficile à constater ; l'expérience a démontré que les spéculateurs sur l'assurance suivaient à peu près la même marche. Voici les principaux signes auxquels on peut reconnaître les sinistres frauduleux.

Comme le fraudeur a un bénéfice en vue, les objets sont assurés pour des sommes supérieures à leur valeur réelle.

L'assuré qui met ou fait mettre le feu aux objets assurés, a soin de se trouver éloigné au moment où doit éclater l'incendie. S'il a des enfans ou des témoins importuns, il tâche de les éloigner. D'autres ont cherché à cacher des mobiliers et marchandises quelques jours avant l'incendie. D'autres, encore plus effrontés, ont eu soin d'encombrer la maison de paille, de sarmens, de bois de fagots, etc., afin qu'elle fût consumée avant l'arrivée des secours.

Rarement les fraudeurs ont la patience d'attendre long-temps le résultat de leurs combinaisons : l'incendie arrive ordinairement quelques mois après la date de leur police ; c'est pourquoi il y a beaucoup plus de sinistres sur les polices souscrites dans l'année que sur celles souscrites antérieurement.

Si l'agent remarque de la fraude ou de la mauvaise foi, il fait signer des déclarations du modèle n° 3 aux personnes qui peuvent donner des renseignemens sur les actions de l'incendié et sur les circonstances du sinistre : on peut par ce moyen arriver à la connaissance parfaite de l'affaire. L'agent verra facilement qu'en pareil cas, il ne doit pas se borner aux questions indiquées dans le modèle, et qu'il doit faire toutes celles qui pourront le conduire à la découverte de la vérité.

Mais, on le répète, il faut agir avec les plus grands ménagemens, de manière à ne blesser personne, tout en arrivant à la découverte de la vérité; car la compagnie a le désir, non d'éluder le paiement, mais de ne payer que ce qui est dû. Rien n'est plus dangereux que de payer plus que la perte; l'expérience a démontré que la multiplicité des incendies dans certaines localités, était souvent la conséquence d'indemnités trop légèrement accordées.

Cas d'exception — Après ces préliminaires, et en attendant l'expertise, l'agent doit vérifier avec le plus grand soin s'il ne se trouve pas quelques cas d'exception, tels que les suivans, savoir :

1° Si les objets détruits ou endommagés par le feu sont réellement ceux que la compagnie avait assurés.

2° S'ils appartenaient réellement à l'assuré au moment de l'incendie, ou bien si l'assuré a pris la qualité qui lui appartenait d'unique propriétaire, ou d'usufruitier, de propriétaire indivis, d'associé, de créancier, ou de fondé de pouvoir du propriétaire, ou de tuteur, syndic, etc., etc. (Art. 14 et 16 de la police.)

3° Si le terrain occupé par la maison incendiée appartient à l'assuré; s'il est sous le poids d'un bail emphytéotique ou d'une décision de démolition pour cause d'alignement, ou pour cause de vétusté, de reconstruction, etc.

4° S'il y a eu changement ou augmentation dans les bâtimens, introduction de matières dangereuses, de manjère à augmenter les risques, sans que l'assuré l'ait fait constater par un avenant. (Art. 15 de le police.)

5° S'il existe antérieurement ou postérieurement à la police, des assurances faites par d'autres compagnies, sans l'avoir déclaré dans la police, ou fait constater par avenant. (Art. 9 de la police.)

6° S'il y a eu de la part de l'assuré fraude ou dol, réticence ou fausse déclaration. (Art. 348 et 538 du code de commerce.)

7° Si l'incendie a eu lieu avant l'époque où la compagnie devait commencer son engagement, ou après l'expiration de la police. (Art. 26 des statuts et 13 de la police.)

8° Si les dégâts occasionnés en cas de tempête le sont réellement par la foudre, ou seulement par le vent; la compagnie n'assure pas contre le vent, ni contre la tempête. (Art. 1.)

Enfin si l'agent découvre des circonstances qui lui paraissent devoir décharger la compagnie de sa garantie, il élude avec ménagement toute estimation, toute discussion, tout acte même provisoire, pour attendre les instructions du directeur-général. A cet effet, il envoie les divers témoignages et déclarations avec un rapport détaillé.

C'est à l'administration à décider si elle doit user de ses droits ou s'en relâcher, suivant la position des assurés. Son intention n'est pas d'agir avec une rigueur qui pourrait lui nuire, comme aussi elle ne veut pas encourager, par une trop grande facilité, des spéculations criminelles.

Toutes les fois que les agens n'auront aucun motif de suspicion, ils pourront passer outre à l'estimation, si l'importance du sinistre ne dépasse pas la somme de *mille à deux mille francs*; dans le cas contraire, ils attendront les instructions du directeur-général, en lui rendant compte de l'estimation provisoire qu'ils ont pu faire, pour connaître approximativement la perte.

A cet effet, l'agent fera bien de mener avec lui un expert sur lequel il puisse compter, non pour agir de suite en cette qualité, mais pour vérifier préalablement le montant de la perte avec l'agent; étant ainsi fixé d'avance, on est bien plus à même de modérer les prétentions exagérées des incendiés, qui demandent toujours plus que leurs pertes réelles.

Transactions. — Quand le sinistre n'offre pas de difficultés, qu'il ne laisse aucun doute, et que d'ailleurs il ne s'agit pas d'une forte somme, de 2 à 3oo fr., par exemple, l'agent peut transiger avec l'assuré au moyen d'une estimation amiable. Cette marche a l'avantage d'épargner des frais d'expertise, d'obtenir une diminution sur les pertes, et de disposer le public en faveur de la compagnie, par un prompt règlement.

En général, et dans les sinistres qui ne sont pas trop considérables, on profite mieux des dispositions du premier moment; il faut bien prendre l'assuré, et ne pas le laisser circonvenir par les hommes d'affaires ou les agens des compagnies rivales, toujours intéressées à faire prendre à l'assuré une attitude hostile.

Si la somme ne dépasse pas 3oo fr., l'agent peut terminer de suite, rédiger et signer l'acte conforme au modèle n° 4. Si la somme excède 3oo fr., l'agent peut néanmoins transiger avec l'assuré, mais ne signer l'acte de transaction que sauf l'approbation du directeur-général.

EXPERTISE CONTRADICTOIRE.

Lorsqu'il n'y a pas de cas exceptionnel (1), on procède à l'expertise dans les formes ordinaires. L'un des experts est nommé par l'agent de la compagnie, l'autre par l'assuré.

(1) Bien entendu que le sinistre ne dépasse pas la somme de mille à deux milles francs, ou que l'agent a reçu les instructions du directeur-général.

L'acte de nomination des experts devra être fait, autant que possible, conformément au modèle ci-joint. (Voir n° 5.)

Les experts nommés procèdent à l'estimation en suivant, autant qu'ils le peuvent, la marche indiquée dans le modèle n° 6 ci-joint. Ils consigneront au procès-verbal les observations et les réquisitions qu'ils croiront utile de faire.

En cas de division des experts, ils doivent établir dans le procès-verbal les points sur lesquels ils sont d'accord et ceux sur lesquels ils diffèrent. Le procès-verbal sera clos par la nomination du tiers-expert.

Si les experts ne peuvent s'entendre sur le choix du tiers-expert, ils renverront, par la clôture du procès-verbal, les parties à se pourvoir devant qui de droit. Dans ce cas, l'agent de la compagnie chargera un avoué de faire un modèle de requête, et de faire nommer d'office un tiers expert par le tribunal, si la compagnie a intérêt à terminer de suite. Dans le cas contraire, on laisse agir l'assuré.

Le procès-verbal d'estimation sera fait en double, dont l'un pour l'assuré, l'autre pour être envoyé au directeur-général.

Lorsque la compagnie du Soleil n'aura pas seule assuré les objets incendiés, l'agent devra se concerter avec les agens des autres compagnies-assureurs, pour la nomination des experts et l'estimation.

Si la compagnie n'est intéressée que comme ayant repris une assurance faite par une autre compagnie, l'agent doit intervenir dans les opérations relatives à l'estimation; pour veiller à ce que ses intérêts ne soient pas compromis, conformément à l'arrêté du conseil d'administration du 31 décembre 1830.

Sauf décision contraire de l'administration, chaque expert est payé par sa partie, au taux fixé par le tarif des frais arrêté pour les tribunaux, par le décret du 16 février 1811 (1).

C'est dans l'expertise que trouve place la justification que doit fournir l'assuré; c'est là que les agens doivent appliquer tous les avis qui ont été donnés dans ce qui précède, et ne pas négliger les observations suivantes qui sont de la plus haute importance.

Direction à donner aux experts. — Il faut faire connaître aux experts les conditions de la police, leur expliquer le but de leur mission, et tout ce qui indique l'esprit des assurances. Tout dépend de la bonne direction qu'on donne à l'expertise; et à cet effet, il est indispensable que l'agent soit présent à toutes les opérations.

Il ne s'agit pas, ainsi qu'on l'a dit, de jeter l'argent à la tête des assurés; de voir la somme assurée et d'en défalquer le prix

(1) Pour les départemens, 3 fr. par vacation de trois heures pour les artisans et les laboureurs : et 6 fr. pour les architectes et autres artistes. De plus, il leur est alloué, pour frais de déplacement, 4 fr. 50 c. par myriamètre (2 lieues), pour tout ce qui est au-delà de deux myriamètres.

de ce qui reste; enfin de tout remettre à neuf, etc. Il faut sa
voir ce que valaient les objets au moment de l'incendie, se convaincre qu'ils existaient réellement, estimer ce qu'il en coûterait
pour les rétablir, indiquer les avaries, en un mot ne payer que
les pertes réelles, et ne faire jamais d'un incendie un motif de
bénéfice.

Ainsi, quand il s'agit d'une maison ou d'objets mobiliers, on
indique la valeur vénale de l'objet, au moment du sinistre, et
non le prix d'achat du même objet quand il est neuf. Pour les
bâtimens, on déduit la valeur du sol, et on n'a pas égard à la
position avantageuse de l'établissement; et si les bâtimens sont
vieux, on le fait constater, afin de ne les estimer que leur valeur réelle, selon le temps de leur usage ou le degré de leur vétusté.

S'il s'agit de marchandises, on prend le prix de fabrique, déduction faite du déchet qui pourrait être survenu, et non le
prix de la vente au détail.

Quand il s'agit de denrées, on prend les prix de la mercu-
riale, déduction faite des frais de transport et droits d'octroi, si
l'incendie a eu lieu hors ville.

Il faut bien préciser si les objets avaient une valeur supérieure à la somme portée dans la police, afin de faire l'application de l'article 7 de la police, tant pour la perte que pour le
sauvetage.

On ne saurait trop appeler l'attention des agens sur cette
clause, qui est en général mal comprise. Exemple : Un propriétaire fait assurer 10,000 fr. sur une maison qui en vaut 20,000 :
il est clair qu'il reste son assureur pour moitié, comme si une
autre compagnie avait assuré l'autre moitié. S'il n'y a que
5,000 fr. de dommage, il ne recevra que 2,500 fr., de même qu'il
ne touche que 10,000 fr. si la maison est entièrement détruite. Et
dans ce dernier cas, s'il y a 10,000 fr. de sauvetage, la répart-
tion est faite dans la même proportion. Cependant il n'est pas
nécessaire que les experts établissent les comptes, il suffit qu'ils
établissent, aussi exactement que possible, la valeur totale des
bâtimens indiqués dans la police et des objets assurés dans lesdits bâtimens appartenant au même assuré.

S'il se présente sur les lieux des circonstances imprévues, les
agens ont soin d'en informer le directeur-général, lequel compte
sur leur prudence et sur leur zèle à défendre les intérêts de la
compagnie, sans blesser ceux des assurés en ce qui peut être
juste.

Il est indispensable d'indiquer les cas où le feu aurait été
communiqué par des locataires ou des voisins contre lesquels la
compagnie a un recours à exercer, comme aussi de faire connaître toutes les réclamations qui seraient faites dans les cas
contraires.

RAPPORT DÉFINITIF DE L'AGENT.

Lorsque le procès-verbal d'expertise est clos, l'agent en envoie un exemplaire au directeur-général, avec son rapport et son avis motivé.

Le rapport doit contenir :

1° L'exposé de l'affaire ;

2° Le résultat de l'expertise ;

3° Le montant des dépenses qui auront été faites par l'agent, tant pour son déplacement, que pour le sauvetage et les frais d'expertise, pour, avec le montant de l'estimation des dommages, former la somme totale des pertes résultant du sinistre. La compagnie décidera si tout ou partie de ces frais doit rester à la charge des incendiés, ce qui dépend ordinairement de la bonne foi de leur déclaration.

Les frais personnels aux agens sont ceux de voyage et de séjour ; ils se bornent aux déboursés réels ; on ne peut y comprendre aucuns frais de vacations.

4° Les gratifications pécuniaires ou honorifiques qu'il croira devoir être accordées aux pompiers ou autres personnes qui auraient concouru à arrêter les progrès de l'incendie. A ce sujet, MM. les agens prendront garde à ne pas donner lieu aux abus ; les gratifications ne doivent s'accorder qu'à des des services réels et positifs.

L'avis de l'agent aura pour objet de mettre l'administration à même de décider s'il est convenable :

De se pourvoir contre l'expertise ;

Ou d'autoriser le paiement ;

Ou enfin d'user de la faculté réservée par la police (art. 6), de rétablir les objets assurés dans l'état où ils étaient avant l'incendie.

Si le dommage a été partiel, le rapport devra contenir en outre l'avis de l'agent sur la continuation de l'assurance, réduite à la valeur des objets sauvés, ou sur sa résiliation. (Art. 5 de la police.)

Lorsque ces pièces sont parvenues à la direction générale, on fait connaître aux agens la décision de l'administration.

PAIEMENT DES SINISTRES.

Lorsque tout est réglé, et que l'agent a reçu l'ordre de payer, il doit le faire immédiatement, s'il n'y a pas d'obstacles.

Ces obstacles sont :

1° Une saisie-arrêt ou opposition ;

2° Une minorité ou interdiction non pourvues de tutelles ;

3° Une faillite ou déconfiture ;

4° Une succession vacante ;

5° Une absence non suivie de déclaration et d'envoi en pos-session;

6° Une indivision;

7° Une mise sous l'assistance d'un conseil judiciaire encore en suspens;

8° Un simple état d'imbécillité, de démence ou de fureur;

9° Une condamnation par contumace;

10° Un état de mort civile;

11° Une simple privation de droits civils, soit comme peine principale, soit comme accessoire d'une peine plus grave;

12° Un bannissement ou une déportation;

13° Une poursuite pour crime d'incendie de l'objet assuré, etc.; en un mot, toute circonstance portant atteinte à la capacité d'administrer et de recevoir, qui puisse empêcher de bien et valablement payer.

La compagnie a surtout à cœur de payer les sinistres aussitôt après règlement. Elle est persuadée que son intérêt bien entendu l'exige impérieusement. L'assuré qui a été promptement payé devient un chaud partisan de la compagnie; il prône les avantages qu'elle offre, et met l'agent à même de faire beaucoup d'assurances. Il en est qui ont fait jusqu'à cent polices à la suite d'un paiement de sinistre de quelques centaines de francs.

Ainsi donc, dès qu'il y aura un sinistre à payer; que l'agent accoure, accompagné de ses employés et agens vérificateurs, pour porter l'argent à l'incendié. Que l'agent lui compte cet argent publiquement, en présence de l'autorité et des principaux habitans du lieu. Que l'agent ait soin en même temps de porter à la connaissance de toute la commune, soit en faisant, dans ce but, afficher des avertissemens, soit en publiant à son de trompe ou de tambour, que M....., dont la propriété vient d'être réduite en cendres, ayant eu l'heureuse idée de se faire assurer, a reçu, à l'instant, une indemnité égale à la valeur de toutes les pertes que l'incendie lui a occasionnées; que pour répondre de suite aux nombreuses demandes qui lui ont été faites, et désirant que toute la commune puisse participer au même bienfait, l'agent principal de la compagnie du Soleil a obtenu de M. le maire l'autorisation d'établir, en passant, son bureau d'assurances à la maison commune, et qu'il invite à s'y présenter, sans retard, MM. les propriétaires qui seront désireux de faire garantir leurs propriétés contre le fléau destructeur auquel elles sont incessamment exposées.

Que, d'un autre côté, l'agent, mettant le temps et la circonstance à profit, ne manque pas d'organiser un comité d'assurances, d'examiner, ensuite, s'il y a lieu d'accorder à la commune une pompe à incendie, et d'établir même une compagnie de pompiers. (Voir à cet effet les instructions sur les comités d'assurances.)

Enfin, que l'agent, en effectuant le paiement du sinistre, exige en retour, de l'assuré, une quittance qui doit être conforme au modèle n° 7, et tâche, en outre, d'obtenir de lui une lettre où il adresse à la compagnie les témoignages de sa satisfaction, exprimés en des termes tels qu'on puisse le faire, au besoin, insérer dans les journaux.

Si, après avoir payé le sinistre, l'assurance doit continuer, mais avec la moins-value occasionnée par l'incendie, l'agent le constate au moyen d'un avenant conforme au modèle n° 8.

Si, au contraire, après le paiement du sinistre, l'intention de la compagnie est de résilier la police, cette résiliation est également constatée par un avenant conforme au modèle n° 9.

CONTESTATIONS.

S'il s'élève une contestation, soit avec des assurés, soit avec des tiers, pour quelque cause que ce soit, autre que le paiement des primes, MM. les agens ne perdront jamais de vue, qu'aux termes de l'article 17 des conditions générales de la police, toutes les contestations entre les assurés et la compagnie sont jugées par arbitres, à Paris, s'il n'y a pas eu conventions contraires.

En conséquence, si un assuré, *pour une cause quelconque*, sauf la seule exception indiquée, assigne un agent devant le juge de paix ou le tribunal de son arrondissement, l'agent doit décliner la juridiction par une signification extrajudiciaire conforme au modèle n° 10.

Cet objet est d'une haute importance pour les intérêts de la compagnie. L'expérience a prouvé maintes fois que les questions d'assurances sont entièrement neuves pour les avocats et les tribunaux des départemens, tandis qu'à Paris, la quantité d'affaires qui a été présentée depuis l'établissement des compagnies, a déjà fait naître une sorte de jurisprudence sur les droits et les titres des assureurs. Nous appelons donc, sur ce point, l'attention particulière de MM. les agens, ayant eu lieu de remarquer que, dans plusieurs circonstances, cette disposition, nous le répétons, *extrêmement importante*, n'a point été exécutée.

Nous donnons à la suite les modèles de tous les actes à faire dans les divers cas prévus. Il est superflu de dire que ces modèles ont pour but de guider MM. les agens dans la rédaction ; mais qu'ils ne sont pas dans l'obligation de les suivre à la lettre, et qu'ils peuvent les modifier selon les circonstances.

[MODÈLE N° 1.]

COMPAGNIE DU SOLEIL.

AGENCE DE SAINT-QUENTIN. — POLICE N° 2116.

COMMUNE DE SAINT-QUENTIN.

~~~~~~~~~~~~~~~~~~~

État des objets de mobilier et marchandises endommagés ou non, sauvés de l'incendie de la maison de M. Leblond, et laissés à sa disposition.

N°s d'ordre.	DÉSIGNATION DES OBJETS.	ÉTAT APPROXIMATIF dans lequel ILS SE TROUVENT.	LIEUX où ILS SONT DÉPOSÉS.
1	Deux comptoirs en bois de chêne	Endommagés.	Dans le principal corps de bâtiment non incendié.
2	Six chaises de paille. . .	Idem.	Idem.
3	Soixante-trois pièces de calicot	Idem.	Chez M. Martin.
4	Vingt-deux pièces de toile.	Idem.	Idem.
5	Cinq pièces coutil rayé de couleur.	Intactes.	Idem.
6	Une table en noyer	Idem.	Idem.
	etc., etc.		

Lesquels objets, au nombre de vingt-huit espèces d'articles, déposés comme il est dit ci-dessus, ont été laissés à la disposition de *M. Leblond*, sous la réserve que fait la compagnie de tous les moyens et exceptions de fait et de droit; *M. Leblond* s'obligeant à les représenter lorsqu'il en sera requis.

Fait double, à *Saint-Quentin*, *le deux juillet mil huit cent trente.*

L'assuré,
LEBLOND.

L'agent-receveur,
DURAND.

[MODÈLE N° 2.]

COMPAGNIE DU SOLEIL.

AGENCE DE SAINT-QUENTIN. — POLICE N° 2116.

COMMUNE DE SAINT-QUENTIN.

~~~~~~~~~~~~~~~

DÉCLARATION D'INCENDIE

DEVANT LE JUGE DE PAIX.

Cejourd'hui, *mardi, deux juillet mil huit cent trente, neuf heures du matin,*

Pardevant nous, juge de paix (1) du canton de *Saint-Quentin, arrondisssement de Saint-Quentin, département de l'Aisne,*

Est comparu (2) *M. Louis-Désiré LEBLOND,* négociant, demeurant à *Saint-Quentin, rue de Cambrai, n° 12,*

Lequel nous a déclaré que les objets qui ont été assurés par la Compagnie du Soleil, par police en date du *vingt-cinq juillet mil huit cent vingt-neuf,* n° 2116, ont été détruits (3) *en partie* par (4) un incendie *causé* (5) *par la négligence d'un domestique et arrivé ce matin, sur les trois heures,* et qu'il estime le dommage à la somme de *dix mille francs.*

Desquelles déclarations *ledit sieur LEBLOND* a requis acte, comme les ayant faites pour satisfaire aux conditions de la police précitée.

En foi de quoi, nous avons dressé le présent procès-verbal pour servir
Fait lesdits jour, heure et al...
à lui faite, ledit comparant a signé avec nous (6).

___

(1) En cas d'absence du juge de paix, la déclaration peut être reçue par son suppléant.

(2) Si ce n'est pas l'assuré qui se présente, on doit avoir soin d'indiquer le nom et la qualité de la personne qui se présente pour lui.

(3) Énoncer si la perte a été partielle ou totale.

(4) Indiquer si la perte a eu lieu par un incendie, par une explosion ou par une démolition ordonnée par l'autorité, pour couper la communication du feu.

(5) Désigner les causes et les circonstances du sinistre; notamment, bien spécifier si l'incendie a été causé par *guerre, émeute, violence à main armée, explosion de poudrière,* ou *tremblement de terre.* Indiquer également les auteurs, s'ils sont connus, afin de mettre la compagnie à même d'exercer les recours auxquels elle pourrait avoir droit.

(6) Les frais de cette déclaration sont à la charge de l'assuré.

[MODÈLE N° 3.]

COMPAGNIE DU SOLEIL.

AGENCE DE SAINT-QUENTIN. — POLICE N° 2116.

COMMUNE DE SAINT-QUENTIN.

~~~~~~~~~~~~~~~~~

DÉCLARATION D'INCENDIE

DEVANT L'AGENT.

Faite par *M. LEBLOND (Louis-Désiré), propriétaire de la maison incendiée à Saint-Quentin, rue de Cambrai, n° 12,* à M. Durand, agent-receveur de la Compagnie, à *Saint-Quentin.*

Cejourd'hui, *trois juillet mil huit cent trente, heure de midi, le sieur LEBLOND, demeurant comme est dit ci-dessus,* m'a déclaré qu'un incendie avait *détruit la presque totalité d'un corps de bâtiment, son mobilier et ses marchandises,* assurés par la Compagnie du Soleil, suivant police du 25 *juillet* 1829, n° 2116, de l'agence de *Saint-Quentin,* pour la somme de *trente mille francs,* et qu'il estime le dommage à la somme de *dix mille francs.*

En conséquence des instructions de l'administration, j'ai adressé *au sieur LEBL* . . . . et consigné ses

. A deux heures et demie de la nuit du premier au deux juillet.

2° *D.* Où a-t-il commencé ?

R. Dans une mansarde où couchait un domestique.

3° *D.* Où étiez-vous en ce moment (1) ?

R. Couché dans ma chambre, au premier étage.

4° *D.* Quelles sont les personnes qui ont porté les premiers secours ?

_____

(1) Si l'assuré était absent, s'informer, avec prudence et circonspection, depuis combien de temps et des motifs de l'absence.

R. Le domestique et moi d'abord, puis le voisin Lachâble et le pompier Rabot.

5° *D.* Où étaient les autres personnes de la maison quand le feu a éclaté ?

R. Une domestique âgée était couchée dans une mansarde voisine de celle où le feu a pris; ma femme et ses deux enfans étaient depuis dix jours à Vervins, chez mon père.

6° *D.* D'autres personnes habitent-elles votre maison ?

R. Un locataire nommé Jean Barbe, sa femme et une servante occupaient le second étage.

7° *D.* Étiez-vous précédemment assuré par d'autres compagnies, soit dans votre intérêt, soit dans celui de tout autre ?

R. Précédemment j'étais assuré par la Compagnie mutuelle, pour ma maison seulement. A l'époque où l'agent de la Compagnie du Soleil fit mon assurance, il y comprit mon mobilier et mes marchandises.

8° *D.* Étiez-vous seul et unique propriétaire des objets assurés, et à quel titre ?

R. Je suis seul propriétaire de cette maison depuis 1821 : le prix en a été acquité en trois ans; j'ai successivement acheté le mobilier ou j'en ai hérité.

9° *D.* Veuillez me dire ce que vous savez de l'incendie, de ses causes et de son résultat.

R. L'incendie a eu lieu par l'imprudence du domestique, dont la lumière a mis le feu à son lit. Le feu s'est de là communiqué, avec tant de rapidité et de violence, aux différentes parties du mobilier et du bâtiment, que les secours ont été inefficaces. La maison a brûlé en totalité, sauf quelques murs qui sont encore debout. Une partie du mobilier et des marchandises a été brûlée; une partie a été endommagée, une autre partie a été sauvée. Les locataires, gens riches et aisés, n'avaient point voulu se faire assurer; ils ont perdu presque tout leur mobilier, etc., etc., etc.

Lecture faite de la présente déclaration, le sieur LEBLOND l'a certifiée véritable, y a persisté et l'a signée avec nous.

L'assuré,   *L'agent-receveur,*

LEBLOND.   DURAND.

354

COMPAGNIE DU SOLEIL.

AGENCE DE SAINT-QUENTIN. — POLICE N° 2116

COMMUNE DE SAINT QUENTIN.

~~~~~~~~~~~~~~~~

TRANSACTION

POUR LE REMBOURSEMENT DES DOMMAGES.

Entre les soussignés,

Antoine DURAND, agent de la Compagnie du Soleil, à la résidence de *Saint-Quentin*, stipulant en cette qualité, au nom de ladite Compagnie, d'une part,

Et *Louis-Désiré LEBLOND*, négociant, demeurant à *Saint-Quentin*, agissant *pour son compte*, d'autre part,

A été dit et convenu ce qui suit :

La Compagnie du Soleil a, suivant police n° 2116, en date du *25 juillet 1829*, agence de *Saint-Quentin*, assuré contre l'incendie à M. LEBLOND, une somme de *trente mille francs*, sur les objets désignés dans ladite police ;

Et le *deux juillet mil huit cent trente*, les objets assurés ont été endommagés par un incendie.

D'après une estimation approximative des dommages, l'assuré demande à la Compagnie une indemnité de *trois cents francs*, savoir :

Pour *cinq cents tuiles à raison de 25 fr. le cent*, ci	125	00
Pour *deux cents lattes à raison de 50 fr. le cent*, ci	100	00
Pour *fourniture de clous et main-d'œuvre*, ci . . .	75	00
Somme égale	300	00

Les parties, voulant éviter des détériorations plus grandes, et l'indemnité ne leur paraissant pas assez importante pour faire procéder à l'estimation régulière des pertes et dommages, ont réglé amiablement à la somme de *deux cent cinquante francs*, celle à rembourser par la Compagnie pour les motifs ci-dessus énoncés; (1) laquelle somme a été immédiatement payée à l'as-

------

(1) Si la somme dépasse 300 fr., cette dernière phrase sera ainsi rédigée : *lequel règlement amiable est fait par les parties, sauf l'approbation du directeur-général, auquel l'agent va immédiatement en rendre compte.*

suré, qui s'en contente, et donne quittance à la Compagnie, pour solde de tout dommage occasionné par ledit incendie.

Fait double à *Saint-Quentin*, *le trois juillet mil huit cent trente.*

L'assuré,   *L'agent-receveur,*

LEBLOND.   DURAND.

[MODÈLE Nº 5.]

COMPAGNIE DU SOLEIL.

AGENCE DE SAINT-QUENTIN. — POLICE Nº 2116.

COMMUNE DE SAINT-QUENTIN.

COMPROMIS ET NOMINATION D'EXPERTS.

Entre nous soussignés,

Antoine DURAND, agent de la Compagnie du Soleil, à la résidence de *Saint-Quentin*, *arrondissement de Saint-Quentin*, *département de l'Aisne*, stipulant pour ladite Compagnie, en ma susdite qualité, d'une part;

Et *Louis-Désiré LEBLOND*, négociant, demeurant à *Saint-Quentin*, *rue de Cambrai*, *n° 12*, stipulant pour mon compte, comme *propriétaire*, d'autre part;

A été dit et convenu ce qui suit:

La Compagnie du Soleil a, suivant police n° 2116, en date du *vingt-cinq juillet mil huit cent vingt-neuf*, assuré contre l'incendie, à M. LEBLOND, une somme de *trente mille francs*, sur les objets désignés dans ladite police, aux conditions générales et particulières qui y sont énoncées.

Et le *deux juillet mil huit cent trente*, à *trois heures de la nuit*, les objets assurés ont été endommagés ou détruits par un incendie causé *par la négligence d'un domestique*, suivant déclaration faite et signée par l'assuré, dont une expédition a été remise à l'agent susnommé et soussigné.

Dans cet état, les parties sont convenues, sans nuire ni préjudicier à leurs droits respectifs qui leur demeurent réservés, de faire procéder à l'estimation de la perte réelle que les objets assurés ont éprouvée par ledit incendie, et ce, conformément à l'article 4 de la police.

En conséquence, elles nomment pour experts, savoir :

La Compagnie du Soleil, *M. Bernard PERRIN, architecte*, demeurant à *Saint-Quentin, rue Saint-Jean, n° 3;*

Et l'assuré, *M. DELRUE (Jean), architecte,* demeurant à *Saint-Quentin, rue de la Somme, n° 10;*

Lesquels sont autorisés à se faire assister, au besoin, pour l'estimation des objets détruits ou endommagés, par des personnes ayant des connaissances à ce sujet.

Les experts ont pour mission :

1° D'établir, tant sur les titres de propriété, les livres, les factures et autres documens qui leur seront fournis, que sur les renseignemens qu'ils pourront se procurer, en quoi consistaient les objets assurés, et d'en constater la valeur vénale, au moment de l'incendie;

2° De vérifier et constater l'état et la valeur des objets sauvés ou endommagés.

3° De déterminer et fixer le montant des pertes réelles que l'incendie a occasionées aux objets assurés.

4° Enfin de désigner l'endroit où le feu a pris naissance, et à quelles causes on peut attribuer l'incendie.

Les parties donnent pouvoir aux experts de s'adjoindre un tiers-expert pour les départager en cas de dissentiment. Faute par eux de le faire, il en sera nommé un d'office par le tribunal civil, à la requête de la partie la plus diligente.

Les parties dispensent les experts de la prestation du serment en justice, et de toutes formalités judiciaires.

Le procès-verbal sera dressé en double expédition, dont une pour l'assuré et l'autre pour la Compagnie.

Fait double à *Saint-Quentin, le trois juillet mil huit cent trente.*

L'assuré,   L'agent-receveur,

LEBLOND.   DURAND.

Nous, experts dénommés dans le compromis ci-dessus, déclarons accepter la mission qui nous est confiée, et promettons de la remplir en notre âme et conscience, conformément au vœu dudit compromis et de la police d'assurances.

Fait à *Saint-Quentin, le trois juillet mil huit cent trente.*

DELRUE.   PERRIN.

[MODÈLE Nº 6.]

COMPAGNIE DU SOLEIL.

AGENCE DE SAINT-QUENTIN. — POLICE Nº 2116.

COMMUNE DE SAINT-QUENTIN.

~~~~~~~~~~~~~~~~~~~~~

PROCÈS-VERBAL D'EXPERTISE.

L'an *mil huit cent trente*, le *quatre juillet*, *neuf heures du matin*, nous, *Bernard PERRIN*, *architecte*, demeurant à *Saint-Quentin*, *rue Saint-Jean*, *nº 3*, expert nommé par la Compagnie du Soleil, d'une part, et *Jean DELRUE*, *architecte*, demeurant à *Saint-Quentin*, *rue de la Somme*, *nº 10*, expert nommé par *M. LEBLOND*, d'autre part, ainsi qu'il résulte (1) du compromis signé en double original, le *trois juillet présent mois*, pour vérifier et estimer le dommage causé par un incendie arrivé le *deux juillet courant*, *à la maison*, *au mobilier et aux marchandises de* M. LEBLOND, assuré par la Compagnie du Soleil,

Nous nous sommes transportés à *ladite maison située à Saint-Quentin*, *rue de Cambrai*, *nº 12*, où étant arrivés, nous avons trouvé *MM. LEBLOND*, *assuré*, et *DURAND*, *agent* de la Compagnie du Soleil, lesquels ont offert de nous donner tous les renseignemens qui sont en leur pouvoir, pour faciliter les opérations dont nous sommes chargés.

Lecture faite du compromis précité, nous nous sommes fait représenter la police en date du *vingt-cinq juillet mil huit cent vingt-neuf*, énoncée dans ledit compromis, et nous avons demandé *au sieur LEBLOND* ses titres de propriété, ses livres, factures et quittances nécessaires pour la justification de ses pertes.

Aussitôt *le sieur LEBLOND nous a présenté ses titres de propriété au nombre de trois pièces : un registre-journal, un livre de caisse, un livre de comptes et vingt factures* (2).

Examen fait desdites pièces, nous avons reconnu que le sieur *LEBLOND est unique propriétaire des bâtimens assurés;*

---

(1) Si la nomination des experts a été faite par le tribunal civil, on mettra : du jugement rendu le *trois juillet*, *présent mois*.

(2) Si l'assuré ne représente pas ses pièces, on mettra sa déclaration, soit qu'il dise n'avoir pas les pièces demandées, soit qu'il dise les avoir perdues dans l'incendie.

qu'il les a acquis en mil huit cent vingt, pour la somme de vingt-six mille francs.

Après différentes informations prises chez les voisins et auprès des autorités, nous avons procédé à l'expertise ainsi qu'il suit :

ESTIMATION DES BATIMENS, ET PERTES Y RELATIVES.

1° *Le principal corps de bâtiment dont la facade est sur la rue,* assuré pour la somme de *vingt mille francs, n'ayant éprouvé aucun dommage, ne donne lieu à aucune perte.* La valeur vénale de ce bâtiment est de *dix-huit mille francs,* conformément au devis estimatif ci-annexé. (État *A.*)

2° *Le corps de logis ayant vue sur le jardin, et séparé du premier bâtiment par une cour,* assuré pour la somme de *six mille francs,* est celui où s'est manifesté l'incendie. *Ce bâtiment,* conformément à l'état *B* détaillé ci-annexé et signé de nous, était d'une valeur vénale de *cinq mille trois cent cinquante-cinq francs,* ci 5,355 00

Les objets non détruits compris dans le même état, sont d'une valeur de *mille cent quatre-vingt fr.,* ci 1,180 00

La perte sur *ce bâtiment* est donc de la somme de *quatre mille cent soixante-quinze francs,* ci 4,175 00

ESTIMATION DU MOBILIER ET DES MARCHANDISES, ET PERTES Y RELATIVES.

Suivant l'état ci-annexé (État coté *C*),

La valeur vénale du mobilier et des marchandises au moment de l'incendie, était de *sept mille quatre cent vingt-trois francs cinquante centimes,* ci . . . 7,423 50

La valeur des objets non endommagés est de *cinq cent soixante-six francs,* ci. 566 00

La valeur des objets sur lesquels il y a lieu d'établir la perte est donc de *six mille huit cent cinquante-sept francs cinquante centimes,* ci 6,857 50

La valeur des objets endommagés est de *trois mille six cent dix-sept francs,* ci. 3,617 00

La perte sur le mobilier et les marchandises est donc de *trois mille deux cent quarante francs cinquante centimes,* ci 3,240 50

RÉSUMÉ.

La perte sur les bâtimens est de *quatre mille cent soixante-quinze francs,* ci 4,175 00

Report. . . 4,175 00

La perte sur le mobilier et les marchandises est de *trois mille deux cent quarante francs cinquante centimes*, ci . . . . , ... 3,240 50

TOTAL de la perte : *sept mille quatre cent quinze francs cinquante centimes*, ci 7,415 50

En conséquence, nous déclarons que la perte totale éprouvée par le sieur LEBLOND est fixée et arrêtée à la somme de *sept mille quatre cent quinze francs cinquante centimes*, conformément aux détails contenus dans le présent procès-verbal et dans les deux états cotés *B* et *C* qui y sont annexés.

Il nous reste, pour remplir le dernier objet de notre mission, à désigner le lieu où l'incendie a pris naissance, et à quelles causes on peut l'attribuer.

Il résulte des renseignemens que nous avons pris sur cet objet, que le feu a pris naissance *dans la chambre du domestique, située dans les mansardes, où il a laissé brûler une chandelle, qui est tombée sur ses hardes pendant qu'il dormait, ce qui a occasionné l'incendie, ainsi déclaré par lui-même. Il a déclaré de plus qu'aussitôt que le feu avait gagné le lit, il s'était sauvé pour réveiller le maître de la maison; mais qu'en revenant à sa chambre avec des secours, les flammes et la fumée étaient déjà tellement fortes, qu'il leur avait été impossible de les éteindre, etc., etc.*

De tout ce que dessus, nous avons dressé le présent procès-verbal que nous offrons d'affirmer au besoin, à la rédaction duquel il a été vaqué par double vacation, *depuis neuf heures du matin jusqu'à trois heures de relevée*, et avons signé avec les parties qui ont déclaré, savoir : M. DURAND, agent de la Compagnie du Soleil, que c'était sans aucune approbation préjudiciable et sous la réserve des droits de ladite Compagnie, à laquelle il allait en rendre compte.

Fait en double original, dont un a été remis à M. LEBLOND, assuré, et l'autre à M. DURAND, agent de la Compagnie du Soleil, à *Saint-Quentin*, lesdits jour, mois et an que dessus.

L'assuré,   *Les experts,*   *L'agent de la Compagnie,*
LEBLOND.   DELRUE. PERRIN.   DURAND.

N. B. Les signatures ci-dessus devront être légalisées par M. le maire du lieu où l'expertise a été faite.

[ÉTAT A.]

ESTIMATION D'UN BATIMENT.

Nous, experts soussignés, avons fait le toisé du bâtiment situé à *Saint-Quentin*, *rue de Cambrai*, *n.* 12; assuré par la police n° 2116, de la Compagnie du Soleil. Il en est résulté que la superficie totale de ce bâtiment est de *cent trois mètres, ou de vingt-sept toises sept pieds.*

Et d'après les renseignemens par nous recueillis sur place, de la nature des différens matériaux employés pour construire et distribué chaque étage, ainsi que du prix des journées, nous avons procédé à l'évaluation de ce bâtiment, ainsi qu'il résulte du tableau ci-dessous.

DÉSIGNATION DES ÉTAGES.	NATURE DU MATÉRIEL de la construction	VALEUR du mètre superficiel des constructions.	VALEUR par étage.	PRIX DES MATÉRIAUX DU PAYS, rendus à pied-d'œuvre.	OBSERVATIONS.
		F. C.	F. C.	F. C.	
Caves et fondations	Pierres et moellons	60 50	6,231 50	Pierre roche le mèt. cube 25 »	Ce bâtiment de vieille construction est mal distribué et nécessite des réparations.
Rez-de-chaussée..	Meulières........	43 70	4,501 10	Chaux, le muid...... 55 »	
Entresol........	Briques.........	44 50	4,583 50	Sable, la voie........ 4 »	
Premier étage....	Moellons durs....	43 50	4,480 50	Journées taill. de pierres 3 »	
Second étage.....	Plâtras	42 »	» »	Journées maçon et aide. 4 »	
Troisième étage..	Pans de bois.....	42 50	» »	Meulières, mètre cube. 6 »	
Quatrième étage..	»	» »	» »	Plâtre, le muid....... 9 »	
Étage lambrissé..	Cloison légère....	30 75	3,167 25	Briques, le muid..... 38 »	
Comble.........	Charpente chêne..	6 »	618 »	Moellons durs, le mètr. 6 »	
Couverture......	Tuiles ou ardoises.	5 »	515 »	Plâtras, le mètre...... 2 »	
				Lattes de cœur, la botte. 1 25	
				Clont à lattes, le kil .. 1 30	
Total.......			24,096 85	Charpente, le stère ... 73 »	
				Légers ouvrages, le mètre superficiel...... 3 41	
A déduire pour usage et vétusté....			6,096 85		
Reste net......			18,000 »		

Nous déclarons que la valeur réelle du bâtiment ci-dessus expertisé, est de *dix-huit mille francs. A Saint-Quentin, le 4 juillet* 1830.

DELRUE.   PERRIN.

[ÉTAT B.]

ESTIMATION D'UN BATIMENT ET PERTES Y RELATIVES.

Nous, experts soussignés, avons fait le toisé du bâtiment situé à *Saint-Quentin, rue de Cambrai, n° 12*, assuré par police n° 2116 de la Compagnie du Soleil ; il en est résulté que la superficie totale de ce bâtiment est de trente mètres quatre-vingt-onze centimètres.

D'après les renseignemens par nous recueillis sur place, de la nature des différens matériaux employés pour construire et distribuer chaque étage, ainsi que du prix des journées, nous avons procédé à l'évaluation de ce bâtiment, ainsi qu'il résulte du tableau ci-dessous.

DÉSIGNATION DES ÉTAGES.	NATURE DU MATÉRIEL de la construction	VALEUR		PRIX DES MATÉRIAUX DU PAYS, rendus à pied-d'œuvre.	OBSERVATIONS.
		du mètre superficiel des constructions.	par étage.		
		F. C.	F. C.	F. C.	Ce bâtiment a 6 mètres 33 centimètres de long sur 5, 15 produisant 30 mètres 90 centimètres de superficie et de 9 mètres 5 centimèt. de haut, du sol du rez-de-chaussée à l'entablement.
et fondations	Briques........	44 50	1,375 49	Pierre roche le mèt. cub. 25 »	
e-chaussée	Moellons.......	43 50	1,344 58	Chaux, le muid...... 55 »	
resol	»	» »	» »	Sable, la voie........ 4 »	
r étage	Moellons.......	43 50	1,344 58	Journées, taill. de pierre 3 »	
d étage	»	» »	» »	Idem, maçon et aide .. 4 »	
ième étage	»	» »	» »	Meulière, mètre cube.. 6 »	
trième étage	»	» »	» »	Plâtre, le muid...... 9 »	
é lambrissé	Cloisons légères..	30 75	950 34	Briques, le mille ..... 38 »	Il est distribué bourgeoisement ; carrelé et plafonné, cheminée en marbre, fraîchement décorée.
....	Charpente chêne..	6 »	185 46	Moellons durs, le mètre. 6 »	
verture	Tuiles ou ardoises.	5 »	154 55	Plâtras, le mètre ..... 1 »	
				Lattes de cœur, la botte. 1 25	
				Clous à lattes, le kil... 1 30	Il n'y a rien à déduire pour usage ou vétusté, étant nouvellement construit. L'étage lambrissé est distribué pour chambres de domestiques.
	Total.......		5,355 »	Charpente, le stère ... 73 »	
				Légers ouvrages, le mètre superficiel...... 3 42	
A déduire pour usage ou vétusté....			» »	P. M.	
Valeur du bâtiment avant l'incendie...			5,335 »		

Nous déclarons que la valeur réelle du bâtiment ci-dessus expertisé, était, avant l'incendie, de cinq mille trois cent cinquante-cinq francs, ci . . . . 5,355 fr.

OBJETS NON DÉTRUITS.

2,000 Vingt mètres cubes de murs en
moellons neufs et plâtre, 2 enduis
à 18 fr. 81 c. le mètre . . . . 376 fr. 20 c.
3,00 Bois neuf en pans de bois et plan-
ches à 88 fr. le stère. 264   00
15,00 Superficiels de couverture en
tuiles à 5 fr. le mètre 75   00
Serrurerie, gros fer, quincaillerie. . 400   00
Menuiserie. 64   80

} 1,180 fr.

Différence, quatre mille cent soixante et quinze fr., ci. 4,175 fr.

En foi de quoi nous avons certifié et signé le présent, à Saint-
Quentin, le 4 juillet 1830.

DELRUE.   PERRIN.

[ÉTAT C. Voir Modèle N° 6.]

*État des pertes sur mobilier et marchandises, éprouvées par
M. Leblond, dans l'incendie qui a eu lieu le 2 juillet 1830,
à sa maison, rue de Cambrai, n° 12.*

DÉSIGNATION ET SITUATION DES OBJETS ASSURÉS.	ÉTAT dans lequel LES OBJETS ont été trouvés au moment de l'expertise.	VALEUR VÉNALE des objets assurés,			PERTE réelle sur les objets totalement brûlés, ou seulement endommagés.
		Au moment de l'incendie.	Sauvés.	Endomma- gés.	
DANS UN MAGASIN DONNANT SUR LA RUE DE CAMBRAI.		fr. c.	fr.	fr.	fr. c.
Deux comptoirs en bois de chêne.......	Bien endommagés.	20 »	»	10	10 »
Six chaises en paille.................	Idem.	10 »	»	5	5 »
Rayons et tablettes.................	Idem.	20 »	»	10	10 »
Soixante-trois pièces de calicot, estimées, l'une dans l'autre, à 30 fr. la pièce...	Idem.	1890 »	»	880	1010 »
Vingt-deux pièces de toile, estimées, l'une dans l'autre, à 50 fr. la pièce	Idem.	1100 »	»	500	600 »
Sept pièces coutil rayé de couleur, en fil.	Peu endommagées.	515 »	»	500	15 »
Cinq id. id. blanc, id. ...	Idem.	405 »	»	335	70 »
Cinq id. id. de couleur, coton.	Intactes.	500 »	500	»	» »
Quinze id. id. blanc, id. ..	Peu endommagées.	1000 »	»	900	100 »
A reporter.........		5460 »	500	3140	1820 »

DÉSIGNATION ET SITUATION DES OBJETS ASSURÉS.	ÉTAT dans lequel LES OBJETS ont été trouvés au moment de l'expertise.	VALEUR VÉNALE des objets assurés.			PERTE réelle sur les objets totalement brûlés, ou seulement endommagés.
		Au moment de l'incendie.	Sauvés.	Endommagés.	
		fr. c.	fr.	fr.	fr. c.
Suite et report........		5460 »	500	3140	1820 »
DANS UN VESTIBULE AYANT ENTRÉE PAR LA RUE ET SORTIE SUR LE JARDIN.					
Six vieilles chaises en paille..........	Intactes.	6 »	6	»	» »
Une table en noyer..............	Idem.	8 »	8	»	» »
DANS LA CUISINE, A GAUCHE DU VESTIBULE.					
Six douzaines d'assiettes en faïence......	Presque toutes cass.	9 »	»	2	7 »
Deux soupières...................	Cassées.	2 50	»	»	2 50
Quatre casseroles en cuivre..........	Intactes.	17 »	17	»	» »
Un chaudron en fonte..............	Idem.	15 »	15	»	» »
Une marmite en fer et menus objets en fer-blanc..............	Avariés.	7 »	»	5	2 »
DANS UNE SALLE, AU PREMIER.					
Deux bergères, six fauteuils en noyer et velours d'Utrecht jaune.	Moité brûlés.	200 »	»	100	100 »
Une console en noyer et son marbre....	Bien endommagés.	40 »	»	20	20 »
Une table de jeu en acajou..........	Intacte.	20 »	20	»	» »
Une table ronde de milieu en noyer, dessus de marbre..............	Endommagée.	40 »	»	20	20 »
Une glace et un trumeau dans leurs parquets...............	Brisés.	175 »	»	50	125 »
Une pendule et deux vases d'albâtre....	Abîmés.	100 »	»	20	80 »
Deux flambeaux argentés............	Manquent.	6 »	»	»	6 »
Garniture de feu.................	Idem.	10 »	»	»	10 »
Six chaises en noyer et velours d'Utrecht.	Détruites.	30 »	»	»	30 »
Rideaux de croisées en toile de Jouy jaune	Idem.	40 »	»	»	40 »
DANS UNE CHAMBRE A COUCHER.					
Un lit en noyer...................	Très-endommagé.	30 »	»	10	20 »
Deux matelas, paillasse, oreiller, traversin, deux couvertures en laine	Brûlés.	100 »	»	»	100 »
Rideaux de lit et de fenêtre en mousseline	Idem.	40 »	»	»	40 »
Une commode et secrétaire en noyer, dessus de marbre..............	Idem.	100 »	»	»	100 »
Une bergère en merisier et crin noir...	Idem.	20 »	»	»	20 »
Quatre chaises en merisier et paille.....	Idem.	6 »	»	»	6 »
Une grande armoire en chêne	Idem.	25 »	»	»	25 »
LINGE DE CORPS ET DE MÉNAGE.					
Deux douzaines de chemises d'homme...	Très-endommagées	72 »	»	30	42 »
Deux douzaines de chemises de femme, moitié usées..................	Idem.	36 »	»	9	27 »
Quatre douzaines de serviettes en toile, neuves..................	Idem.	96 »	»	16	80 »
A reporter...............		6720 50	566	3422	2722 50

DÉSIGNATION ET SITUATION DES OBJETS ASSURÉS.	ÉTAT dans lequel LES OBJETS ont été trouvés au moment de l'expertise.	VALEUR VÉNALE des objets assurés,			PERTE réelle sur les objets totalement brûlés, ou seulement endommagés.
		Au moment de l'incendie.	Sauvés.	Endomma-gés.	
		fr. c.	fr.	fr.	fr. c.
Suite et report........		6720 50	566	3422	2722 50
Quatre douzaines de serviettes en toile, vieilles........................	Brûlées.	48 »	»	»	48 0
Douze paires de draps de lit..........	Moitié brûlées.	3oo »	»	15o	15o »
Six nappes........................	Très–avar.ées.	45 »	»	15	3o »
EFFETS D'HABILLEMENT.					
Un habit en drap bleu...............	Brûlé.	4o »	»	»	4o »
Une redingote idem................	Idem.	5o »	»	»	5o »
Un manteau idem..................	Très–endommagé.	8o »	»	»	5o »
Trois robes de femme en mousseline....	Brûlées.	5o ».	»	3o	5o »
Deux bonnets brodés...............	Idem.	2o »	»	»	2o »
Monsieur et madame J. Barbe, qui oc-cupent tout le second, avaient refusé de faire assurer leur mob lier........	P. M.	» »	»	»	» »
DANS UNE MANSARDE, SOUS LES COM-BLES, SERVANT DE CHAMBRE AU DOMESTIQUE.					
Un mauvais bois de lit, un coffre en bois, une vieille chaise, ensemble estimés...	Brûlés.	8 »	»	»	8 »
Un matelas et une paillasse	Idem.	16 »	»	»	16 »
Couvertures et dedans de lit..........	Idem.	1o »	»	»	1o »
DANS UNE SECONDE MANSARDE SERVANT DE CHAMBRE A LA BONNE.					
Un vieux bois de lit, une vielle malle, une petite table et deux chaises, esti-més ensemble...................	Idem.	11 »	»	»	11 »
Un matelas, une paillasse, un traversin, couvertures et dedans de lit, estimés ensemble........................	Idem.	35 »	»	»	35 »
Totaux.............		7423 50	566	3617	3240 50

RÉSUMÉ DE L'ÉTAT CI-DESSUS.

Valeur des marchandises et mobilier au moment de l'incendie............ 7,423 f. 5o c

A DÉDUIRE :

Valeur des marchandises et mobilier entièrement sauvés......... 566 } 4,183 00
Valeur restant aux marchandises et mob. plus ou moins endommagés. 3,617 }

Montant de la perte éprouvée par l'assuré, *trois mille deux cent quarante francs cinquante centimes,* ci.................................. 3,240 50

CERTIFIÉ sincère et véritable par nous, experts soussignés, et fait double pour être annexé au procès-verbal de ce jour, à *Saint-Quentin, le quatre juillet mil huit cent trente,* et avons signé.   DELRUE.   PERRIN.

[MODÈLE N° 7.]

COMPAGNIE DU SOLEIL.

AGENCE DE SAINT-QUENTIN. — POLICE N° 2116.

COMMUNE DE SAINT-QUENTIN.

QUITTANCE DE PAIEMENT.

Je soussigné, *Louis-Désiré LEBLOND*, *négociant*, demeurant à *Saint-Quentin*, reconnais avoir reçu de la Compagnie du Soleil, par les mains de M. DURAND, son agent à Saint-Quentin, la somme de *sept mille quatre cent quinze francs cinquante centimes*, montant des dommages arrivés par suite d'un incendie qui a eu lieu le *deux juillet courant*, sur les objets que j'avais fait assurer par la Compagnie du Soleil, suivant police n° 2116, en date *du 25 juillet* 1829, pour la somme de *trente mille francs*. Lesdites pertes constatées *par procès-verbal d'expertise, en date du 4 juillet courant*.

Au moyen du paiement ci-dessus, je quitte et décharge la Compagnie du Soleil de toutes choses relatives audit incendie et aux dommages qui en sont résultés, et je la subroge, mais sans garantie, dans tous mes droits, actions et recours contre (1) tous les auteurs reconnus ou présumés dudit incendie et autres garans quelconques, ainsi que contre toutes compagnies d'assurances.

Fait à *Saint-Quentin*, le *dix juillet mil huit cent trente*.

Approuvé l'écriture,

LEBLOND.

(1) Si les auteurs de l'incendie ou les compagnies d'assurances sont connus, les désigner nominativement.

N. B. Cette pièce doit être faite sur papier timbré, et la signature légalisée par M. le maire.

[MODÈLE N° 8.]

COMPAGNIE DU SOLEIL.

AGENCE DE SAINT-QUENTIN. — POLICE N° 2116.

COMMUNE DE SAINT-QUENTIN.

AVENANT A FAIRE

APRÈS LE PAIEMENT DES DOMMAGES , EN CAS DE CONTINUATION
DE L'ASSURANCE.

Attendu l'incendie arrivé le *deux juillet courant ,* qui a détruit *une partie des objets* désignés dans la police ci-dessus, et
qui étaient assurés pour la somme de *trente mille francs ,* il est
convenu que la garantie de la compagnie du Soleil est réduite,
à dater de ce jour, à la somme de *vingt-deux mille quatre cent
vingt francs,*

Savoir : *dix-huit mille francs sur le principal corps de bâtiment dont la façade est sur la rue,* ci 18,000 00
*Mille cent quatre-vingt francs sur ce qui reste
du corps de logis incendié ayant vue sur le jardin,
et séparé du premier bâtiment par une cour,* ci . . .   1,180 00
*Trois mille deux cent quarante francs sur ce
qui reste du mobilier et des marchandises ,* ci . . .   3,240 00

Somme égale 22,420 00

En conséquence, la prime annuelle à payer par l'assuré est
et demeure réduite à la somme de *quatorze francs soixante-
quinze centimes ,* savoir :

*Dix-neuf mille cent quatre-vin t francs sur les bâtimens,
à la prime de soixante centime par mille francs, faisant onze
francs cinquante centimes,* ci 11 50
*Trois mille deux cent quarante francs sur le mobi-
lier et les marchandises , à la prime de un franc pour
mille francs, faisant trois francs vingt-cinq cent ,* ci   3 25

Somme égale 14 75

Fait triple, à *Saint-Quentin, le* 15 *juillet* 1830.

L'assuré,   L'agent-receveur ,
LEBLOND.   DURAND.

(1) Si les répartitions doivent être faites de suite, et qu'on doive rétablir les bâtimens dans leur état primitif, la somme pourra être indi-

[MODÈLE N° 9.]

COMPAGNIE DU SOLEIL.

AGENCE DE SAINT-QUENTIN. — POLICE N° 2116.

COMMUNE DE SAINT-QUENTIN.

AVENANT A FAIRE

APRÈS LE PAIEMENT DES DOMMAGES, EN CAS DE RÉSILIATION
DE LA POLICE.

Sur la déclaration faite par M. DURAND, agent de la Compagnie du Soleil, que ladite Compagnie, attendu l'incendie arrivé le *deux juillet présent mois*, entend résilier la police ci-dessus, et ce, en vertu de l'article cinq des conditions générales, il a été convenu que ladite police est et demeure résiliée et comme non avenue, à dater de ce jour.

Fait triple, à *Saint-Quentin, le* 15 *juillet* 1830.

L'assuré,	L'agent-receveur,
LEBLOND.	DURAND.

[MODÈLE N° 10.]

COMPAGNIE DU SOLEIL.

AGENCE DE SAINT-QUENTIN. — POLICE N° 2116.

COMMUNE DE SAINT-QUENTIN.

SIGNIFICATION EXTRAJUDICIAIRE

POUR DÉCLINER LA JURIDICTION D'UN TRIBUNAL.

L'an mil huit cent *trente*, le *dix juillet*, à la requête de la

quée, dans cet avenant, comme elle était avant l'incendie ; mais MM. les agens auront bien soin de porter la somme qui a été indiquée par le procès-verbal d'expertise, comme la valeur vénale qu'avaient les objets assurés au moment de l'incendie ; cette valeur vénale, la plus exacte de toutes, étant souvent moindre que celle indiquée dans la police primitive.

3o.

compagnie du Soleil, poursuite et diligence de M. le chevalier Thomas, directeur-général de ladite Compagnie, domicilié à Paris, en son hôtel, rue du Helder, n° 13, où la Compagnie a son siége, lequel élit domicile, aux fins ci-après, chez M. *Antoine Durand*, agent-receveur de la même compagnie, à la résidence de *Saint-Quentin*, j'ai, *Michel Dumont*, huissier reçu au tribunal civil de *Saint-Quentin*, y demeurant, *rue de Cambrai, n° 7*, pourvu de patente qui m'a été délivrée le *onze janvier mil huit cent trente*, à la mairie de *Saint-Quentin*, sous le numéro *douze* et de *troisième* classe, soussigné, déclaré et signifié au sieur *Louis-Désiré LEBLOND*, *négociant*, demeurant à *Saint-Quentin*, *rue de Cambrai*, *numéro douze*,

Qu'aux termes de l'article dix-sept de la police d'assurance passée entre parties, toute contestation entre l'assuré et la Compagnie doit être jugée par arbitres, à Paris; que c'est donc incompétemment et contrairement au vœu de l'acte susénoncé, que la Compagnie requérante a été assignée, à sa requête, devant le tribunal civil de *Saint-Quentin*. C'est pourquoi il importe à ses intérêts de libeller d'hors et déjà l'exception déclinatoire qui en dérive, laquelle doit être proposée avant toute défense; voulant et entendant qu'au besoin la présente signification empêche qu'elle ne soit couverte et suppléée au silence, à la négligence ou à l'oubli, soit de son mandataire, soit de son avocat ou avoué à cet égard. Laissé copie, etc., etc., etc. (2).

(1) Indépendamment de l'acte ci-dessus, l'agent n'oubliera pas de charger expressément l'avoué de la comp agnie de la mission de renouveler le libellé de l'exception par une requête signifiée à son confrère; attendu que telle est, en pareil cas, la forme à suivre prescrite par les articles 168 et suivans du code de procédure civile.

(2) Si l'assignation, donnée à la compagnie par l'assuré, n'avait pour but que l'accomplissement d'une simple formalité, le dernier paragraphe de la présente signification extrajudiciaire devrait être rédigé comme suit :

Qu'aux termes de l'article dix-sept de la police d'assurance passée entre parties, toute contestation, entre l'assuré et la compagnie, doit être jugée à Paris, par arbitres; que conséquemment, si nonobstant la disposition générale et absolue de l'article sus énoncé, la compagnie requérante est assignée autrement que pour concourir à l'accomplissement d'une simple formalité, devant d'autres juges que ses juges naturels, elle n'entend point se soumettre à la juridiction du tribunal incompétemment saisi; qu'elle libelle d'hors et déjà son exception à cet égard, voulant qu'au besoin le présent acte empêche que cette exception ne soit couverte, et qu'il supplée au silence, à la négligence ou à l'oubli soit de son mandataire, soit de son avocat ou avoué, à cet égard. Laisse copie, etc., etc.

COMPAGNIE D'ASSURANCES GÉNÉRALES
CONTRE L'INCENDIE.

(AUTORISÉE PAR ORDONNANCES DU ROI DES 14 FÉVRIER ET 20 OCTOBRE 1819.)

STATUTS.

Art. 1er. La société est formée pour trente années, à compter du jour où elle aura commencé ses opérations : néanmoins, si, avant ce terme, l'assemblée générale des actionnaires, en majorité de nombre et d'actions entre les votans, arrêtait sa dissolution, elle cesserait, dès ce moment, de contracter de nouveaux risques, annoncerait sa résolution, et travaillerait à sa liquidation; mais les capitaux ne seraient répartis aux actionnaires qu'à mesure de l'extinction des risques existans, de manière que, pendant toute leur durée, elle présente aux assurés une garantie suffisante des engagemens pris par la société.

La dissolution de la société devra avoir lieu si, par des pertes qui seraient survenues, son capital primitif se trouve réduit des trois quarts; en ce cas, la société sera tenue de cesser ses opérations actives pour procéder à sa liquidation, à moins qu'il ne convînt à tous les intéressés de rétablir ce capital.

Aucune prolongation de la société ne pourra avoir lieu que par un renouvellement d'association, soumis à l'approbation du Roi.

2. La société assurera contre l'incendie, les maisons, bâtimens, usines et édifices de toute espèce; les meubles, les marchandises, les grains et denrées emmagasinés.

L'évaluation des objets assurés sera faite de gré à gré ou par experts.

La valeur du sol ne sera jamais comprise dans l'évaluation des immeubles.

L'assurance pourra être faite, non-seulement au nom du propriétaire, ou de son mandataire, ou dépositaire, mais à son défaut, au nom et pour la sûreté de toute personne intéressée, même en qualité de créancier, à la conservation de la chose assurée. L'assuré est tenu de déclarer sa qualité et de la faire inscrire dans la police.

Le *maximum* des risques que la société pourra souscrire par chaque police d'assurance est fixé à la somme de *cent mille francs*.

Elle pourra avoir des agens et correspondans dans toutes les villes de France où elle effectuera des assurances, pour la représenter et signer les polices, en vertu des pouvoirs et conformément aux instructions qui leur seront donnés, au nom de la compagnie, par le directeur et un ou plusieurs des administrateurs.

Toutes opérations de commerce, autres que lesdites assurances et les placemens de fonds qui en proviendront, sont interdites à la société.

3. Le capital de cette société sera de deux millions de francs; il sera fourni par trois cents actions de cinq mille francs l'une, et par mille actions de cinq cents francs l'autre.

Les actions de cinq mille francs seront au nom des propriétaires : elles ne pourront être transférées qu'avec l'agrément du conseil d'administration. Le cinquième desdites actions sera payé au moment de leur délivrance, au choix de l'actionnaire, en argent ou en dépôt d'effets publics transférés au nom de la société. Les quatre autres cinquièmes pourront être fournis en obligations directes non négociables, payables à la compagnie à présentation.

Les actionnaires étrangers, qui n'auront pas en France un domicile fixe ou des propriétés immobilières suffisantes pour répondre de leurs engagemens, déposeront en effets publics, transférés au nom de la société, le prix total de leurs actions.

Les effets publics admissibles en dépôt sont :

Les rentes cinq pour cent consolidés, pour la moitié de leur valeur nominale;

Les reconnaissances de liquidation, à raison de soixante pour cent de leur valeur nominale;

Les actions de la Banque de France, pour douze cents francs;

Et les obligations de la ville de Paris pour mille francs.

Les déposans seront toujours responsables de la moins-value de ces effets, si, par événement quelconque, leur valeur à la bourse de Paris tombait au-dessous des prix auxquels ils auraient été reçus en dépôt; et, dans ce cas, les déposans auraient à fournir incontinent en argent la moins-value.

Les actions de cinq cents francs seront au porteur et payées argent comptant.

Les propriétaires d'actions nominatives auront en tout temps la faculté d'en acquitter plus d'un cinquième; mais les intérêts revenant à ces paiemens ne courront qu'à compter de l'ouverture du semestre qui suivra immédiatement lesdits paiemens.

Si, dans le cours d'un semestre, le propriétaire d'actions nominatives voulait convertir en un dépôt d'effets publics le paiement du cinquième qu'il a fait en numéraire, il en aura le droit; mais il ne lui sera tenu compte d'aucun intérêt pour le temps couru pendant ce semestre.

Les valeurs ainsi déposées à la société seront renfermées dans une caisse à trois clefs, dont l'une sera en mains du directeur, une dans celles de l'inspecteur, et l'autre successivement pendant une semaine en mains d'un des autres administrateurs à tour de rôle.

Ces valeurs ne pourront être extraites de ladite caisse et réalisées qu'en cas de besoin, et après décision de la majorité du conseil d'administration, motivée et signée des administrateurs

présens et du directeur, et après qu'il en aura été donné avis
aux propriétaires des effets, pour qu'ils puissent fournir en argent leur contingent aux besoins de la société, s'ils le pré-
fèrent.

4. Le conseil d'administration aura soin, dans l'emploi qu'il
fera des fonds qui lui seront entrés en argent, qu'une somme
de quatre cent mille francs soit, en valeurs, promptement dis-
ponible, pour parer aux premiers besoins qui surviendront;
et si, par quelque événement, cette somme était réduite à moitié, il réaliserait, des engagemens directs des associés, ce qui
serait nécessaire pour la compléter en valeurs disponibles.

Dans cette réalisation, le conseil tiendra toujours à établir
l'égalité pour les sommes fournies par les actionnaires nominatifs; en sorte, par exemple, que celui qui aurait fourni les
deux cinquièmes de ses actions ne serait appelé à contribuer
qu'après que les autres actionnaires auraient fourni autant que
lui.

Conformément à l'article 33 du code de commerce, les actionnaires ne seront passibles que de la perte du montant de
leurs actions.

5. Tout actionnaire nominatif aura droit à trois actions au
porteur pour chaque action nominative pour laquelle il sera
engagé, à la charge par lui de déclarer, au moment de la souscription du présent acte, s'il entend exercer ce droit; à défaut,
il en sera déchu.

Après la susdite distribution des actions au porteur, celles
qui resteront seront vendues au profit de la société, aux prix et
aux époques déterminés par le conseil d'administration, sans
toutefois que cette vente puisse être différée plus d'une année
après l'autorisation accordée par le gouvernement.

6. Tout signataire du présent acte de société aura une action
nominative au moins. Aucun ne pourra en posséder plus de dix
en son nom.

7. En cas d'appel de fonds, prévu par l'art. 3 des statuts sur
les engagemens ou dépôts provenant des actions nominatives,
leurs propriétaires seront obligés de satisfaire audit appel dans
les dix jours qui suivront la demande à eux faite; à défaut de
quoi, et sans qu'il soit besoin de nouvelle autorisation, le conseil d'administration ferait vendre, par le ministère d'un agent
de change, une ou plusieurs actions de ceux qui seraient en retard, jusqu'à concurrence de leur part aux contributions dont
ils seraient passibles, et il sera fait compte aux débiteurs du
produit net, sans préjudice de leur responsabilité pour la moins-
value, s'il y en avait.

8. En cas de faillite d'un actionnaire nominatif, ses droits
seraient réglés d'après l'inventaire fait à la fin du semestre précédent, et ce qui serait survenu depuis en bénéfice ou perte demeurerait au compte de la société, moyennant le paiement que
la compagnie ferait sans retard de ce qui, d'après cet inventaire,

reviendrait à l'actionnaire ; au moyen de quoi, la compagnie dis-
poserait à son gré des actions qui lui seraient ainsi acquises.

Il en serait de même en cas de mort d'un actionnaire : néanmoins, si son ou ses héritiers désiraient continuer de faire partie
de la société, ils formeraient leur demande au conseil d'administration, qui en déciderait au scrutin à la majorité ; et si, dans
la même succession, il y avait plusieurs actions et plusieurs
héritiers désirant chacun conserver celles qui leur seraient échues
en partage, le conseil statuerait séparément sur la demande de
chaque héritier.

9. La société sera régie par un conseil composé de *huit* administrateurs, tous propriétaires de deux actions nominatives au
moins, et par un directeur. Les administrateurs ont seuls voix
délibérative.

L'un des huit administrateurs sera plus particulièrement
chargé de la vérification des opérations et des comptes du directeur : il aura le titre d'*inspecteur*.

10. Une assemblée générale des actionnaires sera convoquée
dans les dix premiers jours de janvier et de juillet de chaque
année. Cette assemblée entendra les rapports sur la situation de
la société et le compte des répartitions arrêtées par le conseil
d'administration d'après l'art. 17 du présent acte.

L'assemblée générale pourra aussi avoir lieu, sur la convocation du conseil d'administration, toutes les fois qu'à la majorité
des membres présens il aura été pris un arrêté à cet effet.

Tout propriétaire de deux actions nominatives sera membre
de l'assemblée générale, et y aura voix délibérative.

Tout propriétaire de vingt actions au porteur ou plus, qui,
trois mois avant l'assemblée générale, les aura déposées dans la
caisse de l'administration, sera admis dans cette assemblée, et y
aura voix délibérative.

Les propriétaires d'une seule action nominative et ceux d'actions au porteur sont représentés, ainsi que les absens, par l'assemblée générale ; ils déclarent reconnaître tout ce qu'elle fait et
adopte, comme s'ils avaient pris part à ses délibérations.

11. Les administrateurs sont nommés pour quatre ans et le
directeur pour trois ans, à partir du 1er juillet de cette année.
Chaque année, il sera nommé deux administrateurs.

Après un an d'exercice et lors de la première assemblée générale des actionnaires, les noms des huit administrateurs seront
mis dans une urne, et en seront successivement tirés ; les deux
premiers sortis n'auront qu'un an de service ; les deux qui suivront, deux ans ; les deux qui viendront après, trois ans ; et les
deux derniers, quatre ans. Les administrateurs et le directeur
seront toujours rééligibles.

L'assemblée générale nomme les administrateurs au scrutin
secret et à la majorité relative ; elle nomme le directeur au scrutin secret et à la majorité absolue.

Le conseil d'administration choisira toutes les années, parmi les huit administrateurs, celui qui, sous le titre d'inspecteur, sera chargé d'une surveillance plus particulière.

12. Le directeur habitera au domicile de la société; il agira comme son procureur fondé, conduira le travail des bureaux, et fera exécuter les arrêtés de l'assemblée générale des actionnaires et ceux du conseil d'administration; il poursuivra au nom de la société, toute action, tant en justice qu'ailleurs; il rendra compte de ses faits au conseil d'administration.

Les polices d'assurance, la correspondance et les engagemens de la société, pour être obligatoires, devront être signés par le directeur et un ou plusieurs des administrateurs.

Dans le cas où le directeur ne pourrait, par quelque cause que ce soit, remplir cette place comme l'intérêt de la société le demanderait, et où le conseil d'administration, à la majorité, croirait utile de le remplacer, il en ferait la proposition à l'assemblée générale des actionnaires, qui en déciderait à la majorité des trois quarts des voix.

13. Pour qu'une délibération du conseil d'administration soit valable, il faudra qu'elle soit prise et signée au moins par cinq membres dudit conseil.

Ceux qui participeront aux délibérations recevront un droit de présence en jetons; et lors des assemblées générales, tous les actionnaires qui y auront assisté, voté et signé le procès-verbal, recevront le même droit.

A la fin de l'année de son service, l'inspecteur recevra du conseil d'administration une bourse de jetons, en témoignage de reconnaissance pour les soins qu'il aura donnés aux intérêts de la société.

14. Dans toutes les élections, en cas d'égalité de suffrages, celui qui possédera le plus d'actions nominatives sera préféré; et si, sur ce fait, il y avait encore égalité, la préférence serait donnée à l'âge.

15. En cas de retraite ou de mort d'un ou de plusieurs administrateurs, les autres membres du conseil d'administration pourvoiront provisoirement à leur remplacement jusqu'à la première assemblée générale, qui fera l'élection définitive; mais s'il y avait lieu à remplacer le directeur, l'assemblée générale des actionnaires serait convoquée immédiatement, et procéderait au remplacement.

16. Le directeur rendra compte, chaque semestre, à l'assemblée générale, des opérations qui auront eu lieu et de leurs résultats; il soumettra à leur délibération les propositions que le conseil l'aura chargé de présenter.

L'inspecteur fera, sur le compte rendu par le directeur, les observations qu'il estimera convenables.

Après un tour de discussion, l'assemblée votera sur chaque proposition à la majorité, et ses décisions seront exécutées par le conseil d'administration.

17. Chaque semestre, un intérêt de deux et demi pour cent

sera prélevé sur les bénéfices acquis en faveur des actions au porteur, et des portions d'actions nominatives qui auront été payées comptant. Le premier semestre écherra le 1er juillet prochain. Il ne sera pas dû d'intérêts sur les effets publics reçus en dépôt: les dividendes et arrérages qui résulteront de ces effets, appartiendront toujours à leurs propriétaires, et leur seront remis aussitôt qu'ils auront été reçus.

Après le prélèvement des intérêts susdits, la moitié des bénéfices nets acquis par l'extinction des risques qui les auront produits, sera prélevée pour former un fonds de réserve au profit de la société.

Lorsque ce fonds de réserve aura porté le capital de la société à trois millions, il ne sera prélevé qu'un quart, et lorsqu'il aura été porté à quatre millions, il ne sera plus prélevé qu'un huitième des bénéfices nets au profit de la société.

Sur les bénéfices qui resteront après ces prélèvemens, il sera pris, à la fin de chaque année en cumulant ou compensant les bénéfices ou les pertes des deux semestres, deux pour cent, qui seront employés par le conseil d'administration en actes de bienfaisance.

Ces prélèvemens faits, le résultat des bénéfices nets sera réparti au centime le franc entre les actions au porteur et les actions nominatives; mais le contingent qui reviendra à la portion des actions nominatives qui n'aura pas été payée comptant ou déposée en effets publics, au lieu d'être touché par les actionnaires, sera porté à leur crédit: leurs engagemens seront réduits d'autant, et cet article de crédit considéré comme argent reçu, vaudra, les semestres suivans, intérêt aux propriétaires.

Si des actions nominatives, qui auraient été payées comptant ou dont la valeur aurait été déposée en effets publics, étaient transférées à des Français admis à jouir de l'avantage du paiement ou du dépôt du cinquième, ils pourront, s'ils le désirent, retirer les quatre autres cinquièmes en échange de leurs obligations directes, sauf le maintien, tant pour le passé que pour l'avenir, de la retenue des bénéfices stipulée ci-dessus pour la portion des actions nominatives qui n'aura pas été payée comptant ou déposée en effets publics.

18. L'ordre et la marche de la société sont plus particulièrement déterminés par un règlement général concordant avec les principes du présent acte; il sera aussi soumis à l'approbation de Sa Majesté.

Ensuite, le conseil d'administration fera les règlemens de détail qu'il croira utiles, et pourra toujours les modifier sans s'écarter des bases fondamentales fixées par l'acte d'association.

RÈGLEMENT.

Assemblée générale des actionnaires.

ART. 1er. L'assemblée générale des actionnaires est composée des propriétaires de deux actions nominatives ou plus, et des possesseurs reconnus de vingt actions au porteur, conformément à l'article 10 de l'acte social; ils ont voix délibérative. Aucun ne peut posséder sous son nom plus de dix actions nominatives.

Lorsqu'une maison possédera ses actions sous le nom collectif de plusieurs associés, elle sera représentée par un seul à l'assemblée des actionnaires. Le droit de voter est personnel. Nul ne peut voter par procuration d'un membre absent.

2. L'assemblée élira chaque année deux administrateurs au scrutin et à la majorité relative.

3. Chaque année, l'assemblée générale procédera, au scrutin et à la majorité relative, à la nomination de son président, de son secrétaire et de deux scrutateurs.

Ceux qui auront été nommés à ces fonctions seront constamment rééligibles. Dans le cas où, par quelque cause que ce fût, ils perdraient le droit de voter, ils seraient remplacés à la première réunion des actionnaires. Le directeur ni aucun des administrateurs ne pourront être élus à ces places.

4. L'assemblée délibérera, par un tour de discussion, sur les propositions qui lui seront soumises; ensuite elle décidera à la majorité.

Toutes les fois que cinq votans demanderont que les voix soient recueillies au scrutin, il aura lieu.

5. Si, par mort, maladie, démission ou toute autre cause, le directeur cessait de remplir ses fonctions, l'assemblée des actionnaires serait incontinent convoquée, et procéderait à son remplacement.

6. Chaque année, l'assemblée choisira parmi les actionnaires votans, non membres du conseil d'administration, trois commissaires, qui vérifieront les comptes rendus, et feront leur rapport à l'assemblée suivante.

7. Le procès-verbal de chaque assemblée sera rédigé par le secrétaire, et mis sur le registre à ce destiné; il sera signé par le président et par tous les membres qui auront voté dans l'assemblée.

Conseil d'administration.

8. Le conseil d'administration est composé de huit administrateurs (au nombre desquels sera l'inspecteur) et du directeur.

9. Pour qu'une délibération du conseil soit valable, il faudra qu'elle soit prise par cinq membres au moins, et à la majorité de trois voix contre deux.

10. Le conseil s'assemblera aussi souvent qu'il le jugera à propos, et au moins une fois par semaine.

Outre le directeur et l'inspecteur, les autres membres du conseil seront tour à tour de service pendant une semaine, de manière qu'il y en ait toujours un au bureau de l'administration aux heures convenables, pour signer, avec le directeur, la correspondance et les autres actes de l'administration.

11. Le conseil choisira tous les ans son président parmi les administrateurs, autres que le directeur et l'inspecteur.

12. Lorsque l'administrateur de semaine ne pourra faire son service, il en préviendra le conseil, et il se fera remplacer par un autre administrateur.

13. L'administrateur de semaine visera le registre où auront été copiés les contrats d'assurance.

14. Le conseil choisira les employés de la compagnie, réglera leur traitement et modérera les dépenses autant que possible. Le secrétaire de la compagnie ne sera pas membre du conseil, mais il y assistera chaque fois qu'il ne se formera pas en comité secret.

15. Les procès-verbaux du conseil seront rédigés par le secrétaire, et, après leur approbation, rapportés sur un registre à ce destiné, et signés par le président, l'inspecteur, le directeur et deux administrateurs.

16. L'inspecteur ou tout autre membre du conseil, qui serait d'avis opposé à la délibération prise, pourra faire inscrire son opinion dans le procès-verbal, et la signer; néanmoins, elle n'arrêtera pas l'effet de la délibération de la majorité du conseil; mais si, dans le service de tous les jours, l'inspecteur et l'administrateur de semaine différaient d'avis avec le directeur, le conseil serait convoqué pour le lendemain, et prononcerait définitivement sur le dissentiment.

17. Le conseil fera valoir les fonds disponibles de la société, soit en placemens sur effets publics, soit en escomptant des valeurs de commerce sur la France, garanties par trois signatures réputées bonnes et solvables, et à échéances fixes n'excédant pas trois mois.

Ne peuvent compter parmi lesdites signatures celles des administrateurs de la société et des titulaires d'actions nominatives non soldées.

S'il est fait des placemens en rentes sur l'État, leur inscription aura lieu au nom de la compagnie, avec faculté par le directeur de transférer, assisté de l'un des administrateurs.

18. Le conseil d'administration disposera, de la manière qui lui semblera la plus avantageuse à la société et en se conformant à l'article 5 des statuts, des actions en réserve, après qu'il en aura délibéré, et que ses arrêtés, inscrits sur le registre des délibérations, auront été signés par la majorité des membres qui y auront concouru.

19. Le conseil fera exécuter les délibérations de l'assemblée générale des actionnaires, et rendra compte de leur exécution à la réunion suivante. Il établira, toutes les fois qu'il le jugera utile, des agens et des correspondans dans les différentes villes de France; il fixera le traitement de ces agens ou correspondans, leur donnera ses instructions, et pourra toujours les changer ou révoquer.

20. En cas de pertes ou dommages, le conseil s'attachera à

en bien juger le mérite, et s'empressera de faire acquitter loyalement ce qui sera dû par la société.

21. Chaque semestre, le conseil d'administration arrêtera l'inventaire de la société, et réglera le dividende d'après l'article 17 de l'acte social.

22. L'assemblée générale des actionnaires pourra être convoquée toutes les fois que, par des circonstances importantes et imprévues, le conseil l'aura arrêté. Le directeur sera chargé de ces convocations.

23. Dans les cas inattendus et non assez importans pour convoquer l'assemblée générale, le conseil d'administration fera ce qu'il jugera convenable aux intérêts de la société, à la charge d'en rendre compte lors de la première assemblée générale.

24. En cas de mort, démission, maladie ou absence prolongée du directeur, le président du conseil le remplacera jusqu'à ce que l'assemblée générale des actionnaires ait procédé à une nouvelle nomination.

- Dans les mêmes cas, l'inspecteur sera suppléé par un des sept autres administrateurs restans; mais s'il y avait absence de quatre administrateurs, les actionnaires seraient incontinent convoqués pour procéder à leur remplacement.

Dipositions générales.

25. Les écritures de la compagnie seront tenues en partie double.

La balance en sera faite le 1er de chaque mois, et rapportée sur un registre à ce destiné.

Tous les six mois, il sera fait un inventaire détaillé, suivi du calcul des répartitions, réglé sur l'article 17 de l'acte social.

Cet inventaire sera rapporté sur le registre, à la suite des balances mensuelles, et signé par tous les membres du conseil pour en affirmer l'exactitude.

26. La société aura son compte à la Banque de France, afin de n'avoir dans sa caisse que l'argent nécessaire aux dépenses journalières de détail. Les mandats fournis sur la Banque seront signés par le directeur et visés par l'inspecteur, et, à son défaut, par l'administrateur de service.

27. Les actions au porteur seront délivrées à leurs propriétaires, et porteront quittance par elles-mêmes.

Les actions nominatives consisteront en inscriptions sur le grand-livre de la société. Il en sera délivré des extraits aux propriétaires, signés par le directeur et l'administrateur de semaine, et visés par l'inspecteur. Elles pourront se transmettre par transfert préalablement autorisé par le conseil d'administration. Ces diverses pièces seront numérotées et copiées sur un registre particulier, et il sera pris des mesures pour en prévenir la falsification.

Les extraits ci-dessus stipuleront les paiemens ou dépôts qui auront été faits à valoir sur lesdites actions.

28. Le tableau mensuel des assurances souscrites et non encore déterminées sera placé en évidence dans les bureaux de la société et de ses agens.

ORDONNANCES DU ROI.

Louis, etc., sur le rapport de notre ministre secrétaire d'état au département de l'intérieur; vu deux actes passés le 10 août 1818, par devant Foucher et son collègue, notaires à Paris, contenant, l'un les statuts et l'autre les règlemens d'une société anonyme, formée à Paris sous le nom de Société d'Assurance contre l'incendie, et un troisième acte passé par devant le même notaire et son collègue, le 28 décembre 1818, contenant les modifications auxdits statuts et règlemens; vu les articles 29 à 37, 40 et 45 du code de commerce; notre conseil d'état entendu, nous avons ordonné et ordonnons ce qui suit:

Art. 1er. La société anonyme, provisoirement constituée à Paris par les actes des 10 août et 28 décembre 1818, sous le nom de Société d'Assurance contre l'incendie, est et demeure autorisée conformément aux statuts et règlemens contenus auxdits actes, lesquels resteront annexés à la présente ordonnance.

2. La société sera tenue de remettre, tous les six mois, copie en forme de son état de situation au préfet du département de la Seine, au greffe du tribunal de commerce, et à la chambre de commerce de Paris.

3. La présente autorisation étant accordée à ladite société à la charge par elle de se conformer aux lois et aux statuts particuliers qui devront lui servir de règles, nous nous réservons de la révoquer dans le cas où ces conditions ne seraient pas accomplies, sauf les actions à exercer par les particuliers devant les tribunaux, à raison des infractions commises à leur préjudice.

4. Notre ministre secrétaire d'état de l'intérieur est chargé de l'exécution de la présente ordonnance, qui sera insérée au Bulletin des lois; pareille publication aura lieu dans le Moniteur et dans le Journal des Annonces judiciaires du département de la Seine, conjointement avec l'insertion des statuts et règlemens ci-annexés, sans préjudice des affiches prescrites par l'art. 45 du code de commerce.

Donné en notre château des Tuileries, le 14 février, l'an de grâce 1819, et de notre règne le vingt-quatrième.

Signé: LOUIS.

Par le Roi: Le ministre secrétaire d'état au département de l'intérieur, Signé: le comte Decazes.

Louis, etc., vu notre ordonnance du 14 février 1819, qui a autorisé la formation de la Société anonyme d'Assurances générales contre l'incendie; vu l'art. 3 des statuts de ladite compagnie, approuvés par notredite ordonnance, et portant que le capital de cettedite société est de deux millions de francs; vu l'art. 3 de l'acte additionnel qui fait partie desdits statuts par nous approuvés, portant que le *maximum* des risques que la compagnie pourra souscrire par chaque police d'assurance est fixé à la somme de cent mille francs; vu les représentations qui nous ont été adressées par la société ci-dessus désignée, tendantes à établir que la fixation à cent mille francs du *maximum* de chaque risque est absolument disproportionnée à son capital, et qu'étant trop basse, elle exclut un grand nombre d'assurés dont le concours accroîtrait le rapport favorable des primes et des garanties avec les chances, augmentation qui serait également à l'avantage des assurés et des assureurs;

Considérant que le *maximum* de chaque risque doit être réglé par la proportion desdites chances et garanties, dont le temps seul peut donner les élémens certains; que néanmoins les observations déjà faites sur le nombre annuel et sur le dommage des incendies, permettent, dès ce moment, d'élever la fixation du *maximum*, conformément à ce qui a déjà été établi envers d'autres assureurs; sur le rapport de notre ministre secrétaire d'état de l'intérieur, notre conseil d'état entendu, nous avons ordonné et ordonnons ce qui suit:

Art. 1er. La Compagnie d'Assurances générales contre l'incendie pourra, conformément à sa demande, porter à l'avenir, et jusqu'à ce qu'il en soit autrement ordonné, le *maximum* de chaque police à la somme de deux cent mille francs pour les risques les plus graves parmi ceux dont elle est autorisée à se charger, et jusqu'à cinq cent mille francs pour les risques de l'espèce la plus simple.

2. La classification des risques que la compagnie assure, et la graduation du *maximum* entre les termes ci-dessus pour les risques intermédiaires, seront soumises à l'approbation de notre ministre secrétaire d'état de l'intérieur.

3. La compagnie est autorisée à assurer contre l'incendie, à l'étranger comme dans l'intérieur de la France.

4. Notre ministre secrétaire d'état de l'intérieur est chargé de l'exécution de la présente ordonnance, qui sera insérée au Bulletin des lois, et en outre soumise aux mêmes publications que celle du 14 février 1819.

Donné en notre château des Tuileries, le 20 octobre, l'an de grâce 1819, et du notre règne le vingt-cinquième.

Signé : LOUIS.

COMPAGNIE FRANÇAISE DU PHÉNIX.

(AUTORISÉE LE 1er SEPTEMBRE 1819.)

STATUTS.

TITRE Ier. — *Fonds social.*

Art. 1er. Il est formé à Paris une société anonyme sous le titre de *Compagnie Française du Phénix*. Son capital actuel il est de *quatre cent mille francs* en espèces, et *cent quatre-vingt mille francs* de rente sur l'état, cinq pour cent consolidés, avec réserve et promesse de créer successivement des actions nouvelles, à concurrence de *deux millions quatre cent mille francs* numéraire, et *un million quatre-vingt mille francs* de rente sur le grand-livre de la dette publique, ainsi qu'il sera expliqué à l'article 2 ci-après.

2. Le capital primitif de la compagnie est fixé à *quatre cent mille francs* en numéraire, et à *cent quatre-vingt mille francs* de rente sur le grand-livre de la dette publique.

Ce capital est divisé en actions au porteur, de cent francs numéraire et quarante-cinq francs de rente, et forme la première série.

La compagnie se réserve et promet de porter son capital jusqu'à *un million quatre-vingt mille francs* de rente, et *deux millions quatre cent mille francs* d'espèces; ce qui aura lieu par cinq nouvelles séries de quatre mille actions chacune, de mêmes espèces et valeurs que la première.

L'époque de ces nouvelles séries sera délibérée par le conseil général, et soumise à l'approbation de S. Exc. le ministre secrétaire d'état au département de l'intérieur.

Les actions, quoique au porteur, pourront être rendues transférables; il sera ouvert, à cet effet, un registre à la direction générale.

3. Le paiement des actions s'effectuera de la manière suivante:

Le *dixième*, soit 100 fr. par action, en numéraire, trente jours après que l'ordonnance du roi aura été rendue; et les *neuf dixièmes* restant en inscriptions sur le grand-livre de la dette publique; lesquelles pourront n'être transférées à la compagnie qu'aux époques ci-après:

Quatre dixièmes, trois mois après que l'ordonnance du roi aura été rendue; et *cinq dixièmes*, trois mois plus tard, soit six mois après ladite ordonnance.

Les inscriptions qui seront données en paiement des neuf dixièmes d'actions seront transférées au nom de la compagnie, et les transferts des portions, qui pourraient devenir nécessaires, ne pourront être faits que d'après une délibération du conseil d'administration, et devront être signés par le président du conseil, le directeur-général et le caissier. Après l'expiration et la liquidation de la société, les inscriptions seront *retransférées* aux porteurs d'actions, pour les quotités qui appartiendraient à leurs actions respectivement.

Tous les fonds et les actions servant de garantie seront déposés par le caissier à la Banque de France, d'où il ne pourra être rien retiré, sans une décision du conseil d'administration.

La portion du *fonds capital*, qui aura été versée en numéraire, pourra être employée en inscriptions sur le grand-livre, au nom de la compagnie, ou placée de la manière que le conseil d'administration jugera la plus avantageuse aux actionnaires.

4. Les actions des souscripteurs qui ne rempliraient pas leurs engagemens envers la compagnie, seront vendues pour leur compte: le bénéfice qui en résultera leur sera réservé; et si cette vente produisait un déficit, le paiement en serait poursuivi par les voies ordinaires.

TITRE II. — *Conseil-général.*

5. Les actionnaires se réuniront le 1er mars et le 1er septembre de chaque année, et cette réunion formera le conseil-général de la compagnie. Les souscripteurs avec *vingt actions*, et les acquéreurs avec *trente*, composent le conseil-général. Le dépôt de ces actions devra être fait trois jours avant l'ouverture de l'assemblée, et le certificat, qui en sera délivré par le caissier et visé par le directeur-général, sera le seul moyen d'admission.

Le conseil-général entendra le compte du semestre expiré, qui ne sera rendu public qu'après son approbation.

Il nommera les membres du conseil d'administration.

Il sera convoqué extraordinairement après le placement complet des actions qui forment la première série du fonds capital de la compagnie:

1° Pour l'élection des membres du premier conseil d'administration;

2° Pour arrêter les règlemens d'exécution.

Les souscripteurs des mille premières actions se réuniront pour nommer un conseil d'administration provisoire.

TITRE III. — *Conseil d'administration.*

6. Le conseil d'administration sera composé de neuf actionnaires, établis et domiciliés en France. Pendant leur exercice, leurs actions seront déposées entre les mains du caissier de la compagnie. Le nombre de ces actions est déterminé à *trente*

31

pour les souscripteurs, et à *cinquante* pour les autres actionnaires.

La durée de l'exercice de chaque administrateur sera de trois
ans; dans les deuxième et troisième années, trois sortiront par
la voie du sort, et seront remplacés ou réélus par le conseil-
général.

Le conseil ne sera compétent, pour prendre des arrêtés, que
par la réunion de cinq de ses membres; en cas d'égalité de voix,
celle du président ou du vice-président sera comptée pour deux,
et en cas d'absence de l'un ou de l'autre, le doyen d'âge en
remplira les fonctions.

Il se réunira une fois par mois; néanmoins il pourra être
convoqué extraordinairement par le président.

Il nommera, excepté pour la première fois, le directeur-général et le directeur-adjoint. Le choix du caissier sera aussi
dans ses attributions.

Il déterminera les appointemens des directeurs et autres employés dont il fixera le nombre (1).

Il examinera et arrêtera les comptes de semestre, et les soumettra ensuite au conseil-général.

Il ordonnera le paiement des dividendes aux actionnaires
après l'arrêté des comptes par le conseil-général.

Il exercera enfin sa surveillance sur tous les intérêts de la
compagnie.

Le contrôleur est secrétaire du conseil d'administration.

Le directeur-général et le directeur-adjoint y sont admis avec
voix consultative.

Les membres de ce conseil reçoivent des jetons de présence.

TITRE IV. — *Contrôleur.*

7. Le contrôleur est choisi par le conseil d'administration et
parmi ses membres; il lui sera alloué un traitement.

Il est l'œil du conseil d'administration auprès du directeur-
général, dont il contrôle les opérations.

Il fait les fonctions de rapporteur auprès du conseil d'administration.

Il est enfin auprès du directeur-général le délégué du conseil
d'administration, dont il fait les fonctions de secrétaire (2).

TITRE V. — *Directeur-général.*

8. Le directeur-général aura la nomination de tous les employés, excepté du caissier.

_____

(1) Il déterminera chaque mois la quotité des primes pour toutes les
natures de risques. Voyez article 15.

(2) Le conseil d'administration a décidé que chacun des membres
remplirait à tour de rôle, pendant un mois, les fonctions de contrôleur.

Il suivra la marche journalière des opérations.

Il correspondra avec les agens placés dans les départemens.

Il enverra les inspecteurs dans les lieux où les intérêts de la compagnie l'exigeront.

Il rendra compte, chaque mois, au conseil d'administration, et exécutera ses ordres et ses décisions.

Les actions seront signées par lui et visées par le président du conseil d'administration.

Le directeur-adjoint suppléera le directeur-général en cas d'absence ou de maladie.

Il est l'agent de la compagnie pour le département de la Seine (1).

TITRE VI. — *Inspecteurs.*

9. Les inspecteurs surveilleront les opérations des agens de la compagnie placés dans les départemens.

Ils sont à la disposition du directeur-général.

TITRE VII. — *Agens des départemens.*

10. Les agens de la compagnie dans les départemens recevront les propositions d'assurance.

Ils constateront la valeur des objets offerts à l'assurance, et, sur les instructions du directeur-général, ils en détermineront les conditions.

Ils signeront les polices.

Ils sont sujets à un cautionnement qui devra être fait en actions de la compagnie.

Leur traitement consistera dans une remise ou commission sur les primes qu'ils auront reçues.

TITRE VIII. — *Assurances.*

11. La compagnie garantit tous les risques quelconques d'incendie, à l'exception, néanmoins, pour les immeubles, des bâtimens servant à la fabrication de la poudre à tirer; et pour les meubles, des bijoux de toute espèce, de l'or, de l'argent et des titres.

Elle ne garantira pas non plus les pertes qui proviendraient de la guerre, d'émeutes, de l'ordre d'une autorité quelconque, ou d'un désastre général, causé par un tremblement de terre ou un ouragan.

12. Elle garantit aussi les risques qui pourraient résulter de précédentes assurances étrangères ou nationales, et d'actes d'adhésion à des statuts de compagnies d'assurance mutuelle.

(1) Par décision du 27 mars 1820, le bureau d'assurance de Paris fait partie des bureaux de la direction générale; et les polices sont signées par le directeur-général et visées par l'administrateur de service.

13. La compagnie pourra garantir des risques d'incendie hors du territoire français, en prenant toutes les précautions extraordinaires que les localités rendront nécessaires, et en proportionnant ces risques étrangers à son fonds capital, augmenté du montant de la réserve.

14. Les propriétés construites offertes à l'assurance, n'y seront admises que pour les neuf dixièmes au plus de leur valeur réelle, dont il sera retranché la valeur du sol.

Les marchandises et les produits des récoltes pourront être admis pour toute leur valeur.

L'assurance des marchandises sera de deux espèces, l'une fixe et l'autre temporaire.

La première servira à garantir la valeur des marchandises qu'un négociant ou commissionnaire aurait reconnu avoir habituellement dans ses magasins, et aura lieu pour une ou pour plusieurs années, à la volonté de l'assuré.

La dernière a pour but de garantir des marchandises entrées transitoirement chez un négociant ou commissionnaire; elle nécessitera désignation, et le terme de l'assurance ne pourra être moindre de trois mois. Dans ces deux espèces d'assurances, l'assuré, en cas de sinistre, sera obligé d'administrer la preuve de la présence de la valeur assurée.

Il y aura autant de polices d'assurances qu'il y aura de natures de risques, lors même que ces divers risques concerneraient le même propriétaire.

Dans la police d'assurance sur une propriété construite, il sera fait des réserves, pour le cas où on y introduirait des marchandises ou autres effets combustibles; réciproquement, et dans le cas d'assurance sur marchandises et effets mobiliers, il sera fait des réserves pour le cas où l'immeuble serait converti en forge ou autre usine de nature à augmenter les risque des effets assurés.

15. Le conseil d'administration déterminera chaque mois la quotité des primes pour toutes les natures de risque.

16. Les maisons assurées recevront une plaque indicative de la *Compagnie française du Phénix*.

17. La compagnie, avec son capital actuel, ne pourra garantir, sur un seul risque, que deux cent mille francs de valeurs, qui, par leur nature, seraient sujettes à une prime de cinq pour mille et au-dessus, et six cent mille francs de toutes autres valeurs. Ce *maximum* suivra la progression du fonds capital de la compagnie.

Il est réservé au conseil-général d'adopter un *maximum* plus élevé; et dans ce cas, le conseil d'administration en soumettra la demande à S. Exc. le ministre de l'intérieur.

18. La police d'assurance sera délibérée par le conseil d'administration, et soumise à l'approbation de S. Exc. le ministre au département de l'intérieur.

TITRE IX. — *Sinistres.*

19. Les risques ne sont à la charge de la compagnie que du moment de la remise de la police d'assurance; remise qui n'aura lieu que contre le paiement en espèces du montant de la prime convenue.

20. La destruction complète de l'objet assuré rend pour l'avenir nulle et sans effet la police d'assurance : la reconstruction de l'immeuble donne lieu à une nouvelle police.

La destruction partielle ne sera réputée qu'avarie, et ne détruit ni ne suspend l'effet de la police d'assurance, et diminuera d'autant le capital assuré pendant la reconstruction de l'immeuble.

21. La compagnie, dans sa police d'assurance, pourra stipuler que l'assuré renoncera au bénéfice de la loi sur l'abandon de la chose assurée (1).

22. Tout sinistre sera constaté dans les vingt-quatre heures par une déclaration circonstanciée que l'assuré fera et affirmera sous serment devant le maire ou son adjoint, et, à leur défaut, devant un notaire. L'officier public, devant lequel se fera cette déclaration, certifiera la vérité des faits qui y sont énoncés. Cette déclaration sera envoyée à l'agent de la compagnie, qui en adressera une copie à la direction générale. Le directeur-général fera aussitôt constater la valeur du sinistre par des experts, et contradictoirement entre la compagnie et le propriétaire assuré. En cas de division d'opinions, ces experts s'adjoindront un surexpert. Réunis, ils détermineront la valeur des dommages, et leur décision sera sans appel.

Les pertes seront payées aux assurés par les agens de la compagnie, immédiatement après qu'elles auront été constatées. La compagnie se réserve néanmoins la faculté de rétablir les objets assurés dans l'état où ils étaient avant l'incendie.

Les matériaux résultant de la destruction des objets assurés seront, sur estimation contradictoire, laissés au propriétaire, en déduction de ce que la compagnie aura à lui payer.

(2) *En cas de sinistre et d'existence de créances hypothécaires sur les propriétés assurées, les créanciers inscrits ont les premiers droits sur les fonds réparateurs du dommage. La loi étant muette sur cette disposition, cette condition sera insérée dans les polices d'assurances.*

23. Nonobstant le 3e paragraphe de l'article 17, la compagnie, dans la police d'assurance, pourra stipuler qu'elle se chargera des matériaux qui pourraient résulter de l'incendie, si l'assuré veut en faire une condition particulière.

(1) Art. 369 du code de commerce.

(2) Ce dernier paragraphe est annulé par l'art. 2 de l'ordonnance du 1er septembre 1819.

24. Dans le cas où , pour faire ce qu'on appelle communément la part au feu, une ou plusieurs maisons seraient démolies ou détruites, la compagnie , en payant les assurés, demeure subrogée à leurs droits contre les propriétaires des maisons sauvées, à moins que ces dernières ne soient assurées par elle.

25. La compagnie pourra concourir, avec les autorités locales, à l'établissement de secours contre l'incendie, dans les chefs-lieux d'arrondissement où il n'en existe pas, et où elle aura un agent. Dans les communes, chaque assuré sera tenu de posséder et de maintenir en état de service les instrumens de secours qui lui seront indiqués dans la police d'assurance, et qui seront les plus analogues à sa profession.

26. Le défaut de ramonage étant une des causes les plus communes d'incendie, la compagnie pourra prendre, à cet égard, les mesures qui lui paraîtront les plus propres à suppléer la négligence des assurés.

TITRE X. — *Bénéfices et réserves.*

27. Le quart des bénéfices nets sera mis en réserve, et employé en inscriptions sur le grand-livre, étant destiné à accroître le capital : le restant sera réparti tous les six mois.

Il n'y aura lieu à aucune répartition si, après avoir épuisé la réserve, le capital de la compagnie se trouvait entamé : car, dans ce cas, tous les bénéfices devront être réservés pour remettre ledit capital au complet.

S'il arrivait, ce qu'à Dieu ne plaise, que le capital de la compagnie, par des malheurs successifs et réitérés, fût réduit des trois quarts, et que les actionnaires ne voulussent pas le reconstituer de nouveau, la compagnie devra se dissoudre, et suspendre toute opération nouvelle. Dans ce cas, ce qui restera du fonds capital demeurera la garantie des assurés jusqu'à l'extinction de la dernière police d'assurance.

Lorsque la réserve aura produit une somme de trois millions, elle sera réduite à un cinquième des bénéfices, et lorsqu'elle aura produit douze millions, elle cessera tout à fait.

28. Les rentes des actionnaires, c'est-à-dire, les arrérages des inscriptions transmises à la compagnie, ne seront pas réputés bénéfices; ils seront payés intégralement et par semestres aux porteurs d'actions, sans frais de perception.

Il en sera de même des intérêts du dixième versé en numéraire, lesquels intérêts seront payés chaque semestre aux actionnaires, à *six pour cent* par année, en même temps que les arrérages d'inscriptions dont il vient d'être parlé.

TITRE XI. — *Conseil judiciaire.*

29. Un conseil judiciaire est attaché à la compagnie.
Il est composé d'un jurisconsulte et du notaire de la compagnie

TITRE XII. — *Liquidation.*

30. A l'expiration de la société, le conseil d'administration se réduira à un comité de trois de ses membres. Ce comité sera chargé de la liquidation, et cette liquidation devra être terminée dans l'année qui suivra le terme de la société.

TITRE XIII. — *Commissaire du roi.*

31. Il y aura près de la compagnie un commissaire du gouvernement, qui surveillera l'exécution des statuts.

TITRE XIV. — *Dispositions générales.*

32. L'approbation de S. Exc. le ministre de l'intérieur est réservée sur les règlemens d'exécution.

33. La durée de la compagnie est fixée à *trente ans*, à compter du jour de l'ordonnance royale.

ORDONNANCE DU ROI,

Portant autorisation, sous le nom de Compagnie française du Phénix, *de la société anonyme d'assurance contre l'incendie, formée à Paris, par les actes y annexés.*

Louis, etc. ; sur le rapport de notre ministre secrétaire d'état au département de l'intérieur ; vu deux actes passés par-devant Viault et son collègue, notaires à Paris, l'un, les 7, 8, 10, 11, 12 mai 1819, et le second en supplément et amendement du premier, les 11, 12 et 13 août 1819, contenant ensemble les statuts d'une société anonyme d'assurance contre l'incendie, formée à Paris, sous la désignation de *Compagnie française du Phénix ;* vu les articles 29 à 37, 40 à 45 du code de commerce; notre conseil d'état entendu, nous avons ordonné et ordonnons ce qui suit :

Art. 1er. La société anonyme d'assurance contre l'incendie, provisoirement instituée à Paris, par les actes des 7, 8, 10, 11 et 12 mai 1819, et des 11, 12 et 31 août suivant, sous la désignation de *Compagnie française du Phénix,* est et demeure autorisée, conformément auxdits actes, qui sont approuvés et demeureront annexés à la présente ordonnance.

2. Est excepté de la présente autorisation, et sera considéré comme non avenu, le dernier paragraphe de l'article 22 des statuts, en ce sens qu'il implique la faculté de transiger entre l'assureur et l'assuré dans les clauses de la police d'assurance, sur les droits qui pourraient appartenir à des créanciers, lesquels droits sont de tierces personnes, et doivent être laissés intacts sous l'empire de la loi commune.

3. La présente autorisation étant accordée à ladite société, à la

charge par elle de se conformer aux lois et aux statuts qui la doivent régir, dans le cas où ces conditions ne seraient pas accomplies, nous nous réservons de révoquer ladite approbation, sauf les actions à exercer devant les tribunaux par les particuliers, à raison des infractions commises à leur préjudice.

4. La société sera tenue de remettre, tous les six mois, copie en forme de son état de situation au préfet du département de la Seine, au greffe du tribunal de commerce, et à la chambre de commerce de Paris.

5. Vu l'article 25 des statuts, et y accédant, un commissaire auprès de ladite compagnie sera nommé par notre ministre secrétaire d'état de l'intérieur. Il sera chargé de prendre connaissance des opérations de la société, et de l'observation des statuts.

Il rendra compte du tout à notre ministre de l'intérieur.

Il rendra compte spécialement de l'exécution de l'article 21 des statuts, relatif aux époques auxquelles les actionnaires seront tenus de faire les versemens et transferts correspondans aux prix de leurs actions.

Il pourra suspendre provisoirement celles des opérations de la compagnie qui lui paraîtront contraires aux lois et statuts, ou dangereuses pour la sûreté publique, et ce, jusqu'à la décision à intervenir de la part des autorités compétentes.

6. Notre ministre secrétaire d'état de l'intérieur est chargé de l'exécution de la présente ordonnance, qui sera insérée au Bulletin des lois; pareille publication aura lieu dans le *Moniteur* et dans le *Journal des Annonces* judiciaires du département de la Seine, conjointement avec l'insertion des actes ci-annexés, sans préjudice des affiches prescrites par l'article 45 du code de commerce.

Donné en notre château des Tuileries, le 1er septembre de l'an de grâce 1819, et de notre règne le vingt-cinquième.

Signé : LOUIS.

COMPAGNIE ROYALE D'ASSURANCES
CONTRE L'INCENDIE.
(AUTORISÉE LE 11 FÉVRIER 1820.)

STATUTS.

Art. 1er. Il sera établi, sous l'autorisation du gouvernement, une société anonyme, sous le nom de *Compagnie royale d'Assurances contre l'incendie.*

Le chef-lieu de la société et le domicile social seront fixés à Paris.

2. Les opérations de la compagnie comprendront :

Les assurances contre tous les risques d'incendie, des maisons, bâtimens, édifices, magasins et hangars ;

Des marchandises, denrées, meubles, ustensiles, et autres effets mobiliers.

3. Les assurances pourront s'effectuer, au nom de la compagnie, à Paris, dans tout le royaume et à l'étranger.

4. Toutes opérations autres que celles mentionnées ci-dessus, sont formellement interdites à la compagnie.

DU CAPITAL DE LA SOCIÉTÉ.

5. Le capital de la société est fixé à dix millions de francs, divisés en deux mille actions de cinq mille francs chacune.

6. Les actionnaires souscriront l'obligation de verser, s'il y a lieu, jusqu'à la concurrence du montant de leurs actions; l'obligation indiquera un domicile à Paris.

Les obligations seront garanties par un transfert, au nom de la compagnie, de cinquante francs de rente, en cinq pour cent de la dette publique fondée, pour chaque action.

7. Les actionnaires ne seront responsables des engagemens de la compagnie que jusqu'à la concurrence du montant de leurs actions.

8. Tout appel de fonds sur les actions, excédant cinq mille francs par action, est formellement interdit.

9. Les actions seront représentées par une inscription nominale sur les registres de la compagnie. Il n'y aura point d'actions au porteur.

10. Aucun actionnaire ne pourra posséder plus de cent actions.

Les souscripteurs de la présente société seront admis de droit comme actionnaires pour le nombre d'actions par eux souscrites.

A l'avenir, il ne pourra être admis d'actionnaires que par délibération du conseil d'administration de la compagnie, au scrutin secret, et à la majorité des trois quarts des votans, sauf l'exception ci-après.

11. Ne seront point soumis au scrutin d'admission ceux qui transféreront, en garantie de l'obligation mentionnée dans l'article 6, une somme de rente équivalant au montant de leurs actions.

Cette garantie pourra être donnée par des transferts d'autres fonds publics français, agréés par le conseil d'administration.

12. Les arrérages des rentes, ainsi que les arrérages, intérêts ou dividendes des autres fonds publics, transférés en garantie du paiement des actions, seront répartis aux actionnaires immédiatement après qu'ils auront été perçus.

13. La transmission des actions s'opérera par de simples transferts sur des registres doubles tenus à cet effet.

Elles seront valablement transférées par la déclaration du propriétaire ou de son fondé de pouvoirs, signée sur les registres, et certifiée par un administrateur.

La certification mentionnera l'arrêté d'admission.

14. En cas de mort d'un actionnaire, ses héritiers ou ayant-droit auront, pendant six mois, la faculté de présenter un actionnaire en remplacement.

Si, à l'expiration des six mois, à partir du jour du décès, il n'a été fait aucune présentation, ou si les remplaçans n'ont pas été admis, les actions seront vendues aux risques et périls de l'actionnaire, sans qu'il soit besoin d'aucune notification ni autorisation.

Les rentes transférées en garantie, et le produit de la vente des actions seront affectés par compensation à ce qui pourra être dû à la compagnie par l'actionnaire décédé; l'excédant, s'il y en a, sera tenu à la disposition de ses héritiers.

15. En cas de faillite d'un actionnaire, les actions inscrites sous le nom du failli, seront vendues sans qu'il soit besoin de notification ni d'autorisation.

Les rentes transférées en garantie, et le produit de la vente des actions, seront affectés par compensation à ce qui pourra être dû à la compagnie par l'actionnaire failli; l'excédant, s'il y a lieu, sera tenu à la disposition des créanciers.

DE L'ADMINISTRATION.

16. La compagnie sera administrée par un conseil d'administration, composé de quinze administrateurs et de trois censeurs.

17. Les administrateurs et censeurs seront nommés par l'assemblée générale des actionnaires et des assurés.

18. Les administrateurs sont pris parmi les actionnaires propriétaires de dix actions au moins, lesquelles seront inaliénables pendant toute la durée de leurs fonctions.

Les censeurs seront pris, de préférence, parmi les cinquante plus forts assurés non-actionnaires. Ils ne seront pas tenus d'être propriétaires d'actions.

19. La durée des fonctions des administrateurs sera de cinq ans.

Celle des censeurs sera de trois ans.

Les administrateurs seront renouvelés par cinquième tous les ans, et les censeurs par tiers.

Pendant les premières années, les administrateurs et censeurs sortans seront désignés par le sort.

Les administrateurs seront rééligibles.

Les censeurs ne seront rééligibles que lorsqu'ils auront été choisis parmi les assurés non-actionnaires.

491

20. Les fonctions des administrateurs et des censeurs seront gratuites, sauf les droits de présence.

21. Le conseil d'administration nommera parmi ses membres un président.

La durée des fonctions du président sera d'une année.

Il pourra être réélu.

22. Le conseil d'administration se réunira au moins deux fois par mois.

Il lui sera rendu compte de toutes les affaires de la compagnie.

Ses arrêtés seront pris à la majorité des membres présens.

23. Le conseil d'administration déterminera la nature et la forme des obligations qui devront être fournies par les actionnaires, en exécution de l'article 6.

Il délibérera et arrêtera les conditions principales des contrats d'assurances qui seront adoptés pour la compagnie.

Il déterminera, chaque année, le *maximum* des assurances qui pourront être consenties sur chaque nature de risques.

Il déterminera l'emploi qui devra être fait des primes d'assurances et des réserves sur les bénéfices.

Il réglera et arrêtera le paiement des pertes et des dommages à la charge de la compagnie.

Il nommera, révoquera et destituera tous les agens et employés de la compagnie.

Il réglera et arrêtera, chaque année, les traitemens et salaires, ainsi que les dépenses générales de l'administration.

24. Les comptes annuels et les répartitions de bénéfices seront réglés et arrêtés par le conseil d'administration, après qu'ils auront été vérifiés par les censeurs.

25. Les censeurs surveilleront l'exécution de l'acte de société et des règlemens, ainsi que toutes les parties de l'administration.

Ils se feront représenter les registres, la correspondance et les états de caisse, toutes les fois qu'ils le jugeront à propos.

26. Les censeurs n'auront point voix délibérative dans le conseil d'administration.

Ils proposeront toutes les mesures qu'ils croiront utiles aux intérêts de la compagnie.

Si leurs propositions ne sont pas adoptées, ils pourront en requérir la transcription sur les registres des délibérations.

27. Les censeurs rendront compte à l'assemblée générale de l'exercice de leur surveillance.

COMITÉ DE DIRECTION.

28. La direction de toutes les opérations sera attribuée à un comité composé de trois administrateurs, d'un directeur et d'un directeur adjoint.

29. Les administrateurs composant le comité seront nommés par le conseil d'administration.

Ils seront renouvelés par tiers chaque mois.

Pendant les premiers mois, les administrateurs sortans seront désignés par le sort.

Ils seront rééligibles.

30. Le directeur et le directeur-adjoint seront nommés par le conseil d'administration.

Ils seront salariés.

Le directeur devra être propriétaire de cinq actions au moins, et le directeur-adjoint, de trois actions, lesquelles seront inaliénables pendant toute la durée de leurs fonctions.

31. Le directeur et le directeur-adjoint assisteront au conseil d'administration.

Ils y auront voix consultative.

L'un d'eux remplira les fonctions de secrétaire du conseil.

32. Le directeur et le directeur-adjoint auront voix délibérative dans le comité.

Aucune résolution ne pourra y être délibérée sans le concours de trois votans au moins.

Le président du conseil assistera au comité toutes les fois qu'il le jugera à propos.

33. Le comité sera chargé de l'exécution des délibérations et arrêtés du conseil d'administration.

Il réglera et arrêtera le taux des primes et les conditions particulières des assurances.

Il soumettra au conseil les remboursemens qui devront être effectués pour pertes et dommages à la charge de la compagnie.

Il proposera les agens et correspondans dans les départemens et à l'étranger, et les instructions qui devront leur être données.

34. Les contrats d'assurances,

Les transferts de rente et autres fonds inscrits au nom de la compagnie,

Les traités et conventions,

La correspondance,

Seront signés par un des administrateurs, membre du comité, et par le directeur ou le directeur-adjoint.

Les endossemens et acquits seront signés par le directeur ou le directeur-adjoint.

Les actions judiciaires seront exercées au nom de la compagnie, poursuite et diligence du directeur.

DE L'ASSEMBLÉE GÉNÉRALE.

35. L'universalité des actionnaires sera représentée par les cent plus forts actionnaires.

Les cent plus forts actionnaires seront ceux qui, d'après les registres de la compagnie, seront constatés être, depuis six mois révolus, les plus forts propriétaires d'actions. L'actionnaire le plus anciennement inscrit sera préféré.

36. L'universalité des assurés sera représentée par les cinquante plus forts assurés non-actionnaires.

Les cinquante plus forts assurés seront ceux qui, d'après le dernier inventaire, seront portés dans les registres comme ayant effectué les plus fortes assurances. L'assuré le plus ancien sera préféré.

37. Les cent plus forts actionnaires et les cinquante plus forts assurés ci-dessus composeront l'assemblée générale.

Les administrateurs et les censeurs en feront partie de droit.

38. Les membres composant l'assemblée générale, non domiciliés à Paris, pourront s'y faire représenter par des fondés de pouvoirs.

Les membres composant l'assemblée générale et les fondés de pouvoirs n'auront qu'une voix, quels que soient le nombre d'actions qu'ils possèdent, et le nombre de pouvoirs dont ils seront porteurs.

Les fondés de pouvoirs qui seront en même temps membres de l'assemblée, auront deux voix.

39. L'assemblée générale se réunira dans le courant de mars de chaque année.

Elle sera convoquée extraordinairement:

1° Lorsque, par retraite ou décès, le nombre des administrateurs sera réduit à sept, et celui des censeurs à un;

2° Lorsqu'elle aura été requise par l'unanimité des censeurs;

3° Lorsqu'elle aura été délibérée par le conseil d'administration.

40. L'assemblée générale sera convoquée par le conseil d'administration.

Elle sera présidée par le président du conseil.

Il lui sera rendu compte, chaque année, des opérations de la compagnie.

Les comptes seront rendus publics par la voie de l'impression.

41. L'assemblée générale nommera les administrateurs et les censeurs à la majorité absolue des membres votans, et par des scrutins individuels.

42. L'exercice des administrateurs et des censeurs nommés en remplacement, pour cause de retraite ou décès, n'aura lieu que pour le temps qui restait à courir à leurs prédécesseurs.

43. Pour la première fois seulement, l'assemblée générale sera composée de tous les souscripteurs du présent acte, pour quatre actions et au-dessus.

COMPTES ANNUELS.

44. Il sera fait chaque année un inventaire estimatif de l'actif et du passif de la société.

Cet inventaire sera réglé au 31 décembre.

45. Les bénéfices résultant des inventaires seront répartis entre les actionnaires et les assurés, dans les proportions qui seront réglées par le conseil d'administration.

La part des bénéfices à répartir aux assurés ne pourra, en aucun cas, être au-dessous du tiers ni au-dessus de la moitié.

46. Sur la part des bénéfices dévolus aux actionnaires, le quart au moins, et la moitié au plus, sera mis en réserve, en accroissement de capital.

Le surplus sera réparti aux actionnaires.

Lorsque les bénéfices réservés s'élèveront à un million de francs, la réserve annuelle pourra être au-dessous du quart des bénéfices jusqu'au huitième.

L'excédant sera réparti aux actionnaires.

47. La répartition des bénéfices alloués aux assurés sera faite, en raison des primes annuelles reçues, par des centimes proportionnels attribués à chacun.

La répartition s'en opérera par imputation sur les primes de l'année suivante.

48. Ceux des assurés dont les contrats auront été en vigueur pendant toute la durée de l'année qui aura précédé l'inventaire, auront seuls droit à la répartition des bénéfices.

49. Par suite des dispositions de l'article précédent, il ne pourra être fait de répartition de bénéfices qu'après la deuxième année de la mise en activité de la compagnie.

Le conseil d'administration déterminera l'époque où la première répartition sera faite.

50. En cas de pertes qui absorberaient les bénéfices réservés, et entameraient le capital de la société, le conseil d'administration sera tenu d'exiger, de la part des actionnaires, un versement proportionnel égal au montant du déficit.

Sur la notification de l'arrêté de répartition déterminée par le conseil, les actionnaires seront tenus d'effectuer, dans les dix jours, le versement demandé.

A défaut de paiement dans le délai ci-dessus, les rentes transférées en garantie de paiement des actions, seront vendues, et l'actionnaire en retard sera déchu de tous ses droits aux actions, qui seront aussi vendues à ses périls et risques, sans préjudice des poursuites à exercer contre lui pour le paiement des sommes dont il sera débiteur envers la compagnie.

51. Dans les cas prévus par l'article précédent, la totalité des bénéfices résultant des inventaires subséquens, sera affectée au remboursement des sommes exigées de la part des actionnaires.

Lorsque les remboursemens auront été complétés, les réserves ordonnées par l'article 46 seront continuées dans les proportions qui y sont prescrites.

DISSOLUTION ET LIQUIDATION.

52. La durée de la présente société est fixée à 30 années, qui commenceront du jour où l'autorisation du gouvernement aura été obtenue.

La dissolution n'en pourra être prononcée avant son terme que dans les cas ci-après.

53. La dissolution aura lieu de plein droit, si les pertes de la compagnie excèdent la moitié du capital social;

Ou si elle est demandée par un nombre d'actionnaires représentant au moins les trois quarts des actions.

54. Dans les cas prévus par l'article précédent, le conseil d'administration sera tenu de convoquer immédiatement l'assemblée générale.

55. L'assemblée générale nommera, séance tenante, cinq commissaires liquidateurs : trois parmi les actionnaires, et deux parmi les assurés, lesquels composeront la commission de liquidation.

Les commissaires liquidateurs prononceront, comme arbitres souverains et amiables compositeurs, sur les droits des actionnaires et des assurés, et sur toutes contestations qui pourront s'élever de la part des actionnaires et des assurés.

56. Les commissaires liquidateurs feront immédiatement réassurer les risques non terminés, ou résilieront les contrats existans.

Ils régleront et arrêteront les remboursemens des pertes et dommages à la charge de la compagnie.

Ils pourront compromettre et transiger sur toutes contestations et demandes.

57. A l'expiration de l'année qui suivra l'époque où la liquidation aura été prononcée, il sera fait un état estimatif des pertes et dommages non réglés, et des valeurs actives non réalisées.

Les comptes en seront rendus à l'assemblée générale, qui statuera sur les termes de la liquidation.

58. Les actionnaires seront tenus, sur la demande de la commission de liquidation, d'effectuer les versemens nécessaires pour opérer les remboursemens, jusqu'à la concurrence du montant de leurs actions.

RÈGLEMENT POUR LES ASSURANCES.

(10 novembre 1819.)

Art. 1er. La compagnie assurera contre tout risque d'incendie, les maisons, édifices, usines, meubles, marchandises et denrées, ainsi que les forêts. Les assurances pourront être faites dans toute l'étendue du royaume et dans l'étranger.

2. Sont exceptés les incendies occasionnés par guerre, invasion, émeute populaire, ou force armée quelle qu'elle soit;

Les titres et papiers d'affaires, effets au porteur, lettres de change et billets; livres et registres de compte, pierres précieuses, bijoux, monnaies, médailles et objets d'art, dont la valeur est relative ou indéterminée.

3. Le maximum des assurances qui pourront être souscrites

sur un seul risque, ne pourra excéder un million de francs pour la France, et 500,000 francs pour l'étranger.

4. L'estimation des objets assurés sera faite de gré à gré.

5. Le risque commencera au moment de la signature du contrat; il y sera mentionné le jour et l'heure. Il sera éteint à la même heure du jour ou délai fixé par le contrat.

6. Les locataires pourront faire assurer la valeur de la portion de la maison ou bâtiment qu'ils occupent. L'assurance entière de la maison ou bâtiment annulera l'assurance partielle pour le temps qui restera à courir.

7. Les créanciers hypothécaires et les créanciers saisissans pourront faire assurer *leurs créances* sur les maisons ou bâtimens.

Les usufruitiers pourront aussi faire assurer les maisons et bâtimens servant de gage à leur usufruit. Ils devront déclarer leurs qualités et acquitter la prime.

8. Le montant des pertes et dommages sera payé comptant, sans déduction ni retenue, immédiatement après qu'ils auront été justifiés ou réglés.

9. L'incendie devra être notifié à la compagnie dans les vingt-quatre heures. Cette notification sera faite à Paris, pour les risques assurés à Paris; et aux agens de la compagnie pour les risques assurés dans les départemens ou à l'étranger.

10. L'assuré justifiera de l'existence des objets détruits par le feu au moment de l'incendie. La compagnie pourra exiger qu'il soit admis au serment.

11. L'évaluation du dommage sera faite de gré à gré, ou réglée par arbitres.

12. La compagnie se réserve le droit de réparer l'objet incendié, et de le remettre en l'état ou valeur reconnue au moment de l'assurance.

13. L'assuré sera tenu de faire connaître les changemens qui pourront survenir dans les professions exercées dans les lieux assurés; cette condition est obligatoire, à peine de nullité de l'assurance pour le temps qui restera à courir.

14. Toute réticence ou fausse déclaration de la part de l'assuré, qui diminueraient l'opinion du risque ou en changeraient le sujet, annuleront l'assurance. La prime payée sera acquise à la compagnie.

15. La compagnie se réserve les droits des propriétaires contre ceux qui auront occasionné l'incendie de la maison assurée.

16. La compagnie pourra réassurer les maisons, marchandises et effets assurés.

ORDONNANCE PORTANT AUTORISATION DES STATUTS DE LA COMPAGNIE ROYALE D'ASSURANCE.

Paris, 11 février 1820.

Louis, etc.; vu l'acte passé par devant Colin de Saint-Menge et son collègue, notaires à Paris, les 25 janvier et 2 février 1820, contenant les statuts d'une société anonyme constituée à Paris sous le nom de *Compagnie royale d'Assurance contre l'incendie ;* vu les art. 29 à 37, 40 et 45 du code de commerce ; sur le rapport de notre ministre secrétaire d'état de l'intérieur, notre conseil d'état entendu, nous avons ordonné et ordonnons ce qui suit :

Art. 1er. La société anonyme provisoirement constituée à Paris, sous le nom de *Compagnie royale d'Assurance contre l'incendie*, est autorisée conformément à l'acte des 25 janvier et 2 février 1820, ci-annexé, lequel nous approuvons.

2. La présente autorisation étant accordée à la société, à la charge par elle de se conformer aux lois et aux statuts qui la doivent régir, nous nous réservons de révoquer ladite approbation dans le cas où ces conditions ne seraient pas accomplies, et sauf les actions à exercer devant les tribunaux par les particuliers, à raison des infractions commises à leur préjudice.

3. Conformément à l'art. 2 de notre ordonnance du 11 septembre 1816, le titre de *Compagnie royale*, étendu à la présente société comme à l'une des divisions dans l'une desquelles l'ancienne compagnie royale d'assurance s'est renouvelée, ne pourra tirer à conséquence, conférer aucune préférence ni privilége, ni impliquer l'idée d'aucun intérêt ou participation du gouvernement dans ladite société.

4. Le règlement arrêté par les commissaires des souscripteurs de la compagnie, le 10 novembre 1819, pour servir de règle aux assurances contre l'incendie, est approuvé et restera annexé à la présente ordonnance.

5. La compagnie sera tenue de remettre, tous les six mois, copie en forme de son état de situation au préfet du département de la Seine, au greffe du tribunal de commerce, et à la chambre de commerce de Paris.

6. Notre ministre secrétaire d'état de l'intérieur est chargé de l'exécution de la présente ordonnance, qui sera insérée au *Bulletin des lois* avec l'acte et le règlement annexés ; pareille insertion aura lieu dans le *Moniteur* et dans le *Journal des Annonces judiciaires* du département de la Seine, sans préjudice des affiches prescrites par l'art. 45 du code de commerce.

Donné en notre château des Tuileries, le 11 février, l'an de grâce 1820, et de notre règne le vingt-cinquième.

Signé : LOUIS.

Nota. La connaissance des statuts des compagnies étrangères n'intéresse directement que les personnes qui ont à traiter avec ces compagnies dont elles veulent connaître la solvabilité et les garanties. Quant à la manière dont le contrat d'assurance est entendu et pratiqué chez les nations voisines (et tel est l'objet spécial de nos recherches), elle ressort plus particulièrement des

32

polices contenant les conventions entre l'assureur et l'assuré. Remarquons qu'en Angleterre, toutes les compagnies d'assurances ont des polices, et soumettent au paiement d'une prime, même lorsque, par suite de la mutualité stipulée entre les associés, chacun des assurés est tenu de participer aux pertes proportionnellement aux valeurs assurées, et jusqu'à concurrence d'un dépôt fait en entrant dans l'association.

POLICES
DES COMPAGNIES FRANÇAISES.

POLICE DE LA COMPAGNIE D'ASSURANCES GÉNÉRALES CONTRE L'INCENDIE.

Conditions générales.

Art. 1er. La compagnie assure contre l'incendie, même contre celui provenant du feu du ciel, toutes les propriétés mobilières et immobilières, à l'exception des dépôts, magasins et fabriques de poudre à tirer, des titres de toute nature, des bijoux, des pierreries, des lingots, des monnaies d'or et d'argent.

La valeur du sol n'est pas comprise dans l'assurance.

2. La compagnie ne répond pas des incendies ocsasionnés par guerre, invasion, émeute populaire, force militaire quelconque, et tremblement de terre.

En cas d'explosion ou de détonation quelconque, même de la foudre, elle ne répond que des dommages résultant de l'incendie des objets assurés.

Elle ne répond pas de l'incendie des récoltes de grains et fourrages, et de toute autre espèce de matières ou denrées, lorsque l'incendie est l'effet de leur propre fermentation.

Elle ne répond de l'argenterie, des dentelles, des tableaux, des statues, et en général de tous les objets rares ou précieux, que lorsqu'ils sont spécialement désignés dans la police.

3. La compagnie n'est et ne peut être engagée que par ses polices d'assurances signées par les deux parties contractantes.

Elles n'ont d'effet que le lendemain de leur date, à midi.

4. Les primes d'assurances sont payées d'avance et comptant, au bureau de la compagnie ou de ses agens.

Celles de la première année se paient en souscrivant la police; celles des années suivantes sont réglées en billets payables au domicile de la compagnie ou de ses agens. Il est accordé à l'assuré quinze jours de grâce pour les acquitter.

5. A défaut de paiement de la prime ou des billets de primes dans le délai ci-dessus fixé, sans qu'il soit besoin d'aucune demande, d'aucune mise en demeure, l'assuré n'a droit, en cas d'incendie, à aucune indemnité, et la compagnie peut, à son choix, ou résilier la police, ou la maintenir et en poursuivre l'exécution.

Dans tous les cas, le paiement de la prime échue qui serait fait postérieurement à un incendie, et après l'expiration du délai de quinzaine accordé par l'article précédent, ne donnera aucun droit à l'assuré à l'indemnité du dommage causé par cet incendie.

6. Avant de faire dans les bâtimens assurés ou renfermant des objets assurés, ou à leur proximité, des changemens, des constructions qui multiplient ou aggravent les risques, — avant d'y établir une fabrique, une usine, une manipulation ou une profession dangereuse, — avant d'introduire dans tout bâtiment, fabrique ou usine, des denrées, des marchandises ou des objets quelconques, qui par leur nature, accumulation ou accroissement de manipulation, augmentent les chances d'incendie, — avant de transporter les objets assurés dans d'autres lieux que ceux désignés par la police,

L'assuré est tenu d'en consigner la déclaration au bureau de la compagnie, de la faire mentionner sur sa police, et de payer, s'il y a lieu, une augmentation de prime proportionnée à la gravité du nouveau risque, soit que les changemens opérés proviennent de son fait, soit qu'ils proviennent du fait de ses fermiers ou locataires. (*Voir l'art.* 10 *ci-après.*)

7. En cas de mutation dans la propriété des objets assurés par suite de décès, de vente, ou pour toute autre cause, le nouveau propriétaire doit immédiatement déclarer sa qualité et la faire mentionner dans la police. (*Voir l'art.* 10 *ci-après.*)

8. Lorsque l'assuré n'est point propriétaire des objets assurés, il doit le déclarer et le faire mentionner dans sa police. (*Voir l'art.* 10 *ci-après.*)

9. Si, avant la date de la présente police, les objets garantis par la compagnie, se trouvent déjà couverts par des associations mutuelles ou par des assureurs, sous quelque titre ou dénomination, et pour quelque somme que ce soit, ou encore, si l'assuré les fait couvrir postérieurement par d'autres assureurs ou associations mutuelles, il est tenu d'en consigner la déclaration au bureau de la compagnie et de la faire mentionner dans sa police.

Après lesdites déclarations et mentions, la compagnie, en cas d'incendie, ne contribue aux pertes que dans la proportion des sommes garanties par elle comparativement au montant total des assurances et à la valeur réelle au moment de l'incendie des objets assurés. (*Voir l'art.* 10 *ci-après.*)

10. Lors des déclarations prescrites par les art. 6, 7, 8 et 9, la compagnie se réserve le droit de résilier la police par une

32.

simple notification, et les primes payées ou échues lui demeurrent acquises. Faute de ces déclarations et de leur mention sur la police, l'assuré, ses représentans ou ayant-cause n'ont droit, en cas d'incendie, à aucune indemnité.

11. Toute réticence, toute fausse déclaration de la part de l'assuré qui diminueraient l'opinion du risque ou en changeraient l'objet, annulent l'assurance.

L'assurance est nulle, même dans le cas où la réticence ou la fausse déclaration n'auraient pas influé sur le dommage ou la perte de l'objet assuré.

12. Aussitôt que l'incendie se déclare, l'assuré doit en donner connaissance à l'agent de la compagnie le plus voisin du lieu de l'événement, et employer tous les moyens en son pouvoir pour arrêter les progrès de l'incendie et pour sauver les objets assurés.

La compagnie lui tient compte des frais occasionnés par le déplacement des objets sauvés.

13. Immédiatement après l'incendie, l'assuré doit en faire la déclaration devant le juge de paix du canton.

Cette déclaration indique l'époque précise de l'incendie, sa durée, ses causes connues ou présumées, les moyens pris pour en arrêter les progrès, ainsi que toutes les circonstances qui l'ont accompagné ; elle indique encore la nature, l'étendue et la valeur approximative du dommage.

Dans les trois jours qui suivent, l'assuré en transmet une expédition à l'agent de la compagnie le plus voisin ; il est tenu d'y joindre un compte détaillé, certifié par lui, de la perte ou des dommages qu'il a éprouvés.

14. Si, dans les trente jours de l'incendie, l'assuré n'a pas rempli les formalités ci-dessus prescrites, il est déchu de tous ses droits contre la compagnie, à moins d'impossibité constatée.

15. Si les bâtimens assurés par la compagnie sont endommagés ou détruits par ordre de l'autorité pour arrêter les progrès d'un incendie, la compagnie rembourse le dommage.

16. La désignation dans la police des objets assurés ne peut être opposée comme une preuve de leur existence au moment de l'incendie, et l'assuré est tenu d'en justifier par tous les moyens en son pouvoir, et de produire, s'il en est requis, tous les documens indiqués en l'art. 19 de la présente.

17. L'assurance ne pouvant jamais être une cause de bénéfice pour l'assuré, et ne devant lui garantir que l'indemnité des pertes réelles qu'il a éprouvées, la somme pour laquelle la présente police est souscrite ne peut être opposée comme preuve de la valeur des objets assurés.

En conséquence, l'assuré est tenu de justifier de la valeur desdits objets au moment de l'incendie, de la manière prescrite par l'art. 19.

S'il est reconnu que cette valeur est inférieure à la somme assurée, l'engagement de la compagnie est réduit de toute la différence, et l'assuré n'a droit au remboursement du dommage qu'en proportion du capital de l'assurance ainsi réduit.

18. Si, au moment de l'incendie, la valeur des objets couverts par la police excède le montant de l'assurance, l'assuré est considéré comme étant resté son propre assureur pour cet excédant, et il supporte en cette qualité sa part de la perte ou du dommage au centime le franc.

19. Le règlement des indemnités réclamées par l'assuré se fait autant que possible de gré à gré; sinon la perte ou les dommages sont constatés et évalués par enquête et expertise contradictoires, et l'assuré est tenu, s'il en est requis, de produire ses titres de propriété, baux, extraits de la matrice du rôle des contributions, ses livres, s'il en a, ainsi que tous les documens en sa possession. La compagnie peut exiger son serment.

20. Lorsque la reconnaissance ou l'estimation du dommage se fait par expertise, les parties choisissent deux experts, lesquels s'adjoignent, s'il y a lieu, un tiers-expert pour les départager. Les deux parties peuvent respectivement exiger que le tiers-expert soit choisi hors du lieu où réside l'assuré.

Les frais d'expertise sont à la charge de la compagnie.

21. Lors de l'évaluation de la perte ou des dommages, il est d'abord procédé à l'estimation de la valeur totale de l'objet assuré au moment de l'incendie.

On fait ensuite l'estimation des objets non détruits par l'incendie, ainsi que celle des dépenses nécessaires pour rétablir les choses dans leur état primitif.

La compagnie peut à son choix prendre l'une ou l'autre de ces deux dernières estimations pour base du règlement de l'indemnité à payer à l'assuré.

22. Les immeuble et effets mobiliers sont estimés d'après leur valeur vénale au moment de l'incendie.

Les matières, denrées et marchandises sont évaluées au cours du jour de l'incendie.

23. L'assuré ne peut, en aucun cas, faire le délaissement des objets assurés.

24. La compagnie peut reprendre pour le montant de leur estimation, les matières, denrées et marchandises avariées et les matériaux provenant des bâtimens incendiés.

Elle peut de même, dans un délai déterminé à l'amiable ou par experts, faire réparer ou reconstruire, à dire d'experts, les bâtimens que l'incendie aurait endommagés, ou détruits.

Elle peut encore remplacer en nature, à l'amiable ou à dire d'experts, les objets mobiliers, matières, denrées et marchandises avariées ou détruites par l'incendie.

25. Lorsque l'assurance a pour objet une fabrique, une usine, un mobilier industriel, des récoltes non battues ou des fourrages, la compagnie ne paie que les *quatre cinquièmes* de la somme à laquelle la perte ou les dommages à sa charge ont été réglés.

26. L'assurance du risque locatif a pour objet de garantir l'assuré de la responsabilité à laquelle il est soumis comme locataire en vertu des art. 1733 et 1734 du code civil.

Le locataire doit faire assurer une somme égale au moins à quinze fois le montant de son loyer, et dans ce cas, la compagnie est tenue de la totalité du dommage jusqu'à concurrence de la somme assurée.

Si le locataire fait assurer une somme moindre, la compagnie ne répond du dommage que dans la proportion de la somme assurée à quinze fois le montant annuel du loyer.

27. La compagnie ne peut être tenue de payer au-delà des quatre cinquièmes de la somme assurée dans les cas prévus par l'art. 25, et dans tous les autres cas au-delà du montant de l'assurance et des frais d'expertise.

28. La somme à laquelle le dommage a été fixé est payée comptant.

La compagnie, après le paiement de la perte ou des dommages, peut résilier la police sans être tenue de restituer la prime de l'année courante.

29. La compagnie, par le seul fait de la présente police, est subrogée, mais sans garantie, à compter du lendemain de sa date à midi, dans tous les droits, actions et recours que l'assuré peut avoir à exercer, en cas d'incendie, contre tous garans généralement quelconques, tels que locataires, voisins, auteurs présumés de l'incendie, assurances mutuelles et assureurs à prime ou autrement.

L'assuré, en recevant le montant de la perte ou du dommage, est tenu de réitérer ce transport au profit de la compagnie par acte séparé.

30. Le paiement des primes arriérées se poursuit par les voies de droit, et tous les frais et déboursés, même ceux du timbre et d'enregistrement, sont à la charge de l'assuré.

Toute autre contestation entre l'assuré et la compagnie sur les dommages d'incendie, sur les opérations et règlemens des experts, et sur l'exécution de la présente police, est jugée par trois arbitres choisis, l'un par l'assuré, l'autre par la compagnie, et le troisième par les deux arbitres réunis.

Faute par l'une des parties de nommer son arbitre, ou par les arbitres de s'accorder sur le choix du troisième arbitre, il est désigné d'office par le président du tribunal de commerce, et à défaut, par le président du tribunal de première instance.

Les arbitres sont dispensés de toutes formalités judiciaires.

Les frais d'arbitrage sont supportés par moitié entre la compagnie et l'assuré.

31. Toute action en paiement de pertes ou dommages est prescrite par un an, à compter du jour de l'incendie ou des dernières poursuites.

32. Les clauses de la présente police sont de convention ex-

presse et ne pourront dans aucun cas être réputées commina-
toires.

~~~~~~~~~~

POLICE DE LA COMPAGNIE FRANÇAISE DU PHÉNIX.

Conditions générales.

Art. 1er. La compagnie assure contre l'incendie et contre le
feu du ciel la valeur vénale des propriétés mobilières et immobilières, à l'exception des fabriques, dépôts et magasins de
poudre à tirer, des titres de toute nature, des bijoux, des pierreries, des lingots, des monnaies d'or et d'argent.

2. La compagnie ne répond point des incendies occasionnés par
guerre, invasion, émeute populaire, force militaire quelconque, tremblement de terre et explosion de poudre.

Elle ne répond de l'argenterie, des tulles, des dentelles, des
tableaux, des statues, et en général de tous les objets rares ou
précieux, que lorsqu'ils sont spécialement désignés dans la police.

3. La compagnie n'est engagée que par ses polices d'assurances, signées par les deux parties contractantes.

Elles n'ont d'effet que le lendemain de leur date, à midi.

4. Les primes d'assurances sont payées d'avance et comptant
au bureau de la compagnie ou de ses agens.

La première année se paye en souscrivant la police.

Le paiement des années suivantes a lieu, pour tout délai, dans
la quinzaine qui suit l'échéance.

5. A défaut du paiement de la prime dans le délai ci-dessus
spécifié, et sans qu'il soit besoin d'aucune mise en demeure,
l'assuré n'a droit, en cas d'incendie, à aucune indemnité.

Tant qu'il n'y a pas d'incendie, la compagnie peut à son choix
résilier la police par une simple notification, ou la maintenir et
poursuivre le paiement de la prime.

Du moment où la prime est payée, l'assurance reprend son
cours.

6. Si des objets assurés dans un lieu sont transportés dans un
autre;

Si, dans des bâtimens assurés ou renfermant des objets assurés, il est fait des changemens ou des constructions qui augmentent ou multiplient les chances d'incendie;

S'il y est établi une fabrique, une usine, une manipulation
ou une profession dangereuse;

S'il y est introduit des matières, des denrées, des marchandises, des objets quelconques qui, par leur nature, aggravent
évidemment les risques,

L'assuré est tenu de le déclarer immédiatement à la compagnie, et de payer, s'il y a lieu, une augmentation de prime.

Faute par lui de faire mentionner cette déclaration sur sa police , il n'a droit, s'il survient dans l'intervalle un incendie, à aucune indemnité.

Dans tous les cas, le changement survenu dans la nature du risque donne à la compagnie le droit de résilier la police par une simple notification, et les primes payées lui demeurent acquises.

7. Si l'assuré tombe en faillite , l'assurance est de droit annulée , et les primes payées sont acquises à la compagnie.

8. Lorsque, par cause de décès, vente, changemens de domicile ou de raison sociale, les objets assurés auront été transportés dans un autre local ou cesseront d'appartenir au propriétaire désigné dans la police, celui-ci ou ses ayant-cause seront tenus d'en faire la déclaration , et la compagnie pourra, à son choix, maintenir l'assurance ou la résilier , et dans ce dernier cas, à moins de conventions nouvelles, les primes payées lui resteront acquises.

9. Lorsque l'assuré n'est point propriétaire des objets assurés, il doit le déclarer et le faire mentionner dans sa police ; à défaut de cette mention, la compagnie, en cas d'incendie, n'est tenue envers lui, comme envers tous autres, à aucune indemnité.

10. Si, lors de la signature de la présente police, les objets assurés sont déjà couverts par d'autres assureurs ou par des associations mutuelles ;

Ou encore si les objets assurés par la compagnie ne le sont point pour leur valeur entière, et que l'assuré veuille faire couvrir l'excédant par d'autres assureurs ou associations mutuelles, il est tenu de le déclarer préalablement à la compagnie, et de faire mentionner sa déclaration sur sa police.

Si la mention de cette déclaration a eu lieu, la compagnie, en cas d'incendie, supporte la perte au centime le franc de la somme assurée par elle.

Si elle n'a point eu lieu, l'assuré n'a droit, en cas d'incendie, à aucune indemnité; la compagnie peut résilier la police par une simple notification, et les primes payées lui demeurent acquises.

L'assurance est renouvelée et continue de plein droit pour une nouvelle période de temps égale à celle qui a été fixée par la police primitive, si une déclaration contraire n'a pas été faite de la part de l'assuré ou de la compagnie, trois mois au moins avant l'expiration de l'assurance existante; les mêmes renouvellement et continuation auront lieu à chaque nouvelle période, à moins de déclaration contraire dans le délai prescrit.

11. Lorsque l'assurance porte sur marchandises, fabrique, usine, mobilier industriel, produit de récoltes et autres objets dont la valeur est sujette à varier, la compagnie peut demander à l'expiration de chaque année, que le montant de l'assurance soit réduit.

Si l'assuré ne consent point aux réductions proposées, la police est résiliée de plein droit par une simple notification.

12. Toute réticence, toute fausse déclaration de la part de l'assuré qui diminueraient l'opinion du risque, ou en changeraient le sujet, anulent l'assurance : l'assurance est nulle, même dans le cas où la réticence ou la fausse déclaration n'aurait pas influé sur le dommage ou la perte de l'objet assuré. (Code de commerce, art. 348.)

Les primes payées demeurent acquises à la compagnie.

13. L'incendie doit être annoncé immédiatemeut et par écrit, au directeur de la compagnie, si l'événement est arrivé dans le département de la Seine, et à l'agent d'arrondissement, s'il a eu lieu dans un autre département.

L'assuré doit ensuite, et sans délai, faire sa déclaration d'incendie et de dommage devant le juge de paix du canton.

Cette déclaration indique les causes présumées de l'incendie et contient l'état détaillé des pertes et dommages de l'assuré : copie en forme en est transmise immédiatement par l'assuré à la compagnie ou à son agent.

14. L'assuré, en cas d'incendie, est autorisé à faire procéder à l'enlèvement des objets mobiliers, matières, denrées, marchandises, sur lesquels repose l'assurance.

La compagnie lui tient compte des frais occasionnés par le déplacement.

15. Si les bâtimens assurés par la compagnie sont endommagés par ordre de l'autorité pour arrêter les progrès d'un incendie, la compagnie rembourse le dommage.

16. Les désignations et évaluations contenues dans la police ne pouvant être opposées comme une preuve de l'existence et de la valeur des objets assurés au moment de l'incendie, l'assuré est tenu d'en justifier par tous les moyens en son pouvoir. Il est également tenu de justifier de la réalité et de la valeur du dommage.

17. La reconnaissance et l'estimation du dommage sont faites de gré à gré par deux experts choisis par les parties, lesquels s'adjoignent, s'il y a lieu, un tiers-expert.

Les deux parties peuvent exiger respectivement que le tiers-expert soit choisi hors du lieu où réside l'assuré.

18. Si les experts reconnaissent que la valeur des objets assurés était inférieure à l'évaluation portée dans la police, l'assuré n'aura droit qu'au remboursement de la valeur réelle desdits objets au moment de l'incendie : l'assurance ne pouvant jamais être pour l'assuré une cause de bénéfice.

Si, au contraire, au moment de l'incendie, la valeur des objets couverts par la police est reconnue excéder le montant de l'assurance, l'assuré est considéré comme étant resté son propre assureur pour cet excédant, et il supporte, en cette qualité, sa part du dommage au centime le franc.

19. Les matières, denrées et marchandises sont évaluées au cours du jour où l'incendie a eu lieu.

20. Dans aucun cas, la compagnie ne peut être tenue de payer au-delà de la somme assurée et des frais d'expertise.

21. L'assuré ne peut faire le délaissement des objets assurés; il renonce à cet égard à l'article 369 du code de commerce.

22. La compagnie peut reprendre pour le montant de leur estimation, les matières, denrées et marchandises avariées, et les matériaux provenant des bâtimens incendiés.

Elle peut, dans les délais déterminés à l'amiable ou par experts, faire réparer ou reconstruire, à dire d'experts, les bâtimens que l'incendie aurait endommagés ou détruits.

Elle peut de même remplacer en nature, à l'amiable ou à dire d'expert, les matières, denrées, marchandises, et les objets avariés ou détruits par l'incendie.

23. La compagnie, par le seul fait de la présente police, et sans qu'il soit besoin d'aucune autre cession, transports, titre ou mandat, est subrogée, sans garantie, à compter du lendemain de sa date à midi, à tous les droits, recours et actions que l'assuré pourrait avoir à exercer pour cause d'incendie contre tous voisins, locataires et garans généralement quelconques, et contre toutes associations mutuelles et compagnies d'assurances à prime, sous quelque titre et dénomination que ce soit.

24. Le paiement des primes arriérées se poursuit par les voies de droit, et tous les frais et déboursés, et même ceux de timbre, d'amende et d'enregistrement, sont à la charge de l'assuré.

Toute autre contestation entre l'assuré et la compagnie sur les dommages d'incendie, sur les opérations et règlemens des experts, et sur l'exécution de la présente police, est jugée par trois arbitres choisis, l'un par l'assuré, l'autre par la compagnie, et le troisième par les deux arbitres réunis.

Faute par l'une des parties de nommer son arbitre, ou par les arbitres de s'accorder sur le choix du troisième arbitre, il est désigné d'office, dans les villes où il existe un tribunal de commerce, par le président de ce tribunal, et dans celles où il n'en existe pas, par le président du tribunal de première instance.

Les arbitres sont dispensés de toutes formalités judiciaires.

Les frais d'arbitrage sont supportés par moitié entre la compagnie et l'assuré.

25. La somme à laquelle le dommage a été fixé est payée comptant.

La compagnie, le dommage payé, peut résilier la police.

26. Toute action en paiement de pertes et dommages est prescrite par un an, à compter du jour de l'incendie.

ASSURANCES CONTRE LA GRÊLE.

SOCIÉTE D'ASSURANCE MUTUELLE

CONTRE LA GRÊLE, A PARIS,

Pour les départemens de la Seine, Seine-et-Oise, Seine-et-Marne, Eure, Aisne, Oise, Somme, Seine-Inférieure, Saône-et-Loire, Eure-et-Loir, Indre, Nièvre, Marne, Côte-d'Or, Yonne, Aube, Cher, Loiret, Loir-et-Cher, Indre-et-Loire.

(AUTORISÉE PAR ORDONNANCE DU 29 JANVIER 1823.)

STATUTS.

CHAPITRE PREMIER.

Fondation.

Art. 1er. Il y a société d'assurance contre la grêle entre les propriétaires soussignés, cultivateurs ou fermiers de biens ruraux, et ceux qui adhèrent aux présens statuts, dans les départemens de la *Seine, Seine-et-Oise, Seine-et-Marne, Eure, Aisne, Oise, Somme, Seine-Inférieure, Saône-et-Loire, Eure-et-Loir, Indre, Nièvre, Marne, Côte-d'Or, Yonne, Aube, Cher, Loiret, Loir-et-Cher, et Indre-et-Loire.*

2. Cette société a pour objet de garantir mutuellement ses membres des risques et dommages que pourront causer les ravages de la grêle aux récoltes pendantes par racines; elle n'entend assurer contre aucun autre dommage.

3. La durée de la société est de trente ans; elle peut être prolongée avec l'autorisation du gouvernement. La présente association ne peut avoir d'effet que du moment où, par suite des adhésions aux présens statuts, il se trouvera pour six millions de récoltes engagées à l'assurance.

4. La société est administrée par un conseil-général des sociétaires, un conseil d'administration et un directeur-général.

5. Cette société exclut toute solidarité entre les sociétaires, dont chacun, en tout état de cause, ne peut supporter que la part engagée dans la contribution, à laquelle le dommage peut donner

lieu, selon les états de répartition arrêtés par le conseil d'administration et mis en recouvrement.

Cette part ne peut, dans aucun cas, s'élever au-delà d'un et demi ou de trois pour cent par an de la valeur du revenu soumis à l'assurance, suivant que les récoltes engagées appartiendront à la première ou à la seconde classe établies dans l'article 26.

6. Chaque sociétaire est assureur et assuré pour une, trois, six ou neuf années, à partir du jour où il est devenu sociétaire.

7. Six mois avant l'échéance de son assurance, il fait connaître, par une déclaration consignée sur un registre tenu à cet effet, s'il entend faire partie de la société pour un plus long délai, ou s'il y renonce.

8. Par le fait seul du défaut de cette déclaration à l'époque ci-dessus fixée, il continue de faire partie de la société pour un temps égal à son premier engagement.

Dans ce cas, les conditions de l'assurance doivent être remplies comme pendant le premier engagement.

9. En qualité d'assureur, tout sociétaire est tenu de fournir à l'association, au moment où il y entre, une garantie pour le présent système d'assurance mutuelle: cette garantie est d'un demi pour cent de la valeur de la récolte assurée pour les productions comprises dans la première classe; et d'un aussi pour cent de celles composant la seconde classe. La somme en résultant servira à couvrir les pertes éprouvées dans le courant de l'année: si cette somme se trouvait être insuffisante par l'effet du grand nombre de sinistres ou dégâts qui pourraient survenir, alors il serait fait une répartition entre tous les sociétaires, ainsi qu'il sera indiqué en l'art. 21; les sommes provenant du fonds de garantie seront, par le directeur, versées à la caisse de service ou à celle des dépôts et consignations, pour porter intérêt au profit de la société, de la manière qui sera réglée ci-après par l'article 55.

Si ce premier fonds était plus que suffisant pour faire face à tous les dommages éprouvés pendant l'exercice courant, la partie non absorbée appartiendrait et serait transportée de droit à l'exercice suivant; et, dans ce cas, les sociétaires n'auraient de versement à faire que pour le complément du fonds de garantie, qui sera toujours, soit complété, soit renouvelé en cas d'épuisement, lors du plus prochain paiement annuel des frais de direction.

Chaque exercice finira le 31 décembre.

10. Les frais de direction sont fixés par année à 25 centimes pour cent francs de récoltes assurées, payables au commencement de chaque exercice.

Ceux de police d'assurance, ou acte contenant l'engagement entre l'association et l'assuré, sont réglés à 50 centimes, une fois payés, pour tout le temps de l'engagement. Si cette police donne lieu à des frais de timbre, ils seront à la charge de l'assuré.

Lorsque tous les propriétaires d'une même commune auront

assuré leurs récoltes en masse, ils ne paieront que 20 centimes pour 100 francs de frais de direction par année. Ils ne paieront aussi qu'une seule police de 5o centimes. Les récoltes appartenant à des établissemens publics, tels que les hospices, hôpitaux, maisons de charité ou de bienfaisance, jouiront du même avantage.

11. Les estimations des récoltes assurées seront toujours faites en sommes rondes de cent francs.

CHAPITRE II.

Conditions de l'entrée dans la société. Estimation des dégâts et mode de paiement des indemnités.

12. L'inscription sur le registre de la société de la déclaration des récoltes que l'on veut faire assurer, et la quittance, tant des frais de direction que du fonds de garantie, confèrent de droit au déclarant la qualité de sociétaire.

Cette déclaration devra désigner, en tant que de besoin, les pièces de terre, vergers, potagers, vignes, plantations de tabac et houblonnières, leurs tenans et aboutissans, leur contenu, la nature des semences, arbres et fruits qu'on fait assurer. La même déclaration contient en outre la valeur que le déclarant donne aux récoltes qu'il veut faire assurer. La déclaration d'assurance sera datée du jour et de l'heure à laquelle elle sera faite et admise.

13. Le montant de l'estimation faite par le déclarant forme le capital à assurer, et ce capital, sauf la surveillance attribuée au directeur par l'article 46, est la base de la somme pour laquelle le sociétaire doit concourir au paiement des dommages, comme il a été dit dans l'article 5.

14. Toute personne ayant un intérêt direct ou indirect à la conservation des récoltes, est admise à les faire assurer, suivant les dispositions de l'article 9.

La propriété d'autrui peut même être assurée officieusement.

Une récolte ne peut donner lieu qu'à une assurance, et elle tournera toujours au profit du propriétaire.

15. Le sociétaire appelé à fournir les portions contributives, en vertu des états de répartition arrêtés par le conseil d'administration, est tenu de verser son contingent entre les mains de l'agent de la direction, et sur le simple avis du directeur-général.

Si, dans les quinze jours qui suivront ce premier avis, le sociétaire n'a pas effectué le versement demandé, l'avertissement lui sera réitéré; et, faute par lui d'avoir satisfait à ce second avis, il sera poursuivi par toutes les voies de droit, à la requête du directeur-général, auquel il est, dès à présent, conféré tous pouvoirs nécessaires à l'effet de parvenir au recouvrement desdites portions contributives. Le retardataire est, en outre, passible, au profit de la masse commune, d'un dédommagement dont la quotité est fixée au quart de la somme pour laquelle il est poursuivi.

16. Le directeur rend périodiquement compte au conseil d'administration du résultat des poursuites exercées contre les retardataires : sur son rapport, il est pris à leur égard, par le conseil, telles mesures qui lui paraîtront convenables à l'intérêt de la société.

17. Tout fait de perte de fruits ou de récoltes par l'effet des ravages de la grêle, sera de suite dénoncé à la direction, ou à celui de ses agens qui la représente, dans la commune où le bien se trouve situé ; la déclaration en sera faite par l'assuré ou l'intéressé, et elle contiendra la date et l'heure de l'accident, la désignation exacte des objets grêlés, la mention de l'espèce de récolte détruite, et si le dégât est intégral ou partiel : cette déclaration est remise ou envoyée par l'assuré, à peine de déchéance de l'indemnité, dans la quinzaine, au plus tard, qui suit le dégât, au bureau de la direction, ou à l'agent de la société, qui en délivrera un récépissé.

L'expertise est faite dans les dix jours qui suivent la remise de la déclaration du sinistre, selon les règles du droit commun, par des experts contradictoires, nommés, l'un par l'associé grêlé, l'autre par la direction, à moins que l'assuré ne consente par écrit à s'en rapporter à l'évaluation qui sera donnée aux pertes par l'expert envoyé par la direction.

Les évaluations des experts se font en parties aliquotes des récoltes atteintes par la grêle ; ainsi ils déclarent que la perte est d'un vingtième, de deux vingtièmes, etc., de la récolte assurée.

18 Les frais de l'expertise seront supportés moitié par l'association et moitié par l'intéressé.

19. Si cependant le ravage causé par la grêle était tel, sur quelques points, qu'il n'y eût aucune espérance de récolte, et qu'il fût encore temps d'ensemencer, le directeur, après avoir fait constater le dommage, pourra traiter amiablement avec l'assuré d'une diminution dans l'indemnité à lui payer, et l'assuré ensemencera une seconde fois.

Si la grêle est tombée dans un temps où il est permis d'espérer que le mal qu'elle a causé se réparera de lui-même par des circonstances prises de la saison ou de la vigueur de la sève, le directeur prendra les ordres du conseil d'administration pour faire procéder à une deuxième expertise.

Dans le cas où le résultat de la deuxième expertise différera de celui de la première, la société se tiendra à la plus basse des deux, sauf à régler le différend par arbitres, et entre les limites de ces deux estimations de dommage, si l'associé grêlé ne se contentait pas de ce que la société a cru lui devoir.

20. Immédiatement après la rentrée des récoltes, époque où tous les dégâts sont connus, le directeur dressera, arrêtera et soumettra à l'approbation du conseil d'administration, l'état des

indemnités à payer. Si le fonds de garantie mentionné en l'art 9
est suffisant pour faire face à tous les dégâts, il est employé sans
délai à l'acquittement des sommes dues aux assurés qui ont
éprouvé des pertes, et, dans ce cas, le cultivateur grêlé peut à
l'instant profiter du bienfait de l'assurance.

21. Si, au contraire, le fonds de garantie était insuffisant,
alors le directeur établirait, en vertu des articles 15 et suivans,
le compte des portions contributives dues par les sociétaires, à
raison des pertes survenues pendant l'exercice, et dans les bornes
prescrites par l'article 5.

Le conseil d'administration vérifie ce compte, en arrête définitivement la répartition, et le directeur demeure chargé d'en
suivre immédiatement le recouvrement, en conformité des articles 15 et suivans. Ce compte est conservé à la direction; des
copies certifiées par le directeur-général en sont déposées chez
les agens des départemens, et tous les sociétaires ont droit d'en
prendre connaissance.

Pendant la confection de l'état des portions contributives, et
sans attendre que leur recouvrement soit effectué, le fonds de
garantie sera réparti et distribué à titre d'à-compte envers tous
les intéressés, au profit desquels sera réparti ultérieurement le
produit des portions contributives mises en recouvrement. Cette
première distribution sera faite assez à temps pour mettre le cultivateur en état de se procurer des semences.

22. Dans le cas d'une année calamiteuse, où l'estimation des
dommages excéderait la fixation portée en l'art. 5, les portions
contributives seront appelées en entier, et réparties au marc le
franc des pertes, mais sans excéder, dans aucun cas, les limites
prescrites par ledit article 5.

23. Dans tous les cas possibles, le paiement des indemnités
dues à raison des pertes essuyées, sera toujours effectué dans le
courant du dernier trimestre de l'année.

24. Il ne sera fait aucun appel de fonds, si l'on ne s'est pas
servi du fonds de garantie. Le présent article ne déroge pas aux
dispositions de l'article 10.

Si, après un exercice révolu, et après que le directeur-général
aura exercé, au nom de la société, toutes les formalités judiciaires usitées pour obtenir l'entier recouvrement des portions
contributives appartenant audit exercice, il existe encore des
non-valeurs de la part de quelques associés insolvables, le montant en sera reporté au compte de l'exercice suivant, et le directeur en sera bien et dûment déchargé.

25. L'assuré quittant l'association n'aura droit à aucune réclamation sur le fonds de garantie, qui profitera à la masse des
sociétaires.

CHAPITRE III.

Classification des diverses espèces de produits.

26. Les plantations de vigne, de tabac et les houblonnières étant plus long-temps et plus dangereusement exposées aux ravages de la grêle, il a été nécessaire de former deux classes de produits à assurer et d'établir deux modes de contributions mutuelles.

La première classe ne contiendra uniquement que les céréales et produits agricoles de toute espèce obtenus par le labourage à la charrue, ainsi que les prairies naturelles et artificielles ; et ils concourront au paiement des indemnités à raison d'un et demi pour cent.

La seconde classe comprendra les vignes, houblonnières, plantations de tabac, vergers, potagers, etc., etc.

Ces dernières productions concourront, lors de l'appel des portions contributives pour le paiement des indemnités, dans la proportion de trois pour cent.

CHAPITRE IV.

Conseil-général des sociétaires.

27. Il y a une assemblée de sociétaires, sous le nom de conseil-général, laquelle représente l'entière société.

28. La réunion des cinq plus forts assurés pour chacun des départemens, formera à Paris le conseil-général des sociétaires, qui ne pourra délibérer qu'autant que le nombre de ses membres serait de trente. Les membres de ce conseil pourront se faire représenter par d'autres sociétaires, pourvu que ceux-ci aient au moins pour mille francs de récoltes assurées.

Les assemblées du conseil-général seront annoncées par les journaux et par lettres missives aux assurés désignés ci-dessus ; ceux qui se feront représenter remettront à leur représentant la lettre de convocation avec mention de leur délégation.

29. Le conseil-général est présidé par l'un de ses membres, élu à la majorité des suffrages. Il se réunit une fois par année, sauf les convocations extraordinaires jugées nécessaires : le secrétaire-général de la direction tiendra la plume.

Le directeur assiste au conseil-général.

30. Le conseil-général nommera à l'avenir les membres du conseil d'administration; ils seront pris, autant que possible, dans chacun des départemens.

La nomination du conseil d'administration, portée par les présens statuts, est provisoire, et devra être soumise à l'approbation du conseil-général, lors de sa première réunion.

Le directeur-général est responsable de l'exécution du mandat qu'il reçoit en raison de sa gestion. Ce mandat lui est conféré pour la durée de la société.

En cas de décès du directeur-général avant le terme dè la société, le conseil d'administration lui choisit un successeur dans les sujets que sa veuve ou ses héritiers lui présentent pour le remplacer; le conseil ne sera tenu d'accepter cependant qu'un sujet qui réunira les qualités convenables.

3τ. Le conseil-général choisit dans son sein, et hors du conseil d'administration, un comité de trois membres chargé de suivre, pendant le courant de l'année, toutes les opérations de l'administration.

32. Le comité des sociétaires peut prendre part aux délibérations du conseil d'administration, dans tous les cas prévus par les présens statuts, et il y a voix consultative.

Le comité pourra faire convoquer extraordinairement, soit le conseil d'administration, soit le conseil-général pour les cas urgens.

Il rend compte au conseil-général des observations qu'il a pu faire pendant l'année, et des abus qu'il aurait pu reconnaître dans l'administration. Le conseil-général, après avoir entendu le conseil d'administration, délibère sur les rapports du comité, et statue sur ses observations.

CHAPITRE V.

Conseil d'administration.

33. Le conseil d'administration est composé de trente sociétaires fondateurs.

Sont membres dudit conseil.....

Quant à ceux qui restent à nommer, ils le seront ultérieurement; pour délibérer, ils doivent être au moins au nombre de sept membres.

34. Les avocats, le notaire et l'avoué seront présentés par le directeur, et nommés par le conseil d'administration.

35. En cas de décès ou de démission de l'un de ses membres, le conseil d'administration pourvoit provisoirement à son remplacement jusqu'à la prochaine assemblée générale, qui procédera à la nomination définitive pour le temps qui restera à courir de l'exercice du remplacé.

36. Les membres du conseil d'administration sont renouvelés par dixième tous les ans; les membres sortans seront désignés par le sort.

37. Tout membre du conseil d'administration doit être sociétaire, et avoir au moins pour quatre mille francs de récoltes engagées à l'assurance mutuelle.

38. Les membres du conseil d'administration peuvent être nommés une seconde fois.

39. Le conseil d'administration se réunit d'obligation le premier lundi non férié de chaque mois, sauf les convocations

33

extraordinaires jugées nécessaires par le directeur ou le comité du conseil-général des sociétaires.

40. Le secrétaire-général tient la plume au conseil.

41. Les membres du conseil d'administration ne sont responsables que de l'exécution du mandat qu'ils ont reçu.

Ils ne contractent, à raison de leur gestion, aucune obligation personnelle ni solidaire, relativement aux engagemens de la société.

42. Le conseil d'administration délibère sur toutes les affaires de la société, et les décide par des arrêtés consignés sur des registres doubles ouverts à cet effet, demeurant, l'un entre les mains du directeur, et l'autre entre celles du président. Les décisions sont prises à la majorité des suffrages; le directeur sera tenu de s'y conformer.

43. Le conseil reçoit, vérifie et débat le compte annuel rendu par le directeur, des recettes et dépenses sociales, et ce compte est arrêté provisoirement par le comité des sociétaires, lequel en fait son rapport au conseil-général, qui l'arrête définitivement.

CHAPITRE VI.

De la direction.

44. Il y a un directeur-général; il assiste avec voix consultative aux assemblées du conseil d'administration; il convoque les assemblées du conseil-général des sociétaires.

Il convoque également, lorsque cela peut devenir nécessaire, les assemblées du conseil d'administration.

Le directeur met sous les yeux du conseil-général des sociétaires, lors de sa réunion, l'état de situation de l'établissement, celui des recettes et dépenses de l'année précédente, et le compte détaillé de tout ce que la compagnie a été dans le cas de rembourser pour cause de dégâts.

Il donnera aux membres du comité des sociétaires tous les renseignemens qu'ils peuvent désirer; il leur communiquera les registres des délibérations et arrêtés de l'administration, les états de situation de l'établissement, et leur procurera toutes les instructions que les intérêts de leurs commettans exigeront; il donnera également à chaque sociétaire tous les renseignemens dont ils pourront avoir besoin.

45. Trois mois après la révolution de chaque exercice, le directeur présentera au conseil d'administration, dans sa réunion obligée, le compte des recettes sur le fonds de garantie et portions contributives, de toutes les dépenses et non-valeurs pour portions contributives non recouvrables à imputer sur le fonds de garantie; ce compte sera appuyé des pièces justificatives nécessaires.

46. Le directeur surveille, avec l'approbation du conseil d'administration, l'estimation des récoltes engagées ou à engager à

l'assurance, de manière à prévenir les abus qui pourraient nuire aux intérêts de la masse des associés.

Il sera chargé de la délivrance des polices d'assurance, des rapports de la société avec les autorités, de la correspondance ; enfin, de la confection comme de la suite ou de l'exécution de tous les actes qui peuvent concerner l'établissement.

47. Le directeur chargé de l'exécution des présens statuts ne pourra s'en écarter; en conséquence, il sera tenu d'ouvrir les registres nécessaires au conseil d'administration pour ses délibérations et arrêtés, d'avoir un journal général qui présente dans un ordre convenable les noms des sociétaires, la désignation et la valeur de leurs récoltes assurées., et le compte ouvert à chacun d'eux; les registres relatifs aux déclarations de dégâts, et aux évaluations de dommages.

48. Tous les frais de loyer de l'administration, ceux de correspondance, d'impressions et de bureau, les traitemens des employés à sa nomination, enfin toutes dépenses de gestion sont et demeurent à la charge du directeur.

49. Ces recettes et dépenses forment, entre l'association et le directeur, un traité à forfait, dont la durée est fixée à trente ans, et qui ne pourra être annulé sans cause légitime. Cependant, le taux de ce forfait pourra être remis en discussion tous les dix ans.

50. Toute action judiciaire autre que celles auxquelles peuvent donner ouverture les présens statuts, ne peut être engagée ou soutenue par le directeur, au nom et aux frais de la société, que d'après l'avis du conseil d'administration, un avocat et l'avoué entendus. Les frais seront pris sur le fonds de garantie.

51. Les fondateurs réunis ont nommé spontanément et à l'unanimité pour directeur-général, M. Louis-Joseph-Désiré Delattre, propriétaire, demeurant à Paris, rue Saint-Honoré, n° 353, lequel, présent, a déclaré accepter.

M. D. Delattre, directeur, pourra, pour assurer le service contre tous événemens de maladie ou autres empêchemens de sa part, présenter à la nomination du conseil d'administration un adjoint destiné à le suppléer dans toutes opérations de la direction. Cet adjoint, dont les émolumens resteront à la charge du directeur, sera admis à l'exercice de ses fonctions, d'après une délibération du conseil réuni au comité des sociétaires.

52. Le domicile central de l'administration est à Paris.

53. Pour la commodité des propriétaires et la régularité des opérations, le directeur pourra nommer un agent directeur dans chaque chef-lieu de département, un agent particulier par arrondissement de sous-préfecture, et un agent secondaire dans chaque canton de justice de paix compris dans la circonscription de la société; il déterminera, suivant les localités, la quotité des cautionnemens auxquels ces agens seront soumis, et prendra, en conséquence, en son nom toutes inscriptions nécessaires.

33.

Le directeur a le droit d'autoriser les agens à signer en son nom, et à délivrer les polices d'assurance dans leurs départemens respectifs, après s'y être fait autoriser lui-même par le conseil d'administration.

CHAPITRE VII

Comptabilité.

54. Elle sera tenue par le directeur, qui fournira à ses frais un cautionnement en immeuble ou en valeur sur l'état, de la somme de vingt mille francs, qui sera accepté par le président du conseil d'administration.

En vertu du cautionnement, le président prendra une inscription, d'abord à la concurrence de dix mille francs, jusqu'à ce que la valeur de la masse des propriétés assurées ait atteint la somme de quarante millions. Alors, et par chaque augmentation successive de dix millions, l'inscription sera prise pour mille francs de plus jusqu'au *maximum* de vingt mille francs; il n'en peut être donné main-levée ni consenti de radiation qu'après l'apurement des comptes du cautionné, et la représentation d'un *quitus* délivré ensuite d'une délibération du conseil d'administration.

55. Pour sûreté des sommes provenantes du recouvrement des portions contributives et du fonds de garantie, il est établi une caisse à trois clefs, dans laquelle le directeur remettra, le dernier jour de chaque mois, le montant des sommes dont il aura fait recette; les entrées et les sorties de ces fonds seront constatées par le moyen d'un livre de caisse particulier tenu par le directeur, visé et vérifié à toute réquisition par le président du conseil d'administration; ces sommes seront versées successivement à la caisse de service ou à celle des dépôts et consignations, en vertu d'une délibération du conseil, et elles ne seront retirées de ladite caisse publique que sur le reçu du directeur, visé par le président ou l'un des membres désigné par ledit conseil.

56. Des trois clefs de la caisse, l'une restera entre les mains du directeur, l'autre sera remise entre les mains du président du conseil d'administration, et la troisième en celles d'un membre du conseil des sociétaires; ces deux derniers la confient à un des membres de ces conseil et comité, s'ils sont dans le cas de s'absenter; ces membres seront domiciliés à Paris.

57. Le directeur tiendra sa comptabilité journalière sous le contrôle immédiat du président du conseil d'administration, et en rendra compte, ainsi qu'il a été fixé par les articles ci-dessus.

CHAPITRE VIII

Dispositions générales.

58. Tous les cas non prévus par les présens statuts seront décidés par le conseil d'administration réuni au comité des socié-

taires, les membres dudit comité présens ou dûment appelés, le directeur entendu.

59. Un arrêté du conseil d'administration dont il sera donné connaissance par le directeur aux sociétaires, déterminera le jour de la mise en activité; et jusque là, toutes les adhésions ne seront que provisoires.

60. A l'expiration de la présente société, il sera procédé par le conseil d'administration, alors existant, à l'examen du compte moral présenté par le directeur : ce conseil décidera si l'on doit demander ou non une autorisation de prolongation au gouvernement.

Dans le cas où la prolongation ne sera pas demandée ou obtenue, le conseil procédera à la liquidation définitive, sur le compte dressé par le directeur, et le restant en caisse sera réparti et distribué au marc le franc entre tous les sociétaires alors existans.

61. S'il survient quelques contestations entre la société comme chambre d'assurances et un ou plusieurs associés, elles seront jugées à la diligence du directeur, pour la société, par trois arbitres, dont deux seront nommés par les parties respectives; quant au tiers-arbitre, sa nomination sera réglée par le droit commun ; leur jugement sera sans appel, et ne pourra être attaqué, même par voie de recours en cassation. Les frais seront à la charge de la partie qui aura succombé.

62. Les fondateurs soussignés autorisent le directeur ci-dessus nommé à se pourvoir auprès des autorités supérieures, pour parvenir à l'homologation des présens statuts, comme aussi à souscrire au nom de tous, aux rectifications qui seront jugées nécessaires par le gouvernement, aux dispositions de tels articles de ses statuts qui seraient contraires aux lois en vigueur.

Quant à tous autres changemens, ils seront consentis, le cas échéant, par les membres du conseil d'administration, demeurant à Paris, en nombre suffisant pour délibérer : à cet effet, les fondateurs soussignés leur donnent dès ce moment tous les pouvois à ce nécessaires.

63 Le domicile de la société est élu à Paris, dans le local de la direction générale.

Chaque sociétaire est tenu d'en élire un à Paris ou au domicile de l'un des agens de la direction.

ASSURANCES SUR LA VIE.

COMPAGNIE D'ASSURANCES GÉNÉRALES
SUR LA VIE DES HOMMES.

(AUTORISÉE PAR ORDONNANCE ROYALE DU 22 DÉCEMBRE 1819.)

STATUTS.

Art. 1er. Il est formé une société anonyme sous le titre de *Compagnie d'Assurances générales sur la vie des hommes.* — Cette société est établie pour trente années, à partir du jour où elle a commencé ses premières opérations; passé ce terme, elle ne pourra contracter de nouvelles assurances, à moins d'un renouvellement d'association, qui sera soumis à l'approbation du roi.

Si, avant l'expiration de ce terme de trente années, l'assemblée générale des actionnaires décidait, en majorité de nombre et d'actions, la dissolution de la société, elle cesserait dès ce moment de contracter de nouveaux risques, et procéderait à sa liquidation.

Dans le cas où, par une cause quelconque, le capital social serait réduit à moitié, la société doit également cesser de contracter de nouveaux risques, et procéder à sa liquidation, à moins qu'il ne convienne aux actionnaires de rétablir ce capital.

Quelle que soit l'époque de la cessation des opérations de la compagnie, elle continuera de subsister pour l'acquit de ses engagemens envers les assurés, et jusqu'à leur entière extinction.

A partir de son expiration et à mesure de l'extinction des risques, les capitaux appartenant à la société seront, avec l'autorisation du gouvernement, répartis entre les actionnaires, de manière qu'il en reste toujours assez pour offrir aux assurés restans une garantie suffisante.

2. Les opérations de la compagnie embrassent toutes les espèces d'assurances sur la vie d'une ou plusieurs personnes, dont les principales sont:

1º Les assurances pour la vie entière;

2º Les assurances temporaires;

3º Les assurances différées.

Toutes opérations de commerce, autres que lesdites assurances et les placemens de fonds qui en proviennent sont interdites à la société.

Assurances pour la vie entière.

3. La compagnie s'engage, moyennant une somme qui lui est payée immédiatement, ou moyennant une prime que l'assuré s'oblige à lui acquitter annuellement, à payer après le décès de l'assuré, à ses héritiers ou ayant-droit un capital convenu;

Ou à payer au contractant, après le décès d'un tiers, un capital convenu : dans ce cas, elle ne souscrit pas d'assurances sans le consentement, donné par écrit, du tiers assuré, ou sans que le contractant ait justifié qu'il a, à la conservation de ce tiers, un intérêt équivalent à la somme assurée;

Ou à payer, après le décès de deux ou plusieurs personnes, à leurs héritiers ou ayant-droit, un capital convenu;

Ou enfin à payer un capital ou une rente, soit au premier survivant, soit au survivant désigné de deux ou plusieurs personnes.

Assurances temporaires.

4. La compagnie s'engage, moyennant une somme qui lui est payée immédiatement, ou moyennant une prime que l'assuré s'oblige à acquitter annuellement, à payer un capital convenu à la mort de l'assuré, si sa mort a lieu pendant un nombre d'années déterminé. Si l'assuré survit, les sommes versées sont acquises à la compagnie, et elle n'a rien à payer.

5. Le contrat d'assurance pour la vie entière ou d'assurance temporaire, appelé police d'assurance, contient les clauses générales ci-après : 1º La prime d'assurance doit être payée par l'assuré au plus tard dans les 30 jours qui suivent son échéance. Faute de quoi, s'il vient à mourir, les ayant-droit ne peuvent rien réclamer. Mais s'il ne meurt pas, la compagnie lui laisse la faculté de rentrer dans la jouissance de la police pendant les deux mois qui suivent l'échéance de la prime, en payant une augmentation d'un demi pour cent sur le capital assuré. Les deux mois révolus sans que l'assuré ait satisfait aux dispositions précédentes, il est déchu de ses droits.

2º La propriété de la police est transmissible par voie d'endossement; mais, pour que ce transfert soit valable, il faut qu'il soit approuvé par la compagnie, qui ne l'autorisera que sur le consentement de l'assuré.

3º La déclaration fournie par l'assuré pour constater son âge, le lieu de sa naissance, sa profession, l'état de sa santé, sert de base au contrat d'assurance, qui devient nul quand elle contient des faits controuvés, dans le but de surprendre un engagement à la compagnie.

4° Si l'assuré périt dans une guerre ou par suite de blessures qu'il y aurait reçues, s'il se donne la mort, s'il est tué dans un duel, s'il perd la vie par exécution d'une condamnation judiciaire, il s'ensuit nullité de la police.

Il y a également nullité de la police, si l'assuré meurt dans un voyage sur mer, pendant un voyage ou séjour hors des limites de l'Europe, à moins que la compagnie n'ait consenti à courir ce risque moyennant une augmentation de prime. Dans tous les cas de nullité, les sommes payées par l'assuré sont acquises à la compagnie.

5° Tout assuré qui aura fait un service militaire de deux années en temps de guerre, postérieurement à la date de la police, sera tenu de payer une augmentation d'un cinquième sur la prime, ou de subir une réduction équivalente sur le capital assuré.

6° Les sommes dues par la compagnie sont payées comptant et sans aucune retenue.

7° Les contestations entre la compagnie et l'assuré sont jugées par voie d'arbitres.

Assurances différées.

6. La compagnie s'engage à payer, à une époque fixe, un capital convenu à l'assuré, s'il vit à cette époque, moyennant une somme que l'assuré paie immédiatement, ou moyennant une prime qu'il s'engage à acquitter annuellement.

Les clauses générales de ce contrat d'assurance sont les suivantes : 1° La prime doit être payée par l'assuré, chaque année, au jour fixé par la police, ou, au plus tard, dans les trente jours suivants. Si après les trente jours, mais dans l'intervalle de deux mois, à dater du jour de l'échéance de la prime, l'assuré veut l'acquitter, il doit payer une seule fois, en sus de la prime, une augmentation d'un demi pour cent sur le capital assuré : les deux mois révolus sans que l'assuré ait acquitté la prime, il est déchu de ses droits, et ne peut réclamer les sommes qu'il a payées.

2° La propriété de la police est transmissible par endossement, sur l'avis qui en est donné à la compagnie.

3° Si l'assuré meurt avant le jour de l'échéance du capital assuré, les sommes versées sont acquises à la compagnie, et elle n'a rien à payer.

4° La somme stipulée dans la police est payée par la compagnie comptant et sans aucune retenue.

5° En cas de contestations entre l'assuré et la compagnie, elles sont jugées par voie d'arbitres.

7. Les sommes que l'assuré doit acquitter en un seul paiement ou en paiemens annuels sont déterminées pour chaque espèce d'assurance et pour chaque âge donné ; elles sont calculées d'après les bases suivantes : la loi de mortalité générale en France,

telle qu'elle est établie dans la table publiée par le bureau des longitudes; l'intérêt des sommes versées, calculé à raison de quatre pour cent l'an, cumulé d'année en année et combiné avec les probabilités de vie ou de mort déduites de la loi de mortalité précitée, suivant les méthodes connues de l'analyse mathématique, indiquée notamment dans l'ouvrage de F. Bailly, publié à Londres, en 1813, sous le titre de *Doctrine des annuités et des assurances sur la vie.*

La compagnie a, d'après les principes ci-dessus énoncés, fait dresser trois tableaux ou tables, que les comparans ont représentés, dûment timbrés, et qui sont, à leur réquisition, demeurés ci-après annexés, après avoir été de chacun d'eux signés et paraphés en présence des notaires soussignés.

Ladite compagnie se réserve, quand elle le jugera nécessaire, de réduire le taux de l'intérêt: le *minimum* est de trois pour cent par an.

Tout individu est admis à traiter au taux qu'indiquent les tables formées d'après les principes ci-dessus énoncés, s'il a eu la petite vérole ou s'il a été vacciné, et s'il n'est point sujet à des maladies ou infirmités graves. Celui qui n'a pas eu la petite vérole ou n'a pas été vacciné p^{nse} une augmentation d'un dixième de la prime annuelle ou du prix de l'assurance. Celui qui est atteint de maladies ou infirmités graves, obtient des conditions plus ou moins favorables, suivant la nature de la maladie. Ces dérogations aux conditions générales doivent être spécialement énoncées dans le contrat d'assurance.

Le *maximum* de la somme que la compagnie assure sur une seule tête peut être porté à 100,000 francs,

8. La compagnie peut avoir des corespondans dans toutes les villes de France et de l'étranger, pour la représenter conformément aux instructions qu'elle leur donne.

9. Le capital de la compagnie est de trois millions de francs, etc., etc.

COMPAGNIE ROYALE D'ASSURANCES.

(AUTORISÉE PAR ORDONNANCE DU 11 FÉVRIER 1820.)

STATUTS.

1. Il sera établi, sous l'autorisation du gouvernement, une société annonyme sous le nom de *Compagnie royale d'Assurances sur la vie.* Le chef-lieu de la société, et le domicile social seront fixés à Paris.

2. Les opérations de la compagnie comprendront les assurances ou constitutions viagères simples, différées, temporaires, sur une ou plusieurs têtes réunies ou séparées, ou dépendantes d'un ordre de survivance; les assurances à termes fixes, ou indépendantes de la mort des personnes assurées; enfin toutes les espèces de contrats ou de conventions dont les effets dépendent de la vie des hommes.

3. Les assurances et opérations pourront s'effectuer au nom de la compagnie, à Paris, dans tout le royaume et à l'étranger.

4. Toutes opérations autres que celles mentionnées ci-dessus sont formellement interdites à la compagnie.

5. Le tableau de la mortalité moyenne et les trois tarifs annexés au présent acte, sont déclarés fondamentaux; il ne pourra y être fait aucun changement sans une autorisation du gouvernement.

Dans aucun cas, les changemens autorisés ne pourront avoir un effet rétroactif. Lesdits tableaux et tarifs seront enregistrés en même temps que ces présentes.

6. Les tarifs autres que ceux ci-dessus, qui pourront être adoptés et publiés par la compagnie, devront être calculés sur les mêmes bases et donner des résultats analogues.

Quant aux contrats qui ne pourront être tarifés d'avance, les conditions en seront réglées sur les bases des trois tarifs fondamentaux.

7. La résiliation des assurances et autres contrats consentis par la compagnie, pourra être faite de gré entre la compagnie et les contractans.

8. Aucune assurance ne pourra être faite sans le consentement exprès de la personne au décès de laquelle il échérait un droit quelconque en faveur d'un tiers.

Le consentement des pères et mères ou des tuteurs suffira pour les personnes inhabiles à contracter.

9. Le capital de la société est fixé à trente millions de francs, divisés en six mille actions de cinq mille francs chacune.

RÈGLEMENS GÉNÉRAUX.

(10 novembre 1819.)

1. Les personnes qui se proposent de traiter avec la compagnie, pour une assurance ou toute autre espèce de contrat, doivent lui adresser une demande spéciale, contenant la déclaration exacte des faits qui doivent servir de base au contrat.

Des modèles de ces demandes pour les divers cas, seront fournis par la compagnie.

2. La compagnie fait procéder aux vérifications qu'elle juge convenables pour constater la fidélité de la déclaration.

3. La compagnie ne consent aucun contrat, par l'effet duquel l'intéressé serait ou pourrait devenir son débiteur.

4. Si, par la déclaration faite en vertu de l'article 1ᵉʳ, il est affirmé quelque fait contraire à la vérité, tendant à diminuer l'opinion du risque, le contrat sera annulé de plein droit, sans toutefois que la compagnie soit tenue de rembourser les paiemens qui lui auront été faits.

5. Le défaut de paiement à son échéance, dans les contrats dont le prix doit s'acquitter en plusieurs paiemens successifs;

La mort d'une personne sur la tête de qui repose une assurance, arrivant dans un voyage ou trajet maritime, hors des limites de l'Europe, pendant que cette personne est en activité de service militaire ou de mer, peuvent entraîner, ou une simple suspension du contrat, ou une résiliation, à charge d'un paiement à faire par la compagnie, ou l'annulation complète du contrat, les sommes reçues par la compagnie lui restant acquises.

Le conseil d'administration déterminera, par un arrêté général, les divers cas où auront lieu les effets ci-dessus indiqués, les conditions auxquelles un contrat suspendu peut être remis en vigueur, les conditions auxquelles se feront les résiliations.

Il peut d'ailleurs être traité de gré à gré, tant sur les cas susmentionnés, que sur toute autre circonstance qui présenterait quelques risques particuliers et pourrait donner lieu à un supplément de prime.

6. La mort d'une personne sur la tête de qui repose une assurance, arrivant par suite d'un combat singulier, par sentence de justice, par suicide, l'assurance est annulée de droit, et les paiemens faits à la compagnie, jusqu'à l'époque du décès, lui demeurent acquis. La compagnie se réserve néanmoins la faculté de renoncer, dans les trois cas ci-dessus, au bénéfice de l'annulation, et de regarder, quant à son intérêt, le contrat comme résilié.

L'arrêté général du conseil d'administration, mentionné à l'article précédent, déterminera également les cas où cette renonciation sera affectuée, et où la compagnie disposera, en conséquence, du prix de la résiliation, soit en faveur de la famille du décédé ou des intéressés dans l'assurance, soit en faveur des indigens.

7. Chaque contrat fera mention des clauses qui peuvent le concerner particulièrement dans les deux articles précédens.

8. Tout décès qui donne ouverture à un droit contre l'établissement, ou qui change la position respective de la compagnie et des intéressés, doit lui être notifié dans les trois mois, s'il a lieu en France, et dans les six mois, s'il a lieu dans l'étranger. En cas de retard, les titulaires sont assujettis à une réduction à leurs droits, laquelle sera déterminée par un arrêté général du conseil d'administration. Le même arrêté statuera sur les délais

dans lesquels les sommes dues par la compagnie devront être réclamées, et les conditions de déchéance en cas de non réclamation.

9. Le paiement des sommes dues par la compagnie pour raison des assurances a lieu dans les trois mois qui suivent la justification du décès, s'il n'est autrement convenu.

10. Dans tout contrat dont les conditions dépendent de l'âge d'une ou plusieurs personnes, le paiement des sommes dues par la compagnie ne s'effectue que sur la production des actes de naissance, ou pièces équivalentes, si cette production n'a pas eu lieu antérieurement.

S'il résulte d'un acte qu'il y a eu dans la désignation de l'âge, erreur au préjudice de la compagnie, le contrat est annulé conformément à l'article 4. La compagnie se réserve néanmoins la faculté, si elle estime qu'il n'y a pas eu intention frauduleuse dans la désignation, de reconnaître le contrat comme valide, en faisant toutefois subir aux intéressés telle réduction à leurs droits qu'elle jugera à propos. Si l'erreur est au préjudice d'un intéressé, le contrat sera valable sans que néanmoins cet intéressé puisse réclamer aucun changement à son contrat pour raison de l'erreur.

11. La compagnie ouvre des comptes courans à ceux des intéressés qui le désirent, pour faciliter les paiemens qu'ils ont à faire à l'établissement. Elle se charge pour eux, sans autres frais que ses débours effectifs, des recouvremens sur Paris, négociations d'effets publics français, ventes de matières d'or et d'argent, pourvu que le produit de ces rentrées soit destiné aux paiemens stipulés par des contrats passés avec la compagnie.

Elle effectue également pour le compte de ses intéressés, les achats d'effets publics portant arrérages, et se charge de la perception, pourvu que ces arrérages aient la destination ci-dessus indiquée.

Elle effectue les mêmes opérations pour les intéressés qui désirent faire emploi des sommes à eux dues par la compagnie pour assurances, rentes, ou part dans les bénéfices.

Tout compte courant est liquidé au plus tard dans les six mois qui suivent l'époque où le titulaire cesse d'être intéressé. L'intérêt à bonifier en compte courant sera réglé par le conseil d'administration.

POLICE DE LA COMPAGNIE D'ASSURANCES GÉNÉRALES.

Art. 1er. La prime doit être acquittée d'avance chaque année au jour fixé par la police, ou, au plus tard, dans les trente jours suivans; faute de quoi, si l'assuré vient à mourir, ses ayant-droit ne peuvent rien réclamer.

Mais si la santé de l'assuré ne s'est pas altérée, il lui est donné faculté, ou à l'ayant-droit, pendant le mois qui suit les trente jours, de rentrer dans la jouissance de la police, en payant en sus de la prime un demi pour cent sur le capital assuré.

Ces délais expirés sans qu'il ait été satisfait aux dispositions précédentes, la police est annulée, et les primes payées sont acquises à la compagnie.

2. L'assuré peut transmettre la propriété de la police par endossement; l'ayant-droit a la même faculté, mais il est tenu de produire le consentement écrit de l'assuré, ou de justifier que le cessionnaire a intérêt à l'existence de l'assuré; dans ce dernier cas, le transfert doit être approuvé par la compagnie.

3. La déclaration constatant l'âge de l'assuré, le lieu de sa résidence, sa profession, l'état habituel de sa santé, sert de base au contrat; il serait annulé, si elle contenait des faits controuvés, dans le but de surprendre un engagement à la compagnie.

4. Si l'assuré se donne la mort, s'il est tué dans un duel, s'il perd la vie par l'exécution d'une condamnation judiciaire, il s'ensuit nullité de la police.

La police est également nulle si l'assuré périt dans une guerre ou par suite de blessures qu'il aura reçues, s'il meurt dans un voyage sur mer, pendant un voyage ou séjour hors des limites de l'Europe, à moins que la compagnie n'ait consenti à courir ce risque moyennant une augmentation de prime.

Dans tous les cas de nullité, les primes payées sont acquises à la compagnie.

5. Tout assuré qui aura fait un service militaire de deux années en temps de guerre postérieurement à la date de la police, sera tenu de payer une augmentation d'un cinquième sur la prime, ou de subir une réduction équivalente sur le capital assuré.

6. Les sommes dues par la compagnie sont payées comptant et sans aucune retenue sur la remise de la police et les pièces justificatives, l'une desquelles constatera le genre de maladie ou d'accident qui aura causé le décès de l'assuré.

7. En cas de contestation entre l'assuré et la compagnie sur l'exécution du contrat, elle est jugée par deux arbitres choisis, l'un par la compagnie, et l'autre par l'assuré ou ayant-droit. Les arbitres sont autorisés, en cas de partage, à s'en adjoindre un troisième.

Ils sont dispensés de toute forme judiciaire.

Les formalités préalables du contrat d'assurance consistent en une simple déclaration faite par l'assuré, indiquant ses noms, prénoms, profession, résidence, le lieu et la date de sa naissance, le montant et la durée de l'assurance, les maladies ou infirmités auxquelles il peut être sujet. Cette déclaration doit être accompagnée, autant que possible, de l'acte de naissance et d'un certificat du médecin ordinaire de l'assuré, constatant l'état habituel de sa santé. L'assuré doit en outre se présenter devant le médecin attaché à la compagnie.

Lorsque l'assurance a lieu sur la vie d'un tiers, il faut produire son consentement, ou justifier de l'intérêt qu'on a à son existence. L'état de sa santé doit être du reste constaté de la même manière.

La prime d'assurance se paie comptant d'avance au moment de la signature de la police.

La police est un acte sous seing privé, fait en double expédition, dont l'une est délivrée à l'assuré ou à ses ayant-droit, et dont l'autre reste déposée dans les archives de la compagnie. Les frais d'acte sont de 5 francs seulement.

POLICE DE LA COMPAGNIE ANGLAISE L'ATLAS,

(*Atlas assurance company*),

FONDÉE EN 1808.

Conditions de l'assurance sur la vie.

Art. 1er. Les personnes qui désirent faire effectuer une assurance devront donner les renseignemens suivans, savoir : — le nom et la résidence de la personne qui fait la proposition ; — le nom, la résidence et la profession de la personne dont on veut faire assurer la vie ; et, dans le cas d'une assurance sur une survivance, le nom, la résidence et la profession de chaque partie ; le lieu et la date de la naissance ; — la somme et la durée de l'assurance ; — si l'on est attaqué de la goutte, d'un asthme, accès, crachement de sang, ou autre maladie tendant à abréger la vie ; — si la partie a eu la petite vérole ; — si la partie se présentera elle-même au bureau ; — si elle est employée au service militaire ou de la marine ; les noms et résidence de deux citoyens désignés pour attester l'état actuel et ordinaire de la santé de la personne dont la vie est assurée ; l'un d'eux doit être le médecin habituel de la partie.

2. Une déclaration sur tous les points ci-dessus sera considérée comme la base du contrat entre l'assuré et la compagnie ; si cette déclaration n'est pas vraie sous tous les rapports, la police sera nulle, et la prime qui aurait été payée restera à la compagnie.

3. La vie des personnes employées au service militaire ou de la marine peut être assurée par la compagnie à un taux modéré.

4. Aucune assurance n'aura son effet que lorsque la prime

aura été payée; aucune police ne sera considérée comme valable au-delà de quinze jours après l'expiration du terme y fixé, si la prime stipulée pour le renouvellement de cette police n'a pas été payée dans ce délai, et qu'il n'en ait été donné quittance.

5. On peut faire revivre les assurances dans les trois mois, en prouvant suffisamment que la santé de la personne assurée n'a pas empiré, et en payant la prime avec une augmentation de cinq shellings par cent livres (*pounds*) assurées.

6. Les polices seront nulles si les parties dont la vie aura été assurée vont hors des limites de l'Europe, ou meurent en pleine mer (excepté dans le passage, en vaisseaux couverts, de l'une des parties du royaume uni de l'Angleterre et de l'Irlande à l'autre, et de ou à l'une des îles de Guernsey et Jersey, et aussi, en temps de paix, dans le passage sur des bâtimens ou paquebots du roi, ou sur des vaisseaux de transport, entre les ports anglais et français de la Manche, en y comprenant l'embouchure de la Tamise), si la permission n'en a pas été accordée par le directeur, laquelle pourra être obtenue si les parties se présentent en personne pour donner toutes les explications qu'on exigera, et en payant une prime proportionnée à ce risque.

7. Quand les parties dont la vie a été assurée ne paraissent pas en personne au bureau de la compagnie, on prélèvera un droit additionnel de dix shellings pour cent sur la somme assurée.

8. Les assurances faites par l'assuré sur sa propre vie deviennent nulles s'il meurt par une exécution judiciaire, par duel ou suicide. Mais si la famille est dans le malheur et la pauvreté, les directeurs peuvent accorder sur la police du défunt telle indemnité qu'ils croiront juste et raisonnable.

9. Si une personne désire discontinuer l'assurance faite à la compagnie, celle-ci achètera son intérêt dans la police à une évaluation équitable; on peut aussi opérer des transferts sans en donner avis à la compagnie.

10. Les personnes qui font des assurances sur d'autres vies que la leur, sont tenues de déclarer la nature de l'intérêt qu'elles ont à l'existence de la vie assurée.

11. Toute réclamation formée contre la compagnie sera payée dans l'espace de trois mois, après qu'on aura produit des preuves satisfaisantes du décès des personnes sur la vie desquelles les assurances avaient été faites.

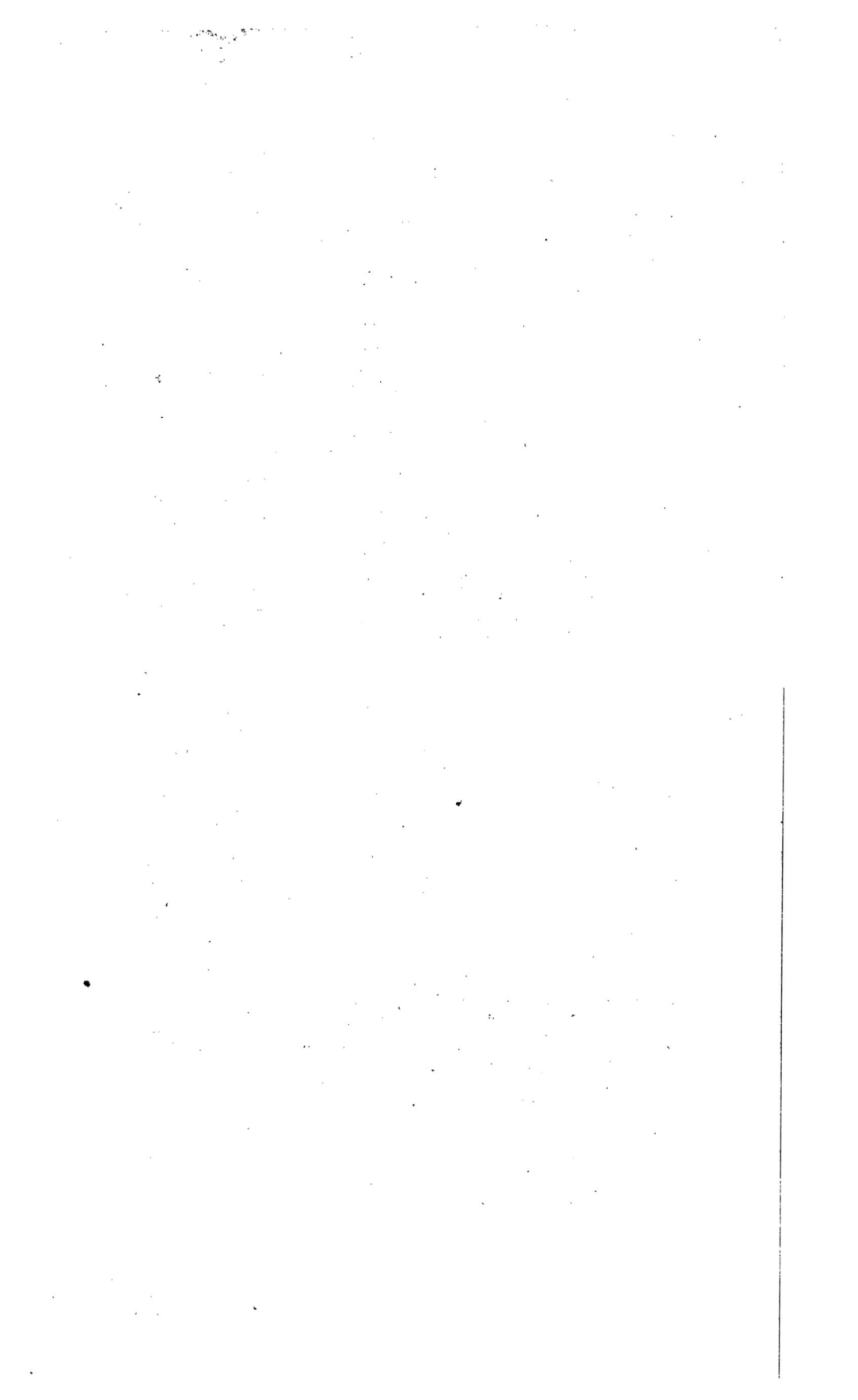

TABLE

DES MATIÈRES.

A.

Arbitres. Quelles sont les personnes qui peuvent être arbitres ? pag. 348.—L'étranger peut-il être arbitre ? p. 349 et suiv.

Assurance. Définition du contrat d'assurance, p. 9. — Est un contrat synallagmatique, aléatoire, *ibid.* — Il n'est pas une cause de gain, *ibid.* et suiv.— Assurances à faire par le gouvernement, p. 195 et suiv.— Assurances entre Français et étrangers, p. 197 et suiv.—Quand l'assurance de marchandises à transporter pour un voyage de retour est faite avec indication d'un point de départ, et la faculté de s'arrêter à tel endroit déterminé de la route, résultera-t-il de cette stipulation que, pour commencer le voyage de retour, la voiture de transport doit nécessairement partir de l'endroit désigné ? p. 226 et suiv.

Assurances sur la vie des hommes. Nature de ce contrat, p. 359.—Pourquoi il a été établi, p. 360.— Diverses conventions sur la vie des hommess, p. 361.—Assurance temporaire, assurance différée, *ibid.* — Opinion d'un auteur sur cette assurance, combattue, p. 361, 362 et suiv. — Époque où l'avantage de ces assurances fut compris, p. 364.—Quelques auteurs continuent de soutenir l'illégalité de l'assurance sur la vie ; nous combattons leur opinion, p. 366 et suiv.—Conditions de la validité du contrat d'assurance sur la vie, p. 380.—Age et santé de l'assuré, p. 383.—Risques, *ibid.*—Exceptions portées par les compagnies, p. 384.— Discussion à cet égard, p. 385 et suiv.— Les voyages sur mer augmentent les risques, p. 388.— *Quid*, à cet égard ? p. 389. — Délai de l'assurance sur la vie, p. 390.— Discussion sur l'absence de l'assuré, p. 392.

Assuré. Obligations de l'assuré, p. 200.—Pendant la durée

du contrat, p. 201.— Il est tenu de payer la prime aux époques fixées, *ibid*.— Les divers termes pour le paiement de la prime existent-ils dans l'intérêt de l'assuré? p. 202.— L'assuré doit donner connaissance à l'assureur de tous les changemens survenus dans la chose assurée, p. 205 et suiv. — Les changemens survenus dans la valeur des objets assurés n'ont pas besoin d'être déclarés, p. 209.—Obligations de l'assuré en cas de sinistres, p. 210.— Il doit déclarer aux assureurs les accidens qu'il connaît, *ibid*.— Dans quel délai, *ibid*. et suiv.— Discussion sur l'utilité de la déclaration faite aux autorités locales, et de la constatation du sinistre par elles-mêmes, p. 216 et suiv.— L'assuré doit prouver le sinistre, p. 222.— Quelles sont les preuves admises, *ibid*.— L'assuré doit faire tous ses efforts pour sauver les objets assurés, p. 224.

Assureur. L'assureur a-t-il un privilége pour le paiement de la prime? p. 203.— Obligations des assureurs, p. 254.— Montant de l'indemnité qu'ils fournissent, p. 255.— Quand l'assureur possède-t-il des actions contre l'assuré? p 270.— Quels sont les moyens de contrainte accordés à l'assureur contre l'assuré? p. 274.— L'assureur peut rétablir en nature, p. 276.— Comment s'opère ce rétablissement? *ibid*.—Discussion sur le rétablissement en nature, p. 277 et suiv.

C.

Choses qui peuvent être assurées. Toutes celles qui sont susceptibles d'éprouver une détérioration ou de périr par suite d'accidens fortuits, p. 115.—Exception portée par quelques compagnies, *ibid*.— L'assuré peut faire assurer le coût de l'assurance, p. 118.— Peut-on faire assurer plusieurs fois une chose, quand la valeur se trouve couverte par la première assurance? p. 120 et suiv.— *Quid*, quand les premières assurances n'assurent pas la valeur entière de la chose assurée? p. 122.— *Quid*, pour les augmentations survenues depuis le contrat? p. 126.— L'assuré pouvait-il se prévaloir du défaut de déclaration imposé par la police? p. 127 —*La part du feu* peut aussi être assurée, p. 134.— Une créance hypothécaire peut être assurée, p. 141.— L'usufruit peut aussi être assuré, p. 142.— Est-il permis d'assurer des marchandises prohibées par la loi d'un pays étranger? p. 143.— Peut-on faire assurer les édifices publics? p. 145 et suiv.

Compagnies d'assurances. Sont de deux sortes, mutuelles et

à prime, p. 10.—Définition des compagnies mutuelles, *ibid*.—
Compagnies à prime, *ibid*.—Quelle est la forme de ces sociétés,
p. 11 et suiv. — Les compagnies anonymes doivent suivre les
formalités prescrites par le code de commerce, p. 19.—Leurs
statuts ne présentent aucun caractère public, p. 20.—Les compagnies mutuelles n'ont de commercial que la forme, p. 21.—
A prime sont des sociétés commerciales.—Sont-elles sujettes au
droit de patente? Distinction entre les compagnies mutuelles et
les compagnies à prime, p. 22.—Les compagnies à prime sont
préférables aux compagnies mutuelles, p. 51 et suiv.

Compensation. S'opère-t-elle entre l'assureur et l'assuré, si
l'un des deux tombe en faillite avant l'échéance du terme ou
l'événement de la condition qui donne ouverture à son obligation? p. 264 et suiv. — *Quid*, si la prime et l'indemnité sont
dues en vertu d'une même police? p. 266 et suiv.

Compétence en matière d'assurances terrestres. Quid, de la
juridiction arbitrale? p. 340.— Distinction entre les compagnies
d'assurances mutuelles et les compagnies à prime, p. 341 et suiv.
—Discussion sur le refus fait par certains jurisconsultes d'accorder aux compagnies à prime la qualité de sociétés commerciales, p. 343 et suiv.— Devant quel tribunal se donne l'assignation, p. 346.

D.

Délaissement. Définition du délaissement, p. 233 et suiv.—
Existe-t-il pour les assurances terrestres? p. 235.— L'action en
délaissement se cumule-t-elle avec l'action d'avaries? p. 238 et
suiv.

E.

Enregistrement. L'art. 51 de la loi du 28 avril, applicable aux
assurances maritimes, sera-t-il appliqué aux assurances terrestres? p. 106 et suiv.—Discussion pour la perception des droits,
p. 108.— Les droits et doubles droits d'enregistrement seront-ils
perçus, si on trouve un acte imparfait comme acte authentique
dans l'étude et au rang des minutes d'un notaire? p. 109 et suiv.

F.

Formalités externes du contrat d'assurance. Nécessité de sa
rédaction, p. 59.—Les formalités sont de deux sortes, *ibid*.—
Les formes externes ne regardent pas l'assurance mutuelle, p. 60.

—Le contrat d'assurance est rédigé par écrit, *ibid*.—La preuve testimoniale est-elle permise ? p. 61 et suiv.—Le contrat d'assurance est rédigé par devant notaires, ou sous signature privée, p. 65.—Au premier cas, est-il nécessaire que l'acte soit passé en minute ? Distinction à faire, *ibid*.—Les polices d'assurances, rédigées sous signature privée, doivent-elles être faites en double original ? p. 74.—L'acte non fait double servira-t-il de commencement de preuve par écrit ? *ibid*. et suiv.—Les formules imprimées sont tolérées, p. 77.—La police ne doit contenir aucun blanc, p. 78.—Elle porte la date du jour auquel elle est souscrite, p. 79.—Les polices d'assurance sous signature privée ont-elles date certaine contre les tiers, conformément à l'article 1328 du code civil? p. 79 et suiv.—Est-il permis d'insérer plusieurs assurances dans la même police ? p. 82.

Formalités internes du contrat d'assurance. La police doit exprimer le nom et le domicile de celui qui fait assurer, sa qualité de propriétaire ou de commissionnaire, p. 83.—Cette indication précise, n'est pas essentielle au contrat d'assurance, p. 84.—L'individu non propriétaire peut faire assurer des objets à la conservation desquels il a intérêt, p. 85.—Le contrat doit porter la désignation des objets, p. 86.—Comment se fait cette désignation, p. 87.—Ne pourrait-on pas créer un signe pour les meubles ? *ibid*.—L'estimation des objets assurés doit être faite, p. 88.—L'art. 339 du code de commerce s'applique-t-il aux assurances terrestres? *ibid*. et suiv.—Discussion sur l'usage de n'accorder à l'assuré qu'une indemnité proportionnée à la valeur vénale de l'objet incendié au moment de l'incendie, p. 91 et suiv.—L'assuré doit déclarer la nature et l'étendue des risques, p. 94.—Il ne doit rien taire sur les circonstances qui peuvent les augmenter, *ibid*.—Extrait de Marshall à cet égard, p. 95.—Il peut arriver que l'assureur ait à s'imputer l'ignorance des risques, p. 96.—De la somme promise, p. 104.

I.

Indemnité fournie par l'assureur. Est de l'essence du contrat d'assurance, p. 56.—L'indemnité est troujours proportionnée à la perte éprouvée par l'assuré, *ibid*.—Nature de l'indemnité, p. 57.—L'indemnité appartient-elle au donataire d'un immeuble tenu de rapporter à la succession? p. 58.—L'indemnité peut être arrêtée par les oppositions des créanciers, p. 262.—*Quid*, si le propriétaire assuré avait vendu son immeuble? *ibid*. et

suiv.—Comment se paie l'indemnité , p. 263.—L'assuré a droit
à l'indemnité quand il a justifié les pertes éprouvées, p. 225.—
Appartient-elle toujours à l'assuré ? p. 234.—Désignation de
ceux auxquels elle appartient, *ibid.*—L'action résultant de l'assurance passe-t-elle à l'acquéreur de l'immeuble ? p. 245 et suiv.—
Quid, à l'égard des sociétés d'assurances mutuelles ? p. 249.—
Discussion à l'égard des créanciers, p. 251.—L'assuré doit être
payé après la liquidation, p. 259.—Distinction à faire pour les
assurances mutuelles, *ibid.* et suiv.

L.

Locataire. Le locataire d'un bâtiment stipulera-t-il valablement une assurance pour le cas où le bâtiment serait incendié ?
p. 132.—Exception pour la responsabilité prononcée par l'article 1733 du code civil , p. 133.

N.

Notaires. Ont-ils la faculté de se livrer à toutes les opérations
de courtage nécessaires pour parvenir à la conclusion du contrat d'assurance? p. 66 et suiv.

Nullité du contrat d'assurance. Quand le contrat d'assurance
est-il nul ? p. 293.— Discussion sur la preuve à faire des cas de
nullité, pour savoir par qui elle doit être faite, p. 294 et 295.—
Les déclarations erronnées entraînent la nullité du contrat,
p. 297.—La nullité peut-elle être invoquée par les deux parties ? p. 298.

P.

Personnes qui peuvent faire assurer. Il faut être capable de
contracter, p. 152.— Le mineur émancipé peut faire assurer sa
propriété, p. 154.—L'interdit ne le peut pas, p. 153.—Distinction
à faire pour accorder aux femmes le droit de faire assurer, suivant
le régime adopté par le contrat de mariage, p. 156.—Il faut que
la personne qui présente une chose à l'assurance soit intéressée à
sa conservation, p. 157.—Le créancier peut-il faire assurer le
bien de son débiteur ? p. 157 et suiv.—L'usufruitier peut faire
assurer les biens composant son usufruit, p. 166.— Profite-t-il
de l'assurance stipulée par la personne qui a légué l'usufruit ?
Distinction à faire, p. 167 et suiv.— Quelle sera l'indemnité
payée à l'usufruitier en cas de sinistre ? p. 173.— *Quid*, de l'acquéreur avec pacte de rachat ? p. 174.— *Quid*, du dépositaire ?

p. 175.— Des mandataires et des commissionnaires, p. 176.— Si un individu, sans pouvoir aucun, fait assurer la propriété d'un tiers, l'assurance sera-t-elle valable à l'égard du propriétaire? p. 128 et suiv.— Discussion sur l'assurance faite par le commissionnaire, *pour compte de qui il appartiendra*, p. 180 et suiv. — Discussion sur le privilége accordé par la loi au commissionnaire, p. 183 et suiv.— Droit des tuteurs, p. 189.— Droit du père, du mari, du copropriétaire, p. 191 et 192.— *Quid*, à l'égard des sociétaires? Distinction à faire, p. 192 et suiv.

Prescription. L'article 432 du code de commerce s'applique-t-il aux assurances terrestres? p. 353.— Discussion sur la prescription trentenaire, p. 354 et suiv.

Prime. Est essentielle au contrat d'assurance, p. 46. — Reçoit-elle une augmentation ou une diminution en cas d'événemens? p. 47 et suiv. — Comment se paie-t-elle? p. 49. — Quand l'assureur acquiert-il la prime? *ibid.*— Dans les assurances mutuelles, il n'y a pas de prime à payer. La fixation de la prime est nécessaire dans les assurances à prime, p. 104. — Au cas de l'annulation de l'assurance pour défaut de paiement de la prime à l'époque fixée, les primes payées par l'assuré doivent-elles lui être restituées? p. 202.— Si la prime se divise en paiemens annuels, elle se prescrit par le laps de cinq années, p. 204.— Indivisibilité de la prime, p. 270.— Trois exceptions à ce principe, *ibid.* et suiv.— Discussion à cet égard, p. 272.

Propriétaire. Le propriétaire d'une maison dégradée par suite de l'incendie qui a éclaté dans une maison voisine, est-il fondé à réclamer des dommages-intérêts à son voisin, sans qu'il soit besoin de lui prouver que l'incendie est dû à la faute ou à la négligence de ce dernier? p. 135 et suiv.

R.

Réassurance. L'assureur peut faire réassurer les objets qu'il a fait assurer, p. 117.— Est-il permis à l'assureur d'assurer la prime de réassurance et la prime des primes? p. 119.

Reprise d'assurance. Définition de la reprise d'assurance, p. 128.— Elle ne se présume pas, p. 129.

Résolution du contrat d'assurance. La modification des risques est une cause de résolution, p. 298.— Les statuts des compagnies d'assurances contiennent à cet égard des dispositions, p. 299. — Quand on a fait assurer une somme fixe sur une quantité de marchandises ou d'effets mobiliers en bloc, la diminution ou l'augmentation de la matière du risque doit-elle être regardée comme une aggravation de ce risque ? p. 302 et suiv.— L'assurance est aussi résolue par la perte de la qualité en laquelle l'assuré a figuré primitivement au contrat, p. 305.— L'inexécution des conventions est aussi une cause de nullité, *ibid.*— Discussion sur l'art. 1184 du code civil, p. 306 et suiv.— *Quid*, pour le cas de faillite de l'assureur ? p. 309 et suiv. — L'assuré, en cas de faillite de l'assureur, peut-il réclamer des dommages et intérêts pour inexécution de la convention ? p. 313.— *Quid*, pour le cas de déconfiture ? p. 316.— Pour les sociétés d'assurances mutuelles, il faut faire des distinctions, p. 317.— Durée des actions en nullité ou en rescision du contrat d'assurance, p. 318.— Cette action est transmissible aux héritiers, p. 320. — Le temps de l'action en nullité ou en rescision est-il suspendu pendant la minorité ou l'interdiction des héritiers de celui qui possédait cette action, p. 321 et suiv.— Le moyen de nullité ou de rescision s'oppose-t-il valablement, en défendant, même après le délai fixé par l'art. 1304 ? p. 325.—Existe-t-il une différence entre l'action en nullité et l'action en rescision ? p. 326 et suiv.— *Quid*, du droit de mutation perçu, en cas de rescision ou d'annulation de l'acte ? p. 334. — Fins de non-recevoir à opposer à l'action en nullité et à l'action en rescision, p. 337 et 338.— Effets de la nullité du contrat à l'égard des tiers, p. 339.

Risques. Tous les risques peuvent faire l'objet du contrat d'assurance, p. 24. — Ils sont essentiels au contrat, *ibid.* — Les risques dus à la faute de l'assuré sont-ils garantis, p. 25. — Distinction à faire, p. 25 et 26.— Les risques sont limités par quelques compagnies d'assurances, p. 37 et suiv.— Les compagnies à prime limitent, par leurs statuts, les risques dont elles peuvent se charger, p. 42. — La compagnie mutuelle n'est pas soumise à cette limitation de responsabilité, p. 43.—Les risques doivent être véritables, p. 44.— Durée des risques, p. 45 et 97. — L'art. 1758 du code civil, relatif à la durée du bail, s'appliquera-t-il aux assurances terrestres ? Discussion à cet égard, p. 97 et 98.— Dipositions particulières des statuts de l'assurance mutuelle, p. 98 et suiv.

S.

Sinistre. Différence entre le sinistre *majeur* et le sinistre *mineur*, p. 233.

536

Subrogation. L'assuré peut subroger l'assureur en son lieu et place, p. 280 et suiv.—Pourquoi la subrogation est permise, p. 284.— L'assureur ne doit pas bénéficier par la subrogation, p. 287.— L'assureur peut-il, en vertu de la subrogation stipulée, exercer une action contre les propriétaires des maisons sauvées? p. 288.

T.

Tontines. Définition des tontines, p. 377.—Avis du conseil d'état sur les tontines, p. 378.

ERRATA.

Page 49, ligne 9, au lieu de : convenir, *lisez :* porter.

FIN.

www.ingramcontent.com/pod-product-compliance
Lightning Source LLC
Chambersburg PA
CBHW031400210326
41599CB00019B/2836